DESCARTES'
BABY

| 일러두기 |

- 단행본은 「 」, 정기간행물은 《 》로, 영화, 방송 프로그램, 작품명 등은 〈 〉로 표기했습니다.
- 원서의 본문 속 이탤릭체는, 고딕체로 변경해서 표기했습니다.
- 본문에서 언급된 작품이 국내에 알려져 있지 않은 경우, 최대한 원제와 가깝게 번역하고 원제를 함께 표기했습니다.
- 내용의 이해를 돕기 위해서 번역자의 첨언이 일부 들어갔으며, 일부 해당 부분에 '역자'라고 표기했음을 알려 드립니다.

DESCARTES' BABY
Copyright © 2004 by Paul Bloom. All rights reserved.
Korean translation copyright © 2025 by Book21 Publishing Group

이 책의 한국어판 저작권은 Brockman, Inc.을 통한 저작권자와의 독점 계약으로 (주)북이십일에 있습니다.
저작권법에 의하여 한국 내에서 보호를 받는 저작물이므로 무단전재와 무단복제를 금합니다.

이 책에 쏟아진 찬사들

"폴 블룸이 쓴 『데카르트의 아기』는 수정처럼 명료하고, 우아하며, 매혹적인 통찰로 가득 차 있다. 사람들이 어떻게 그렇게 똑똑하면서도 동시에 세상을 기괴하게 해석할 수 있는지를 설명해주는 보석 같은 책이다."　- 스티븐 핑커 Steven Pinker, 『우리 본성의 선한 천사』 저자

"폴 블룸, 그는 정신 발달 과학을 최신 연구와 일상에 접목시키는 데 탁월한 역량을 발휘한다. 그의 손 안에서 딱딱하기만 했던 과학이 살아 움직이기 시작한다. 단연코 이 책은 새로운 세대의 독자들을 열광시킬 만하다."
- 사이먼 배런—코헨 Simon Baron-Cohen, 발달정신병리학 교수, 『필수적인 차이』 저자

"『데카르트의 아기』는 심리학과 철학의 훌륭한 융합체다. 폴 블룸은 명확하고 꾸준하게 우리가 어떤 존재인지를 조명하며, 우리가 앞으로 무엇이 될 수 있을지에 대한 생각의 단서를 제공한다."　- 피터 싱어 Peter Singer, 프린스턴대학교 생명윤리학과 교수, 『실천 윤리학』 저자

"21세기에는 인간 게놈이 밝혀졌다. 22세기에는, 이 화학적 구성 요소가 어떻게 인간 본성을 형성하는지 밝혀질 것이다. 인간을 '알고 이해하는 생물종'으로 만든 요소들을 엿보고 싶다면, 폴 블룸의 『데카르트의 아기』를 추천한다. 이 책은 치밀한 논증과 풍부한 통찰, 깊은 만족감을 주는 하나의 탐구이다."
- 마크 하우저 Marc Hauser 박사, 하버드대학교 〈Mind, Brain & Behavior Program〉 공동 책임자

"개념 미술, 현대 소설, 직접 경험한 육아 사례 등 블룸의 글에는 생생한 예시가 가득하다. 인지 심리학의 광범위한 함의에 관심 있는 이들을 위한 유쾌하고 인간적인 연구서다."
-《퍼블리셔스 위클리》

"블룸의 철학적 목표는 심오하다. 그는 도덕성, 유머, 예술, 정체성과 같은 개념이 인간을 이루는 여러 조건 중 하나임을 이야기한다. 그로 인해 우리는 자아 발견의 새로운 시대를 맞이하고 있다."
-《더 타임스》

"...

"『데카르트의 아기』는 무거운 개념을 가급적 무겁지 않게 다루고자 애쓴다. 진지하고 사려 깊고, 생각을 자극하는 책이다."
-《옵저버》

....

"『데카르트의 아기』는 읽기 쉽고 명료하다. 열정과 겸손이 어우러진 문체로 쓰여 졌으며, 책 곳곳에 수록되어 있는 질문과 일화는 흥미롭고도 도전적이다. 블룸은 자신의 생각에 초점을 맞추면서도 교훈을 주고자 애쓰지 않는다. 헤로도토스에서부터 다윈까지, 산타클로스부터 미스터 빈까지, 그가 참고한 자료는 광범위하며 예술, 유머, 혐오, 욕망에 대한 그의 논의는 창의적이며 유연하다."
-《이브닝 스탠다드》

....

"예일대 심리학자 폴 블룸은 이 매력적인 책을 통해, 진화론적 관점에서 설명할 수 있는 인간 존재의 수많은 측면에 대한 최신 정보를 제공한다."
-《뉴 휴머니스트》

....

"폴 블룸의 책은 재치 있고, 통찰력 있으며, 유쾌하다. 전문가와 비전문가 모두 즐길 수 있다. 발달 심리학의 최신 연구를 흥미롭게 소개하며, 인간 본성의 여러 특성에 대해 생각할 거리를 던져준다."
-《더 사이콜로지스트》

....

"블룸은 이 책을 통해 인간이 이원론을 어떻게 사용하는지 보여준다. 임상 연구와 문학, 철학, 신경과학, 아이들의 흥미로운 사례(특히 자신의 가족 사례) 등을 능숙하게 엮어서, 물리적인 것과 비물질적인 것에 다르게 반응하는 우리의 특성이 진화적 압력의 산물임을 설득력 있게 제시한다. 광범위하면서도 도발적인 이 책은 이러한 관점을 과감하게 제시해, 새로운 세대의 사상가들에게 새로운 지평을 열어주고 있다."
-《뉴잉글랜드 의학 저널》

....

"매혹적이고, 예리하면서도 부담스럽지 않고, 일반적인 대중 심리학책보다 훨씬 지적이다."
-《타임아웃》

세계적 심리학자 폴 블룸의 인간 본성 탐구

데카르트의 아기

폴 블룸 지음 / 김수진 옮김

DESCARTES' BABY

21세기북스

추천의 말

최재천
이화여대 에코과학부 석좌교수
생명다양성재단 이사장

　오랫동안 과학과 철학은 우리 정신의 서판이 비어 있는 채로 태어나는지 아닌지를 두고 끝 모를 논쟁을 거듭해왔다. 그러나 현대 생물학 덕택에 우리는 이제 안다. 비물질적 영혼이란 애당초 존재할 수 없다는 걸. 플라톤 철학과 기독교 사상으로 철옹성처럼 굳어진 이원론적 세계관에서 인류를 구원해낸 다윈을 여전히 데카르트와 정반대편 대척점으로 몰아세우던 기존의 학자들과 달리 폴 블룸은 아기의 성장 과정을 지켜보며 도덕감각과 양심, 그리고 종교 의식의 탄생을 읽어냈다. 아기를 대상으로 연구한다는 것은 무모했지만 결과적으로 신의 한 수였다. 평생 동물의 행동을 연구한 사람으로서 나는 언어를 사용하지 않는 생명체의 정신적 삶을 가늠하기가 얼마나 힘든 일인지 누구보다 잘 안다. 인간 아기를 연구하는 일은 그보다 훨씬 더 힘들다. 내가 연구한 비인간 동물 성체들은 비록 내게 말로 자신들의 생각을 설명해주지는 않았지만 종종 노련하게 행동으로 자신들의 의도를 드러내 주었다. 그러나 인간 아기는 그저 누워서 칭얼대거나 까르륵거릴 뿐이다. 블룸은 그 장애를 넘어선 몇 안 되는 귀한 심리학자이다.

  어린아이는 세상을 자연스럽게 '물리적 대상과 실제 사건', '정신적 상태와 정신적 존재', 아주 단순하게 말하면, 육체와 영혼이라는 두 영역으로 나누어 보는 이원론자로 태어난다. 그러나 생물의 모든 형질은 '적응의 결과물'이 아니라 생물학적 우연이 빚은 '적응의 부산물'이라는 다윈의 설명대로 아기들은 차츰 물리적인 사물과 비물질적인 마음을 연계하며 성장한다. 나 역시 요즘 피아제가 관찰한 것처럼 생후 8개월까지는 멀쩡히 갖고 놀던 장난감을 이불로 덮어버리면 세상에서 사라진 줄로만 알던 손녀가 어느덧 두 살배기가 되어 스스로 장난감을 숨기며 할아버지를 골려 먹거나, 할아버지 스마트폰으로 유튜브 동영상을 보려는 시도가 가로막히자 전혀 다른 방식으로 할머니를 공략하는 걸 지켜보며 물질과 정신의 세계가 어떻게 이어지는지 실감나게 지켜보고 있다. 내가 번역한 블룸의 다른 책 『선악의 기원』을 읽고 감동받은 독자들에게 『데카르트의 아기』를 권한다. 선악의 기원 연구의 '기원'을 만나게 될 것이다.

18세기 이래로 데카르트를 둘러싼 흥미진진한 이야기 하나가 전해져 내려온다. 데카르트는 말년에 여행을 다닐 때마다 실물 크기의 여자아이 인형을 가지고 다녔다고 한다. 한 자료에 의하면, '동물은 기계에 불과하며 그것에 영혼은 없다는 것을 보여주기 위해' 그가 직접 그 기계인형을 제작했다고 한다. 데카르트는 그 인형에게 자신의 사생아 딸 프란신과 똑같은 이름을 지어 주었다. 몇몇 버전의 주장에 따르면, 그 인형이 워낙 실물과 똑같아서 사람과 인형을 구별할 수 없을 정도였다고 한다. 데카르트와 인형은 꼭 붙어 다녔던 것이 분명하다. 데카르트는 잠잘 때도 트렁크 안에 인형을 넣어서 옆에 두었다고 한다. 배가 네덜란드 앞바다를 항해하고 있던 1640년대 초의 어느 날, 데카르트가 잠든 사이 평소 트렁크 속 내용물을 의심스러워하던 선장이 선실로 들어와 그 트렁크를 열었다. 그리고 잠시 후, 선장은 흉물스러운 기계의 모습에 공포에 질린 나머지 갑판으로 인형을 끌고 와 바다에 던져버렸다. 그때, 그 인형이 저항했는지는 전해지지 않는다.

―스티븐 고크로저 「데카르트: 어느 지적인 전기」

머리말

인간, 이원적 사고방식을 타고난 존재들

죽은 동물과의 섹스는 역겹다. 바나나 껍질을 밟고 미끄러지는 누군가의 모습은 눈물 나게 웃길 수도 있다. 영아 살해는 잘못이다. 물감이 뿌려진 캔버스가 하나의 예술작품이 되기도 한다. 우리 몸은 나이가 들면서 급격히 변하지만, 우리는 변함없이 같은 사람이다. 그리고 우리가 죽어도, 우리 영혼은 계속 살아갈지도 모른다.

우리들 중에는 이런 기본적인 관념이 없는 사람들도 존재한다. 가령, 살짝이라도 양심에 찔리는 것 없이 끔찍한 행위를 저지르는 사이코패스라든가, 다른 사람들에게 생각과 감정이 있다는 것을 이해하지 못하는 중증 자폐아가 그렇다. 하지만 이렇게 특이한 사례들은, 오히려 도덕성과 유머, 예술, 개인의 정체성 같은 관념들이 정상적인 인간이 지닌 여러 조건의 한 측면이라는 원칙을 입증해줄 뿐이다.

어떻게 하면 이것을 더 잘 설명할 수 있을까? 몇몇 학자들은 이러한 인간적인 특징이, 아기의 뇌에 새겨진 진화적 적응의 결과라고 주장한다. 문화적 산물이라고 주장하는 또 다른 학자들은, 이러한 특징이 생물학과 유전학으로부터 독립되어 있기 때문에 역사적·사회적 차원에서 더 잘 설명될 수 있다고 주장한다. 하지만 나는 '찰스 다윈의 연구 성과'에서 가장 나은 설명을 찾을 수 있다고 본다. 다윈은 자신의 책 『인간의 유래』와 『인간과 동물의 감정 표현』에서 인간의 많은 정신적 능력이 자연선택에 의해 등장했다고 주장한다. 즉, 그러한 능력이 번식에 유리하기 때문에 생겨났다는 뜻이다. 그러면서도 그는 인간만이 가지고 있는 이 많은 형질이 '적응의 결과물'이 아니라 '(생물학적 우연에 의한) 적응의 부산물'이라는 것 역시 분명하게 밝히고 있다.

이 책에서 나는 이러한 다윈의 접근방식을 탐구할 예정이다. 특히, 인간들이 '사람과 대상을 고려하는 특정한 사고방식'을 진화시켜왔다고 주장할 예정이다. 우리는 근대철학의 아버지, 르네 데카르트가 제시한 방식에 따라 세상을 본다.

그 당시 프랑스 왕궁 정원에는 수력으로 움직이는 자동조각상들이 있었고, 데카르트는 이 자동인형들에 매료되었다. 자동인형들은 저마다 얌전하게 혹은 화난 것처럼 느껴질 만큼 사실적으로 움직였다. 데카르트는 인간을 포함한 동물의 몸도 이처럼 대단히 복잡한 기계에 불과하다고 믿었다. 다만 그가 '짐승 기계'라고 묘사했던 여타의 다른 동물들과 달리, 인간의 경우에는 '**물질**res extensa'과 '**정신**

'res cogitans', 즉 '몸이라는 생리적 기계'와 '자아, 마음'이 별개로 존재한다고 주장했다. 그에 따르면 우리는 육체를 통해 행동하고 세상을 경험하지만, 우리는 육체적인 존재가 아니며 비물질적인 영혼을 지닌 존재인 셈이다.

우리가 타고난 데카르트주의자라면, 즉 우리가 '물질과 정신'이라는 이원론적 사고방식을 타고 태어난 존재라는 것을 인정하면 우리를 인간답게 만드는 것들의 상당 부분을 더 잘 설명할 수 있을 것이다. 우리는 세상을, 육체가 있는 세상과 영혼이 있는 세상이라는 두 가지 방식으로 바라본다. 이 두 가지 시선은 아이가 태어나 발달 과정을 거치는 동안 놀라운 방식으로 서로 상호작용하고 그 결과, 도덕성과 종교처럼 인간에게만 있는 특성들이 인류 공동체라는 사회적 맥락 안에서 탄생한다.

이러한 이원론이 우리가 생각하고 느끼는 방식에 어떤 영향을 주는지는 이 책의 시작 페이지에 수록된 인용문을 보면 잘 알 수 있다. 이 이야기는 여러 가지 버전으로 전해 내려오는데, 혹자는 데카르트가 일생일대의 슬픔이라고 표현한 다섯 살배기 딸 프란신의 죽음으로 인해, 비통함에 젖어 기계인형을 만들었다고 주장한다. 또 다른 이는 그에게 진짜 딸은 없었고, 실아생전 자동인형에 푹 빠져 있었기 때문에 자신이 만든 기계인형을 딸처럼 생각했다고 주장한다. 하지만 어느 버전이든 이 이야기의 결말은 동일하다. 결국 선장은 공포에 질리고, 기계인형은 파괴된다.

사람들이 이렇게 영혼 없는 몸, 마치 사람인 척 행동하는 순전히 육체적인 생명체라는 개념을 거북해하고, 심지어 역겨워하는 데에는 무언가 이유가 있다. 데카르트가 틀렸다는 과학계의 일치된 의견을 고려할 때, 이러한 반응은 다분히 우려스럽다. 현대 과학에 의하면, 의식을 지닌 자아는 순수하게 육체적인 뇌에서 생겨난다. 즉, 그 이론에 따르면 우리에게 비물질적인 영혼이란 없다. 우리는 선장 때문에 바다에 빠져 죽은 '흉물'처럼 물질적인 존재이다. 우리는 데카르트의 아기이다.

이 책은 영아의 정신발달에 필요한 토대를 설명하는 것으로 시작된다. 아기들은 말하거나 걷거나 배변을 통제할 수 있게 되기도 전에, 세상에는 물리적인 사물과 비물질적인 마음이 모두 존재한다는 것을 안다. 고체성과 중력 등의 원칙이 지배하는 물리적인 사물의 세상과 감정이나 목표에 따라 작동되는 비물질적인 마음의 세상이 있다는 것을 인식한다. 이렇듯 아기는 타고난 이원론자이다.

2장과 3장에서는, 이러한 이원적인 인식 방식에 따라 세계와 자연계를 이해하는 방식이 어떻게 형성되는지를 보여준다. 인식의 이원성이 있기 때문에 어린아이조차 창조신의 존재를 쉽게 믿을 수 있다. 또한, '예술 평가'와 관련된 몇 가지 수수께끼도 이 이원성으로 설명될 수 있다. 예를 들어, 우리가 위작과 원작의 차이를 진지하게 구분하는 이유, 혹은 다른 것과 예술을 구분하는 이유 등을 이 이원성으로 설명할 수 있다.

그 다음으로, 우리가 다른 사람들에게 느끼는 감정의 밑바닥에는 우리의 직관적 이원론이 깔려 있다는 주제가 이어진다. 4장에서는 아기들과 아이들에게 어떻게 도덕적 감정이 발현되는지를 다루고,

5장에서는 우리가 발달시킨 도덕감각의 영역인, '도덕적 범주'의 성장에 대해서 논한다. 인간에게만 있는 도덕성의 발현에 대한 이론을 소개하고, 우리의 진화된 도덕감각을 강화시키고, 키우고, 견고하게 만든 특정한 힘이 어떻게 심오한 방식들을 통해 도덕감각을 변형시키는지를 논한다.

6장에서는 혐오를 다룬 문헌들을 살펴본다. 공감과 같은 감정은 도덕적 범주를 확장시키는 반면, 혐오의 감정은 이를 축소한다. 혐오의 감정을 사용하면, 우리는 사람들을 도덕적 가치가 없는 생명체로 보게 된다. 이 장은 슬랩스틱 유머에 대한 논의로 끝을 맺는데, 놀랍게도 슬랩스틱의 밑바탕에도 육체와 영혼의 이원성에 대한 인식이 깔려 있다.

마지막 두 장은 우리의 영적 신념에 관해서 다룬다. 7장에서는 우리의 직관적 이원론이 개인의 의식과 사후의 삶에 관한 어른과 아기의 사고방식에 어떤 영향을 미치는지를 탐구한다. 8장에서는 '대화 내용을 기억하는 나무'나 '구약성서의 하느님' 같은 영적 존재에 대한 우리의 믿음을 탐구한다. 마지막으로, 우리가 지닌 상식적 이원론이 과학적인 현실 인식과 어떻게 맞아떨어지는지를 논한다.

내가 이 문제에 처음 관심을 가진 것은 약 8년 전, 폴 로진이 들려준 혐오에 관한 연구가 그 계기였다. 그 당시 나의 주된 관심사는 언어 발달이었음에도 불구하고, 나는 그 주제에 흥미를 느꼈다. 그 후 1999년, 예일 대학교 심리학과에 합류해 대학원 세미나의 '육체와 영혼'이라는 주제를 지도하는 과정에서 이 책의 구상이 시작되었다.

예일 대학교에서의 시간은 내게 작업에 대한 자극과 힘이 되어주었으며, 그 과정에서 동료들에게도 수많은 신세를 졌다. 특히 오랜 기간 동안 고통 받은 대학원생들에게 감사의 마음을 전한다. 실험실 회의 때마다 그들의 실질적인 연구 주제(아동발달)를 현대 예술과 시체성애증 등의 주제로 바꾸었음에도 불구하고 학생들은 늘 나의 연구를 지지하고 도와주었다.

스티븐 핑커는 내가 이 프로젝트에 대해 고민할 때 훌륭한 조언을 해주었다. 나의 대리인, 카틴카 맷슨의 격려와 지원도 큰 힘이 되었다.

다양한 주제에 대한 전문지식을 공유해준 이들에게도 감사의 마음을 전한다. 우경 안, 르네 바이아르종, 제시 베링, 에이미 캠벨, 수잔 캐리, 엘리자베스 캐시턴, 조프리 코헨, 데보라 프라이드, 샤민 가즈나비, 제임스 그로스먼, 폴 해리스, 칼 존슨, 서린 존스, 도나 러츠, 조지프 마허니, 멜리사 앨런 프라이슬러, 피터 샐로비, 브라이언 숄, 미셸 스턴설, 롭 윌슨이 그 주인공들이다.

여러 친구와 옛 제자, 동료들이 (몇몇 경우에는 얼굴 한 번 본 적 없음에도 불구하고) 시간을 내어 각 장의 원고를 읽고 세심한 지적을 해주었다. 파스칼 보이어, 셰릴 브라운, 길 디센드럭, 조너선 하이트, 데보라 켈레먼, 제럴드 레빈슨, 바버라 몰트, 로리 마크슨, 그레고리 머피, 데이비드 피자로, 폴 로진, 로리 산토스, 피터 싱어, 캐런 윈, 에드 지글러에게도 감사의 마음을 전한다. 프랭크 케일과 수잔 겔먼에게 특히 고맙다. 두 사람은 여러 장의 내용에 대해 광범위한 피드백을 아끼지 않았다. 이 책을 쓰면서 가장 큰 신세를 진 사람은 베이직 북스 출판사의 편집인, 앤 밀러이다. 이 프로젝트의 진행 단계마다 세심한 조언과 통찰력 있는 지적을 아끼지 않았다. 그 덕분에 결과적으로 최종 원고를 크게 개선할 수 있었다.

코네티컷과 퀘벡, 매사추세츠, 오타와, 텍사스, 서스캐처원에서 보내온 가족들의 지지 역시 얼마나 큰 힘이 되었는지 모른다. 또한 아들 맥스와 재커리 덕분에 추상적 이론이 실제 아이들에게 적용될 수 있다는 사실을 항상 명심할 수 있었고, 그 덕에 집필 기간은 내 인생에서 가장 행복한 시간 중 하나가 되었다. 아내 캐런 원에 대한 고마움 역시 빼놓을 수 없다. 이 책에 등장하는 아이디어 하나하나가 우리가 나눈 논의 과정 속에서 틀이 잡혔으며, 그녀는 내게 믿을 수 없을 정도로 큰 힘을 주었다. 캐런의 다정함과 총명함, 사랑이 없었다면 『데카르트의 아기』를 완성하지는 못했을 것이다. 감사를 전하며 이 책을 그녀에게 바친다.

차 례

추천의 말   004
머리말   인간, 이원적 사고방식을 타고난 존재들   009

1부
토대: 인간의 조건이 탄생하는 시작점

1장   마음을 읽는 사람들 ················· 021

아기의 타고난 능력 | 사회적 존재인 아기 | 아기도 의중을 이해할 수 있다 | 만약 마음을 읽을 수 없다면 | 잉여 능력의 발달

2부
물질 영역에 대한 관점

2장   인공물들의 세계 ················· 069

세분파와 병합파: 범주를 나누도록 진화해온 인간 | 올바른 범주의 조건 | 인간은 타고난 본질주의자 | 나쁜 본질주의가 벌이는 일 | 생물종보다 더 많은 인공물 | 본질주의: 인공물도 예외는 아니다 | 자연계는 신이 만든 가공물? | 선천적 인공론자들

3장   불안한 대상과 예술 ················· 106

실제와 표상의 차이를 인식하다 | 사과 사진 먹을래? | 의도와 명명하기 | 우리는 무엇을 예술이라 부르는가? | 예술을 즐기는 인간 | 위작, 무엇이 문제일까? | 예술에 대한 이원론적 관점

3부
사회적 영역에 대한 관점

4장 선과 악 ··· 151
닥터 이블을 찾아서 | 최후의 승리는 착한 자의 몫 | 도덕적 감정의 출현 | 공감과 연민 | 아기의 도덕성

5장 도덕적 범주 ··· 185
정념의 노예 | 선천적인 도덕성, 개인적인 도덕적 판단 | 도덕적 진보의 시대 | 공정성에 관하여 | 공감, 이성 그리고 의도적 회피 | 도덕적 변화는 어떻게 일어나는가 | 결국 도덕은 정의를 향해 굽어 있다

6장 혐오와 유머 ··· 230
나쁜 맛 | 혐오, 안전에 대한 열망에서 탄생한 감정 | 혐오의 보편적 특성 | 혐오는 언제 발현되는가 | 혐오의 범위 | 혐오의 대상이 된 사람들 | 혐오와 유머의 공통적인 속성

4부
정신적 영역에 대한 관점

7장 고로 나는 존재한다 ··· 279
우리가 확실하게 알고 있는 것 | 이원론자로 태어나다 | 죽음 | 아이들은 죽음에 대해 무엇을 알고 있을까?

8장 신, 영혼 그리고 과학 ··· 306
초자연적 존재 | 우리가 이해하는 신 | 과연 아이들은 마법을 믿을까? | 아이들이 신에 대해 알고 있는 것 | 몸과 영혼의 문제

장별 출처 331   참고문헌 343

1부

토대
인간의 조건이 탄생하는 시작점

1장
마음을 읽는 사람들

• • •

아이는 어른의 아버지다.
– 워즈워스

　세계 최대의 포커 대회인 '월드시리즈 오브 포커'의 챔피언이 되려면 무엇이 필요할까? 운만이 전부는 아니다. 해마다 수많은 선수들이 1만 달러씩을 내걸고 대회에 참가하지만, 최종 라운드에 올라오는 선수들은 매년 거의 같다. 사실, 무제한 텍사스 홀덤의 규칙을 신출내기에게 설명하는 데 필요한 시간은 30분이 채 되지 않는다. 인내심과 숫자 감각이 있는 사람이라면 누구든 판돈의 비율을 계산하는 법을 배울 수 있다. 물론, 카드 패를 계속 갖고 있을지 포기할지 언제 배팅하고 언제 발을 뺄지 아는 것처럼 딱 부러지게 설명할 수 없는 성격적인 특성도 존재한다. 하지만 이런 것보다 우승자들을 특별하게 만드는 것은 따로 있다.

시인이자 포커 플레이어인 알 알바레즈가 들려주는 이야기 안에서 우리는 그 답을 찾을 수 있다. 알바레즈에 따르면, '마스터 겜블러'는 카드를 가지고 노는 대신 다른 플레이어들을 가지고 논다고 한다. 즉, 월드시리즈 우승자들은 **마음을 읽는 데** 능한 사람들이라는 뜻이다. 알바레즈가 말했듯이, "많은 재능 가운데 프로와 아마추어를 가르는 것은 딱 하나. 미미한 실마리만으로도 상대방의 패를 불가사의할 정도로 정확히 읽을 줄 아는 능력이다. 타이밍, 앉아 있는 자세, 손가락으로 칩을 움직이는 방식이나 눈을 깜빡이는 방식, 심지어 목덜미로 보이는 맥박마저도 다 단서가 된다."

프로 포커 플레이어는 다른 사람의 마음을 읽는 데 능할 뿐만 아니라 자신의 생각을 숨길 수도 있어야 한다. 상대방이 자신의 정신 상태를 눈치 채지 못하게 하거나 더 좋은 방법으로는 허세를 부리면서 상대가 잘못 추론하도록 유도해야 한다. 실제로 좋은 패를 쥐고 있으면서도 허풍이라고 믿게 만들거나, 사실은 허풍이면서도 허세를 부리는 척한다고 믿게 만드는 등의 행동을 해야 한다.

냉소적으로 말하자면, 인생은 포커의 확대판과 같다. 제한된 자원을 놓고 경쟁하기에 버는 사람이 있으면 잃는 사람도 있는 법이다. 인생이라는 전장에서 우리는 끝까지 치열한 전투를 벌인다. 이 전투에서는 물리력보다는 공모하고 속여서 상대방을 압도하는 능력이 중요하다. 진화적 관점에서 이것은 타당하다. 진화 과정에서 어떤 형질이 등장하는 경우는 오로지 그 형질이 번식 성공률을 높일 때뿐이다. 즉, 생존 확률을 높이거나 더 많은 자손을 가져오는 경우뿐이라는 이야기다. 그런데 '성공'은 상대적인 개념이다. 어떤 동물이 지닌 유전자의 운명을 결정짓는 것은 그 동물이 절대적 의미에서 얼마나 뛰어나냐가 아니다. 나머지 모두와 비교했을 때 상대적으로 얼마나 뛰어나냐가 관건이다. 자연선택은, 멀리서 돌진해 오는 곰 한 마리를 발견한 도보 여행자들의 이야기에 비유할 수 있다. 두 사람 중 한 명이 미친 듯이 러닝화를 신기 시작하자, 다른 친구가 그에게 소용없는 짓이라고 소리친다. 달리기로 곰을 이길 수는 없으니까. 그러자 첫 번째 친구가 큰소리로 대답한다. "굳이 곰보다 빨리 달릴 필요는 없어. 난 너보다만 빠르면 돼."

하지만 진화 과정에서는 이처럼 노골적인 개인 간 경쟁만이 전부는 아니다. 진화적 시각에서 보면, 우리의 운명은 우리와 유전자를 공유하는 사람들, 즉, 우리의 친족, 특히 우리 자녀들과 긴밀하게 얽혀 있다. 게다가, 인간을 포함한 많은 동물은 가족보다 넓은 사회적 테두리 안에서 협력하도록 진화해 왔다. 그 결과, 우리는 상호 이익을 위해 함께 일할 수 있게 되었다.

그래서 우리는 다른 사람들에 대한 이해심을 더 상냥한 방식으로 드러낸다. 우선, 우리는 남을 가르칠 수 있다. 가르치는 행위를 하려면 나보다 아는 것이 적은 사람의 정신 상태를 예리하게 인식할 줄 알아야 한다. 또한, 학생의 새로운 정신적·신체적 능력을 육성하게끔 솜씨 있게 말하고 행동하는 능력도 있어야 한다. 우리는 공동 목표를 위해 함께 일하면서 다른 사람들과 관계 맺을 줄도 안다. 여기서 일이란, 손가락으로 무언가를 가리키거나 소리를 내서 주의를 끄는 등의 단순한 행동을 의미할 수도 있고, 다수의 참여자와 협상을 벌이는 것처럼 복잡한 일을 의미하는 걸 수도 있다. 그리고 사회적인 본성 덕분에 공감과 연민, 사랑 등의 감정을 느낄 수도 있다.

이 장에서는 서로를 이해하는 인간의 능력에 대해 어느 정도 상세히 논할 예정이다. 특히 어린아이들에게서 이런 능력이 어떻게 발달하는지 살펴볼 생각이다. 이 책에서 나는 발달심리학과 임상 연구, 신경과학 분야에서 발견한 사실들을 기반으로 이렇게 주장하고자 한다. 우리가 지닌 가장 흥미로운 정신적 특징 중 일부는 다른 사람들의 마음을 이해하고 그것에 반응하는 능력을 진화시키는 과정에서 우연히 생긴 부산물이라고 여기는 게 타당하다고.

하지만 여기까지는 절반의 사실에 불과하다. 우리는 물질적 대상을 인지하고 추론하는 능력 역시 진화시켰기 때문이다. 가령, 돌멩이 하나를 땅위에 놓아둔 다음, 잠시 다른 곳을 보다가 다시 돌아볼 경우, 우리는 원래 있던 곳에 돌이 있으리라 예상한다. 이 돌은 깡충깡충 뛰어서 사라지거나, 물성을 잃거나, 낙타로 변해서는 안 된다. 우리는 나무에 기대면서 나무가 우리 무게를 지탱해줄 것이라고 기대한다. 컵 손잡이를 잡아 끌어당길 때는 컵 전체가 당기는 쪽으로 움직일 거라 예상한다. 반면, 컵이 고무처럼 늘어나거나, 먼지로 변하거나, 우리를 끌어당겨서는 안 된다.

만약 이러한 예상들이 맞아떨어지지 않는다면, 우리는 바닥에 비밀 통로가 있거나 몰래 연결된 줄 등의 속임수가 있다고 의심하게 된다. 만약 모든 것이 동시에 잘못된다면, 즉 컵을 당겼는데 멀어지고, 컵이 고무처럼 늘어나더니 사라져 버린다면 마치 살바도르 달리의 그림 속에 갇혀버린 듯한 느낌을 받게 될 것이다.

물질세계의 작동방식에 대한 이러한 기본적인 추정은 우리의 무의식 속에 단단히 자리 잡고 있어서, 오히려 이를 또렷하게 입 밖으로 표현하려면 어느 정도 노력이 필요하다. 사실, 심리학과 철학의 주된 목표 중 하나는 우리의 가장 기본적인 추정이 무엇인지를 규정하는 것이다. 다시 말해, 우리의 순진한 형이상학 즉, 우리가 이해하는 현실의 근본적인 본질이 무엇인지를 명시하는 게 그 학문의 목적이다. 발달심리학자 엘리자베스 스펠크는, 모든 인간이 물리적 대상對象이라면 다음과 같은 네 가지 성질을 가졌다고 추정한다.

1. **응집성**. 물리적 대상은 연결된 물질 덩어리이며 이 덩어리는 전체가 하나로 움직인다. 어떤 대상의 경계가 어디인지 알고 싶다면, 그 대상의 어느 한 부분을 잡고 당겨보면 쉽게 알 수 있다. 당겼을 때 같이 따라오면 같은 대상에 속하는 것이다. 따라오지 않고 그대로 남는다면 같은 대상이 아니다.
2. **고체성**. 물리적 대상에는 다른 대상이 쉽게 침투할 수 없다. 손가락으로 어떤 대상을 살짝 두드렸을 때, 손가락은 그 속으로 들어가지 않는다.
3. **연속성**. 물리적 대상은 연속적인 경로로 움직인다. 즉, 빈틈없이 공간을 가로질러 이동한다. 어떤 대상이 어느 위치에서 사라졌다가 갑자기 다른 위치에 다시 나타났다면 이 규칙을 위반하는 것이다.
4. **접촉성**. 물리적 대상은 접촉을 통해 움직인다. 당구대 위에 놓인 공은 무언가와 접촉하지 않는 한 움직이지 않는다. 당구공은 채를 피해 달아나거나 소리 내어 부른다고 오지 않는다. 이

규칙의 예외에 해당하는 것은, 사람이나 개와 같은 동물들과 로봇이나 자동차 같은 일부 복잡한 인공물들뿐이다.

이처럼 우리가 대상을 어떻게 추정하는지를 보면 우리가 외부 세계를 어떻게 이해하고 조작하는지를 알 수 있다. 하지만 이러한 추정은 무의식적으로 이루어진다. 따라서 우리의 의식적인 신념은 이러한 본능적인 추정과 충돌을 일으킬 수 있다. 철학자 조지 버클리는, 우리가 진정으로 고체를 인식하는 것은 아니며, 그런 것은 존재하지 않기 때문에 인식할 수 없다고 했다. 어떤 신비주의자들은 우리가 경험하는 모든 것을 꿈이라고 믿는다. 어떤 철학자들은, 지속되는 물리적 세계라는 아이디어는 기껏해야, '유용한 허구'에 지나지 않는다고 주장한다. 많은 사람들이 오로지 미립자나 초끈, 양자의 무리만 실제로 존재한다고 말하는 현대 물리학 이론을 받아들였다.

이러한 믿음들은 이 책의 마지막 부분에서 다시 다루도록 하겠다. 여기서 지적하고 싶은 것은, 이러한 회의적인 입장이 제아무리 진지하다고 해도 이것 역시 의식적인 추론과 숙고의 산물이며, 우리가 타고 태어난 직감과는 별개의 것이라는 점이다.

♦ 아기의 타고난 능력

2000년 12월, UCLA 아동 발달 연구소가 진행한 종적 연구 결과가 신문 1면에 소개되었다. 3,500명 이상의 아기들을 대상으로 지능 테스트를 한 결과였다. 아기들에게는 사이안화 가스가 가득한 방에서 탈출하기, 이리호 한가운데 남겨진 뒤 항해지도만 가지고 호숫가에 도달하기, 캔 따개처럼 단순한 도구로 식사 준비하기 등의 과제가 부여됐다. 닭이나 개, 벌레는 앞이 보이지 않을 정도의 폭우를 마주했을 때 몸을 피할 안전한 곳을 찾아냈지만, 인간의 아기들은 그렇지 못했다. 과학자들은 다음과 같이 결론을 내렸다. "오랜 기간 심리학자들은 인간의 아기가 탐구심이 많고 적응력이 뛰어나다고 여겼으나, 실제로는 특출 날 정도로 어리석은 존재이다."

이 이야기는 사실 풍자지 《디 어니언》에 실린 가짜 뉴스이다. '아기는 똑똑하다'는 내용의 연구가 대중언론에 소개되자 이를 풍자 대상으로 삼은 것이다. 하지만 지성사 대부분을 통틀어 보면, 가짜 뉴스가 상당히 일리 있는 결과를 도출해낼 때도 있다. 윌리엄 제임스는 아기의 정신생활을 "지독히도 왁자지껄한 혼란 상태"로 묘사했다. 1762년, 프랑스 철학자 장 자크 루소는 더 강한 표현을 사용해 이렇게 지적하기도 했다.

우리는 아무것도 배울 수도, 알 수도, 인지할 수도 없는 상태로 태어난다. 주피터의 뇌에서 탄생한 팔라스처럼 성인의 체격과 힘을 가진 상태로 태어난 아기가 삶을 시작한다고 가정해보자. 이런 에이른은 사실 완벽한 미보와 같다. 움직임도 없고, 감정도 거의 없는 조각상, 자동인형과 같다. 그래서 아무것도 보지도 않고 듣지도 않으며, 누구도 알아보지 못한다. 보고 싶은 쪽으로 눈을 돌릴 수도 없다.

신생아에게 정신 능력이 없다는 이 같은 신념이야말로 발달심리학의 주류였다. 물론 그럴 만한 이유가 있었다. 현대 아동발달학의 창시자인 스위스 심리학자 장 피아제의 예를 들어보자. 그의 관찰에 따르면, 생후 8개월 아기 앞에 매력적인 장난감을 놔두면 아기는 그 장난감을 손으로 쥔다. 하지만 그 다음, '아기가 똑똑히 보고 있는 앞에서!' 장난감을 천으로 덮어버리면, 아기는 장난감이 사라진 것처럼 행동한다. 천을 들어 올려서 장난감을 되찾으려는 시도도 하지 않는다. 그 정도의 육체적 행동은 손쉽게 할 수 있음에도 말이다. 이런 결과는 여러 차례 되풀이된 연구를 통해 확인되었다. 직접 어린 아기에게 실험해보면 여러분도 이 사실을 두 눈으로 확인할 수 있을 것이다.

피아제는 아기에게는 '물체의 영속성'에 대한 지각이 부족하다고 즉, 시간이 지나도 물체가 사라지지 않고 지속된다는 사실을 이해하지 못한다고 결론지었다. 눈앞에서 사라지면 마음속에서도 사라지는 셈이다. 이것은 버클리와 같은 철학자들의 주장과 잘 맞아떨어진다. 즉, 아기는 의도적으로 공간을 가로질러 이동하고 대상을 조작할 수 있게 된 다음에야 비로소 대상에 대한 이해력이 생긴다는 의미다. 이들 철학자의 추론에 따르면, 시각적 경험은 2차원에 그칠 뿐이라서 – 우리 눈에 도달하는 빛은 두 개의 캔버스에 물감이 튀면서 만들어진 패턴과 유사하다 – , 우리가 3차원 세계에 산다는 사실을 이해하려면 촉각이 필요하다.

이와 상반되는 '지적 전통'에 따르면, 대상의 세계를 인식하려면 실제로 상당한 이해력이 요구되는데, 이러한 이해력은 경험을 통해 생기지 않는다고 한다. 플라톤과 데카르트, 칸트와 같은 합리주의 철학자들은 물리적 세계에 대한 우리의 이해력은 대부분 우리의 경험을 초월한다고 주장했다. 즉, 근본적으로 우리는 이런 이해력을 지니고 태어났다는 뜻이다.

그렇다면 아기의 무능력은 어떻게 설명할 수 있을까? 오랫동안 심리학자들은 지식이 행동을 능가할 수 있다고 여겼다. 아는 것과 행동하는 것은 매우 다르다. 아기들은 특히 더 그렇다. 아기들은 신체적 협응 운동을 계획하는 데 어려움이 있다. 그래서 아마도 아기는 겉으로 보이는 것보다는 더 똑똑할 것이다.

언어를 사용하지 않는 생명체의 정신적 삶을 파악하기란 늘 어려운 일이지만, 아기는 특별히 더 힘들다. 인간이 아닌 동물 성체는 비록 말은 하지 않더라도 신체적으로는 노련하다. 침팬지는 조율된 행동을 통해 자신의 선호를 쉽게 표현할 수 있다. 비둘기는 부리로 쪼고, 쥐는 미로를 달린다. 하지만 어린 아기는 그저 누워서 울거나 까르륵거릴 뿐이다. (생후 6개월 된 아기를 미로에 두고 시도해 보면 알 수 있다.) 게다가, 나이와 상관없이 인간을 대상으로 한 연구에서는 윤리적인 문제가 제기된다. 동물 실험에서는 정상 체중의 80%가 될 때까지 실험체를 굶긴 다음, 복잡한 과제를 수행할 때 먹이로 보상을 주는 게 표준적인 실험 방식이다. 하지만 아기에게 이렇게 하겠다고 하면 당연히 부모가 허락하지 않을 것이다.

혹자는 현대 신경과학 기술을 이용해서 어떤 방식으로든 아기의 뇌를 스캐닝하면 아기가 무엇을 이해하는지 알아낼 수 있다고 생각할 수 있다. 하지만 이런 기술은 아직 불완전한 수준인데, 너무 위험해서 아기들에게 적용할 수 없는 경우가 많다. 또는 실험 대상자가 깨어 있는 상태로 장시간 움직이지 않고 가만히 있어야 해서 아기에게 적용하기란 불가능하다. 어떤 경우든, 가장 큰 문제는 이러한 방법들을 통해 얻는 데이터 - 뇌의 전기적 활성, 혈류, 산소 활용 관련 데이터 - 로는 정신적 삶에 관한 특정한 세부 내용을 별로 알아낼 수 없다는 것이다. 심지어 성인을 대상으로 하더라도, 기존의 더 간단한 수단으로 알아내지 못했던 통찰을 신경과학 기술을 통해 얻는 경우는 드물다.

다행스럽게도 신경과학의 발전을 기다릴 필요는 없다. 아기가 몸을 거의 제어하지 못한다 해도, 머리와 눈은 자신의 의지대로 움직일 수 있다. 그래서 아기가 주시하는 것을 보면 아기가 세상을 어떻게 바라보는지를 어느 정도 알 수 있다. 이는 아기들이 어떤 점에서는 어른들과 같기 때문이다. 아기들은 같은 것을 되풀이해서 보고 또 보면 지겨워져서 시선을 돌린다. 반면, 새롭거나 예기치 않은 것

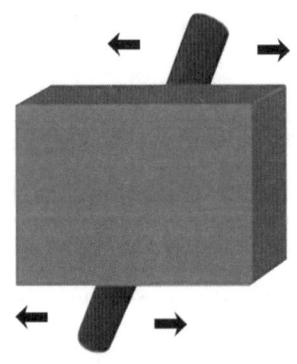

그림 1.1 막대기는 하나일까, 둘일까?

을 보면 더 오래 주시한다. 따라서 주시하는 시간을 분석하면 아기가 무엇을 '같은 것'으로 여기고 무엇을 '새롭거나 예기치 않은 것'으로 여기는지 알 수 있다.

자, 넓은 장벽이 있다고 상상해보자. 장벽 뒤로 막대기 하나가 위로 내비치고, 아래로도 다른 막대기 하나가 내비친다. 그림 1.1에서 보듯, 이 두 막대기가 동시에 나란히 양옆으로 움직인다.

이 모습을 본 어른은 막대기가 하나이며 가운데가 가려진 상태라고 추정할 수 있다. 과연 아기도 같은 추정을 할까? 이것을 알아내려면, 아기에게 같은 장면을 보여준 다음, 막대기를 가리고 있던 장막을 치우고 실제 막대기를 보여주면 된다. 심리학자 필립 켈먼과 엘리자베스 스펠크가 실험한 결과, 생후 3개월 아기들은 장막을 치웠을 때 막대기가 한 개만 있는 경우보다 연결되지 않은 막대기가 두 개 있는 경우에 더 오랫동안 주시했다고 한다. 막대기 두 개를 더 오래 바라보았다는 것은 아기들이 놀랐다는 뜻이다. 따라서 아기들 역시 막대기가 하나만 있을 것으로 예상했다고 추론할 수 있다. 그렇다면 피아제의 주장처럼, 아기들이 전적으로 감각에만 의존해서 정보를 얻는 게 아닌 셈이 된다. 그들은 때때로 대상의 눈에 보이지 않는 부분을 예상하기도 한다. 새로 태어난 병아리들을 대상으로 같은 연구를 진행했더니 똑같은 결과가 나왔다.

그렇다면 아기는 조금 전에 보았던 대상이 눈앞에서 완전히 사라지면 어떻게 반응할까? 여기서 잠시 필자의 동료 캐런 윈이 진행했던 연구를 살펴보자. 눈앞에 빈 무대가 있다. 손 하나가 나와서 미키 마우스 인형 한 개를 무대에 놓아둔다. 그런 다음 인형 앞으로 가림막을 내려 인형을 보이지 않게 숨긴다. 그 후에 손이 다시 나타나 이번에는 다른 미키 마우스 인형을 가져와서 가림막 뒤에 둔다. 이렇게 한 다음, 가림막을 걷는다. 여러분은 어른이니까 잘 알겠지만, 미키 인형 한 개에 다른 미키 인형 한 개를 더하면 미키 인형이 두 개가 되니, 가림막을 치웠을 때 인형은 하나나 셋이 아니라 두 개가 있어야 한다.

윈의 연구 결과, 생후 5개월 아기들도 똑같은 예상을 하는 것으로 드러났다. 아기들은 가림막 뒤에 미키 인형이 몇 개 있어야 하는지 계속해서 셈할 수 있었다. 이것으로 아기들은 물체가 눈에 보이지 않아도 존속한다는 사실을 완벽하게 잘 알고 있다는 게 확인되었다. 이 연구 결과가 1992년에 발표되자, 상당히 큰 반향을 일으켰다. **"아기들은 정말로 덧셈과 뺄셈을 할 수 있을까?"** 사실, 이 연구 결과는 놀랄 만큼 확고한 발견이었을 뿐만 아니라, 여러 연구실에서 되풀이 된 연구를 통해 재차 확인된 사실이기도 했다. 어린 병아리를 대상으로 같은 실험을 한 적은 없으나, 짧은꼬리원숭이와 타마린을 포함한 다양한 유형의 영장류와 반려견을 대상으로는 같은 실험을 진행했는데, 그 결과 동물들이 대상의 영속성을 이해한다는 사실이 모두 확인되었다.

앞서 논했던 물리적 대상의 4대 원칙을 탐구하는 연구들도 진행되었다.

1. 응집성: 손으로 대상을 잡아당기면, 아기들은 대상 전체가 손과 함께 움직인다고 예상한다. 반면, 대상이 조각조각 떨어지

는 모습을 보면 놀란다. 이것으로 보아, 아기들 역시 물체가 **응집**한다는 것을 예상하는 것이다.

2. 연속성: 무대 위에 높은 장벽 두 개가 세워져 있다고 해보자. 상자처럼 작은 물체가 왼쪽 장벽 뒤를 지나 두 장벽 사이를 거쳐서 오른쪽 장벽 뒤로 가서 반대편으로 나온다. 어른들은 이것이 하나의 물체라는 것을 안다. 아기들도 마찬가지다. 이번에는 상자가 왼쪽 장벽 뒤로 사라진다. 그런 다음, 두 장벽 사이의 빈 공간에 모습을 드러내지 않고서 오른쪽 장벽 쪽에서 다시 상자가 나타난다. 이럴 경우, 어른들은 상자가 한 개가 아니라 두 개라고 추정한다. 아기들도 똑같은 추정을 한다. 물리적 대상에 **연속성**이 있다고 예상하는 것이다.

3. 고체성: 가림막 뒤에 물건을 둔 다음 가림막을 뒤로 기울이면, 아기들은 가림막이 움직이다가 멈출 것으로 예상한다. 뒤에 있는 물건과 부딪힐 테니까. 그런데 (바닥에 있는 비밀 통로를 사용해서 물건을 사라지게 한 다음) 가림막을 한계 없이 계속 뒤로 기울이면 이상함을 느낀 아기들은 그 장벽을 한참 쳐다본다. 아기들도 대상이 **고체**라는 것을 예상하는 것이다.

4. 접촉성: 한 대상이 다른 대상 쪽으로 움직인다. 그런데 첫 번째 대상이 와서 부딪히기 직전에 두 번째 대상이 혼자서 움직여 옆으로 비킨다. 어른들과 마찬가지로 아기들은 이런 원격작용을 보고 놀란다. **접촉**에 대한 예상, 즉 대상은 접촉에 의해서만 서로 영향을 줄 수 있다는 예상에 어긋나기 때문이다.

물론, 대상의 작용에 관해 아기들이 알고 있는 지식에는 한계가 있다. 한 연구에서 아기들에게 텅 빈 무대를 보여준 다음, 가림 판을 올려 잠깐 무대 중앙을 가린 뒤, 잠시 뒤에 다시 가림 판을 내리면 무대 중앙에 상자 하나가 나타나는 실험을 진행했다. 어른들은 이것을 속임수라고 여겼다. 텅 빈 모자에서 토끼가 튀어나오는 마술의 실험실 버전으로 여겼다. 반면, 아기들은 지루해했다. 그들은 이 장면에 특별한 게 아무것도 없다고 생각했다. 이유는 불분명하지만, 눈 깜빡하는 사이에 어떤 대상이 갑자기 **생기지** 않는다는 사실은 발달이 꽤 진행된 후에야 이해할 수 있는 것으로 알려졌다. 이것은 대상이 눈 깜빡하는 사이에 **사라지지** 않는다는 사실을 태어날 때부터 이해하는 것과는 극명하게 대조를 이룬다.

또 다른 사례도 있다. 심리학자 르네 바이아르종이 이끄는 연구진은 사물이 언제 떨어지는지에 대한 아기들의 이해력을 살펴보는 연구를 여러 차례 진행했다. 어른들은 그림 1.2에 나와 있는 세 가지 경우 모두 검은 물체가 충분히 지지를 받지 못했기 때문에 떨어지는 게 당연하다고 생각했다. 하지만 이러한 이해력은 발달 단계가 진행됨에 따라 얻을 수 있다. 제일 어린 실험 대상자였던 생후 3개월 아기들은 첫 번째 장면에 대해서는 어른들과 같은 직관력을 발휘했다. 검은 상자가 떨어져야 한다고 생각했기에, 상자가 공중에 떠 있는 그림을 오래 쳐다보았다. 반면, 중간 장면은 생후 5개월 정도 되어야 오래 주시했고, 마지막 장면은 첫돌이 지난 아이들만이 뭔가 이상하다고 여겼다.

이러한 결과에 따르면, 아기는 물체가 무엇이고 어떻게 작용하는

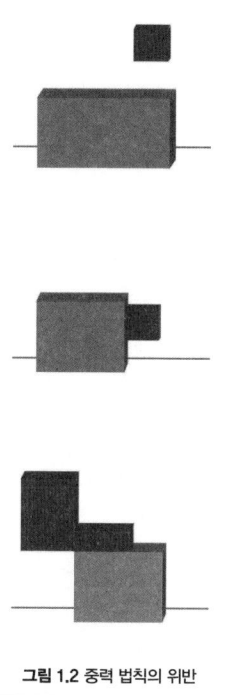

그림 1.2 중력 법칙의 위반

지에 대한 기초적인 이해력을 지닌 채 세상에 태어나는 것처럼 보인다. 하지만 이러한 이해력은 어디까지나 불완전하며 나이가 들면서 발달하게 된다. 기초적인 이해력이 높아지는 이유 중 하나는 뇌의 성숙 덕분일 수 있다. 인체의 나머지 부분들과 마찬가지로 뇌 역시 어린 시절에 급격히 변화하고 이에 따라 지식도 증가한다. 하지만 이해력 향상을 불러오는 다른 한 가지 요인은 경험임이 분명하다. 인지 심리학자들은 다른 경우에는 충분히 상식적으로 판단하는 어른들조차 물체의 작용에 대해서는 혼동할 수 있다는 사실을 발견했다. 이를 보여주는 전형적인 사례가 있다.

C자형 튜브에서 발사된 공은 어떤 궤적으로 날아갈까?

이 질문을 받자, 성인 실험 대상자들 중 절반에 조금 못 미치는 사람들이 공이 계속 곡선으로 날아갈 것이라고 대답했다. 여러분도 그렇게 생각했다면, 그런 답을 내놓은 사람이 혼자가 아니라는 사실에 안심해도 좋다. 아리스토텔레스 역시 운동을 그렇게 이해했다. 하지만 뉴턴이었다면 틀렸다고 대답했을 것이다. 공은 기억 능력이 없기 때문에 일단 튜브에서 튀어나오면 직선 운동을 한다. 이처럼 사람들이 오해하게 되는 이유는 곡선형 튜브에서 공이 발사되는 경우가 흔치 않기 때문이다. 직관적인 기본 원칙에 부합되지 않는 드문 일이기 때문이다.

경험 부족 때문에 튜브의 오류를 범했다면, 유사한 문제가 보다 친숙한 영역에서 주어졌을 때는, 더 올바른 답을 해야 한다.

C자형 호스에서 발사된 물은 어떤 궤적으로 날아갈까?

이 질문은 훨씬 답하기 쉽다. 이 경우 물이 계속해서 휘어진다고 생각할 사람은 아무도 없다. 분명, 자연선택을 통해 인간은 – 그리고 다른 동물들도 – 물리적 대상이 무엇이며 어떻게 작용하는지에 대한 기초적인 이해력을 지니게 된 듯하다. 하지만 물리적 세계에 대한 나머지 이해력을 갖추려면 경험을 통해 배워야 한다.

♦ 사회적 존재인 아기

아주 어린 아기도 사람과 물체를 다르게 대한다. 아기는 움직이던 물체가 동작을 멈추면 흥미를 잃는다. 반면, 활발히 상호작용하던 사람의 얼굴이 굳어지고 표정 변화가 사라지면 아기는 동요한다. (아마 여러분도 그럴 것이다.) 표정은 변할 뿐만 아니라, 자신의 행동에 적절히 반응하는 식으로 변한다고 아기들은 예상한다. 한 연구에서는, TV 앞에 생후 2개월 된 아기들을 앉혀놓고 화면으로 엄마의 모습을 보여주면서 그들의 반응을 살폈다. 실시간 화상회의처럼 화면을 통해서 엄마와 상호작용을 하게 되자 아기들은 이를 즐겼다. 그런데 몇 초간 화면이 지연되면서 소통의 시차가 발생하자, 아기들은 질겁했다. 그들은 화면을 외면하면서 동요했다.

아기는 다른 무엇보다도 사람의 얼굴을 보는 것을 좋아한다. 특히 가장 친근한 얼굴(대부분 엄마의 얼굴)을 선호한다. 아기는 행복한 얼굴과 슬픈 얼굴을 구별할 줄 안다. 게다가 표정을 흉내 내기도 한다. 심리학자 앤드루 멜조프는 신생아마저도 실험자의 표정에 반응한다는 사실을 발견했다. 실험자가 혀를 내밀자 아기들도 그를 놀리듯 혀를 내미는 경향을 보인 것이다. 이것은 매우 인상적인 결과였다. 이 아기들은 지금껏 한 번도 거울을 본 적이 없었기 때문에, 이런 반응을 보이려면 자기 눈앞에 보이는 혀가 직접 본 적은 없지만 자신에게도 존재하고 있는 '혀'라는 것에 대한 대응이라는 것을 본능적으로 알고 있어야 한다.

아기들은 손에 대해서도 예상할 줄 안다. 두 개의 물체가 있을 때, 손 하나가 나타나 둘 중 한 물체로 손을 뻗는다. 이때 아기들은 두 물체의 위치가 바뀌면 그 손도 위치를 바꾸어 같은 물체를 계속 쫓을 거라고 예상한다. (이런 예상은 손에만 해당된다. 손이 아닌 막대기로 물체를 찌를 경우에는, 다른 결과가 나온다.) 손은 사람의 몸에 붙어 있고, 사람에게는 목표가 있다. 그래서 아기들은 특정한 물체를 잡으려고 손을 뻗는 게 사람의 합리적인 목표라고 이해하는 것처럼 보인다.

아기는 성장함에 따라 이러한 능력들을 현실 세계에서 선보이기 시작한다. 첫돌이 되기 전에, 아기는 어른이 어디를 보고 있는지, 어느 곳을 가리키는지 민감하게 알아차린다. 그리고 이 정보를 활용해서 어른이 어디에 주의를 집중하고 있는지 알아낸다. 아기는 다른 사람의 감정도 읽는다. 아기가 위험한 곳으로 기어가면 어른은 겁에 질린 표정이나 혐오하는 표정을 짓는다. 그것을 통해 아기는 그곳으로 가까이 가지 말아야 한다는 것을 충분히 알아챈다. 또한, 직접 손가락으로 가리키고, 보여주고, 요구할 줄도 안다. 아직 말을 할 줄 모르는 아기라도 관심 있는 물건을 향해 손을 흔들면서 끙끙 소리를 내는 방식으로 누군가가 그 물건을 자신에게 가져다주도록 만든다.

우리가 아는 한, 물리적 세계에 대한 지식에 있어서는 인간들도 별로 특별할 게 없다. 인간과 다른 동물들을 주의 깊게 비교해보면, 동물들 특히 영장류들의 물체에 대한 이해력은 인간의 아기와 다를 바가 없어 보인다. 또한, 그들은 인간과 같은 방식으로 몸을 인식하는 것처럼 보인다.

하지만 사회적인 이해력 측면으로 들어가면 상황은 매우 달라진다. 손가락으로 가리키기처럼 간단해 보이는 일을 예로 들어보자. 앞서 언급했듯이, 아기들은 관심을 집중시키기 위해 어른들이 무언가를 손가락으로 가리키는 몸짓을 사용한다는 사실을 깨닫는다. 그리고 머잖아 그들도 이런 몸짓을 사용한다. 이런 행동쯤은 쉽게 배울 수 있을 것처럼 보이지만, 사실 이 행동을 습득하려면 일종의 마음을 읽는 능력이 필요하다. 사람들이 특정한 것에 주의를 기울이면서 다른 것엔 주목하지 않는 상황을 이해해야 한다. 인간과 가장 가까운 친척뻘로 진화한 침팬지의 경우, 많은 면에서 인간의 아기보다 훨씬 똑똑하지만 이 부분에서만큼은 그렇지 않다. 야생에서 침팬지는 대상을 보여주거나, 제공하거나, 가리키는 행동을 하지 않는다. 분명히 그렇게 할 수 있는 적응 우위를 지니고 있음에도 말이다. 실제로 침팬지에게 손가락으로 가리켜 먹이를 얻는 법을 가르치려고 노력했으나 성공하는 것에 한계가 있었다.

다른 여타의 연구에서도, 인간을 제외한 동물들은 어린아이들조차 아주 간단하게 해내는 관련 과제들을 수행하는 것에 어려움을 겪었다. 예를 들어, 사람들이 바라보는 방향을 보고서 그들이 알게 된 게 무엇인지 추론하는 일이 그렇다. 침팬지를 비롯한 영장류가 **어느 정도의** 사회적 이해력을 지녔다는 것을 부인할 사람은 아무도 없을 것이다. 그들이 일상에서 친족이나 동족을 대하는 모습을 볼 때면 특히 그렇다. 하지만 수많은 연구 결과에 따르면, 마음을 읽는 인간의 능력은 다른 어떤 종의 능력과도 질적으로 차이를 보인다. (흥미롭게도, 최근의 연구 결과를 보면, 상당수의 사회적 추론이 요구되는 과제의 경우, **개**가 침팬지보다 수행 능력이 뛰어난 것으로 드러났다. 아마도 무리 지어 사냥하는 습성 때문인 것 같지만, 한편으로는 인간이 이런 능력을 애써 개에게 심어주었기 때문일 수도 있다.)

반면, 사람들은 과도하리만치 '무언가를 정신이 있는 존재'로 해석하기를 즐긴다. 1944년, 사회심리학자 프리츠 하이더와 메리-앤 짐멜은 간단한 영화 한 편을 만든다. 기하학적인 도형들(동그라미, 네모, 세모)이 등장해서 체계적인 방식으로 움직이면서 설계된 이야기를 보여주는 영화였다. 그런데 이 영화를 본 사람들은 본능적으로 이 도형들을 마치 목표와 욕구를 지닌 구체적인 사람(가해자, 피해자, 영웅)인 양 묘사하면서, 심리학자들이 의도했던 것과 매우 흡사한 방식으로 이야기를 해석했다. 그 후 심화 연구를 진행한 결과, 영화의 내용을 이해시키기 위해 경계가 뚜렷이 구분되는 도형을 사용할 필요조차 없었던 것으로 드러났다. 움직이는 점들이나 심지어 작은 네모들 무리라도, 움직이는 무리가 있다면 거의 똑같은 효과를 얻을 수 있었다. 애니메이션 제작자들은 오래전부터 사람들의 이런 경향성을 활용하여 원래는 움직이지 않는 물체들을 영화 속에서 살아 움직이게 만들었다. 미키 마우스를 해치기 위해 음모를 꾸미는 디즈니 영화 〈판타지아〉 속 대걸레와 양동이처럼 말이다.

마찬가지로, 움직이지 않는 물체에 의도를 부여하는 경향성은 이보다 덜 작위적인 상황 속에서도 찾아볼 수 있다. 이런 현상을 가리켜 의인화라고 한다. 인류학자 스튜어트 거스리는 그의 저서 『구름 속의 얼굴들』에서 여러 일화와 실험을 통해, 사람들은 때때로 다음과 같은 것들에 인간적인 특성이 있다고 인식한다고 주장한다. 비행기, 자동차, 가방, 종, 자전거, 보트, 병, 건물, 도시, 구름, 옷, 지진,

불, 안개, 음식, 쓰레기, 모자, 허리케인, 곤충, 자물쇠, 나뭇잎, 달, 산, 종이, 펜, 식물, 화분, 비, 태양, 강, 돌, 사이렌, 검, 도구, 장난감, 기차, 나무, 화산, 물, 바람이 그 주인공들이다. 우리는 작용의 조짐이 보이는 것에 매우 과민하다. 실제 존재하는 모든 것에 계략이나 사고가 작용한다고 생각해 그 안에서 어떤 의도를 찾는다. 그래서 거스리가 언급한 것처럼, 이런 표현이 가능하다. 그 옷들은 임금님을 얻지 못했다고˙.

아기는 반응도 빠르다. 아기들에게 사람처럼 움직이는 빛 패턴을 보여주면 – 실제로 사람들이 어깨와 팔꿈치, 엉덩이와 무릎에 밝은 조명을 달고 깜깜한 곳에서 움직이는 모습을 촬영했기 때문에 사람의 움직임처럼 보인다 – 사람과는 무관한 빛의 동작 패턴을 볼 때보다 더 오래 빛의 움직임을 주시한다. 또한, 아기는 동그라미 두 개가 각각 따로 움직이는 것보다 서로 쫓아가는 것처럼 움직이는 것을 더 좋아한다.

아기가 움직이는 대상을 살아 있다고 생각할 뿐 아니라 정신적인 존재로 여긴다는 것을 연구자들은 어떻게 확신하는 걸까? 어쩌면 아기는 움직임에 반응하는 것일 뿐, 마음이 있는 존재라고 여기는 것은 아닐 수도 있다. 하지만 최근의 연구 결과를 보면, 아기는 움직이는 대상을 심리적 상태를 지닌 존재로 취급하는 것처럼 보인다. 생후 12개월 아기들은 하나의 대상이 다른 대상을 뒤쫓는 모습을 보면, 그 대상이 정말로 **쫓아간다**고, 즉, 다른 대상을 붙잡겠다

• 동화 『벌거벗은 임금님』을 의미하는 표현이다. (역자 주)

는 목적을 가지고 행동한다고 여기는 듯하다. 아기들은 그 대상이 직접적으로 추격을 계속할 것이라 예상하기에, 그렇게 되지 않으면 놀란다.

내가 발레리 쿨마이어와 캐런 원과 공동으로 진행한 연구에서, 아기들은 이보다 더 복잡한 의인화를 보여주었다. 우리는 아기들에게 동그라미가 언덕을 오르려고 애쓰는 모습의 동영상을 보여주었다. 어떤 영상에서는 세모가 언덕 아래에서 상냥하게 동그라미를 밀어주었다. 영락없이 세모가 동그라미를 도와주는 모습이었다. 또 다른 영상에서는 네모가 언덕 꼭대기에 서서 올라오는 동그라미를 아래로 밀쳐냈다. 마치 네모가 동그라미의 욕구를 좌절시키는 것처럼 말이다. 이것은 동영상을 본 어른들의 인식이다. 그렇다면 아기들도 이렇게 생각할까?

우리는 아기들이 어떻게 추정하는지 시험하기 위해, 위의 동영상을 보여준 다음, 다시 다음과 같은 다른 동영상을 보여주었다. 세모와 네모 사이에 있던 동그라미가 세모 혹은 네모가 있는 쪽으로 가깝게 다가가는 영상이었다. 아주 어린 아기들의 경우에는 어떨지 모르지만, 생후 12개월 된 아기들은 동그라미가 자기를 도와주었던 도형에게는 다가가고 자신을 방해했던 도형은 피할 것이라고 예상하는 듯 보였다. 나는 그들의 반응을 보고, 생후 12개월 된 아기들이 동그라미는 세모를 **좋아하고** 네모를 **싫어하는 것**으로 추정한다고 해석했다.

마음을 읽는 능력은 첫돌이 지나면서 상당히 발달한다. 이를 확인한 아주 영리한 연구가 하나 있다. 먼저, 아이들에게 치즈 맛 크래커를 담은 그릇과 브로콜리를 담은 그릇을 보여준다. 실험자는 브로콜리를 보면서는 신나는 표정을 지으며 "냠냠!"이라고 말한다. 크래커를 보면서는 역겹다는 표정으로 "웩!"이라고 말한다. 그런 다음, 아기에게 손을 내밀며 "나도 좀 줄래?"라고 한다. 암묵적으로 조금 전에 자신이 좋아한다고 표현했던 음식을 달라고 하는 것이다. 그런데 생후 14개월 된 아기들은 실험자가 원하는 것을 주는 대신 **자기가** 좋아하는 음식을, 아니나 다를까, 크래커를 준다. 하지만 생후 18개월 된 아기들은 자기는 좋아하지 않더라도 실험자가 선호를 표시했던 음식인 브로콜리를 준다. 즉, 두 돌이 되기 전에 아기들은 사람들에게 욕구가 있다는 것을 이해할 뿐만 아니라, 다른 사람들의 욕구가 자기와 다를 수 있다는 걸 아는 것처럼 보인다.

♦ 아기도 의중을 이해할 수 있다

말을 하기 시작하면서 아이들은 자신이 자기의 마음과 다른 사람들의 마음을 알고 있다는 것을 직접적으로 보여준다. 그들은 정신 상태에 관해 이야기한다. 심리학자 캐런 바츠와 헨리 웰맨은 이를 보여주는 몇 가지 좋은 사례를 모았다. 다음의 사례를 보면, 만 2세의 이브가 자신의 정신적 과정에 대해 무언가 알고 있다는 게 느껴진다.

어른: 쿠키 먹을래?
이브: 쿠키 먹고 싶어요. 쿠키를 먹으면 행복해져요.

만 3세인 에이브는 다른 사람들의 세계관과 자신의 세계관이 충돌할 수 있다는 것을 인정하는 것 같다.

에이브: 어떤 사람들은 매를 싫어해요. 그 사람들은 매가… 매가 치사하다고 생각해요.
엄마: 네 생각은 어때?
에이브: 나는 매가 좋은 동물이라고 생각해요.

내가 가장 좋아하는 사례는 다음에 나온다. 이번에도 만 3세 아이가 주인공이다. 아이는 자신의 현재 정신 상태가 예전과 다르다는 것을 명시적으로 인정한다. 예전에 이 아이는 풀을 먹곤 했었다.

애덤: 난 풀이 싫어요.
어른: 그럼 전에는 왜 풀을 입에 넣었을까?
애덤: 맛있다고 생각했거든요.

발달 심리학자들은 아기들과 아이들에게 이처럼 감동적인 능력이 있기는 하지만, 어느 정도 눈에 띄는 한계가 있다는 사실에도 주목했다. 이러한 한계를 보여주는 연구 가운데, '틀린 믿음'에 대한 아이들의 이해력을 알아보는 연구가 가장 활발하게 이루어졌다. 먼저, 다음의 문제를 살펴보자.

샐리와 앤은 바구니와 상자가 있는 방에 함께 있다. 샐리는 자기가 가지고 있던 구슬을 바구니에 넣은 다음, 방을 나간다. 샐리가 없는 동안, 장난꾸러기 앤이 구슬을 상자 속으로 옮긴다. 샐리가 방으로 돌아온다. 이제 샐리는 구슬을 찾기 위해 어느 곳을 뒤질까?

철학자 대니얼 데닛은 이런 종류의 '틀린 믿음 과제'를 최초로 고안한 사람이다. 침팬지가 다른 행위자의 마음을 추론할 수 있는지 없는지를 밝혀내기 위해 만들어 낸 과제였다. 이 훌륭한 실험은 그 목적에 제대로 부합한다.

위 문제의 정답을 얻으려면, 샐리가 생각할 때 세상의 실제 모습 대신 스스로의 생각에 바탕을 둔다는 것을 깨달아야 한다. 샐리의 머릿속 상황을 고려해야 한다는 말이다.

만 4세 아이들은 대체로 이 테스트의 정답을 말하지만, 그보다 어린 경우에는 대부분 통과하지 못한다. 만 4세 미만의 아이들은 샐리가 바구니가 아닌, 실제로 구슬이 들어있는 상자를 찾아볼 것이라고 답한다. 이러한 모습과 일맥상통하게도, 일반적으로 이 연령대의 아이들은 다른 사람들의 틀린 믿음에 대처하기 어려워하는 모습을 보인다. 만 3세 아이들은 거짓말을 할 때 코믹할 정도로 제대로 하지 못한다. 얼굴에 초콜릿을 잔뜩 묻히고시도 쿠키를 먹지 않았다고 우기는 식이다. (한 친구가 들려준 재미있는 일화가 있다. 그의 생일을 맞아 가족들이 깜짝 선물로 파이를 준비했다고 한다. 가족들은 그의 세 살배기 조카에게 이 비밀을 지켜야 한다고 신신당부했지만, 조카는 그에게 다가가 "파이는 없어요!"라고 소리쳤다고 한다.) 아이들은 숨바꼭질에도 서툴다. 숨바꼭질을 제대로 하려면, 실제 상황과 술래의 머릿속 상황이 충돌한다는 것을 암묵적으로 인지해야 하기 때문이다. 예를 들어, 침대 밑에 숨어 있는 여러분은 자신이 침대 밑에 있다는 것을 알지만, 술래는 그 사실을 모른다는 것을 인지해야 한다. 만 3세 아이들은 항상 같은 장소에 숨는다. 또는 자기가 어디에 숨을지 이야기하거나 여러분에게 특정 장소에 숨으라고 떼를 쓴다. 그들이 숨바꼭질을 즐기고 있는 것은 맞다. 다만, 속이는 게 즐거운 것이 아니다. 그들은 여러분의 연기-과장된 팬터마임을 하듯이 부모가 이리저리 찾다가 그들을 발견하면서 비명을 지르는 등의 모습-를 보고 있는 게 즐겁다.

아이들이 틀린 믿음 상황에 미숙하게 대처하는 이유에 대해서는 많은 논쟁이 있었다. 그중 한 가지 유력한 주장은, 만 4세 미만 아이들이 지닌, 마음을 이해하는 능력이 어른의 능력과는 질적으로 다르다는 것이었다. 또 다른 가능성도 있다. 아이들이 틀린 믿음을 제대로 추론하지 못하는 이유는 그저 이런 종류의 추론이 **어렵기** 때문이다. 심지어 어른들에게도 이러한 추론은 어렵다. 어른들에게도 힘든 일이라면, 어린아이들에게는 많은 것들이 불가능하다.

틀린 믿음에 대한 추론을 어렵게 만드는 몇 가지 요인이 있다. 첫째, 틀린 믿음 과제를 성공적으로 수행할 수 있으려면, 서로 충돌하는 두 가지 세상을 마음속으로 그릴 수 있어야 한다. 실제의 세상(구슬은 상장 안에 있다)과 누군가가 마음속으로 생각하는 세상(구슬은 바구니 안에 있다)을. 이렇게 이중장부를 관리하는 것은 만 2세와 만 3세 아이들에게는 힘든 일이다. 심지어 믿음과는 완전히 무관한 경우라 해도 그렇다. 때때로 어른들도 이런 이중장부 관리에 어려움을 겪는다. 거짓말을 잘하지 못하는 사람들이 있는 것도 바로 이러한 이유 때문이다. 진실을 말할 때는 그저 자기가 알고 있는 것을 찾아보기만 하면 된다. 반면, 거짓말을 할 때는 사실뿐 아니라 자신이 지금 다른 사람의 마음속에 심어놓고 있는 대안적 세계까지 챙겨야 한다.

심리학자 수잔 버치는 추론이 어려운 두 번째 원인을 탐구했다. 일련의 연구를 통해, 그녀는 아이들이 틀린 믿음 과제 수행에 실패하는 원인 중 일부를 밝혀냈다. **지식의 저주**라고도 불리는 편향성이 과장된 형태로 아이들에게 존재하고 있다는 게 그 원인이었다. 지식의 저주란, 자기가 아는 것을 다른 사람들도 똑같이 안다고 추정하는 생각이다. 여러 연구를 통해 입증된 바에 따르면, 사람은 무언가를 – 어떤 질문에 대한 답이나 회사의 가치, 어떤 사람이 거짓말을 하고 있는지 아닌지 등에 관해서 – 알게 되면 다른 사람들도 나와 같은 것을 안다고 추정하는 경향이 생긴다. (누군가를 가르치는 게 무척 어려운 이유 중 하나가 바로 이것 때문이다.) 그래서 "방으로 돌아온 샐리가 어디에서 구슬을 찾을 것 같냐"는 질문이 아이들에게 일종의 도전이 되는 이유는, 자기가 아는 것을 샐리는 알고 있지 않다는 사실을 이해해야 하기 때문이다. 마찬가지로, 사람들은 많은 이들이 같은 욕망을 공유한다고 과장해서 생각하는 경향이 있다. 자신의 표준적이지 않은 취향을 믿기 힘들어하는 사람들에게("아니, 어떻게 치즈/롤링 스톤즈/이성간 성행위를 **좋아하지 않을 수 있지?**") 자신의 취향을 변호해야 했던 사람이라면, 생후 14개월 된 아이들이 '브로콜리와 크래커 과제' 수행에 실패하는 모습이 놀랍지 않을 것이다.

일반적으로 어른이라면 지식의 저주를 그럭저럭 극복해 낸다. 우리는 가르칠 줄도 알고, 거짓말도 할 줄 안다. 구슬이 상자 안에 있다는 것을 알고 있더라도, 우리와 달리 샐리는 구슬이 바구니 안에 있다고 생각한다는 것도 이해할 수 있다. 다른 사람들의 음식과 음악, 성적 취향이 우리와는 완전히 다를 수 있다는 당혹스러운 사실을 이해할 수 있다. 그렇다 해도 아이들이 틀린 믿음 과제를 수행할 수 있게 되기만 하면(대략 만 4세쯤) 단번에 어른들처럼 마음을 읽는 힘이 똑같이 생긴다고 추정하는 것은 잘못이다. 다른 사람들의 정신 상태를 추론하는 능력은 단계적으로 성장한다. 만 7세 아이라면, 틀린 믿음 과제를 통과하고, 합리적으로 거짓말을 해낼 수 있을지 모른다. 하지만 그렇더라도 정신 상태를 복잡하게 고려하고 다른 사람들의 지식을 평가해야 하는 상황에 놓이게 되면 말을 더듬게 된다. 〈햄릿〉과 같은 희곡이나 〈스팅〉과 같은 영화의 플롯을 따라가야 할 때가 그렇다.

심지어 어른들의 경우에도, 정신 상태에 초점을 두는 정도가 사람마다 다르다. 오래전에 봤던 만화 하나가 생각난다. 정신분석학자 두 명이 어느 회의장에서 서로 엇갈리며 지나간다. 한 사람이 "안녕하세요"라고 하자, 다른 사람이 속으로 생각한다. '**저 말**의 의도가 뭘까?' 또한, 마음을 읽는 능력에도 차이가 있다. 이 능력은 어느 정도 타고날 수도 있지만, 연습하면 할수록 좋아진다. '월드시리즈 오브 포커'의 우승자들이 다른 플레이어들의 생각을 읽는 능력이 뛰어난 이유는 그들이 카드 테이블에서 보낸 시간이 수천 시간에 달하기 때문이다.

정신 능력에 한해서만 어른과 아이의 차등이 있는 게 아니다. 지식에 대해서도 마찬가지이다. 다양한 문화적 환경에서 획득하는 구체적인 지식 말이다. 어디를 가든 물체는 고체 형태지만, 사람은 (혹은 사람 간의 마음은) 시간과 공간에 따라 상당히 달라진다. 중세 프랑스의 제화공이 머릿속에 가지고 있던 믿음과 욕구는, 1만 년 전 파푸아뉴기니에 살았던 수렵채집 부족민이나 지금 이 책을 읽고 있는 현대의 독자들이 품고 있는 생각과는 흥미로우리만치 다르다. 아이들은 자신이 양육되고 있는 문화권 내 사람들의 독특한 마음속 특성을 배워야 한다. 자신이 어떤 문화권에서 살 것인지 알고 태어나는 게 아니기 때문에 어느 정도의 학습은 필수다.

여행 안내서에 적혀 있을 법한 말들이, 이런 지식을 보여주는 피상적인 예에 속한다. 가령, '맨발로 가리키는 것을 불쾌하게 생각한다', '가족 없이 여행하는 사람을 만나면 놀라고 그를 불쌍하게 여긴다', '이 문화권에 사는 현지인들은 술이나 고기를 먹지 않는 사람을 놀린다' 등의 내용들 말이다. 말하자면, 그 사회에 대해 알고 있는 것들을 선불리 요약해 놓은 것들이다.

이런 학습은 발달 단계를 거치면서 진행된다. 만 5세 아이들은 여러 개의 숫자를 머릿속으로 반복해서 떠올리면 잘 외울 수 있다는 사실을 대부분 알지 못한다. 또는 먹는 양이 부족하면 쉽게 짜증이 난다는 사실도 모른다. 사람들에 대한 정보 중 일부를 의도적으로 아이들에게 알리지 않는 문화권들도 많다. 실제로 문화 평론가

닐 포스트만은 사회적 제도로서 '유년기'를 정의하는 특징 중 하나가 세상에 관한 특정한 지식을 아이들에게 금지하는 것이라고 주장한 바 있다. 어른들의 성생활이야말로 아이들에게 가장 명백한 금단의 주제다.

이와 같은 아이들의 무지함은 모든 방면에서 목격된다. 아이들은 어른이었다면 변명의 여지없이 무례하게 여겨질 만한 방식으로 종종 행동한다. 그들은 범상치 않아 보이는 사람의 신체적 특징을 큰 소리로 지적하는 경우가 많다("저기 뚱뚱한 아줌마!"). 받은 선물이 마음에 들지 않을 때도 이를 숨김없이 드러낸다("나 이거 있는데!"). 배변 관련 이야기에도 거침이 없다("똥 마려워!"). 하지만 어느 것 하나 악의적인 것은 없다. 아이들은 그저 사람의 기분을 상하게 하는 게 무엇인지 충분히 알지 못할 뿐이다.

신체에 관한 이해력과 마찬가지로, 사람의 마음에 관한 아이들의 이해력도 이미 존재하는 바탕 위에서 구축된다. 물론, 사람의 마음을 이루는 **콘텐츠** 즉, 대부분의 사람들이 무엇을 믿고 무엇 때문에 화가 나는지와 같은 것들에 대해서는 배워야 한다. 하지만 다른 사람들도 아는 게 있고, 원하는 게 있으며, 믿음과 감정, 욕구와 느낌을 지니고 있다는 사실은 배울 필요가 없다. 이런 감각은 자연스럽게 생겨난다.

♦ 만약 마음을 읽을 수 없다면

사람과 물체에 대한 이해력은 우리의 생존에 얼마나 중요할까? 이 질문에 답하는 한 가지 방법은 어른이나 아이에게 이런 이해력이 결핍될 때 무슨 일이 일어나는지를 살피는 것이다. 예외가 발생할 때 무엇이 잘못되는지 들여다보면, 정상적인 과정에서 일이 어떻게 돌아가는지도 알 수 있는 법이다.

물리적 세계에 대한 대처 장애는 전형적으로 인식(대개는 시각적 인식)능력과 주의력에 문제가 생겼기 때문에 일어난다. 가령, '편측 무시'라고 불리는 장애가 있는 사람은 시각 세계의 한쪽 측면에 있는 것만 인식할 수 있다. 발린트 증후군은 편측마비의 극단적인 형태다. 이런 장애가 있는 사람들은 한 번에 단 1개의 대상에만 집중할 수 있어서 의식적으로 주의를 기울여야 한다. 이 때문에 실제로 눈앞의 것을 볼 수 없게 되기도 한다. 걷다가 무언가에 부딪히고, 누가 다가와도 그를 향해 몸을 돌리지 않는다. 그런데 실험자가 발린트 증후군이 있는 사람들 앞에 어떤 물체를 놓아두면, 그들은 완벽하리만치 또렷하게 이것을 보기도 한다. 그들의 제한된 주의력을 다른 무언가에 빼앗기지 않는 한 그렇다.

하지만 이러한 장애가 있다 해도, 물체에 대한 이해력이 완전히 사라지는 증상은 없다. 물체는 응집성이 있고 고체이며, 연속된 경로로 이동하고, 접촉을 통해서만 움직인다는 것을 인식할 수 없게 되는 일은 일어나지 않는다. 즉, 물체의 세계에서는 사회적 이해의 영역에서 발견되는 장애와 비슷한 것은 없다.

1988년, 더스틴 호프만은 영화 〈레인맨〉에서 자폐 남성을 연기하여 아카데미상을 수상했다. 그는 비범한 수학 능력을 지녔으면서도, 사회적으로는 기이한 모습을 보이는 강박적인 인물을 맡아 연기했다. 호프만은 자폐증이 어떤 모습으로 나타날 수 있는지를 감동적이면서도 정확하게 그려 냈다. 하지만 그가 그려낸 모습을 자폐의 전형적인 모습이라고 생각하면 오산이다.

사실, 우리가 생각하는 자폐증은 극과 극을 달린다. 올리버 색스는 "머리를 흔드는 등의 상동 운동을 하고, 언어 능력이 제대로 발달하지 않아 거의 옆에 다가갈 수 없는 심한 장애아"의 모습이 그간의 전형적인 자폐아의 이미지였다고 지적한다. 현실에서는 호프만이 연기한 인물과 매우 비슷한 자폐인을 일부 볼 수 있으며, 고기능 자폐인의 경우에는 독립적으로 살 수도 있다. 대학 교수이면서, 자신의 자폐 경험에 대해 글도 쓰고 강연도 하는 템플 그랜딘이 그런 경우다. 하지만 안타깝게도 대다수의 다른 자폐인들은 색스가 묘사한 내용과 맞아떨어진다. 그들은 온종일 조용히 말없이 방에 틀어박혀서 몸을 앞뒤로 흔들며 하루를 보낸다.

자폐증은 대략 250명의 아기 가운데 1명꼴로 발생하며, 대부분 남아에게서 나타난다. 사회적 유대감의 결핍이 자폐증의 지배적 특징이다. 전형적으로 자폐아들은 의사소통 능력(약 1/3이 아예 말을 하지 않는다)과 상상력(이들은 상상력 놀이에 참여하지 않는 경향이 있다)에서 장애를 보인다. 무엇보다도, 다른 사람들과 적절하게 상호작용하는 능력에서 장애가 나타난다. 사회화에 문제가 있는 것이다. 이들은 다른 사람들과 함께하는 것을 즐기지 않는 것처럼 보이며 포옹도 하지 않는다. 그래서 이들에게 다가가는 것은 힘들다. 흔히들 자폐아는 외모가 매우 뛰어나다고 한다. 1943년에 최초로 자폐증을 묘사한 정신과 의사 레오 카너는, 흐트러짐 없고 매력적인 외모를 자폐증의 특징 중 하나로 꼽았을 정도다. 확실히 어느 면으로 보나 자폐아들은 발달 지체가 있는 것처럼 보이거나 이상하게 보이는 경우가 드물다. 오히려 냉정하지만 지능이 뛰어나다는 인상을 주는 경우가 많다. (필자의 동생 하워드도 자폐증이 있다. 아주 잘생긴데다 완벽하게 정상 남성처럼 보인다. 하지만 여러분이 그에게 다가가서 대화를 시작하려고 하면, 그는 등을 돌리고 달아나 버릴 것이다. 그는 말을 하지 않는다.)

이 같은 사회성 결여에 자폐증의 다른 특징들이 합쳐지면 부모로서는 양육을 하는 게 어려워진다. 루틴에 대한 강박이나 기이한 집착, 때때로 머리를 과격하게 흔들고 폭력적으로 떼를 쓰는 등의 위험한 행동까지 한다면 더욱 그렇다. 자폐아를 둔 작가 닉 혼비는 자폐아를 키우며 느끼는 좌절감을 이렇게 표현한다.

"대부분 말을 할 줄 모르고 말을 배우고 싶은 특별한 충동도 느끼지 않는 아이에게 어떻게 다가가야 할까요? 태어날 때부터 세상을 탐험할 필요를 느끼지 않고, 또래들과 노는 것보다 빙글빙글 돌거나 같은 퍼즐을 반복해서 맞추는 것을 더 좋아하고, 눈을 맞추거나 상대의 행동을 따라하는 대신 자기만의 세상에서 나오지 않으려고 격렬히 (때때로 할퀴고, 물고, 작은 주먹을 휘두르면서 말 그대로 격렬히) 싸우는 아이에게 어떻게 다가가야 할까요?"

자폐증과 자폐인에 대해 알려진 바는 그리 많지 않다. 우리는 무엇이 그들의 뇌에 문제를 일으키는지 정확히 알지 못한다. 루틴에 대한 강박이나 특정 소리에 대한 과민함 등 사회적 결핍과는 명백히 무관한 몇몇 수수께끼 같은 증상들도 어떻게 설명해야 할지 모른다. 심지어 자폐증이 다양한 중증도를 지닌 하나의 장애인지 아니면 많은 장애들의 집합체인지도 알지 못한다. 일부 연구자들은 고기능 자폐인들은 경증 자폐를 앓는 것이 아니라 별개의 결함들을 함께 지니고 있는 것(아스퍼거 증후군)으로 보아야 한다고 주장하기도 한다.

우리는 자폐증이 부모의 학대가 낳은 산물이 아니라는 것을 안다. 만약 학대의 산물이 맞다면, 학대받은 아이들은 자폐아가 되는 경향을 보여야 한다(하지만 실상은 그렇지 않다). 이러한 가설이 맞다면, 자폐아 형제를 둔 아이들도 부모의 학대를 경험했을 것이므로 그들도 자폐를 앓는 경향을 보여야 한다(하지만 이것도 역시 그렇지 않다). 그럼에도 불구하고, 불과 얼마 전까지만 해도 많은 사람들이 냉담한, 그러니까 '냉장고처럼 차갑고 무서운' 엄마가 자폐증의 원인이라고 주장하는 브루노 베텔하임 같은 심리학자들의 말을 믿었다. 그리하여, 자폐아를 둔 어머니들의 정신을 분석하여 그렇게 끔찍한 부모가 된 정확한 이유를 알아내려고 했다.

이러한 가정들이 입은 상처는 상상을 초월한다. 뒷받침할 증거가 없는데도, 행동 장애에서부터 야뇨증에 이르기까지 아이의 온갖 나쁜 특징을 전부 엄마 탓으로 돌리는 오늘날의 일부 심리학자들에게 경종을 울려야 한다. 이제 우리는 자폐증이 발달 단계 극초기에 나타나며, 어떤 종류든 부모의 학대로 인해 생기는 것이 아니며(다만, 출생 전 태아기의 외상과 관련이 있을 수도 있다), 유전적 요인이 큰 부분을 차지한다는 사실을 잘 안다. 그래서 심리학자 앨리슨 고프닉과 앤드루 멜조프, 패트리샤 쿨은 이러한 사실을 이렇게 요약한다.

"여기서 등장하는 무분별하게 잔혹한 어머니는 바로 만물의 어머니 대자연이다."

자폐증을 이해하려면, 증상을 나열하는 것을 넘어 그런 증상을 앓고 있는 사람들의 마음은 어떻게 다른지 질문해야 한다. 심리학자인 사이먼 배런-코헨과 우타 프리스, 엘렌 레슬리는 자폐가 있는 사람들이 '심맹'을 앓고 있다고 주장한다. 가장 극단적인 형태는 사람을 물건과 다르지 않게 보는 것이다. 그들은 사람을 그저 예측할 수 없게 움직이고 예기치 않은 소음을 내는 물체로 보고, 그래서 사람을 무서운 것이라 생각한다.

앞서 닉 혼비가 자폐아를 가르치는 일이 어떤 것인지 알려주었다면, 고프닉은 자폐아로 **사는 것**이 어떤 것인지를 들려준다.

저녁 식사를 위해 식탁에 앉아 있으면 이런 느낌에 사로잡힌다. 시야 위로 코끝이 흐릿하게 보이고, 앞에서는 양손이 손짓하고 있다… 천을 두른 가죽 포대들이 의자 위에 놓여 있는데, 도무지 예상할 수 없게 움직이고 불쑥불쑥 튀어 나온다… 이 가죽 포대의 꼭대기쯤에 있는 짙은 색 점 두 개는 쉬지 않고 이리저리 돌아간다. 그 아래로 구멍이 하나 있는데, 거기로 음식이 들어가고 시끄러운 소리가 계속해서 흘러나온다. 이런 상황에서 시끄러운 가죽 포대들이 갑자기 당신을 향해 다가오고 그들이 내는 소리가 점점 커진다고 상상해보라. 당신은 그들이 왜 그러는지 도통 이유를 알 수 없고, 이를 설명할 방법이나 그들이 그다음 어떻게 행동할지 예측할 방법도 없다고 상상해보라.

심맹 이론이 맞다면, 마음을 읽을 수 없는 사람들은 사회적 추론 과제에도 서툴 것으로 예상된다. 그렇다. 자폐증 연구로 알게 된 놀라운 사실들 중 하나는, 고기능 자폐인들조차 앞서 다루었던 틀린 믿음 과제처럼 다른 사람들의 정신 상태에 대한 이해력이 요구되는 과제 앞에서는 특별한 어려움을 겪는다는 것이다.

그들은 이보다 더 쉬운 과제도 힘들어한다. 발달이 정상적인 아이들은 얼굴을 보는 것을 좋아한다. 반면, 자폐아들은 싫어한다. 대체로 그들은 무언가를 손가락으로 가리키거나, 부모에게 보여주거나, 가상놀이에 참여하지 않는다. 익숙하지 않은 대상과 마주치면, 정상 발달 중인 아이들은 어머니나 아버지를 쳐다본 다음 다시 그 대상을 본다. 어른의 표정을 보고 이 낯선 것의 속성을 평가하는 것이다. 반면, 자폐아들은 그렇게 하지 않는다. 한 연구에서, 만 3세 아이에게 작은 원격조종 로봇이 다가가는 실험을 진행했다. 이때 아이 옆에 서 있던 부모에게 두려워하는 표정을 짓고 소리를 내면서 겁에 질린 척하라고 요구했다. 그러자 정상아들은 부모의 표현을 보고 계속해서 로봇을 피했지만, 자폐아들은 부모의 의사 표현은 무시한 채 조금도 무서워하는 모습을 보이지 않았다.

자폐증이 공감 능력에 영향을 준다는 징후도 있다. 생후 20개월 아이들을 대상으로 한 연구에서, 실험자와 아이에게 장난감 망치와 플라스틱 물건을 주고 가지고 놀게 했다. 어느 시점이 되자 실험자는 망치로 자기 엄지를 때린 것처럼 행동한 뒤, 아파서 비명을 지르며 놀이를 멈췄다. 이때 자폐아들은 열 명 중 단 한 명도 걱정하는 기색을 보이지 않았다. 반면, 정상 발달 중인 아이들은 대부분 (전부는 아니다!) 동요하는 기색이 역력했다. 다른 사람의 고통에 대한 이러한 공감 부족은 정식 연구가 아닌 일상적인 관찰 결과에서도 확인된다. 올리버 색스가 들려준 지능이 높은 만 12세 자폐 소녀 이야기가 그렇다. 소녀는 선생님에게 와서 다른 학생에 대해 이렇게 말했다고 한다. "조니가 재밌는 소리를 내요." 그런데 사실 조니는 울고 있었다.

그렇다면 템플 그랜딘처럼 제법 잘살고 있는 자폐인들에 대해서는 어떻게 이해해야 할까? 이런 사람들은 상대적으로 처음부터 장애가 심하지 않았던 것일 수 있다. 거기에 더하여, 자신에게 부족한 것을 보충하기 위해 의식적으로 열심히 노력했기 때문에 결국에는 대부분의 사람들이 자연스럽게 할 수 있는 것들을 자신도 할 수 있게 되었을 것이다. 템플 그랜딘은 스스로를 '화성에 온 인류학자'에 비유한다. 명시적인 연구를 통해서만 계산이 가능한 외계 시스템마냥 사람들의 행동을 계속 연구해야 하기 때문이다. 그녀는 자신과 사람들과의 상호작용을 이해하기 위해서 마음속으로 그 상황을 되풀이해서 복기한다고 한다.

이 같은 고기능 자폐인들이 우리와 차이를 보이는 지점은 흥미롭다. 가령, 정상 발달 중인 이이들에게 움직이는 도형 애니메이션을 보여주면 이들은 지향성 있는 말로 내용을 설명한다. "세모가 동그라미를 쫓아가니까 동그라미가 겁먹고 숨으려고 해요!" 반면, 자폐인들은 순전히 물리적으로 상황을 묘사하는 경우가 많다. "삼각형이 갑자기 왼쪽으로 움직이고, 원이 45도로 낙하해요!"

또 다른 연구에서는, 정상인과 자폐인 모두에게 에드워드 올비가 쓴 고전 『누가 버지니아 울프를 두려워하랴?』를 각색한 영화의 한 장면을 보여주었다. 그들이 시청하는 동안 컴퓨터로 그들의 눈동자 움직임을 스캔해서 초 단위로 그들이 어디를 보는지 확인했다. (리처드 버튼과 엘리자베스 테일러가 각각 연기한) 남편과 아내가 열띤 언쟁을 벌이는 장면에서 정상인들은 등장인물들의 눈을 뚫어지게 쳐다보았다. 등장인물들이 어떻게 반응하는지 알기 위해 눈동자를 이리저리 굴렸다. 반면, 자폐인들은 등장인물들의 입 등 움직이는 것은 아무거나 무작위로 쳐다보았다. 때때로 뒤 배경에 놓여 있는 가장 눈에 띄는 물건들을 쳐다보기도 했다. 그들이 사람의 얼굴을 볼 때의 뇌 활성을 연구한 결과, 얼굴과 연관된 전형적인 뇌 부위는 반응을 보이지 않았다. 자폐인의 뇌는 배우들의 얼굴을 볼 때, 마치 물건을 볼 때처럼 반응했다.

　다른 사람들의 마음을 이해하는 데 문제가 있는 상태가 지속된다고 해보자. 이 경우 생각할 수 있는 가장 경미한 장애는 무엇일까? 심리학자 사이먼 배런-코헨에 따르면, 남성이라면 누구나 다 매우 가벼운 정도의 자폐증을 가지고 있다고 한다. 이것을 더 조심스럽게 이렇게 표현해볼 수 있다. 자폐를 앓는 사람들은 전형적인 남성상이 극단적이고 과장된 형태로 표출되어 고통 받고 있는 것이라고.

　이런 생각은 어느 정도는 타당하다. 자폐인의 대부분이 남성이기 때문이다. 하지만 이보다 더 설득력을 갖춘 또 다른 설명이 있다. 고기능 자폐인들이 보이는 사회적으로 어색하고 격한 행동들이, 샌님 같은 남성들의 정형화된 모습과 무척 비슷하다는 것이다. 배런-코헨의 주장에 따르면, 일반적으로 여성이 남성보다 사람의 마음을 더 잘 이해한다고 한다. 여성은 다른 사람들의 감정 상태에 더 민감하며, 다른 사람들의 믿음과 욕구를 추론하는 능력 역시 더 뛰어나다.

이러한 성별 간 차이를 뒷받침하는 증거 중 일부는 간접적인 증거들이다. 보편적으로 보면, 남성이 여성보다 물리적으로 더 폭력적이다. 아이였을 때는 더 시끄럽고 거칠게 노는 경향이 있고, 어른이 되면 살인을 더 저지르기가 쉽다. 배런-코헨은 살인에 대해 "공감 부족을 보여주는 최악의 사례"라고 무미건조하게 표현했다. 그런가 하면 이보다 더 명시적인 증거들도 있다. 주로 아기들, 어린아이들과 관련된 증거들이다.

1. 생후 1일 된 여자아이들은 기계적으로 움직이는 모빌보다 사람의 얼굴을 더 오래 쳐다본다. 반면, 남자아이들은 이와 반대되는 선호를 보인다.
2. 만 1세 여자아이들은 남자아이들보다 더 많은 눈 맞춤을 한다. 이 연령대의 눈 맞춤 횟수는 태아기 때의 테스토스테론 수치로 예측된다. 남성 호르몬인 테스토스테론의 양이 많을수록 눈 맞춤을 적게 한다.
3. 공감하고 배려하는 모습을 보여줄 정도로 아이들이 성장하면, 그 즉시 남자아이들보다 여자아이들이 이러한 모습을 더 많이 보여준다. 만 1세 여자아이들은 고통스러워하는 다른 사람을

도와줄 가능성이 같은 나이의 남자아이들보다 더 높다.
4. 틀린 믿음 과제처럼, 다른 사람들의 생각을 추론하는 능력이 요구되는 과제에서는 여자아이들이 한결같이 남자아이들의 능력을 능가한다. 여자아이들은 표정과 비언어적 몸짓을 해석하는 데 더 뛰어난 능력을 보인다.
5. 여자아이들보다 남자아이들이 자폐증, 행동 장애, 사이코패스 등 마음을 읽는 능력과 공감 능력에 관한 장애를 앓을 공산이 더 크다.

여기서 다루는 것은 어디까지나 평균에 관해서이다. 주위를 둘러보면 공감력 있고 사회적으로 분별력 있는 남성들이 무수히 많고, 냉정하고 샌님 같은 여성들도 무수히 많다. 또한, 모든 종류의 문화적 요인으로 인해 이 같은 성별 간 차이가 증폭될 수도, 억제될 수도 있음을 부인할 수 없다. 하지만 마음을 읽는 능력의 토대가 선천적으로 타고나는 것임을 고려하면, 남녀 차이처럼 중대한 생물학적 차이와 마음을 읽는 능력의 차이가 연관되어 있다는 이야기는 아주 놀라운 것은 아니다.

♦ 잉여 능력의 발달

생물학자의 관점에서 봤을 때 지금까지 논했던 내용 중 예상을 벗어난 것은 하나도 없다. 인간은 물리적 세계와 사회적 세계를 인식하는 기본 능력을 진화시켰다. 이것이 얼마나 적응에 유리한지 우리는 간단하게 파악할 수 있다. 발린트 증후군이나 중증 자폐를 앓는 사람들의 삶을 떠올려보자. 그리고 그들이 우리의 먼 조상들이 살았던 수렵채집 환경에서 살아남으려고 고군분투하는 모습을 상상해보자. 그렇다. 정말이지 이러한 적응 능력의 기원 중 수수께끼로 남아 있는 부분은 하나도 없다. 자연선택의 과정을 들여다보면, 이러한 형질들이 하나의 종 안에서 어떻게 진화하는지 잘 알 수 있기 때문이다.

이러한 적응력이 존재한다는 사실은, 현재 유행하고 있는 '마음의 작동방식에 관한 심리학 이론들'과도 일맥상통한다. 심리학자들은, 세상에 대한 인식과 행동의 근간이 되는 과정 및 편향성, 지식 구조가 우리의 뇌 속에 있다는 데 동의한다. 또한, 이중 일부가 특정 영역이나 문제에 특화됐다고 여긴다. (초창기에는 이를 가리켜 '마음의 습관 혹은 기능 혹은 본능'이라고 불렀다. 지금은 상황에 따라 모듈 혹은 정신 기관이라고 부른다.) 이러한 분화(또는 특화 및 전문화-역자)의 범위와 출현 방식에 대해서는 의견이 분분하지만, 그 존재 자체에 대해서는 모두들 이견이 없다.

자, 이제 어려운 부분으로 넘어가보자. 인간들은 다른 생명체에는 없는 능력들을 지니고 있다. 그중 일부는 생존 확률을 높인다는 측면에서, 다윈주의가 이야기하는 생물학적 적응에 해당한다. 언어 능력이 그 대표적인 예다. 하지만 이와 달리 적응과는 완전히 무관한 능력들도 지니고 있다. 물리적 대상과 사회적 존재에 대한 이해력이 진화한 이유는, 이런 이해력을 지닌 사람들이 더 많이 생존하고 번식할 확률이 높았기 때문일 것이다. 반면에, 종교적 신념과 예술 행위, 도덕적 사고에 필요한 능력 등은 그 진화의 근거가 무척이나 불분명하다.

찰스 다윈과 동시대에 살았던 사람이자, 그와 별개로 자체적으로 자연선택을 발견했던 알프레드 러셀 월리스는 이렇게 주장했다. 그에 따르면, '고등한' 지적 능력은 자연선택의 결과로 발생한 게 아니다. 이런 능력은 오로지 특정 사회에만 존재하기 때문이다. 어떤 인간 집단('야만인')은 그런 능력 없이도 잘만 살았다. 월리스는 다음과 같은 말로, 이러한 능력의 기원이 신성한 영역에 속한다고 결론지었다. "자연선택의 법칙 아래에서, 인간의 몸은 하등 동물의 몸에서 진화했을 것이다… 하지만 우리가 가진 지적, 도덕적 기능은 그런 식으로 발달했을 리 없다. 틀림없이 다른 기원이 있을 것이다. 이런 기원에 맞는 적절한 원인은 오로지 눈에 보이지 않는 정신의 영역에서만 발견할 수 있다."

최근 이러한 의견에 공감한 인물이 있다. 수리 물리학자이자 성공회 사제이기도 한 존 폴킹혼이다. 그는 얼마 전 '영적 현실에 관한 연구와 발견'에 공헌한 사람에게 주어지는 템플턴 상과 백만 달러의 상금을 받았다. 그는 우리 마음이, 주변의 세상을 이해할 수 있도록 진화 과정을 통해 형성되었을 것이라는 데 동의한다. 이러한 이해력이 생존하고 번식하는 데 도움이 되기 때문이다. 하지만 그것만으로는 인간만이 지니고 있는 독특한 정신력 즉, 그의 표현을 빌리자면 "생존과 관계없는 잉여 지적 능력"을 제대로 설명할 수 없다. 그는 "이런 능력이 그저 살기 위해서 투쟁하다 운 좋게 얻은 부산물이라고는 도저히 믿기지 않는다"고 말했다. 1996년, 교황도 이와 비슷한 주장을 폈다. 그는 진화가 동물의 기원과 인간의 몸을 설명할 수 있다는 데는 수긍했지만, "영적 영혼은 하느님이 직접 창조한다"고 단호히 말했다. 아마 데카르트가 오늘날 살아 있다면 이와 똑같은 소감을 밝혔을 것 같다.

반면, 월리스의 관점에 전혀 동의하지 않았던 다윈은 이렇게 분노했다. "부디 자네가, 자네와 내가 낳은 자식(자연선택설-역자)의 숨통을 완전히 끊어버리지 않았길 바라네." 그는 월리스의 책을 읽으며 여백에 "아니야!!"라고 메모한 뒤 강조하듯이 두 번 밑줄을 그었다. 다윈은 어떤 것이 원래 목적대로 진화하다가 나중에 그 목적이 바뀌고, 그 결과로 변형이 생기기도 하고 생기지 않기도 하는 것을 '전적응'이라고 불렀다. 다윈은 이 과정이 자연선택이라는 과정과 온전히 양립할 수 있음을 잘 알고 있었다. 현대 생물학자들은 이 주제를 '굴절적응' 혹은 '스팬드럴*'이라고 부르면서 다양하게 변주해 탐구해왔다.

전반적인 개념은 꽤 단순하다. 예를 들어, 코는 일종의 감각기관으로 진화했으나, 안경을 받치는 데도 쓰인다. 발은 이동을 위해 진화했으나, 축구공을 차는 데도 사용할 수 있다. 현대에서, 우리 뇌는 생식적 측면에서 분명한 이점이 없는 일들을 하기도 한다. 마음은 실제 사람이 있는 상황에서 성적흥분을 느끼도록 진화했지만(적응), 포르노 영화에도 마찬가지로 반응하기도 한다(비적응). 달콤한 과일에 대한 선호(적응)가 사탕을 폭식하게 만들 수도 있다(비적응). 이런 식으로 우리는 오로지 인간에게만 있는 비적응적 능력의 기원

---

* 아치와 아치 사이에 생기는 삼각형 모양의 공간을 가리키는 건축용어로, 진화생물학에서는 의도치 않게 생긴 부산물을 뜻하는 말로 쓰인다. (역자 주)

을 설명할 수 있다. 즉, 이런 능력을 우리는 생물학적 우연의 결과물이라고 표현한다.

하지만 어떤 정신 능력은, 생물학적 적응의 부산물이라는 말로는 다 설명할 수 없다. 그럴 경우, '생물학적 적응의 부산물'이라는 말은 기껏해야 어디서 그 기원을 찾을 수 있을지 알려주는 한 가지 힌트에 불과하다. 따라서 '적응의 정확한 본질' 및 현재 우리가 관심을 두는 능력이 적응을 통해 어떤 방식으로 생겨났는지를 구체적으로 알아야만 한다.

인간만이 지닌 힘을 설명하는 매우 유망한 방법 중 하나는 언어의 형질 전환력에 초점을 두는 것이다. 어떤 연구자들에 따르면, 인간종이 언어를 진화시켜 의사소통 능력을 높이자 인간의 사회적, 정신적 삶이 다른 어떤 종보다 질적으로 풍요로워졌다고 한다. 더 나아가, 그 덕분에 과거의 통찰을 축적할 수 있었다. 인간들은 처음에는 외워서 이야기하는 방식을 사용했지만 나중에는 글을 사용했다. 만약 낯선 바이러스가 등장해 사람들에게서 언어를 사용하고 이해하는 능력을 영구적으로 앗아간다면 즉, 우리 모두를 실어증 환자로 만들어버리거나 뇌졸중이나 상해로 인한 뇌 손상 때문에 말을 할 수 없게 된 불행한 사람들로 만들어버린다면 어떻게 될까? 우리의 과학과 기술, 문화가 단 한 세대 만에 대부분 흔적도 없이 사라져 버릴 것이다. 이보다 더 센 주장도 있다. 아이들이 언어를 배우면 지능이 엄청나게 높아진다는 것이다. 언어는 아이들을 **더 똑똑하게** 만든다. 대니얼 데닛은 이런 주장을 극단적으로 펼친다. "아마도 언어가 추가된 상태의 마음은 언어가 없는 상태의 마음과는 너무 달라서, 그 둘을 똑같은 마음이라고 부른다면 그것은 오류를 야기할 것이다."

 이 책의 나머지 부분에서는 이와 다른 종류의 부산물 이론을 탐구할 예정이다. 언어의 역할을 부정할 생각은 아니다. 다만, 정신적 삶의 가장 흥미로운 측면 중 일부는 이 장에서 논했던 두 가지 능력, 즉 인간이 지닌 물체에 대한 이해력과 사람에 대한 이해력의 결과라고 주장하고 싶다. 세상에는 육체와 영혼이 있다고 생각한다. 이런 생각을 통해서, 우리는 우리를 인간답게 만드는 게 무엇인지를 대부분 다 설명할 수 있다.

2부

물질 영역에 대한 관점

2장

인공물들의 세계

• • •

사실상 도시에서 접하는 모든 감각 경험에는
인간의 손길이 닿아 있다.
즉 우리들 중 대다수가 경험하는 물질세계는…
디자인의 과정을 거쳐 나온 것이다
― 헨리 페트로스키, 『포크는 왜 네 갈퀴를 달게 되었나』

자폐아와의 상호작용은 감정적인 소진을 부른다. 다정다감하고 품에 안기길 좋아하는 다운증후군 아이들과 달리, 자폐아들은 대체로 사람에게 관심을 주지 않는다. 레오 카너는 1943년에 최초로 자폐증을 설명하면서 찰스라는 아이의 어머니가 했던 말을 인용했다. "제일 속상한 것은 내 자식인데 가까이 갈 수 없다는 거예요… 제가 방에 들어가도 아이는 관심을 보이지 않고 저를 알아보지도 않죠. 어찌나 무심하고 다가가기 힘든지 놀라울 정도예요."

이런 아이들은 사람을 물건 대하듯 한다고 한다. 내 경험을 봤을 때도 그런 듯하다. 나는 청소년 시절에 자폐아 캠프에서 지도원으로 일한 적이 있었다. 어느 날 오후, 중증 자폐를 앓던 7세 남자아이가 다가오더니 내 어깨에 두 손을 얹는 것이 아닌가? 나는 깜짝 놀라며 감격했다. 자발적으로 애정을 표현하는 것처럼 보였기 때문이다. 그런데 그것도 잠시, 이내 아이는 두 손으로 내 어깨를 짚고 내 다리 위로 뛰어오르더니 나를 발판 삼아 위로 오르기 시작했다. 알고 보니, 내가 있던 곳 옆에 높은 선반이 있었는데, 그 선반 위에 원하던 장난감이 있었던 것이다. 그 아이는 나를 사다리 삼아 그 장난감을 꺼내는 중이었다.

자폐가 있는 아이들은 대상을 물리적이고 기계적인 방식으로 이해하려고 한다. 나처럼, 정신적 차원에서 이해하는 게 더 알맞은 대상들까지 말이다. 앞의 일화에서, 아이가 내게 선반 위 장난감을 내려달라고 요청했다면 모든 게 더 간단했을 것이다. 반면, 자폐가 없는 우리들은 이와는 정반대다. 우리는 마음을 읽는 능력을 물체의 영역으로까지 확장한다.

때로는 이것이 합리적인 경우도 있다. 스웨터, 의자, 시계와 같은 인공물을 다룰 때는 의도를 따져보는 것이 타당하다. 결국 사람이 만들어낸 것들이기 때문이다. 하지만 우리는 여기서 그치지 않는다. 마음을 읽는 능력을 진화시켜온 결과, 어린아이들조차도 물리적, 생물학적 세계가 대부분 목적을 가지고 존재한다고 여기는 경향이 있다. 이 세계를, 신이라는 디자이너가 창조해낸 인공물들의 세계로 보는 것이다.

♦ 세분파와 병합파: 범주를 나누도록 진화해온 인간

한때 존 로크는 개별 대상마다 고유한 이름을 부여하는 언어 체계에 대해 상상해보았다. 각각의 사람들뿐만 아니라 돌, 나뭇잎, 구름 하나하나가 각자의 이름을 가지고 있다고 머릿속으로 그려본 것이다. 300년 후, 아르헨티나 작가 호르헤 루이스 보르헤스는 이런 생각에서 한발 더 나아가 완벽한 기억력을 가진 소설 속 인물, 기억력의 천재 푸네스를 만들어냈다.

"그는 1882년 4월 30일 새벽, 남쪽 하늘에 떠 있던 구름의 모양을 외우고 있었다. 그는 기억 속의 구름 모양과 그가 딱 한 번 보았던 스페인 식으로 제본된 책의 줄무늬 얼룩을 비교할 수 있었다."

푸네스는 그의 모든 경험을 표현할 언어를 원했다. 한때 로크가 상상했던 것처럼 개체마다 이름을 붙이는 것으로는 부족했다. 그는 각 개체와의 경험 하나하나마다 개별적인 이름을 붙이고 싶어 했다. **그래야만** 완벽한 언어라 할 수 있지 않을까!

과연 그럴까? 과학자들은 세밀하게 분류하는 것을 좋아하는 '세분파'와 여러 독립체를 넓은 범주로 묶으려 하는 '병합파'를 구분했다. 푸네스는 우리가 상상할 수 있는 가장 극단적인 세분파에 해당한다. 물론, 사고하거나 언어를 사용할 때 이처럼 세분화하는 작업이 타당한 경우도 있다. 예를 들면, 우리는 어린아이들과 같은 독립적인 존재들을 별개의 개인으로 여기고, 그에 맞게 각각 이름을 붙여야 마땅하다고 여긴다.

하지만 대부분의 경우, 우리는 병합파다. 우리의 마음은 여러 가지 것들을 범주로 묶고, 이들을 구분되게 만드는 것을 무시하거나 경시하도록 진화해왔다. 범주 가운데는 상대적으로 명백한 것들도 있다. 의자, 호랑이라는 범주가 무엇을 의미하는지는 삼척동자도 안다. 이에 비해, 유제류, 쿼크 같은 범주는 과학자들에게만 친숙하다. (성경의 창세기는, 지극히 자연스럽게 물고기와 새, 짐승, 인간이라는 4가지 부류로 동물계를 구분했다.) 그러나 어떤 범주든 무한할 수 있는 개체들을 하나의 관점 아래 모아둔다는 공통점이 있다. 범주는 병합을 위한 것이다.

그렇다면 마음은 왜 이런 식으로 작동할까? 왜 우리는 푸네스처럼 각각의 사례를 소중하고 유일무이한 개별 사례로 저장하지 않는 걸까? 그 이유 중 하나는 이 모든 별개의 기억이 우리 머릿속에 다 들어가지 못하기 때문이다. 한때 로크도 그렇게 여겼다.

"우리가 접하는 특정한 모든 것들을 각각 따로 생각의 틀에 넣어 보관하는 것은 인간의 능력을 넘어서는 일이다. 아무리 이해력이 좋아도 머릿속에는 인간의 눈에 띈 모든 새와 짐승, 감각을 자극한 나무와 식물을 모조리 간직할 자리가 없다." (여담이지만, 권투선수 조지 포먼은 아들 5명을 모두 '조지'로, 딸 5명을 모두 '조제타'로 이름 지었다. 자신의 기억력이 나빠져서 자녀들의 이름을 구분하지 못하게 될까 봐 걱정됐기 때문이다.)

만약 우리가 깨어 있는 동안 1초마다 그때그때의 인상을 따로 기억 속에 저장해두고 절대 잊어버리지 않는다면, 우리는 죽을 때까지 수십억 가지의 기억을 간직하게 될 것이다.

그런데 누구도 인간의 기억 용량이 얼마나 되는지, 십억 개의 기억이 과연 인간의 기억 용량을 초과할 것인지 알지 못한다. 또한 푸네스와 같은 인물이 실제로 존재할 수 있는지도 알지 못한다. 게다가 어찌 됐든, 기억을 저장할 공간을 아껴두는 것 자체는 가치 있는 목표가 아니다. 만약 이것만이 문제라면, 마음속에서 범주를 나눠 병합할 필요도 없다. 우리가 마주쳤던 개체들을 거의 다 잊어버리는 게 더 간단한 해법이 될 테니까.

결국, 로크는 더 나은 답을 찾는다. 완벽한 기억력, 즉, 각각의 경험을 별개의 물자체(thing-in-itself, 사물 그 자체-역자)로 다루는 기억력은 쓸데없다고 말이다. 과거를 저장하는 목적은 오로지 현재를 이해하고 미래를 계획하기 위해서다. 범주가 없으면, 모든 것들은 그것을 제외한 여타의 것들과 완벽하게 다르다. 아무것도 일반화하거나 학습할 수 없게 된다. **절약하는 것**도, 얻게 되는 정보도 없다. 보르헤스는 이런 사실을 잘 알고 있었다. 그래서 그가 창조해낸 인물 푸네스를 설명하면서, 때로는 그가 자신의 인생 중 어느 하루를 통째로 기억하곤 했지만, 그것을 기억하기 위해서는 역시 꼬박 하루가 걸렸다고 묘사했던 것이다. (이것은 코미디언 스티븐 라이트가 들려주었던 "실제 크기만 한 미국 지도를 손에 넣었어! 그런데 이 지도를 접느라 여름 한 철을 다 보냈어!"라는 농담 속 아이러니와 비슷하다.)

우리는 세상을 범주로 묶기 때문에 학습할 수 있다. 살면서 우리는 무언가 새로운 것을 만난다. 하지만 사실 그것은 전적으로 새로운 것은 아니다. 예상하고, 그것에 대해 어떻게 행동해야 할지 이미 짐작할 수 있기 때문이다. 심리학자 그레고리 머피의 책, 『개념의 모든 것The Big Book of Concepts』역시 바로 이러한 주장으로 시작된다.

완벽히 똑같은 토마토를 두 번 먹는 일은 흔치 않다. 우리는 종종 참신한 물건이나 새로운 사람 및 상황들과 마주친다. 하지만 아무리 참신한 것이라도 대개는 이미 아는 것과 유사하며, 친숙한 범주에 속하는 경우가 대부분이다. 눈앞의 특정한 토마토는 처음 본 것이지만, 그동안 먹어봤던 다른 토마토들과 비슷하니 먹어도 괜찮을 것이다… 이러한 개념은 이를테면 정신의 접착제이다. 과거의 경험을 현재 세상과의 상호작용과 연결해주기 때문이다.

이러한 개념을 가지고 있지 않은 사람은 사방에 토마토가 있어도 굶어 죽을 수 있다.
"눈앞에 있는 저 특정한 토마토들은 내가 한 번도 본 적 없는 것들이야. 내가 저걸로 뭘 해야 할지 모르겠어."
'대상'이라는 개념이 없으면 물리적 세계를 이해할 수 없다. '사람', '친구', '자신', '타인'이라는 개념이 없으면 사회적 세계를 이해할 수 없다. 개념이 없으면 우리는 속수무책이다.

♦ 올바른 범주의 조건

어떤 사람이 처음으로 토마토를 먹은 뒤 흡족해하며, 같은 범주에 속하는 다른 것들도 똑같이 만족스러울 것이라고 결론 내렸다고 가정해보자. 그런데 그가 설정한 범주가 다음과 같다면 어떨까.

빨간색인 것들

또는

고릴라보다 크기가 작은 물체들

또는

텔레비전이 아닌 것들

이 경우, 이 사람은 심각한 문제에 봉착하게 된다. 먹을 수 있는 범위를 토마토로 좁히게 되기까지는, 책 표지나 스웨터, 소방용 호스를 씹어보려 할 테니 말이다. 여러 가지 것들을 범주로 묶는 목적은 새로운 것을 접할 때 올바른 행동을 선택하기 위해서다. 그렇다면 이들을 범주로 묶는 것만으로는 충분치 않다. 그 범주가 올바른 것이어야 한다. 앞의 사례처럼, 쓸모없는 범주들을 설정해서는 안 된다.

'올바른 범주'가 되려면 무엇이 필요할까? 개념을 세우는 목적이 무엇인지 곱씹어 보면 답은 뚜렷해진다. '토마토'라는 범주는 적절하다. 토마토가 무엇인지 알기만 해도 그것을 먹어도 된다는 사실과 그에 관한 다른 사항들을 알게 된다. 무언가가 의자라는 사실을 알고 있다면, 그것이 여러분의 무게를 지탱하리라는 것도 알게 된다. 무언가가 개라는 사실을 알면, 그것이 짖고, 고기를 먹고, 잠을 자는 등의 일을 할 것임을 알 수 있다. 우리는 인간과 관련해서, 이러한 독립체들이 지닌 다른 범주들과 구분되는 특정한 성질을 알고 있다.

애초에 이러한 범주가 존재하는 데는 이유가 있다. 대상은 그것이 지닌 특성과 관련해서 아무렇게나 우주에 퍼져 있는 것이 아니다. 예를 들면, 동물은 자연 집단 – 가령, 종種 – 에 속한다. 동물은 특정 환경에 적응하고, 유전 법칙으로 인해 하나의 범주 안에서 서로 닮아 있다. 우리의 마음은 이러한 자연스러운 단절에 부합하는 범주들을 형성하도록 적응해왔다. 고생물학자 스티븐 제이 굴드가 지적했듯이, "분류는, 자연의 질서를 이루는 기본에 관한 이론이다. 그저 혼돈을 피하려고 모아놓은 지루한 카탈로그가 아니다."

이것을 명심한 채, 다시 보르헤스로 돌아가 보자. 그는 자신의 소설 속 『은혜로운 지식의 하늘 창고』라는 가상의 중국 백과사전을 통해 동물의 세계를 어떻게 여러 범주로 기가 막히게 나눌 수 있는지를 보여준다.

황제 소유의 동물

방부 처리된 동물

조련된 동물

젖먹이 새끼 돼지

인어

우화 속 동물

들개

이 분류에 포함된 동물

미친 듯 떠는 동물

무수히 많은 동물

낙타털로 만든 세필 붓으로 그린 동물

기타 동물

방금 꽃병을 깨뜨린 동물

멀리서 보면 파리처럼 생긴 동물

이 목록은 아름답고도 영리하다-작가 제니퍼 애커먼의 표현처럼, "이 목록은 줄지어 있는 생각들을 흐트러뜨리고, 날카롭게 잘려 있는 범주의 가장자리를 무디게 만들며, 위계에 혼란을 준다." 반면, 나는 (지나치게 따지고 든다는 느낌을 줄지도 모르지만) 위의 목록에 있는 항목들이 왜 이상한지 설명할 수 있다. 예를 들어, 방금 꽃병을 깨뜨린 동물들 사이의 공통점은 방금 꽃병을 깨뜨렸다는 사실 외에는 없다. 이와 같은 범주가 자연스럽지 않은 이유는 그 범주가 대표하는 기준이 하찮기 때문이다.

위와 같은 식으로 흐트러뜨리고, 무디게 하고, 혼란을 주는 사례는 다른 분류 체계에서도 찾아볼 수 있다. 다음에 나와 있는 '사람이 사망하는 원인' 항목들을 살펴보자.

노화로 인해

출혈로

처형되어

길에서 죽은 채 발견

비탄에 빠져

여러 사고를 당해

무기력증으로

모친

전염병

독살

돌연사

구토

늑대

마치 보르헤스의 목록을 형편없이 흉내 낸 것처럼 보인다. 하지만 이것은 엄연히 1650년 영국 브리튼의 실제 '사망자 일람표' 중의 일부이다. 이처럼 관료들은 과학이나 상식을 바탕으로 한 방식과는 극명하게 다른 식으로 세상을 분류하는 법을 만들어내기도 한다.

이렇듯 유용한 범주와 무용한 범주의 차이를 깨닫고 나면, 우리 마음이 어떻게 유용한 범주를 따르는지를 설명할 이론이 필요하다. 전지전능한 신은 유의미한 범주들을 직관적으로 알아본다. 하지만 삶에 한계가 있는 존재들은 그렇지 않다. 우리는 감각을 통해 전달받은 정보를 직접 또는 추론을 통해 인식해야 한다.

동물 분류를 예로 들어보자. 종과 종을 구분하는 임무라면, 눈만 사용해서도 썩 잘 해낼 수 있다. 두 생명체를 구별할 수 없으면, 그 둘이 같은 종에 속한다고 추정하는 것이 타당하다. 반대로, 벌레와 독수리처럼 서로 근본적으로 다르면 그 둘이 다른 범주에 속한다고 추정하는 것이 현명하다. 과학의 발견에 대해 완전히 문외한인 사람도 눈을 통해서 생물학자와 얼추 비슷하게 세상을 파악한다. 이처럼 겉모습은 범주를 나누는 데 유용하다.

하지만 여기서 멈춘다면, 우리가 세상을 이해할 때 가장 중요한 역할을 하는 것을 놓치게 될 것이다. 겉모습과 실제 모습 사이에는 중대한 차이가 있으니 말이다. 자연 속 대부분의 생명체들은 이 차이를 구분하지 못한다. 개구리는 파리에 민감하다. 파리가 움직이는 패턴을 통해 파리를 식별한다. 하지만 파리처럼 움직이기는 하나 사실은 파리가 아닌 것도 있다는 관념이 개구리의 뇌 속에는 자리 잡지 못한다. 하지만 인간은 개구리보다 똑똑하다. 우리는 파리처럼 보이는 것과 파리는 동일하지 않다는 것을 잘 알고 있다.

물론, 인정한다. 사람들 역시 착각이나 위조, 사기, 모조품에 속아 넘어간다. TV를 볼 때, 우리는 그 TV 속 이미지가 진짜가 아님을 잘 알고 있지만 우리 마음은 그 이미지를 진짜로 받아들이고 배고픔, 무서움, 역겨움과 같은 반응을 만들어낸다. 어린아이들은 특히 그렇다. 외적 성질에 즉각 반응하고, 깊게 파고들지 않는 것이 어린아이들의 잘 알려진 특징이다.

그럼에도 불구하고 우리는 진짜 범주를 알아볼 줄 안다. 반짝인다고 다 금이 아니라는 것쯤은 알고 있는 것이다. 그래서 여장남자가 등장하는 영화 〈M. 버터플라이〉와 〈크라잉 게임〉의 플롯에 어리둥절해하지 않는다. 우리는 눈이 아니라 더 깊은 곳, 우리 마음속에 있는 세상에 대한 이해를 바탕으로 소형견인 치와외와 대형견인 그레이트데인이 '개'라는 같은 종에 속한다는 것을 안다. 주머니쥐와 캥거루가 같은 범주에 있으며, 허밍버드와 타조, 매 모두 새에 속하지만 박쥐는 새가 아니라는 것을 안다. 우리의 정신적 삶의 대부분은, 세상이 눈에 보이는 모습과 실제 모습이라는 두 개의 방식으로 존재한다는 것을 이해함으로써 이루어진다. 이런 이유로 인해, 대부분의 심리학자들과 철학자들은 때때로 언어 패턴과 문화적 관습, 과학적 발견 같은 요인이 우리의 감각 작용보다 더 크게 작용한다는 것에 동의해왔다.

놀라울 정도로 종종, 우리의 분류 과정 중 많은 부분이 언어와 문화에 영향을 받는다. 수 허벨은 이러한 극단적인 사례를 보여주는 질문 하나를 던진다. "유인원이 무엇인지 사전에 들은 바가 없다면 우리는 유인원을 무엇이라고 생각할까?" 동물원이나 자연 다큐 채널에서 본 적이 없다면? 구별 딱지를 붙여 놓지 않았다면? 그렇더라도 우리는 유인원이 우리와 다른 종이라는 것을 알까? 나는 처음 이 질문을 들었을 때 **물론**이라고 즉답했다. 우리는 사람과 유인원을 구별할 것이다. 제정신인 관찰자라면 이는 명명백백한 일이다.

하지만 이 추측은 틀렸다. 인간이 아닌 영장류를 처음 봤을 때 이들을 사람과 별개의 종으로 보지 않았던 사람들이 있었으니까. 최초로 아프리카에 발을 들여 놓은 지중해 사람들이 그러했다. 그들은 어떤 섬에 살고 있던 무리들을 이렇게 묘사했다.

만 안쪽에 야만인 남자들이 가득한 섬이 하나 있다. 그곳에는 여자들도 있었는데, 남자들보다 그 수가 더 많았다. 그 야만인들의 몸은 온통 털로 덮여 있었다… 우리가 쫓아갔지만 남자들은 잡을 수 없었다. 모두 가파른 곳을 오르고 돌을 던지면서 달아났기 때문이다. 하지만 여자 셋은 잡았다. 그들은 물고 할퀴면서… 따라오지 않으려 했다. 그래서 우리는 그들을 죽여서 가죽을 벗긴 다음 카르타고로 가져왔다.

하지만 그곳의 토착민들이 그 야만인 남녀를 부르는 이름은 따로 있었으니, 그 이름은 다름 아닌 **고릴라**였다.

♦ 인간은 타고난 본질주의자

'호랑이처럼 생겼다'는 말이 전달하는 바는 꽤 분명하다. 반면, 우리가 어떤 것을 호랑이라고 지칭할 때, 그것이 뜻하는 바는 정확히 무엇일까? 무엇이 이 주장을 진실로 만들어줄까?

우리는 대상에 따른 특별한 사고방식을 지녔으며, 그것을 통해서 대상에게 겉모습을 초월하는 성질을 부여한다. 존 로크는 이러한 사고방식에 대해 이렇게 설명했다.

"사물의 실제 내부 구조는 일반적으로… 미지의 대상이지만, 우리가 발견할 수 있는 사물의 특성은 바로 그 구조에 따라 결정된다. 이것을 가리켜 **본질**이라고 부를 수 있다."

가령, 물에는 생김새와 맛 등 관찰 가능한 속성들이 있다. 하지만 물을 물로 만드는 것은 물의 화학구조인 H2O이다.

사람들은 본질이 무엇인지 몰라도 본질의 존재를 믿는다. 물의 분자구조가 알려지기 훨씬 전에도 사람들은 어떤 것이 물처럼 보여도 물이 아닐 수 있으며, 물처럼 보이지 않아도 사실은 물일 수 있음을 알았다. 무언가가 물인 이유는 숨겨진 속성에 의한 것인지, 단순히 겉모습이 결정짓는 것은 아니다.

인류학자들은 본질의 존재에 대한 신념(본질주의)을 서양 문화의 산물이라고 여겼다. 즉, 근대 과학의 결과로 생겨났다고 보았다. 하지만 발달심리학자들의 견해는 다르다. 그들은 이러한 본질주의적 사고방식이 심지어 어린아이들도 지니고 있는 인간의 보편적 특성이라고 주장한다. 이 주장을 뒷받침하는 증거는 상당히 많다.

1. 생후 9개월 된 아기들조차도 같은 범주에 속하는 대상들이 서로 숨은 속성을 공유한다는 사실을 알고 있다. 어떤 상자를 특정한 방식으로 만질 때 특정한 소리가 난다는 사실을 알게 되면, 그것과 비슷하게 생긴 다른 상자들도 같은 소리를 낼 것이라고 예상한다. 이보다 더 나이가 많은 아이들은 여러 대상이 다르게 생겼어도 속성을 공유한다는 결론을 도출해낸다. 한 연구에서 만 3세 아이들에게 동물, 예를 들면 울새와 같은 사진을 보여준 다음, 이 동물에게는 숨은 속성, 예컨대 혈액 속에 특정한 화학물질 같은 게 있다고 알려주었다. 그리고 그와 외형적으로 비슷해 보이지만 다른 범주에 속하는 박쥐와 같은 동물 사진을 보여주고서는 그 다음으로는 외형적으로 아주 다르게 생겼지만 실상은 처음 보여준 동물과 같은 범주에 속하는 펠리컨 등의 사진을 보여주었다. 그러고서 둘 중 어떤 동물이 맨 처음 동물이 지녔던 것과 같은 '숨은 속성'을 지니고 있을지 물었다. 그러자 만 3세 아이들은 정확히 정답을 골라냈다. 어른들이 그러했듯이, 아이들도 유사한 겉모습보다는 같은 범주라는 것을 더 중요하게 여긴 것이다.

2. 아이들도 어른들과 마찬가지로, 개의 내부 요소들(피와 뼈)을 제거하면 그것은 더 이상 실제 개가 아니며, 그래서 짖거나 사료를 먹는 등의 전형적인 활동을 하지 못한다고 믿는다. 반

면, 개의 겉모습(털)을 제거했을 때는 여전히 개의 핵심적인 속성을 유지한다고 여긴다. 또한, 아이들은 피상적인 속성('같은 종류의 동물원, 같은 종류의 우리 안에서 살고 있음')보다는 공통된 내적 속성('몸속에 같은 종류의 물질이 있음')을 공유하는 대상들을 일반명사로 부르는 경향이 있다. 일반적으로 아이들 역시 범주에 대해 생각하고 이야기할 때, 관찰할 수 있는 외적 특징보다는 숨어 있는 내적 속성에 더 큰 무게를 둔다.

3. 가장 극적인 연구 결과는 따로 있다. 아이들에게 동물의 겉모습이 변형된 사진을 보여주었다. 외과적인 기술을 통해 선인장과 비슷하게 바뀐 고슴도치, 사자처럼 보이도록 사자탈을 뒤집어쓴 호랑이, 장난감처럼 보이게 변형된 진짜 강아지 사진 등을 보여준 다음 반응을 살폈는데, 아이들은 과격할 정도로 모습이 바뀐 사진들에 대해서 본능적으로 거부 반응을 일으켰다. 그리고 현재 모습이 어떻든 간에 그 사진 속 동물들이 여전히 고슴도치, 호랑이, 강아지라고 우겼다. 아이들은 무언가가 특정한 동물이 되려면 특정한 겉모습 이상으로 특정한 내부 구조를 공유해야 한다고 생각했다. 어른들과 마찬가지로 아이들도 동물의 **내부**가 (추정컨대, 그들의 본질이) 바뀌는 경우에만 동물의 유형 자체가 바뀌는 것으로 여겼다.

그렇다면 왜 아이들은 본질을 믿을까? 위의 연구 대상들은 모두 미취학 아동들이었다. 즉, 본질을 믿는 속성은 정규교육의 결과물이 아니다. 부모에게 배웠을 것 같지도 않다. 대학교에서 고등교육을 받은 부모라 해도 자녀와 내면과 본질에 대해 대화하는 경우는 드물며, 노동자 계층 부모라면 그럴 가능성은 더욱 희박하다. 게다가 아이들이 보여주는 이러한 본질주의적 편향은 보편적인 것처럼 보인다. 비교문화 연구 결과, 본질을 이해하는 구체적 방식에는 차이가 있었다. 즉, 도시에 사는 미국인들은 본질을 이야기할 때 유전자를 거론할 가능성이 있지만, 아프리카 요루바족 농부들은 본질을 '천국에서 온 구조'로 이해할지도 모른다. 하지만 이해 방식은 달라도 본질주의는 연구 대상이었던 모든 사회에서 나타났다. 따라서 본질주의야말로 우리의 세계관을 이루는 기본 요소로 보인다.

놀랄 것 없다. 본질주의는 어디까지나 자연계에 적응하려는 하나의 태도이기 때문이다. 생물학에서 무리로 분류하는 동물들은 단지 서로 비슷하게 생겼기 때문이 아니라 진화 역사를 공유하고 있어서이다. 물론 외형에도 어느 정도 지분이 있기는 하다. 생명체의 표면을 형성하는 데 진화가 중요한 역할을 하기 때문이다. 하지만 어떤 종에 속할 수 있는 자격을 나타내는 신뢰할 만한 지표는, 배아기의 특징과 유전적 구조 같은 더 심오한 속성들에 있다. 생물학자들이 인간과 침팬지를 가까운 친척이라고 분류하는 반면, 돌고래와 연어는 아니라고 자신 있게 말할 수 있는 것도 다 이런 이유 때문이다. 본질주의는 자연계에 더 일반적으로 적용된다. 무언가가 정말로 금인지 알고 싶다면, 그냥 뚫어지게 쳐다보는 대신 화학자에게 그 원자 구조를 물어보라.

의학계는 어떠한가. 질병에 대한 진단은, 표면으로 드러난 증상을 기술하는 것을 떠나 더 깊이 있게 분류하는 것으로 이루어진다.

발진이 있을 때 의사가 "햇볕에 심하게 탄 것처럼 보이네요"라는 말만 하면 환자는 불만족스러울 것이다. 발진의 정체가 무엇인지 알고 싶기 때문이다. 그래서 피검사와 조직검사 같은 진단 절차가 있는 것이다. 최근 종양학계에서 이루어진 몇몇 발전상을 살펴보자. 유방암, 대장암, 폐암 등, 암은 전형적으로 암이 발생한 신체 부위를 기준으로 범주가 나뉜다. 그런데 현대의 과학자들은 종양 발단의 원인이 되는 유전자와 단백질을 기반으로 한 더 뛰어난 분류 체계를 개발하고 있다. 이러한 분류 체계는 '더 깊이가 있기' 때문에 더 정확한 진단과 치료를 가능하게 만들어준다. 깊이 있는 것은 더 훌륭하다. 그리고 이처럼 삼라만상의 깊은 성질을 찾게 만드는 것이 바로 본질주의다.

♦ 나쁜 본질주의가 벌이는 일

본질주의의 강도는 다양하다. 내가 지금까지 이야기한 것은, 존 로크 버전의 본질주의다. 나는 전작에서 이를 '순한 맛 본질주의'라고 묘사했다. 플라톤의 『국가』에 등장하고 아리스토텔레스가 발전시킨 훨씬 더 강력한 버전의 본질주의와 비교했을 때 말이다. 그러한 매운맛 본질주의는 이상적이고, 영구적이며, 선명하게 규정된, 불변하는 유형의 존재를 제시한다. 하지만 철학자들과 과학자들은 이런 강력한 형태의 본질주의가 적어도 종種과 같은 생물학적 범주와 관련해서는 무효하다는 데 모두 동의했다. 과학철학자 에른스트 마이어는 불만 가득한 목소리로 이렇게 말했다. "다윈의 영향 아래서 생물학이 본질주의의 손아귀를 벗어나 마비에서 풀려나기까지

무려 2천 년 넘게 걸렸다."

필자가 나쁜 본질주의라고 부르는 것이 있다. 나쁜 본질주의는 인종과 민족성에 대한 우리의 사고방식에 가장 심각한 영향을 미친다. 그와 비교했을 때, 순한 맛 본질주의는 적어도 이치에 맞다. 키와 피부색 등 사람들의 겉모습은 생리적 요인의 결과물이자, 유전적 요인의 결과물이기도 하기 때문이다. 더 나아가, 우리의 상식적인 인종 특성화는 대체로 공유된 유전자 패턴과 일치한다. 유전자 빈도는 일반적으로 서로 다른 인종이라 불리는 그룹마다 조금씩 다르게 나타난다. 그런 의미에서 인종을 확장된 가족이자 부분적으로 근친 관계에 있는 가족으로 보는 것은 합당하다. 인종은 그 경계가 희미하고, 범위가 임의적이며, 기이하게 집단에 포함되거나 배제된다. 가족과 마찬가지로, 인종을 보면 특정 유전자를 보유할 가능성을 예측할 수 있다. 그래서 몇몇 질환을 진단할 때, 인종에도 의미를 두는 것이다(겸상 적혈구 빈혈은 흑인에게 더 흔하고, 테이-삭스 병은 유대인에게 주로 발병한다). 따라서 소수 집단이 특정 의학 연구를 위해 로비를 벌이는 것은 일견 타당하다.

하지만 인종적 범주는 생물학적 세계에 존재하는 깊은 단절을 포착해내지는 못한다. 인종적 범주는 별개의 아종이나 혈통을 규정짓지 않는 데다, 서로 다른 집단 구성원들 사이의 유전적 차이도 매우 미미하다. 생물학자들과 인류학자들이 "인종 같은 것은 없다"고 말하는 게 바로 이러한 이유 때문이다.

게다가, 인종에 따른 범주화에는 사회적·문화적 요인이 크게 영향을 미친다. 유대인 아버지와 가톨릭 어머니 사이에서 태어난 아들은 과연 유대인으로 간주해야 할까? (만약 어머니가 개종한다면?) 부모님 중 한 명은 아프리카 출신이고 다른 한 명은 멕시코 출신이라면 그 자녀는 흑인일까 아니면 히스패닉일까? 한 사람은 아이티 출신이고 다른 사람은 케냐 출신이라면 두 사람은 같은 인종에 속할까? 많은 문화권들은 이런 질문에 대해 명확한 답을 가지고 있다. 다만, 그 답은 과학적인 요인인 아닌 문화적인 요인에 의해 정해진다. 예를 들어, 미국에서는 어떤 사람을 흑인으로 간주할지 말지를 결정할 때 '피 한 방울'의 법칙이 적용되곤 했다.

이것은 인종이 인공물이라는 의미이다. 즉, 인종이라는 개념은 자연이 아닌 사람이 만들어냈다는 뜻이다. 하지만 우리는 그렇게 인식하지 않는 경향이 있다. 종과 마찬가지로 인종 역시 현실에 관한 심오한 객관적 사실과 일치한다고 여긴다. 전국적으로 이루어진 한 조사에서, 미국인들에게 다음과 같은 말에 동의하는지를 물었다.

"같은 인종 출신의 두 사람은 서로 다른 인종 출신의 두 사람보다 항상 유전적으로 더 비슷합니다."

대부분의 어른들이 이 말에 동의했다. 하지만 이것은 사실이 아니다. (그 이유를 알려면, 인종은 가족과 같다는 관념을 다시 한 번 살펴보아야 한다. 과연 내 아들은, 자신의 어머니를 비롯한 블룸 가문 밖의 사람들보다 블룸 가문 사람들과 유전적으로 더 유사할까?) 사실, 같은 인종 중에서 무작위로 선택된 두 사람의 유전적 차이는, 어떤 인종에 속하는 평균 구성원과 다른 인종에 속하는 평균 구성원 사이의 유전적 차이보다 더 크다. 나쁜 본질주의 경향이 나타나는 또 다른 경우도 있다. 어른들이 객관적인 사실을 통해 누군가가 **정말로** 유대인, 흑인, 중국인, 아랍인 등인지 아닌지를 알 수 있다고 추정할 때다. 또한, 그러한 논리로, 사람들이 그 범주들 중 오로지 하나의 범주에만 속한다고 생각할 때도 마찬가지다.

안타깝게도 인종에 대한 인식은, 어린아이들의 타고난 본질주의를 보여주는 가장 명확한 사례 중 하나다. 심지어 만 3세 아이들도 인종에 대해서 근본적인 관념을 드러낸다. 아이들은 대체로 사회적 관행에 따라 결정되는 범주를 선택하고, 이를 자연스러운 것으로 취급한다. 이렇게 되면, 사람들을 차등적으로 대하는 토대가 마련된다. 예를 들어, 이러한 고정관념의 결과로, 미국에서는 사람의 피부색이 소득과 교육 수준, 폭력 범죄의 희생자가 될 가능성 등 그의 온갖 숨은 속성을 보여주는 강력한 예측변수가 **된다**. 인간 집단에 관한 한, 본질주의는 일종의 자기충족적 예언(말이 씨가 되듯이, 예상이 실제가 되는 것-역자)이다. 인류학자 로렌스 허슈펠드가 표현했듯, "인종은 단순히 나쁜 발상이 아니다. 깊이 뿌리 내린 나쁜 생각이다."

♦ 생물종보다 더 많은 인공물

지금까지 우리는 물처럼 순전히 자연적인 범주에서 출발하여 인종처럼 사회적 고려가 스며 있는 범주로 넘어갔다. 이제 여기서 한 발 더 나아가 순전히 인위적인 범주를 살펴보려고 한다. 다음은 베트남을 배경으로 한 팀 오브라이언의 소설 『그들이 가지고 다닌 것들』에서 발췌한 구절이다.

그들이 가지고 다닌 것들은 대부분 필요에 따라 정해졌다. 필수품 또는 준准 필수품은 P-38 캔 오프너, 주머니칼, 고체연료, 손목시계, 인식표, 모기 기피제, 씹어 먹는 사탕, 담배, 소금 정제, 분말주스 쿨에이드, 라이터, 성냥, 반짇고리, 군표, 전투식량, 수통 두세 개 등이었다. 저마다의 습관이나 신진대사율에 따라 달랐지만, 이 물품들을 다 합치면 무게가 15~20파운드 정도 나갔다. 덩치가 컸던 헨리 도빈스는 여분으로 식량을 더 가지고 다녔다. 그는 걸쭉한 시럽에 절인 통조림 복숭아를 얹은 파운드케이크를 특히 좋아했다. 위생병 데이브 젠센은 칫솔과 치실뿐 아니라, 그가 호주 시드니에서 휴가 중에 챙긴 호텔용 소형 비누 몇 개를 더 들고 다녔다. 겁에 질려 있던 테드 라벤더는 진정제를 넣어 다녔다.

이 소설 속 병사들은 전형적인 자연환경이라 할 만한 정글 속을 헤매고 다닌다. 그런데 그들이 가지고 다니는 것들은 전부 사람이 만들어낸 것이다. 즉, 그들은 인공물의 세상에서 살고 있는 것이다. 독자 여러분도 마찬가지다. 의심스럽다면 직접 확인해 보길 바란다. 지금 인공물이 아닌 것을 찾아내서 한번 만져보라. 어쩌면 쉬울 수도 있다. 이 책을 읽고 있는 지금, 외딴 섬에서 벌거벗은 채 지내고 있다면 말이다. 하지만 여러분은 지금 의자에 앉아 있을 가능성이 더 크다. 혹은 침대에 누워 있거나 건물 바닥에 발을 딛고 서 있을 것이다. 창문이 있다면 창밖으로 도로와 잔디밭, 건물이 보일 것이다. 식사 중이라면 여러분 눈앞에 음식이 있을 것이다. 베이글과 커피라고 해보자. 그 베이글과 커피는, 그것들을 담아온 포장용기의 생산과정과 비슷한 설계 공정을 통해 만들어졌다.

지금까지 지구상에서 확인된 종種의 수는 약 150만 개다. 인상적인 숫자이기는 하지만, 미국 한 지역에서 등록된 특허만 따져도 700만 개가 넘는다. 한 심리학자가 추산한 바에 따르면, 우리는 살면서 서로 다른 2만 종류의 인공물을 접한다고 한다. 이것은 우리가 사는 동안 접할 수 있는 생물 종의 종류보다 훨씬 많다. 인간이 만든 인공물의 종류가 이처럼 다양한 것은 새삼스러운 일이 아니다. 1867년, 카를 마르크스는 영국 버밍햄에서 미묘하게 다른 용도를 위한 500가지 유형의 망치가 생산된다는 이야기를 듣고 경악한 바 있다.

더 나아가, 천연물처럼 보이지만 공장에서 생산된 것이거나 상점에서 살 수 있는 상품인 경우도 많다. 가령, 현재의 밀과 옥수수는 새로운 품종이라서 존속하려면 인간의 도움이 필요하다. 이 옥수수는 들풀에서 조심스럽게 번식시킨 것인데, 만약 1천 내지 2천 년 동안 지구상에서 사람이 사라진다면, 이 품종도 멸종될 것이다. 고양이는 약 1만 년 전 이집트인들에 의해 사육되기 시작했다. 그들은 고양이를 집으로 데려와 미오라고 이름 붙였다. 개는 늑대를 번식시킨 것이다. (이런 식의 교배를 통해 개체를 온순하게 만드는 것은 생각보다 쉽다. 최근 러시아에서는, 실험을 통해 단 15세대 만에 온순한 여우를 얻는 데 성공했다. 이들은 쓰다듬어주는 것을 좋아하고, 부름에 응답하고, 개처럼 짖고, 꼬리를 흔든다.) 우리는 털 없는 고양이나 갈빗살이 더 많은 돼지처럼 아종들도 교배해냈다. 종種의 '자연스러운' 정의 즉, 두 동물이 짝짓기를 통해 독자적으로 생존 가능한 자손을 생산해낼 때, 그 두 동물은 같은 종에 속한다는 특성은 개에게는 해당 사항이 없다. 개는 코요테나 얼룩 이리와도 짝짓기가 가능하기 때문이다. 개를 개답게 만드는 것은 길들이기 즉, 사람들이 개와 상호작용하는 전형적인 방식과 관계되어 있다.

물론, 여러분은 '우리들의 개'는 인공물이 아니라며 반박할 수도 있다. 그렇다. 그것은 어디까지나 살과 피를 지닌 살아있는 생명체이다. 개는 태어나는 것이지, 만들어지는 게 아니다. 하지만 이 대목에서 우리는 잘못된 이분법을 적용하지 않도록 주의해야 한다. 금속 조각상은 사람이 창작한 인공물인 동시에 공간을 차지하고 중력의 작용을 받는 물체이기도 하다. 둘 중 하나에만 해당되는 것은 아니다. 엘리펀트 맨이 울부짖으며 했던 말, "난 동물이 **아니야!**"는 사실 정확한 표현이 아니다. "**단지** 동물인 것만은 아니야!"라고 했어야 맞다. 마찬가지로, 어떤 사물은 인공물인 동시에 생물학적 개체일 수 있다. 빌 브라이슨은 젖소에 대해 가질 수 있는 '두 가지 사고방식'을 이런 말로 멋지게 포착해냈다. "내 마음속에 있는 유일한 애완동물은 젖소다. 젖소는 여러분을 사랑한다… 그들은 여러분의 문제에 귀를 기울이면서도 결코 보답을 요구하지 않는다. 그들은 여러분의 영원한 친구이다. 그렇지만 만약 그들에게 싫증을 느끼게 된다면 그때는 죽여서 집아먹으면 된다."

인간의 목표와 관심에 따라 인공물의 범주가 결정되는 것도 있다. 개의 경우가 그렇다. 무엇을 개로 간주할지는 부분적으로 우리의 관심에 달렸다. (인간이 개의 생물학적 진화를 이끌었다는 사실과는 완전히 별개로) 우리가 무엇을 개라고 **말하느냐**에 따라 정해진다. 꽃, 풀, 허브, 잡초, 나무와 같은 범주들도 마찬가지다. 이들은 공통된 미세구조를 공유하는 집단이 아니다. 그 대신, 이들은 크기나 맛처럼 인간에게 의미 있는 특정 속성을 공유하는 유기체들의 집단이다. 가령, '나무'라는 단어는 생물학적으로 다양한 식물 집합체를 가리킨다. 식물학적 관점에서 보면, 사실 나무 같은 것은 없다. 때로는 인공물의 범주와 생물학적 범주가 나란히 존재하기도 한다. 그 대표적인 사례로, 토마토를 다시 소환하고자 한다. 과연 토마토는 과일일까 아니면 채소일까? 1893년, 실제로 미국 대법원은 이 논쟁을 종결짓는 결정을 내렸다. (그 당시 뉴욕은 수입 과일에 세금을 부과했지만, 수입 채소에는 부과하지 않았다. 그래서 토마토의 지위가 정확히 결정되어야만 했다.) 결정문에 따르면, 토마토는 '엄밀히 따져' 과일이라고 인정받았다. 토마토는 식물의 생식기관이기 때문이다. 하지만 '사람들이 사용하는 일상적인 측면에서' 토마토는 오이, 호박, 콩, 완두콩과 마찬가지로 채소다. 디저트로 먹는 대신, 주로 주식과 함께 저녁 밥상에 오르기 때문이다. 이 경우, 토마토는 채소로 인정된다. 이처럼 범주는 이중생활을 하기도 한다. 자연종으로 해석되기도 하고, 인간의 관심에 따라 경계가 정해지는 인공물로 해석될 수도 있다.

♦ 본질주의: 인공물도 예외는 아니다

다시, 더 전형적인 인공물의 사례로 돌아가 보자. 우리는 오브라이언의 소설 속 병사들의 물건 목록을 보고 그것들이 무엇인지 금방 알아챈다. 그 생김새를 알고 있기 때문이다. 우리는 현실 세계에서 거의 아무런 문제없이 캔 오프너와 칼, 치실을 알아본다. 단순한 인공물 범주 이론에 따르면, 우리에게는 인공물의 생김새에 대한 심적 표상이 있으므로, 새로운 사물의 범주를 알아낼 때 바로 이 심적 표상을 사용한다고 한다.

하지만 이 이론은 틀렸다. 의자와 시계를 떠올려 보자. 이 범주에 속하는 구성원들의 '전형적인' 모습을 상상하는 것은 어렵지 않다. 심지어 대충 그려낼 수 있을 정도다. 그런데 의자 중에는 빈백 의자, 접이식 의자, 인형용 의자, 손 모양 의자, 천장에 사슬로 매달린 의자도 있다. 시계 중에는 괘종시계, 디지털시계, 콜라병이나 권총 모양 시계, 눈으로 보는 문자판은 없고 버튼과 스피커만 있는 시각장애인용 시계도 있다. 우리는 사는 동안 범상치 않은 한 무리의 의자와 시계를 마주할 수도 있다. 그중 일부는 새로운 기술이 낳은 결과물일 것이다. 어쩌면, 땅위로 떠다니는 공중 부양 의자를 보게 될지도 모른다. 어쩌면 시각피질에 삽입하는 시계가 등장할 수도 있다. 그런가 하면, 일부 의자와 시계는 유행이나 미학, 또는 그저 재미를 추구한 결과물일 수도 있다. 이것들 모두를 의자와 시계라고 부르는 이유는 겉모습 때문이 아니다.

물건의 범주를 지정하는 또 다른 방법은 물건의 용도에 기초하는 것이다. 의자는 사람이 위에 앉는 물건이며, 시계는 시간을 알려주는 물건이다. 하지만 이 방법 역시 통하지 않는다. 내가 테이블 위에 앉더라도 테이블은 테이블이지 의자가 아니다. 반면, 사람의 무게를 감당하지 못하는 약한 의자라 해도 의자는 의자다. 나는, 나무 그림자를 보고 대략적인 시간을 알 수 있지만, 그렇다고 해서 나무나 그림자가 시계는 아니다. 반면, 망가졌거나 배터리가 없어서 시간을 알려주지 못한다 해도 시계는 시계다. 이것을 더 일반화해서 말한다면 이렇다. 인공물은 대개 기능이 있지만, 비록 전형적인 기능이 없더라도 인공물 범주에 들어가는 것들이 있다. 누군가는 그저 즐거움을 위해 의자를 만든 다음, 그 의자에 한 번도 앉지 않을 수도 있는 법이다.

본질주의가 자연계에만 국한되지 않는다는 사실을 깨닫고 나면, 물건을 올바른 범주에 배정하는 우리의 직관적 능력을 더 잘 설명할 수 있다. 본질주의는 인공물에도 적용된다. 자연종의 경우, 내재적 속성을 그 본질이라고 본다면 인공물의 경우에는, 그것을 만든 사람의 의도가 본질이라고 여겨진다. 누군가가 다른 의자들과 같은 범주에 드는 것을 만들고자 했고, 그 관점에서 역할과 생김새가 잘 설명되었다면, 우리는 그것을 의자의 범주에 넣는다.

본질주의는 모든 범주에 본질이 있다고 여긴다. 본질의 구체적인 성질은 서로 다를 수 있다. 가령, 호랑이의 경우, 감춰진 물리적 속성을 그 범주의 본질로 본다. 의자의 경우에는 물건을 만든 사람의 목표와 신념, 욕구를 본질로 본다. 이것은, 자연적인 것들에 대한 우리의 사고방식과 인공물에 대한 사고방식 사이에 모종의 유사성이 있음을 보여준다.

1. 동물의 표면적 부분과 속성은 유전자 구조와 같은 내적 본질로 어느 정도 설명될 수 있다. 마찬가지로, 인공물의 표면적 부분과 속성은 그것의 쓰임새와 목적 등의 의도적 본질로 어느 정도 설명된다. 사람에게 손이 있는 이유는 유전자 때문이다.

시계에 시침과 분침이 있는 이유는 시계가 수행해야 하는 기능 때문이다.

2. 겉모습은 자연종과 인공물 양측 모두의 범주화에 관여한다. 우리가 동물을 범주화할 수 있는 이유는 겉모습과 본질 사이에 제법 신뢰할 만한 연관성이 있기 때문이다. 어떤 동물이 호랑이처럼 보고 걷고 냄새 맡는다면, 그것은 호랑이라는 뛰어난 짐작을 먼저 하게 된다. 생물학적 분석까지도 필요 없다. 인공물의 경우에도, 그것의 외형과 기능은 인공물을 만든 이유와 믿을 만하게 연결되어 있다. 대니얼 데닛이 지적했듯이, "도끼나 전화기의 용도가 무엇인지에 대해서는 거의 의문의 여지가 없다. 구태여 알렉산더 그레이엄 벨의 전기를 뒤져서 그가 어떤 마음으로 전화기를 만들었는지 실마리를 찾을 필요는 없다."

3. 자연종과 인공물에 대한 우리의 본질에 대한 직관력 덕분에, 미래지향적 물건이나 변형된 동물, 기이한 잡종과 같은 이례적인 예를 마주해도 우리는 그것들을 올바른 범주에 넣을 수 있다.

4. 때로는 자연종과 인공물 모두에서, 그깃의 기저에 있는 본질을 발견하기 힘들어 전문가를 찾게 되기도 한다. 자연종의 경우, 우리는 유전학과 화학, 발생학 분야의 전문가를 찾고, 인공물에 관해서는 고고학자, 인류학자, 역사학자를 찾는다.

어린아이들은, 자연종 영역에서 드러나는 본질주의적 편향을 인공물에 대해서도 보여준다. 심지어 아주 어린 아이들조차 인공물에 이름을 붙이고 분류 방법을 정할 때, 만든 사람의 의도라는 관념에 의존한다. 이러한 사실은 여러 실험으로도 입증되었다. 이 밖에도, 몇몇 연구는 인공물이 실제 수행하는 기능보다 수행하도록 **의도된** 기능에 아이들이 더 민감하고 익숙하다는 사실을 보여준다.

최근, 나는 심리학자 수잔 겔먼과 함께 한 가지 실험을 진행했다. 우리는 아이들에게 날카로운 플라스틱 조각이나 가죽 조각과 같은 물건을 보여주었다. 칼이나 벨트처럼 우리에게 익숙한 인공물과 비슷해 보이도록 만든 것들이었다. 그런 다음, 아이들에게 그 물건들에 관한 이야기를 들려주었다. 어떤 아이들에게는 그 물건을 일부러 만들었다고 이야기했고, 어떤 아이들에게는 우연의 결과로 만들어진 물건이라고 이야기했다.

예를 들면, 이렇다.

1. "샘은 플라스틱 조각 하나를 샀어. 그는 그 플라스틱을 조심스럽게 톱으로 자르고, 사포로 문질러 매끈하게 만들었어. 그러자 이렇게 완성! 봐, 샘은 이렇게 생긴 것을 만들었지. 이제 이것은 무엇일까?"

2. "샘은 플라스틱 조각을 하나 가지고 있었어. 그런데 그게 떨어지면서 산산조각이 났어. 그는 '앗, 안 돼!' 하고 소리치면서 바닥에서 조각 하나를 집어 들었어. 바로 이렇게 생긴 것을. 그렇다면 이것은 무엇일까?"

결과는 예상대로였다. 이 방법으로 시험 가능한 가장 어린 나이였던 만 3세 아이들조차 그 물건이 의도적으로 만들어졌다고 했을 때, 더 많은 아이들이 그것을 칼이라고 불렀다. 즉, 인공물에 이름을 붙일 때는 의도가 중요하다.

♦ 자연계는 신이 만든 가공물?

우리는 사람의 행동을 이해하기 위해서, 마음을 읽는 능력을 진화시켰다. 그래서 사람이 만든 물건을 이해할 때도, 이 능력을 자연스럽게 적용한다. 아주 어린 아이들조차 인공물에 대해 본질주의적 태도를 보이는 이유가 바로 여기에 있다. 더 놀라운 사실은 이런 '인공물 본질주의(설계와 목적 관점에서 사물을 생각하려는 경향)'가 실제의 인공물에만 국한되지 않는다는 것이다. 흔히 우리는 이를 자연계로 확장시킨다. 동물과 식물을 마치 의도적 설계의 산물인 것처럼 여기는 것이다.

자연계가 신성한 창조주의 손끝에서 만들어진 작품이라는 관념은, 모든 종교를 관통하는 공통된 주제이다. 유대교와 그리스도교에서는 하느님이 다양한 것들을 창조했다고 즉, 하느님의 의지로 7일 만에 세상을 창조했다고 믿는다. 이런 창조 신화에서 이름은 특히 더 중요하다. 창세기에 따르면, 하느님은 동물을 만든 다음 아담에게 데려와 이름을 짓도록 했다. 그리하여, 아담은 "모든 집짐승과 하늘의 새와 모든 들짐승에게 이름을 붙여주었다." 이와 같은 명명 행위는 사람이 모든 피조물을 다스린다는 사실을 드러낸다. 그 외에 다른 종교들은 이보다는, 구토나 출산, 자위, 점토 빚기처럼, 창조자나 창조자들이 세상을 만들 때의 물리적 행위 과정을 더 많이 묘사한다.

그런데 이런 종류의 믿음은 왜 이리 흔한 걸까? 그 답을 찾는 데 유용한 첫걸음은 사람들에게 신을 믿는 이유를 물어보는 것이다. 세상이나 우주의 복잡성, 완벽함, 자연미, 지극히 좋은 설계의 결과물이기 때문이라는 답들이 대부분을 차지한다. '설계 논증'이라고 알려진 이러한 주장은 인류사를 거치면서 여러 신학자와 철학자, 과학자에 의해 반복해서 제기되었다. 기원전 140년, 키케로는 이렇게 주장했다. "우리는 지구본이나 시계와 같은 기계장치를 보면서… 의식 있는 지성이 만든 창작품이라는 것을 의심하는가? 그렇다면 천체의 운동을 보면서… 이 또한 이성이 만든 작품일 뿐 아니라 완벽하고 신성한 이성이 만든 작품이라는 것을 어찌 의심할 수 있겠는가?"

가장 유명한 설계 논증은 윌리엄 페일리의 『자연신학: 또는, 자연현상에서 수집된, 신의 존재와 속성에 대한 증거』에 등장한다. 이 작품은 자연계의 복잡성을 설명하기 위해서는, 의도적인 설계의 관점이 필요하다는 주장을 확장한 것이다. 다음은 이 책에서 가장 많이 인용되는 구절이다.

황야를 건너다가 **돌**부리에 발이 걸렸다고 가정하자. 어쩌다가 돌이 거기 있게 된 거냐는 질문을 받으면 아마 나는 이렇게 답할지 모른다. 모르긴 몰라도 그 돌은 거기 쭉 있었을 거라고. 이 대답이 황당하다고 주장하는 사람은 그 이유를 설명하기가 쉽지 않을 것이다. 이번에는 땅에 떨어진 **시계**를 발견했다고 가정하자. 그 시계가 어떻게 그곳에 있게 되었느냐는 질문을 받는다면? 나는 이번에는 모르긴 몰라도, 앞선 경우처럼 그 시계가 계속 거기 있었을 거라고 말하지는 않을 것이다.

시계는 함께 작동하면서 복잡한 기능을 수행하는 많은 부품으로 이루어져 있다. 이와 같은 시계의 복잡성은 한 명의 시계공 또는 시계공들이 언제 어디서건 틀림없이 존재한다는 것을 의미한다. 그들은 현재 우리가 알고 있는 용도대로 시계를 만들었다. 그들은 시계의 구조를 이해하고 시계의 용도를 설계한 장본인이다.

페일리는, 수백 페이지에 걸쳐 인공물보다 물리적·생물학적 세계의 복잡성이 실제로 얼마나 더 심오한지를 대단히 시적인 언어로 상세히 묘사한다. 시계가 복잡하다고 생각한다면, 인간의 눈을 한번 들여다보라, 이 얼마나 기가 막히게 복잡한 장치인가. 과연 이런 것이 정말로 우연히 생길 수 있을까? 페일리는 아니라고 주장한다. 합리적인 사람이라면 눈에 대해서도 시계와 똑같은 추론을 해야 한다. 시계와 마찬가지로 눈도 어느 지적 창조주가 만들어낸 결과물이라고 말이다. 이 주장은 강력한 영향력을 지녔다. 이것은 젊은 시절의 찰스 다윈의 마음을 흔들어 놓았다. 케임브리지 대학교에서 학사 학위 시험 준비를 위해 페일리의 저서를 읽어야 했던 다윈은 그의 '길게 이어진 논증에 매료되고 설득되었다.'

저명한 현대 물리학자들도 이에 관련해 주장들을 내놓았다. 하지만 그들은 신성한 창조주의 존재 증거로 복잡한 설계를 내세우지 않았다. 그 대신, 확률을 증거로 내세웠다. 우리가 스스로 존재할 가능성은 매우 희박한 것처럼 보인다. 스티븐 W. 호킹은 이렇게 말했다.

"만약 빅뱅 1초 후에, 우주의 팽창 속도가 100억 분의 1만큼 줄었다면 그로부터 몇 백만 년 후 우주는 붕괴됐을 것이다. 만약 팽창 속도가 100억 분의 1만큼 늘었다면, 몇 백만 년 후 우주는 본질적으로 텅 빈 곳이 되었을 것이다. 그 어떤 경우에서도, 우주는 생명이 발달하기에 충분할 만큼 지속될 수 없었을 것이다."

그런데 이처럼 놀랍도록 희박한 사건이 일어난 이유를 설명해주는 한 가지 이론이 바로 의도적 계획이다. 프리먼 다이슨은 "마치 우주가 우리의 등장을 틀림없이 어떤 의미에서는 알고 있었던 것처럼 보인다"라고 말했다. 폴 데이비스는 "우주의 법칙은 자신의 이해력을 설계했다"라고 결론 내린다.

반면, 모두가 이러한 설계 논증에 감명 받았던 것은 아니다. 몇몇 철학자들은 이 논증이 미스터리를 미스터리로 설명한다고 우려했다. 신이 우주를 창조했다면 신은 누가 창조한 것인가? 그런가 하면, 어떤 이들은 세상 그대로의 모습에 경외심을 덜 느꼈다. 데이비드 흄은 "상위 기준에 비해서 세상은 흠도 많고 완벽하지 않다"라고 하면서, 그는 "세상은 복잡한 기계보다는 '위대한 채소'에 가깝다"고 말했다.

하지만 우리 중의 누군가는 흄과 달리 너무 쉽게 감격하기도 한다. 아우구스티누스는 하느님의 설계가 낳은 경이로운 일들을 열거하면서, 다음과 같은 현상도 그 예에 포함시켰다. "어떤 이들은 자유자재로 엉덩이에서 '냄새 없는 소리'를 만들어낼 수 있다. 항문으로 일종의 노래를 연주하는 셈이다." 캐나다에서 실시한 한 여론조사에서, 사람들에게 자애로운 하느님에 대한 믿음을 일깨워준 일에 대해 물었는데, 대답 중에는 상당히 평범해 보이는 것들도 있었다. 예를 들면, 이런 식이다. "어떤 사람 집에 갔다가 제가 오래전부터 갖고 싶었던 전동 공구를 아주 싸게 샀던 일이요."

설계 논증의 주된 문제점은, 이제 세상에는 신성한 설계자를 가정하지 않고도 복잡하고 적응력 높은 설계를 설명할 수 있는 이론이 있다는 사실이다. 바로 다윈의 자연선택설이다. 하지만 우리들 중 많은 사람들이 이 이론을 유달리 받아들이기 힘들어하는 것 같다. 미국에서는 성인의 절반가량이 종의 기원에 대해서 천지 창조론적 관점을 지지한다. 한 연구에 따르면, 대학생 중 1/3 이상은 관련 인류학 강의를 수강한 뒤에도 최초의 인류는 에덴동산에서 출현했으며, '하느님의 창조 행위가 인류의 기원 그 자체'라고 믿었다. 이에 대해, 진화생물학자 리처드 도킨스는 "인간의 뇌는 마치 다윈주의를 제대로 이해하지 못하도록, 그래서 이를 믿기 힘들도록 설계된 것"처럼 보인다고 했다.

직관적으로, 자연선택설은 두 가지 측면에서 공격받는다. 첫째, 진화론은 강성 본질주의를 거스른다. 즉, 진화론은 '종에는 불변의 본질이 있다'는 관념과 충돌한다(진화론에 따르면 변하지 않는 종의 본질이란 없다, 종은 진화하는 것이다). 둘째, 의도에서 원인을 찾으려고 하는 우리의 경향과 양립할 수 없다. 다윈주의가 제시하는 가장 중요한 통찰은, 가장 사려 깊은 설계자의 노력을 흉내 낼 수 있을 뿐 아니라 종종 이를 능가하는 순수하게 물리적인 과정이 존재한다는 것이다. 생존과 번식의 가능성을 높이는 임의의 변이체는 그것이 무엇이든 서서히 증식한다. 하지만 이 과정을 직관적으로 이해하기는 쉽지 않다. 마치 양자물리학처럼, 이 과정은 고도로 반직관적이다. 상당한 노력을 기울인다면 머리로는 파악이 되지만, 그것이 옳다는 느낌은 절대 들지 않는다. 진화 과정의 복잡한 구조는, 마치 의도의 - 신념과 목표와 욕구에 의한 - 결과물처럼 보인다. 그래서 우리는 다윈보다는 페일리의 주장에 강하게 끌린다. 복잡한 설계에는 설계자가 필요하다는 주장 말이다.

♦ 선천적 인공론자들

창조신에 대한 우리의 믿음이 '마음을 읽는 우리의 타고난 능력'에 뿌리를 두고 있다면, 아주 어린 아이들조차 세상이 의도적으로 설계되었다고 생각해야 한다.

장 피아제의 견해가 그러했다. 물론, 그렇게 주장한 이유는 달랐지만 말이다. 그는 어린아이들의 인지능력이 너무 미숙하기 때문에 물리적 과정의 차원에서는 사고할 수 없다고 주장했다. 그래서 의도적 행위능력의 결과로만 세상의 기원을 사고할 수 있다고 말했다. 그렇기 때문에 아이들은 처음에는 자연물을 사람이 만든 것으로 추정한다. 그러다가 시간이 지나면서 인간 능력의 한계를 뚜렷이 알게 되면, 자신의 전능한 부모와 비슷한 어떤 초인적 존재가 있다는 쪽으로 의견이 바뀐다. 피아제는, 이처럼 자연물과 인공물을 융합하는 아이들의 경향성을 토대로 아이들을 '인공론자'로 묘사했다.

그 후 여러 연구를 통해, 물리적 세계에 대한 아이들의 이해력에 한계가 있다는 피아제의 생각이 틀렸음이 밝혀졌다. 심지어 어린 아기들조차 중력이나 접촉에 의한 운동과 같은 물리적 과정을 어느 정도는 이해한다. 그들은 영혼뿐만 아니라 몸에 대해서도 생각할 줄 안다. 또한, 어린아이들은 사람이 만든 것과 그렇지 않은 것을 쉽게 구별할 줄 안다. 아이의 발달 단계 중 사람이 하늘과 땅을 창조했다고 믿는 단계는 없다.

그럼에도 불구하고, 여기에 심오한 진리가 숨어 있는 것도 맞다. 최근에 세심하게 진행된 몇몇 연구에서, 어린아이들도 자연계 안에서 의도적인 설계를 찾으려는 편향성을 지닌 것으로 나타났기 때문이다. 이런 편향성은 과학에 익숙한 어른들보다 아이들에게서 더 많이 나타났다.

심리학자 데보라 켈레먼은 어른들과 아이들을 대상으로 여러 차례 실험을 진행했다. 양측에게 다양한 사진을 보여준 다음, 사진 속 대상의 용도를 묻는 게 타당한지에 대해 질문했다. 어른들은 시계 같은 인공물에 대해 "어떤 용도일까?"라고 묻는 것을 합리적이라고 생각했다. 또한, 손이나 눈 같은 동물의 일부 신체 부위에 대해 그것이 어떤 용도와 목적을 가지는지 묻는 것도 합리적이라고 여겼다. 반면, 구름과 같은 비생물학적 자연종이나 호랑이와 같은 어떤 동물의 전체 목적에 대해 묻는 것은 타당하지 않다고 여겼다. 하지만 아이들은 이와는 다른 반응을 보여주었다. 켈레먼은 이를 가리켜 '난잡한 목적론'이라고 불렀다. 아이들은 그녀가 보여준 **모든 것**에 대해 "무슨 용도지?"라고 물어볼 수 있다고 우겼다. 만 4세 아이의 눈에 세상의 모든 것은, 마치 어떤 목적을 위해 만들어진 것처럼 보인다.

그래서 아이들은 신의 개입이 내포된 이야기에 매우 수용적이다. 이는 놀랍지 않다. 심리학자 마거릿 에번스는 기독교 근본주의 가정의 자녀들과 진화론을 지지하는 비근본주의 가정의 자녀들을 대상으로 한 가지 실험을 진행했다. 아이들에게 만물의 기원에 대해서 예를 들면, 인간의 개입이나 신, 진화와 같은 다양한 이야기들을 들려주고 그 가능성을 판단하도록 했다. 그러자 굉장히 중요한 결과 하나가 도출되었다. 아이들은 한결같이 부모에 비해 더 강성 창조론자 같은 모습을 보여주었다. 부모가 창조론을 믿지 않더라도 아이들은 신이 세상을 창조했다는 설명에 마음을 뺏겼다.

이런 결과를 미성숙의 징표로 치부해서는 안 된다. 아이들이 예사롭지 않은 게 아니다. 인류의 거의 모든 역사를 통틀어 봤을 때, 버전은 달라도 창조론은 늘 상식적인 의견이었다. 설계 논증 안에서, 창조론은 지적으로 훌륭하다. 무엇보다도 이러한 인공론은, 목표와 의도를 생각하도록 진화된 마음속에서 자연스럽게 생겨난 부산물이다.

또한, 인공론은 감정적으로도 위안을 준다. 우리에게 쓰이기 위해 자연계가 존재한다고 믿으면 절로 어깨가 으쓱해진다. 창세기에서 호언장담한 것처럼, 우리가 '바다의 물고기와 하늘의 새와 땅을 기어 다니는 온갖 생물을' 다스리는 존재라고 믿으면 기분이 좋아진다. 우리는 창조신이 빚어 만든 작품이라는 생각에도 마음을 끄는 무언가가 있다. 인공물은 용도가 정해져 있으며, 이유가 있기 때문에 존재한다. 또한, 적절하게 사용될 수도 있고 부적절하게 사용될 수도 있다. 만약 우리가 인공물이라면, 이 모든 내용은 우리에게도 유효하다. 실제로 대부분의 종교 경전에는 이러한 목적이 명시되어 있다. 가령, 전도서는 이렇게 가르친다. "하느님을 두려워하고 그의 계명을 지켜라. 이것이 사람이 해야 하는 의무의 전부이기 때문이다."

이처럼 인공론은 지적으로도 호소력이 있고, 우리의 진화된 세계관과도 잘 맞을 뿐 아니라, 감정적으로도 끌어당긴다. 버밍엄 주교의 아내가 한 말에 공감이 갈 정도다. 그녀는 다윈의 이론을 처음 듣고서 남편에게 이렇게 말한 것으로 유명하다. "여보, 우리 그 이론이 사실이 아니기를 바랍시다. 하지만 만약 사실이라면, 그것이 널리 알려지지 않기를 바랍시다."

3장

불안한 대상과 예술

◆ ◆ ◆

다른 그룹원들은 자신들의 체액을 이유식 병에 저장하기도 하고, 포장된
갈매기살 위에 암호문을 적어 놓기도 했다. 그들의 예술작품은 '작품'이라고
알려졌다. 나는 이 표현을 열심히 사용했다. 심지어 그냥 작품이 아닌 '좋은
작품'이라고 말해주고 싶었다. 호감을 사고 싶은 마음이 어찌나 간절했던지,
어쩌다 보니 깨진 걸레받이와 곧 세탁소로 보내질 세탁물 자루에까지 칭찬을
퍼붓고 있었다. 꽤 열심히 뚫어지게 쳐다보면 무엇이든 작품이 될 수 있다.
약에 취하면 나는 친구들과 순환도로를 달리면서 트래픽 콘과 형광색
과속방지턱을 보며 감탄하곤 했다. 무엇이든 우리의 개념에 따라
다 예술이 되어서, 우리는 날 것 그대로 편견 없이 모든 것을 예술로 보았다.
— 데이비드 세다리스, '예술가의 삶 가운데 열두 번의 순간들Twelve Moments in the Life of the Artis'

미술 평론가 제임스 엘킨스는 신문과 잡지에 광고를 냈다. 그림을 보고 눈물을 흘린 적 있는 사람들의 경험담을 찾는다는 내용이었다. 약 4백 통의 전화와 이메일, 편지가 그에게 도착했다. 어떤 사람들은 그림이 상실, 외로움, 수치심과 같은 끔찍한 것들을 그리고 있어서 울었다고 했다. 때로는 개인적인 이유로 눈물을 흘리기도 했다. 아내가 그린 그림 이야기를 들려준 어느 영문학과 교수의 경우가 그랬다. 정돈되지 않은 텅 빈 침대가 그려진 그 그림은 그녀가

바람을 피우기 직전에 그린 것이었다. 한참이 지난 후 이 그림을 물끄러미 바라보던 교수는 이 침대가 그들이 함께 썼던 침대라는 것을 불현듯 깨달았다. 그는 그림이 무엇을 의미하는지 생각하다가 울기 시작했다.

예술작품은 다른 성격의 강한 감정을 유발하기도 한다. 미술사학자 E. H. 곰브리치는 엘킨스에게 자신은 도저히 렘브란트의 〈삼손의 실명〉을 쳐다보지 못한다고 했다. 너무 폭력적이라 감당할 수 없기 때문이라고. 그러한 측면에서, 루이지애나 현대미술관에 전시되었던 에드 키엔홀츠의 조각 작품은 철거될 수밖에 없었다. 너무 역겨워서 관람객들이 토하고 말았기 때문이다.

이러한 반응들은 타당하다. 극한 고통으로 괴로워하는 사람을 봤을 때 마음이 불편해지는 게 당연하다면, 그런 장면을 사실적으로 묘사한 그림 역시 불편한 감정을 불러오는 게 당연하다. 매력적인 사람이나 맛있는 음식, 멋진 환경, 행복한 아이들을 보는 게 즐겁다면, 그런 것들을 닮은 그림도 비슷한 쾌락의 감정을 불러일으켜야 한다. 일반적으로, 현실 세계에 존재하는 것들이 불러오는 감정에 익숙하다면, 그런 것들을 그린 사실적인 그림들도 그 강도는 덜해도 똑같은 감정을 불러일으킬 것이다.

하지만 이 문제는 그렇게 단순하지만은 않다. 엘킨스에 따르면, 사람들을 가장 많이 울렸던 그림은 마크 로스코의 작품이라고 한다. 특히 텍사스 휴스턴의 한 예배당에 걸려 있는 14점의 작품들, 자줏빛이 감도는 검은색 사각형 위로 물결 모양의 색채와 질감이 표현된 그 그림들이 사람들의 감정을 가장 강하게 불러 일으켰다.

그런데 이 작품들이 무엇을 나타내는지는 오히려 분명치 않다. 우리는 왜 이런 작품에 감정적인 반응을 보이게 되는 걸까? 왜 이런 것에 **마음이 쓰이는** 걸까?

사람들이 가장 강하게 반응을 보였던 예술작품 가운데는 말 많고 문제 많은 현대 창작품도 있다. 미술 평론가 해럴드 로젠버그는 이런 작품들을 가리켜 '불안한 대상'이라고 명명했다. 바로 다음과 같은 인공물들이다.

1. 마르셀 뒤샹의 '**기성품들**'. 한때는 눈을 퍼내는 삽과 소변기에 불과했으나 이제는 유명 예술작품이 된 물건들이다.
2. 앤디 워홀의 유명한 **브릴로 상자**. 합판으로 만들어졌으나 일반 식료품점에서 파는 상자와 매우 흡사해 보인다.
3. 트레이시 에민의 **나의 침대**. 그녀가 실제로 누워서 자살을 기도했던 바로 그 침대.
4. 마우리치오 카텔란의 **노베첸토(21세기)**. 천장에 매달려 있는 죽은 말 한 마리.
5. 마크 월링거의 **진짜 예술작품**. 작가가 공동소유하고 있던 살아 있는 경주마 한 마리.
6. 프란시스 알리스의 **앰버서더**. 살아 있는 공작새 한 마리. 2001 베니스 비엔날레에 초청받은 작가가 자신 대신 공작새를 보낸 것에서 '앰버서더'라는 이 작품의 제목이 탄생했다. 알리스의 대리인들은 이렇게 전했다. "공작새는 작가처럼 모든 전시장과 파티장을 활보할 예정이다. 오래된 우화와 결부

시킨, 예술계의 덧없음을 암시하는 일화적 작품이다."
7. 각양각색의 미니멀리즘 작품들. 가령, 완벽하게 하얀 캔버스나 알루미늄이나 카드보드지, 깨진 유리 조각들로 구성된 조각품들.

인정한다. 우리는 일반적으로 이런 물건들 앞에서 눈물을 훔치지는 않는다. 이런 것들은 대개 심장보다는 머리에 울림을 주기 때문이다. 그래도 이런 작품들 역시 중요하다. 그렇기 때문에 미술관과 갤러리에 전시되고, 끊임없이 즐거움과 관심, 논란을 불러일으키는 것이다. 게다가 그중 일부는 값도 비싸다. 신문 보도에 따르면, 필자가 이 글을 쓰고 있는 지금 크리스티 경매에서 도널드 저드의 제목 없는 추상 조각 작품이 460만 달러가 넘는 금액에 낙찰되었다고 한다. 또한, 파란색 캔버스에 노란색으로 'SPACE'라고 커다랗게 적어 놓은 에드 루샤의 작품, 〈공간을 말하다〉는 350만 달러에 판매되었다고 한다. 이런 작품들이 어마어마한 금액에 팔린다는 것은, 적어도 어떤 사람들에게는 이것들이 가치가 있다는 증거다. 그들에게는 집이나 자동차처럼 실용적인 물건들보다 이것들이 더 가치 있는 물건인 셈이다. 왜 그럴까?

연극 〈아트〉에서 피부과 의사 세르주는 고가의 현대 미술품을 하나 구입한다. 액자도 없는 흰색 캔버스에 보일까 말까 한 대각선이 몇 개 그어져 있는 작품이다. 이 작품을 선택한 것을 보고 경악한 그의 친구 마크는 그만 참지 못하고 자기 생각을 말한다.

마크: 아니, 이딴 걸 사는 데 20만 프랑이나 줬다고?

나중에 세르주는 다른 친구에게 이렇게 불만을 토로한다.

세르주: 나는 마크가 이 그림에 감흥을 보이지 않아서 뭐라 하는 게 아니야. 녀석은 훈련을 받지 않았으니까. 견습 기간을 거쳐야 하는데, 녀석은 그러지 않았거든. 자기가 원하지 않았거나 특별한 소질이 없어서 그렇겠지. 물론 어느 쪽이든 중요치 않아, 그렇고말고. 내가 탓하는 건 따로 있어. 녀석의 말투, 현실에 안주하는 태도, 눈치 없이 구는 게 진짜 문제라고.

대부분의 미술 평론가와 미술사학자, 미술가들은 이 논쟁에서 세르주 편에 서는 반면, 대부분의 심리학자들은 마크에게 더 공감한다고 봐야 할 것이다. 그중 몇몇 심리학자의 주장에 따르면, 스스로 알든 모르든, 이처럼 불안한 대상에 가치를 두는 사람들은, 그 이유가 미학적인 것이 아닌 사회학적인 것에 있다고 한다. 스티븐 핑커는 이러한 점을 예리하게 지적한다.

예술의 무용함이야말로 진화생물학이 예술을 도통 이해할 수 없는 이유다. 하지만 바로 그 이유 때문에 경제학과 사회심리학은 예술을 너무도 잘 이해한다. 귀한 재료, 장인 정신, 난해한 텍스트를 이해하는 능력이나 엘리트와의 친밀감을 요구하는 그런 것들, 쓸데없는 장식품과 묘기에 돈을 쓰는 것만큼 돈이 남아돈다는 것을 잘 보여주는 게 있을까? 배를 채워주거나 비를 막아주는 것도 아닌데 말이다. 소스타인 베블런과 틴 벨은 취향과 유행에 대한 분석에서, 달리 설명할 수 없는 예술의 특이함을 다음과 같이 멋지게 설명했다. "한 엘리트가 자신의 소비와 여가, 격노를 과시하듯 선보이면 일반 대중은 곧 이를 따라 한다. 그렇게 되면 그 엘리트는 다시 대중이 모방할 수 있는 새로운 과시 거리를 찾아 나선다…." 예술의 가치는 대체로 미학과 무관하다. 값을 헤아릴 수 없던 걸작이라도 위조품으로 판명되는 순간 그 가치를 잃는다. 반면, 예술계의 말 한마디에 만화나 수프 통조림이 수준 높은 예술이 되어 눈에 띄게 사치스러운 가격을 받는다. 현대, 그리고 후기 현대 예술작품에는 즐거움을 주려는 의도가 없다. 그 대신, 비평가와 분석가 길드의 이론을 확증하거나 반박하려는 의도가 다분하다. 혹은 **센세이션을 불러일으키거나**, 서민들을 어리둥절하게 만들게 하려는 의도가 들어 있다.

내가 이러한 사회적 고려사항들의 영향력을 부인하는 것은 아니다. 다만, 나는 이와 완전히 다르면서도 상호보완적인 이론을 통해, 우리가 이 불안한 대상들을 어떻게 이해하고 평가하는지 파악하고자 한다. 여기서의 내 목표는 현대 예술을 길들여 이해하기 쉽게 만드는 것이다. 이 신기하고 논란 많은 존재들과 인간의 어떤 보편적인 성향, 특히 '사람'과 '사람이 만든 것'에 대한 사고방식 사이의 틈을 좁히려는 것이다.

♦ 실제와 표상의 차이를 인식하다

예술과 관련된 능력 중 시각적 표상을 평가하는 능력은, 발달 초기에 가장 먼저 나타난다. 어린 아기들조차 이것이 가능하다. 생후

5개월 된 아기에게 인형을 하나 주고 놀게 한 다음, 그 인형을 도로 가져간 후 여러 인형 사진을 보여주면, 아기는 방금 가지고 놀던 인형의 사진보다 새로운 인형 사진을 더 오랫동안 주시한다. 이는 아기가 어떤 대상과 그 대상을 사실적으로 묘사한 것 사이에 밀접한 연관성이 있다는 것을 대체로 이해한다는 의미다. 아이들은 말을 하기 시작하면, 실물만이 아니라 사진 속 대상의 이름도 이야기한다. 몇몇 인류학적인 일화와 달리, 사진에 대한 사전 경험이 있어야만 사진 속 대상의 이름을 말할 수 있는 것은 아니다. 이를 입증하는 몇몇 극적인 증거가 있다. 1962년, 심리학자 줄리언 혹버그와 버지니아 브룩스는 사진이나 TV를 비롯한 시각적 표상을 접하지 않고 자란 한 아이(두 사람이 밝히지는 않았지만, 그들의 자녀로 추정된다)에 관한 연구 결과를 발표했다. 그 아이가 생후 19개월이 되었을 때, 그에게 익숙한 대상을 그린 일련의 선 그림과 사진을 보여주면서 이름을 물었다고 한다. 그러자 아이는 손쉽게 그것들의 이름을 댔다.

어쨌든, 유클리드와 레오나르도 다 빈치의 지적에 따르면, 사실적인 그림은 현실 세계와 거의 똑같은 시각적 배열을 눈에 남길 수 있기에 효과적이다. 사실적인 개 사진은 우리 눈에 거의 실물처럼 보인다. 사실, **트롱프뢰유**('눈속임 그림') 작품을 보면 실제와 표상이 구분되지 않는다. O. 헨리의 『마지막 잎새』를 보면, 어느 병든 여인이 나온다. 그녀는 마지막 잎새가 떨어지면 자신도 죽게 될 거라 말하면서 아파트 창밖을 바라본다. 하지만 다른 잎들이 떨어진 뒤에도, 계절이 바뀌어도 하나의 잎새는 남아 있다. 알고 보니, 그녀가 죽지 않기를 바랐던 한 노화가가 반대편 벽에 잎새를 그려놓은 것이었다. 사실적 그림을 알아보는 능력은 시각 작용의 부산물에 불과하다. 감각을 통해 정보를 얻는 모든 생명체 – 신이 아닌 모든 생명체 – 들은 어느 정도 영리한 표상을 마주하면 혼란에 빠질 가능성이 있다.

(반대의 오류를 범하는 경우 즉, 실물을 표상으로 간주하는 경우는 오히려 드물다. 하지만 그런 일도 일어나기는 한다. 몬테카를로의 가장무도회에서 찰리 채플린과 가장 닮은 사람을 뽑는 대회가 열린 적이 있었다. 채플린 본인도 그 대회에 참가했는데, 공교롭게도 3위에 그치고 말았다.)

아기들은, 표상이라는 그림의 역할을 전혀 이해하지 못하더라도 그림 자체는 인식할 수 있다. 그래서 생후 18개월 미만의 아이들은 그림을 보고 혼란스러움을 느낄 수 있다. 주의력 있는 어른들이라면 그림을 보고 반응하는 아이들의 이상한 행동을 눈치 챈 적이 있을 것이다. 신발 그림에 발을 집어넣으려고 하거나, 그림책에 그려진 대상을 쥐고 싶어서 그림책을 긁는 식의 행동들 말이다. 어린아이들 앞에 그림책들을 둔 다음 아이들의 행동을 영상으로 촬영한 실험이 있었다. 아이들은 그림 속 대상이 마치 진짜인 양 책속에서 꺼내 올리려는 경향을 보였다. 이런 결과는 풍요로운 표상에 둘러싸인 채 성장하는 서양 문화권 아이들에게만 국한된 게 아니다. 코트디부아르의 빈곤층 문맹 가정 출신의 아이들도 이와 동일하게 반응한다.

그런가 하면, 아기들은 실물과 그림을 구별할 줄 안다. 선택권이 주어지면, 그들은 인형 사진보다 실물 인형 보는 것을 더 선호한다.

또한, 사진보다 실물에 더 자주 손을 뻗는다. 뿐만 아니라, 사진 속 대상을 집으려다 실패해도 그다지 동요하지 않는다. 어느 정도는 실패를 받아들이는 듯한 모습이다. 아기들은 사진을, 모양과 색을 지녔지만 이상하게 납작한 실물처럼, 어딘지 모르게 기이한 것이나 열등한 대상으로 여기는 것 같다. 심리학자 주디 들로츠 연구진의 표현처럼, "아기들이 사진을 실물로 취급하는 이유는 그것을 '실물'이라고 굳게 믿기 때문이 아니다. 다만, 그것이 실물이 아니라는 확신이 없기 때문이다."

어른들은 이보다는 똑똑하다. 우리는 사진이 표상이라는 것을 안다. 또한, 사진을 그것이 표현하는 것들을 이해하고 이야기하기 위한 매개체로 사용할 수 있다는 것도 안다. 누군가가 여러분에게 자기 아이의 사진을 보여줄 때, 그는 여러분이 그 **사진 자체**에 감탄하기를 기대하지 않는다. "얘가 엠마야"라고 말할 때, 그가 말하고자 하는 것은 사진의 화소 영역이나 2차원 색상의 패턴 등이 아니다. 우리는 외부 세계에 관한 대부분의 지식을 사진을 통해 배운다.

사실, 특정 예술작품에 대해 배울 때도, 그 작품을 직접 보는 대신 작품을 찍어놓은 **사진**을 통해 배운다. (거의 모든 사람이 〈모나리자〉의 모습을 알지만, 이 작품을 실제로 본 사람은 극소수에 불과하다.) 플라톤의 가르침에 따라 원본이 언제나 표상보다 낫다고 생각할 수도 있다. 하지만 실상은 다르다. 엘킨스는, 그림을 보고 울었다는 사람들 중 한 여자에 대한 이야기를 전한다. 미켈란젤로의 작품을 다룬 영화에 매료되었던 그녀는 실제 작품을 보기 위해 피렌체로 날아갔지만, 눈앞의 작품을 보고 처참하게 실망하고 말았다고 한다. "실제 조각품들이 **사진**만큼 대단하지 않았답니다!" 그에 따르면, 그림을 보고 운 사람들 중에는 실제 작품에 대한 실망감 때문에 운 사례도 있었다.

♦ 사과 사진 먹을래?

생후 18개월이 되면, 아이들은 더 이상 사진을 보고 손을 뻗지 않는다. 이제 아이들은 사진의 표상적 본질을 인식하는 걸까? 이를 탐구하기 위해, 심리학자 수잔 캐리와 멜리사 앨런 프라이슬러는 단순하면서도 명쾌한 연구를 진행했다. 두 사람은 그림을 이용해서 아이들에게 새로운 단어를 가르쳤다. 가령, 한 번도 거품기를 본 적 없는 생후 18개월 아이들에게 선으로 그린 거품기 그림을 보여주면서 '거품기'라는 말을 반복했다. 그런 다음, 훈련에 사용했던 그림과 실물 거품기를 보여주면서 둘 중에서 '거품기'를 고르라고 했다. 그 결과, 아이들은 거의 항상 실제 거품기를 골랐다. 이것으로 보아, 아이들은 그림을 부르는 데 사용하는 이름이 **그림 자체**를 가리키는 게 아니라, 그림이 표현하고 있는 대상을 가리킨다는 사실을 아는 듯하다. 즉, 아이들은 두 돌이 되기 전에 그림이 표상이라는 것을 인식하고 있는 셈이다.

물론, 나는 모든 심리학자가 이 주장에 동의하지는 않으리라는 것을 인정한다. 어떤 연구에 따르면, 심지어 만 2세보다 나이가 많은 아이들도 표상에 대해 심한 혼란을 느끼는 것으로 나왔다. 만 3세 아이들에게 "이 사과 그림 먹을 수 있니?"라고 물으면 때때로 그렇다고 답한다. 때로는 장미 그림에 가까이 가면 실제 냄새를 맡을 수 있다고도 한다. 그들 가운데 몇몇은 딸랑이 그림을 자르면 진짜 딸랑이도 부서질 거라고 생각한다! 이와 비슷한 연구 결과들은 또 있다. "진짜로 먹을 수 있는 것들을 가리켜 보라"고 하면, 아주 어린 아이들은 진짜 음식뿐 아니라 음식 그림도 가리켰다. 그 전에 그림은 '그냥 그림'일 뿐이라는 데 동의했더라도 말이다.

몇몇 연구자들은 이것을 두고, 아이들이 현실과 표상을 구별하지 못하는 증거라고 주장한다. 하지만 나는 이런 의견에 대해서는 회의적이다. 내가 보기에 이런 결과들은, 아이들이 '이상한 질문'을 오해할 수 있다는 것을 보여줄 뿐이다. 아이들과 달리, 어른들은 대체로 심리학 실험이 어떻게 진행되는지 잘 알고 있다. 그래서 일반적인 대화 규칙 대신 질문 그 자체에 초점을 맞춘다. 일반적인 대화 상황이라면, 누군가가 음식 사진을 보여주면서 "이걸 먹을 수 있나요?"라고 물었을 때 그가 진짜로 그 그림 자체를 먹을 수 있냐고 묻는 거라고 어떻게 생각할 수 있겠는가. 만약 그렇다면 그 상황이 얼마나 이상한가. 하지만 실험이라는 전제 조건이 있다면, 어른들은 '이상한 질문'을 아이들만큼 오해하지 않는다.

물론, 우리들은 때때로 그림 자체에 대해 질문하기도 한다. 그 그림에 예술적 가치가 있다면 말이다. 피카소의 경우를 예로 들어보자. 과거, 한 독일군 장교가 피카소에게 그의 작품 〈게르니카〉가 그려진 엽서를 건네며 "당신이 한 거요?"라고 물었다. 피카소가, 독일군에게 폭격을 당한 바스크 지방의 게르니카 마을을 보고 영감을 받아 그린 작품이었다. 그때 피카소는 이렇게 답했다. "아니, 당신들이 그랬소."

만약 만 2세 이상의 아이들이 그림이 표상이라는 사실을 진짜로 이해하지 못한다면, 일상 속에서 그림을 상대로 이상하게 행동할 것이다. 하지만 그런 행동을 보이지는 않는다. 사과 사진을 먹을 수 있다고 답했을지 몰라도, 실제로 해보라고 하면 그렇게 하지 않는 것처럼. 또한, 그림에게 벌어진 일이 실물에도 똑같이 벌어질 거라고 **정말로** 그렇게 생각하는 것도 아니다. 심리학자 노먼 프리먼이 지적했듯이, 만 3세 아이에게 그의 사진을 찢을 것이라고 말해도 아이는 극심한 공포감을 느끼지는 않는다.

그렇다고 어린아이들이 완전히 능수능란하게 표상을 다룰 수 있다는 의미는 아니다. 몇몇 명백한 한계가 있다. 어린아이들은 지도, 작업 진행표와 도표, 그리고 가장 중요하게도 단어를 읽을 줄 모른다. 아이들은 배움을 통해서 이 모든 것을 습득한다.

이외에도 들로즈 연구진은, 아이들이 표상의 '이중성' – 표상은 구체적인 존재인 동시에 추상적이며 상징적인 존재라는 사실 – 에 대처하는 데 문제가 있음을 발견했다. 가령, 만 나이로 두 살 반인 아이들은 방 안에 숨겨진 장난감의 위치를 알아내기 위해 방의 그림을 활용할 줄 안다. 그림 속에서 장난감의 위치를 인식하면, 실제 방 안에서도 장난감이 어디에 있는지 깨닫는다. 하지만 장난감의 위치를 3차원 모형으로 보여주면 뜻밖에도 훨씬 더 헤맨다. 그림보다는 사실적인 모형을 이해하는 게 더 쉽기 때문에, 아이들도 더 쉽게 실물 모형을 표상으로 사용할 수 있으리라는 예측과는 다른 결과다. 들로즈의 주장에 따르면, 손으로 만질 수 있는 3차원 모형이 너무 흥미로운 나머지, 아이들이 모형 자체를 하나의 대상으로 여기고 거기에 초점을 두느라 모형의 표상적 속성에 집중하지 못한다는 것이다. 오히려 덜 흥미롭게 만들었을 때, 아이들은 숨겨진 장난감을 찾는 데 모형을 더 잘 이용한다.

이러한 연구 결과들은 실질적으로 중요한 영향력을 발휘한다. 수사관들은 흔히 성적 학대가 의심되는 사건에서 해부학적으로 정확하게 만든 인형을 사용해 아이들에게 어떤 일이 일어났는지 정확한 정보를 끌어내려고 한다. 그런데 적어도 만 2~3세 아이들에게는 이 방법이 효과가 없을 뿐 아니라 오히려 잘못된 판단을 하게 만든다는 연구 결과가 있다. 그 인형 자체가 어린아이들의 흥미를 끄는 탓에, 그것이 '인체를 표현하는 표상'의 역할을 하고 있다는 사실에 집중하지 못하기 때문이다.

어른들이라고 의기양양할 필요는 없다. 아이들과 마찬가지로 어른들도 표상의 비본질적인 속성 때문에 주의가 산만해지지 않을 때 집중을 더 잘한다. 우리도 때때로 표상의 변화와 현실의 변화를 혼동한다. 서머타임이 시작되고 끝날 때 혹은 어떤 시간대에서 다른 시간대로 이동할 때 시차 때문에 갈피를 못 잡기도 한다. 이를 보여주는 극적인 사례가 있다. 1752년 9월 3일, 영국이 그레고리력을 채택하면서 갑자기 날짜가 9월 14일로 건너뛰는 일이 발생했다. 그러자 분노한 농부들이 들고일어났다. 11일을 잃어버렸기 때문에 그해 작물 농사를 망칠 거라는 걱정 때문이었다!

♦ 의도와 명명하기

모든 문화에는 어떤 형태로든 예술이 존재한다. 나무를 긁어 만든 자국이나 동굴 벽에 새겨 놓은 표시, 모래 위에 그린 그림도 다 예술이다. 게다가 평범한 인간이라면 누구나 어느 정도의 예술 창작 능력을 지니고 있다. 아이들은 그림 그리기와 낙서하기, 찰흙 놀이를 좋아한다. 문화적, 개인적 차이는 분명 존재하지만, 그렇다고 해서 예술을 만들어내고 감상하는 인간의 보편적인 경향을 무시해서는 안 된다.

서양 문화권에서 자란 아이들이 생애 최초로 만든 창작물을 보고 우리는 무엇을 알 수 있을까? 명백한 점은 이 창작물들이, 순화해서 표현하자면, 사실적이지 않다는 것이다. 심리학자 하워드 가드너의 저서 『예술적 낙서』는 아이들의 그림과 유명한 성인 화가의 작품을 하나하나 비교하는 것으로 시작한다. 대니라는 아이가 그린 미니멀리즘 작품은 테오 반 되스버그의 작품을 연상시킨다. 캐시의 그림은 잭슨 폴락의 작품과 매우 비슷하다. 토마스가 그린 그림은 미로나 피카소, 클레가 그린 것처럼 보인다. 그런데 여기에 언급된 화가들은 모두 **추상화가**다. 아무도 아이들의 그림을 보고 렘브란트나 다 빈치, 베르미어처럼 그린다고 하지 않는다.

이처럼 어린 시절의 창작물은 미술 작품으로 여길 만해도, 재현 미술처럼은 보이지 않는다. 세상에 있는 무언가를 표현한 것은 아닌 듯하다. 그런데 여기에는 오점이 있다. **아이들이 자신의 창작품에 이름을 붙인다는 것**이다. 아이들은 '엄마', '트럭' 등의 평범한 단어로 자기가 만든 낙서나 휘갈겨 쓴 것, 얼룩 등을 설명한다. 내가 미술 심리학에 처음 관심을 가지게 된 계기는 우리 아들 때문이다. 당시 만 2세였던 맥스는, 물감 자국 몇 개를 가리키면서 뿌듯한 목소리로 "비행기"라고 말했다.

이런 행동을 보고 우리는 어떤 결론을 도출해야 할까? 맥스는 자기가 만든 물감 자국이 비행기를 나타낸다고 믿는 걸까? 다른 아이들은 자신의 낙서가 트럭, 말, 엄마를 나타낸다고 믿는 걸까? 가드너는 이 문제를 고찰한 뒤 몇 가지 가능성을 제시했다.

과연 아이들은 다른 사람들 모두가 놓치고 만 유사점을 정말로 알아챈 걸까? 아니면, 이름을 붙이는 것을 통해 형상이 실제 생겨나기를 '바라는' 걸까? 심지어 일종의 마법이나 토템 미술을 수행하는 것은 아닐까? 혹은 대상에 꼬리표를 붙이는 것을 문화가 개입된 일종의 게임으로 여기는 걸까? 아니면, 단순히 "이게 뭐야? 뭐 그리는 거야? 뭔지 말해줘"와 같은 피할 수 없는 질문들을 쏟아내는 어른들을 기쁘게 해주려는 걸까?

이어서 가드너는 그 표시들에 **모종의** 재현 능력이 드러나 있다고 즉, "대상을 상징하는 표기법의 원시적 유형"인 것 같다고 생각하면서도 궁극적으로는 이와는 다른 의견을 내놓는다. 그는 아이들의 이름 붙이는 행위를 "꾸며서 이야기하기"라고 부른다. 왜냐하면, 아이들이 붙인 이름은 전달되지 않는 '표상을 약속하기' 때문이다. 만약 여기에 재현하고자 하는 의도가 있다면, 그 의도는 실패했다.

하지만 다른 가능성도 살펴보자. 아이들은 종이에 크레용을 대는 순간부터 재현 미술가일 수 있다. 만약 그렇다면, 아이의 시각은 명작 동화 『어린 왕자』 속 화자의 시각과 일치한다. 이 동화의 첫 대목에서 화자는 정글 탐험에 대해 생각한 다음, 갈색 모자처럼 생긴 단순한 그림을 그린다. 그런 다음, 그 그림을 어른들에게 보여주면서 무섭냐고 묻는다. 어른들이 "왜 모자가 무섭지?"라고 대답하자 아이는 이렇게 주장한다. "내가 그린 것은 모자가 아니에요. 코끼리를 삼킨 보아뱀 그림이에요." 그런 다음, 의기소침해진 화자는 이렇게 지적한다. "어른들은 도무지 스스로 이해하는 법이 없다. 그러니 아이들은 설명하고 또 설명하느라 진이 빠질 노릇이다."

짐작건대, 갈색 모자 모양이 코끼리를 삼킨 뱀이 되는 이유는 그 아이의 의도가 그렇기 때문이다. 그렇다면 아이들이 보기에, 어떤 것에 무언가를 나타낼 **의도**가 담겨 있다면, 그 무언가는 의도대로 그것을 **나타낼** 뿐만 아니라 그 이름으로 불릴 수도 있다.

이것이 사실이라면, 최소한 아이들은 자신이 묘사한 대상과 닮지 않은 그림에도 이름을 붙일 수 있다. 바로 이것이 내가 심리학자 로리 마크슨과 함께 탐구한 내용이다. 한 연구에서 우리는 만 3~4세 아이들에게 팔이 부러진 또래 아이가 그린 그림을 몇 장 보여줄 것이라고 말했다. 그 그림들이 사실적이지 않은 이유를 설명하기 위해, 그림을 그린 아이가 **정말로** 열심히 잘 그리려고 했지만, 부러진 팔 때문에 원하는 대로 그리지는 못했다고 알려주었다.

그러고는 '크기 비교하기 과제'를 위해, 아이들에게 크기가 다른 구불구불한 선 2개가 그려진 그림을 보여주면서 "친구가 거미와 나무를 그렸단다"라고 설명했다. '이상한 것 찾기 과제'를 위해서는, 타원 4개가 그려진 그림을 보여주면서 "친구가 돼지 3마리와 닭 1마리를 그렸단다"라고 이야기했다. 다만, 4개의 타원 중 1개는 나머지와 원의 길쭉한 방향이 달랐다. 테스트를 진행하는 동안, 실험자는 그림 속의 선과 도형을 하나씩 지목하면서 아이들에게 묘사해 보라고 요청했다. 어른에게 이러한 과제는 식은 죽 먹기다. 어른들이라면, 표시된 것들의 상대적 크기를 세상에 있는 실물들의 상대적 크기와 대응시켜서, 상대적으로 작은 대상을 거미, 상대적으로 큰 것을 나무라고 말할 것이다. 이상한 것 찾기 과제의 경우에는 같아 보이는 타원들을 같은 종류라고 해석하고, 다르게 생긴 것은 다른 종류라고 추정해서, 돼지 3마리와 닭 1마리에 해당하는 꼬리표를 정확하게 붙일 것이다.

그런데 실험 결과, 만 3세 아이들조차 이 두 가지 과제를 운 좋게 맞추는 것 이상으로 잘 수행해낸다는 게 드러났다. 즉, 아이들은 닮은 점 이외에도 다른 실마리를 토대로 그림에 이름을 붙일 수 있었던 것이다. 이것은 또 다른 연구 결과와도 잘 맞아떨어진다. 이 연구에서는 크기가 같은 노란색 탁구공 2개를 사용했다. 다만, 하나가 다른 하나보다 월등히 무거웠다. 아이들에게는 "여기 아빠와 아가가 있어"라고 말한 후, 아이들에게 '아빠'를 가리키라고 하거나 '아가'를 지목하라고 했다. 그러자 두 돌 반쯤 된 아이들은 둘 중 무거운 것을 아빠로 고르는 데 성공했다.

다음 단계는 이 나이의 아이들이 그림을 파악할 때, 사람의 의도를 실제로 활용하는지 직접 탐구하는 것이었다. 이를 시험하기 위해 우리는 포크와 숟가락처럼 비슷한 물건 두 가지를 아이의 눈앞 왼편과 오른편에 하나씩 놓아두었다. 그런 다음 실험자가 그중 하나를 골똘히 쳐다본 다음, 그림을 그리는 것처럼 연기했다. 사실은 미리 하나의 특정한 그림을 그려둔 것이었지만 말이다.

그러고는 그 그림을 두 물건 사이에 놔두면서, 아이에게 무엇처럼 보이느냐고 물었다. 결과는 거의 언제나 같았다. 실험자의 의도를 어떻게 생각하는지에 따라 아이들의 대답이 달라졌다. 실험자가 그림을 '그리면서' 숟가락을 주시했다면, 아이들은 그 그림을 '숟가락'이라고 불렀다. 반대로 포크를 주시했다면, 그 그림을 '포크'라고 불렀다. 같은 그림이었지만, 아이가 창작자의 의도를 어떻게 생각하느냐에 따라 다른 이름이 붙여졌다.

그 뒤, 우리는 아이들이 직접 그린 그림을 가지고 유사한 버전의 다른 실험을 진행했다. 먼저, 아이들에게 각각의 종이에 각기 다른 색상의 크레용으로 ①풍선, ②막대사탕, ③아이 자신, ④실험자를 그려달라고 요청했다. 그런 다음, 몇 분간의 휴식 시간을 가진 뒤 실험자와 함께 잠시 다른 활동에 참여하게 했다. 그렇게 어느 정도 시간을 둔 후, 그림을 '다시 발견한' 실험자가 아이에게 그림에 대한 설명을 요청했다.

이 연구의 이면에는 취학 전 아동들이 악명 높을 정도로 미숙한 화가라는 논리가 깔려 있다. 우리는 아이들에게 겉모습이 비슷한 네 가지 물건들을 그리게 했고, 후에 아이들이 그림에 이름을 붙일 때 그림들의 외형을 근거로 삼지 않을 거라고 예상했다. 적어도 부분적으로나마, 아이들은 자신의 재현 의도를 기억해서 그것에 따라 이름을 붙일 거라고 판단했다. 예상했던 대로, 아이들의 그림 대부분은 풍선이나 막대사탕, 사람과 전혀 비슷해 보이지 않았다. 심지어 비슷했던 경우에도 – 대부분 만 4세 아이들이 그린 그림이었다 – 눈에 보이는 것만으로는 그것이 막대사탕인지 풍선인지, 실험

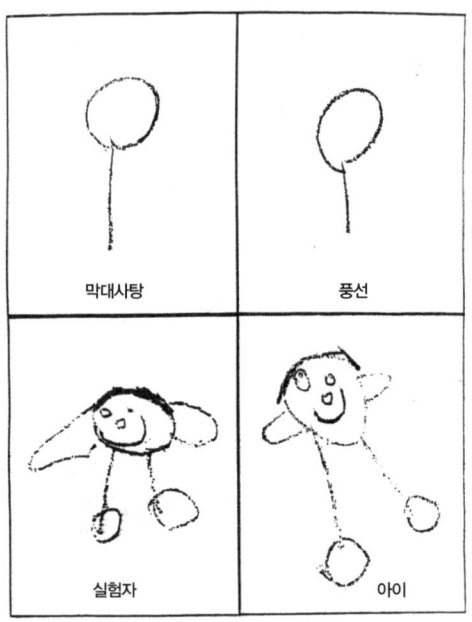

그림 2.1 아이들이 이름 붙인 그림들.
블룸 & 마크슨, '아이들의 표상 이름 붙이기', 《사이콜로지컬 사이언스》 1997년 4월호

자인지 아이 자신인지 구별할 수 없었다. 그림 2.1은 만 4세 아이가 그린 그림의 대표적인 사례에 해당한다.

하지만 시간이 흐른 후, 아이들에게 그림에 이름을 붙여 보라고 하자 만 3세와 만 4세 아이들 모두 자신이 재현하려고 의도했던 바에 근거해서 이름을 붙였다. 풍선을 그리겠다는 의도를 가지고 그린 것에 대해서는 풍선이라고 불렀고, 막대사탕을 그리고 싶었던 경우라면 막대사탕이라고 불렀다. 이러한 결과는 정밀하게 계산된

실험에서만 관찰할 수 있는 것은 아니다. 아이를 울리고 싶다면 아이가 "엄마"라고 부르는 그림을 보면서 다른 사람 – 예를 들어, 아이의 형 – 이라고 우기기만 하면 된다. 그렇게 했을 때, 아이들은 분개한다. 아이들은 그 그림을 엄마라고 이해한다. 왜냐하면, 그들이 묘사하려고 의도한 대상이 바로 엄마이기 때문이다.

이렇게 그린 사람의 목표와 욕구를 이해해야만 그림을 이해할 수 있다고 가정하면, 자폐아들이 그림을 이해하는 데 문제가 있을 거라는 예상 또한 가능하다.

그렇다. 멜리사 앨런 프라이슬러는 자폐아들을 대상으로 앞서 언급했던 '거품기 실험'을 진행했다. 즉, 실험자는 아이들에게 처음 보는 물건의 그림을 보여주면서 반복해서 그것의 이름을 들려주었고, 후에 그림과 그 그림이 나타내는 실제 물건을 보여주면서 그중 어느 것에 아이들이 '이름'을 적용하는지 시험했다. 그 결과, 정상 발달을 보이는 아이들과 달리 자폐아들은 '이름'과 대응되는 대상으로 그림을 선택했다.

그렇다면 나이가 더 많고 증상이 더 경미한 자폐아들의 경우는 어떨까? 나는 심리학자 프랜시스 아벨과 프란체스카 하페, 우타 프리스와 힘께 이와 관련된 공동 연구를 진행했다. 우리는 그러한 기준에 해당하는 자폐아동이 그림에 이름을 붙일 때, 그림을 그린 사람의 의도를 이용할 수 있는지를 탐구했다. 언어지능이 만 7세 정도 되는, 평균 연령 만 10세 정도의 아동들을 대상으로 하여 실험을 진행했는데, 개인에게 요구되는 기능들을 상당히 잘 수행하는 아이들이었다. 다른 사람들과 대화도 나눌 수 있었고, 사실적인 그림 속의 대상에게 이름을 붙이는 것에도 문제가 없었다. 먼저, 우리는 로리 마크슨과 함께 했던 '막대사탕, 풍선, 실험자 그림 연구'와 비슷한 연구를 진행했다. 자폐를 앓는 대상자들에게 막대사탕 등의 그림을 그리게 한 후 시간이 지난 뒤 그것에 이름을 붙이도록 했다. 물론, 우리는 아이들이 자신의 원래 의도를 기억해서 이름을 붙일 수는 없을 거라고 예측했다.

그런데 이 실험은 다른 의미로 엉망이 되고 말았다. 그림이 묘사하는 대상을 눈으로 알아볼 수 없어야 한다는 게 이 연구의 전제 조건이었는데, 우리의 실험 대상자들은 그림 솜씨가 너무 뛰어났다. 그들이 그린 막대사탕은 진짜로 막대사탕처럼 보였다. (내가 실험자였을 때) 그들이 그린 내 모습은 나와 비슷했다. 자폐아들이 대체로 그림을 잘 그린다는 사실을 고려하면 이러한 결과는 놀랍지 않다. 다만, 연구를 완수할 수는 없었다. 우리 실험 대상자들은 그림을 너무 잘 그린 나머지, 자신의 의도에 기대지 않고서도 자기가 그린 그림에 정확한 이름을 붙일 수 있었다.

그래서 우리는 다른 실험을 시도했다. 아이와 실험자를 서로 마주 앉게 한 다음, 두 사람 사이에 4대의 장난감 자동차 혹은 4대의 장난감 비행기를 일렬로 세웠다. 각각은 색상만 다르고 모양은 똑같았다. 먼저, 실험자가 이중 하나를 골똘히 쳐다본 뒤 대충 연필로 그린 다음, 아이에게 물었다. "이 그림은 어떤 걸 그렸을까?"

또 다른 과제에서는 동일한 물건들을 다르게 배열하고서, 아이에게 연필과 종이를 준 뒤 그중 아무거나 하나를 그려보라고 했다. 그런 다음, 아이에게 무엇을 그린 거냐고 물었다.

두 과제에서 아이들은 모두 올바르게 답했다. 그들은 (실험자나 자신이) 그림을 그릴 때 주목했던 물건을 정확하게 알아보았다. 우리는 아이들이 "자동차"나 "비행기"처럼 모호하게 답하면, "이중에서 어떤 자동차?"나 "이중에서 어떤 비행기?"라고 재차 물었다. 여기서 주목해야 할 사항이 하나 있다. 각각의 물건들을 구분할 수 있었던 유일한 특징은 색상뿐이었기 때문에, 외형의 유사함으로는 그림의 대상을 알아볼 수 없었다. 즉, 아이들은 그림을 보면서 그것에 영향을 끼친 의도를 기억해야 했을 것이다.

비교를 위해, 우리는 정상 발달 아동 그룹에게도 이 실험을 진행했다. 이 그룹의 아이들은 앞선 실험의 자폐아들보다 어렸고, 평균적인 언어지능도 낮았으며, 그림 솜씨도 형편없었다. 하지만 사회적 추론 능력에는 장애가 없었다.

연구 결과, 실험자가 그림을 그리는 경우든 아이가 직접 그린 경우든 양쪽 모두 정상 발달 아동들의 과제 수행 능력이 자폐아들보다 더 뛰어난 것으로 나타났다. 자폐아들은 그림의 정체 혹은 그림에 붙여야 할 이름과 화가의 의도 사이에 어떤 관계가 있는지 이해하는 본능적인 능력이 정상아동들과는 같지 않은 것처럼 보였다. 심지어 자신이 그림을 그린 경우에도 그러했다.

♦ 우리는 무엇을 예술이라 부르는가?

지금까지는 표상에 대한 이해력이 어떻게 싹트는지를 논했다. 하지만 모든 예술이 표상적인 것은 아니며, 모든 표상물이 예술작품인 것도 아니다. 그렇다면 이런 의문이 든다. 아이들 그리고 어른들은 과연 어떤 부류를 예술로 생각하는 걸까?

물론, 이런 의문을 풀고자 하는 시도 자체에 회의적인 사람들도 있을 것이다. 예술이 될 수 있는 것에는 한계가 없으며, 모든 예술이 공유하는 공통된 속성 같은 것은 없다고 우려할 수 있다. 렘브란트의 그림, 헨리 무어의 조각품과 뒤샹의 소변기, 월링거의 말 사이를 잇는 공통점은 무엇일까? 이 작품들은 존 케이지의 〈4분 33초〉와 어떤 속성을 공유하는 걸까? 피아니스트가 피아노 앞에 4분 33초 동안 그냥 가만히 앉아 있는 게 전부인 작품과 말이다. 아니면, '행위예술'을 생각해 보자. 크리스 버든은, 번잡한 캘리포니아 거리 한복판에 놓인 캔버스 가방 안에 들어가 있거나(〈죽은 자〉), 깨진 유리 조각 위로 기어가거나(〈부드럽게 밤을 가로질러〉), 식음을 전폐한 채 아트갤러리 선반 위에서 며칠 동안을 보냈다(〈백광/백열〉). 이런 종류의 별난 사례가 반드시 현대에만 있는 것은 아니다. 고대 로마의 황제 헬리오가발루스는, 노예들의 몸에서 흘러내린 피가 푸른 풀밭 위로 섞이는 모습이 아름다웠기 때문에, 그들을 잔디밭에서 학살했다고 한다. 이것은 명백히 부도덕한 행위다. 하지만 이것을 동시에 예술이라고도 부를 수 있을까?

강한 자의식을 바탕으로 전력을 다하는 행위 속에서 예술은 탄생한다. 그래서 예술을 정의하려는 시도가, 오히려 영리한 예술가에게는 그것과 반대되는 영감을 줄 가능성이 있다. 실제로, 많은 현대 예술작품은 **이것도 예술**이라고 이야기하면서 세상에 충격을 주는 것을 목표로 한다. 일부 철학자들이 내린 결론에 따르면, 예술이란 결국 예술가나 비평가, 갤러리 소유주처럼 자격을 부여받은 사람들이 예술이라고 말하는 것에 불과하다.

하지만 이런 회의적인 입장이 전적으로 옳은 것만은 아니다. 사람에게는 육감이란 게 있다. 우리는 본능적으로 어떤 게 확실히 예술인지, 어떤 게 확실히 예술이 아닌지, 애매모호한 것은 무엇인지를 판단한다. 우리는 대상이 어떻게 만들어졌는지에 대한 정보에 기초해서 또는 그 창작과정을 관찰함으로써 이러한 판단을 내린다. 국가가 결정을 내려줄 때까지 기다릴 필요는 없다. 즉, 우리 머릿속에 예술이 무엇인지에 대한 어떤 관념이 이미 들어 있다는 이야기다.

자, 어린아이들의 창작품을 생각해 보자. 아이들은 종종 흥미로운 자연물이나 인공물을 모아 와 특별한 방식으로 전시한다. 이런 것을 뒤샹의 '기성품들'과 유사하게 본다면 너무 과한 시각일까? 만 4세인 우리 아들 재커리는 자기가 만든 창작품을 '실험'이라고 부른다. 그는 집안 곳곳에서 의자, 양말, 시리얼 같은 물건들을 가져와 복잡하게 쌓아 올린 다음, 가족과 손님들 앞에 자랑스레 선보인다. 그는 이런 작품을 '예술'이라고 설명하지는 않는다. 아마 그 용어에 익숙하지는 않을 것이다. 하지만 재커리는 자기 작품에 특별한 지위를 부여하는 것처럼 보인다. 나와 여러분이 자신이 만든 예술작품에 그렇게 하듯이 말이다.

나는 예술을 예술답게 만드는 게, 특정한 종류의 의도와 관계있다고 생각한다. 일부 철학자들은 예술작품이란 관중에게 보여주려고 의도된 어떤 것이라고 주장한다. 정통 예술작품들은 이러한 정의에 명백하게 들어맞는다. 앞서 논했던 현대작품들 중의 일부도 그렇다. 브릴로 상자는 단순히 브릴로를 담기 위해 만들어진 상자이지만, 워홀의 작품에 사용된 브릴로 상자는 전시용으로 의도된 것이다. 피아노 앞에 앉아 있는 누군가는 그저 쉬고 있거나 연주할 때를 기다리고 있는 것일 수 있지만, 케이지의 작품은 공연을 염두에 두고 설계된 것이다. 필요나 광기에 의해 깨진 유리 위로 기어가는 것과 관객 앞에서 그렇게 하는 것 사이에는 엄청난 차이가 있다. 재커리의 '실험'처럼 어린아이가 예술작품을 만드는 경우, 아이는 대체로 그것을 다른 사람들에게 보여주려는 의도를 갖는다.

관객에게 보여주겠다는 창작자의 의도가 무언가를 예술로 만든다. 물론 철학자들이 익히 알고 있었듯이, 이런 주장이 정확히 옳다고는 볼 수 없다. 프란츠 카프카나 에밀리 디킨슨 같은 몇몇 예술가는 독자에게 보여주지 **않겠다**는 분명한 의도를 가진 채 작품을 창작했기 때문이다. 따라서 예술의 정의는 다소 변경되어야 한다. **일반적인 경우**라면, 관중에게 보여주겠다는 의도가 있는 것이 예술작품이 될 것이다. 짐작건대, 카프카와 디킨슨이 본인의 작품을 반드시 없애버리라고 당부했던 것도 그렇게 하지 않으면 그들의 작품이 다른 사람들에게 공개될 것임을 알았기 때문이다. 그런데 이 학설이 안고 있는 더 어려운 문제점은 따로 있다. 관중에게 보여줄 의도가 있다고 해서 다 예술로 간주되는가? 그렇지 않다. 가령, 이 책이 그렇다. 따라서 이 학설은 더 변경되어야 한다. 어떤 관중을 대상으로 하는지, 혹은 정확히 어떤 방식으로 작품을 발표하는지에 대한 개념을 더 분명히 해야 할 것이다.

이와 궤를 같이하는 학설 가운데 특히 유망한 학설이 하나 있다.

바로 철학자 제럴드 레빈슨이 발전시킨 학설이다. 그의 주장에 따르면, 예술은 보여주기 위해 특정한 방식 - 예술이라고 제대로 평가받았던 과거나 현재의 작품들처럼 - 으로 창작된 어떤 것이다. 즉, 기존의 예술작품을 볼 때와 같은 방식으로 보게끔 의도되었다는 생각이 들면, 우리는 그것을 예술작품이라고 판단한다.

이 주장은 우리의 직관을 멋지게 포착한다. 우리가 그림과 조각, 음악을 예술로 판단하는 이유에 대해 아주 잘 설명해줄 뿐 아니라 뒤샹의 작품 〈팔이 부러지기 전〉과 눈을 퍼내는 삽, 단순한 술버릇과 멋진 행위예술, 우연히 쏟은 물감과 추상화 사이의 차이를 제대로 포착한다. 덕분에 우리는 예술이 역사 안에서 계속 연결되어 있음을 알 수 있다(어느 시대건 현재의 예술은 앞선 시대의 예술에 뿌리를 두고 있다. 따라서 과거에 어떤 게 예술이었다면, 그것은 지금도 여전히 예술이다). 동시에, 예술의 개념이 계속해서 넓어지는 이유도 납득할 수 있다(특정 시기의 예술이 그보다 앞선 예술을 토대로 만들어진다면, 예술의 범위는 계속 넓어질 수밖에 없다).

마지막으로, 이 예술 개념은 예술가의 혁신에도 영향 받지 않는다. 예술이, 아름다움이나 표상, 특정한 감정을 고취시키는 것과 관련되어 있다는 관념에 반항하는 예술가들은 쉽게 볼 수 있다. 아름답지 않고, 표상적이지 않으며, 특정한 감정을 불러일으키지 않는 방식으로 그러한 관념에 도전하는 예술작품도 무수히 많다. 하지만 예술에 대한 레빈슨의 정의는, 이런 도전에도 방탄조끼를 입은 것마냥 끄떡없다. 예술가가 예술작품으로 보여줄 의도가 있었다면 그것은 예술작품이기 때문이다.

어린아이들이 예술을 이해하는 방식도 비슷할까? 우리는 앞서 살펴보았던 연구 결과들로부터 아이들이 그림을 뭐라고 부를지 정할 때 의도를 이용한다는 사실을 알게 되었다. 최근, 심리학자 수잔 겔먼과 캐런 에블링은 일련의 실험을 통해 더 일반적인 문제를 탐구했다. 어떤 것이 예술작품인지 아닌지를 정할 때 아이들이 의도에 민감하게 신경 쓰는지를 파고든 것이다.

먼저, 만 2~3세 아이들에게 단순한 그림을 잇달아 보여준 다음, 그중 절반에게는 그 그림들이 의도적으로 만든 창작품이라고 이야기했다. 가령, 남자 모양이 그려진 그림을 보여주면서 이렇게 말했다. "존이 선생님께 드리려고 미술 시간에 물감으로 무언가를 만들었단다. 바로 이런 모습이란다." 반면, 나머지 절반의 아이들에게는 그 그림들이 우연히 만들어진 창작품이라고 말했다. "존의 아빠가 페인트를 칠하고 있었는데, 존이 우연히 바닥에 페인트를 쏟았단다. 바로 이런 모습이란다." 그런 다음, 아이들에게 "이것은 뭘까?"라고 질문했다. 의도적으로 만들어진 모양이라는 말을 들은 아이들은 "남자(그 그림의 대상이 될 법한)"라고 답할 확률이 높았다. 반면, 우연히 만들어진 것이라는 말을 들었던 아이들은 "페인트"라고, 그 그림에 사용된 재료를 이야기하는 경우가 많았다. 달리 말해, 창작 방식이 차이를 만드는 것이다. 아이들은 우연히 만들어진 대상이 아니라 의도적으로 만들어진 대상을 예술작품으로 취급하는 것처럼 보인다.

겔먼과 에블링은 창작자의 의도에 대한 힌트를 모두 말로 알려준 것이 마음에 걸려서 다른 실험을 설계했다. 이전 실험에서는 대상이 어떻게 만들어졌는지 아이들에게 명시적으로 말했기 때문이다. 이것은 자연스럽지도, 은근하지도 않은 방법이었다. 그래서 두 사람은 만 2세 아이들에게 예술작품이 만들어지는 과정이 담긴 영상을 보여주는 새로운 실험을 진행했다. 가령, 영상에서는 한 여성이 의도치 않게 종이에 노란색 물감 – 대략 해와 비슷한 모양 – 을 찍는 모습이 나온다. 여성은 "앗, 이런!"이라고 말한다. 다른 영상에서는 같은 여성이 정성스럽게 예술작품을 만드는 모습이 나온다. 그녀는 옅은 미소를 지으며 작업에 골몰하다가 마지막으로 "좋았어"라는 말을 덧붙인다. 예상대로, 이번에도 아이들은 두 그림의 차이를 제대로 감지했다. 아이들은 의도적으로 그림을 그리는 영상을 보았을 때 그 그림에 이름을 (가령, "해"라고) 붙일 가능성이 더 컸다. 이처럼 예술에는 의도가 중요하다.

♦ 예술을 즐기는 인간

우리가 어떻게 예술을 예술이라 명명하고 분류하는지를 설명하는 이 이론은, 앞선 장에서 소개한 시계나 의자처럼 더 평범한 것들에 관한 이론이 자연스럽게 확장된 것이다. 두 경우 모두, 우리의 이해력은 창자자의 의도를 추정하는 것에 뿌리를 두고 있다.

이번에는 예술의 창작과정을 살펴보자. 예술가가 예술작품을 만드는 전통적인 방식은 '원자재'에 구조를 입히는 것이다. 즉, 예술가들은 찰흙 덩이나 오일, 캔버스 같은 재료를 근본적으로 변형시켜 그림이나 조각품을 창작해낸다. 그런데 이것은 나무 조각으로 의자를 만들 때처럼 비예술적인 인공물을 만드는 데 사용하는 평범한 방법이기도 하다. 한편, 어떤 예술작품은 구조가 상당히 만들어진 상태에서 출발하기도 한다. 워홀이나 뒤샹의 작품처럼 예술가가 기존에 존재하고 있던 대상을 예술로 바꾸는 경우가 그렇다. 그런데 이런 종류의 변형 역시 예술의 영역 밖에서도 이루어진다. 주택이 교회로 바뀔 수도 있고, 상자가 책장이 되기도 하며, 컴퓨터 모니터가 어항으로 변하고, 칼이 쟁기가 되기도 한다.

어떤 개념미술은 물리적 조작 없이 예술가가 상상력을 발휘하는 행위를 통해 창작되기도 한다. 하지만 이것 역시 비예술적 대상에도 적용시킬 수 있다. 체스 세트에 말이 하나 모자라면, 체스를 두는 사람들끼리 합의해서 동전을 졸처럼 사용하기도 한다. 사실, 예술과 마찬가지로, 이때에도 적절한 의도가 필요하다. 이제 막 돌이 지난 어린아이는 체스의 규칙을 모르기 때문에 동전을 졸로 둔갑시킬 수 없다. 그럼에도 불구하고, 이렇게 변모시키는 행위는 어른들만의 전유물은 아니다. 가령, 아이들은 '장난감'이라는 단어를 이런 식으로 사용한다. 원래 장난감으로 만들어진 게 아니더라도, 아이들은 **그들이** 장난감이라고 생각하는 것들을 가리키기 위해 그 말을 사용한다.

사실, 예술과 다른 대상의 뚜렷한 차이점은 이것이다. 다른 인공물은 모두 목적에 따라 설계된다. 반면, 세상에서 가장 쓸모없는 것이 그림이나 조각품이다. 어떤 예술품을 기능적인 목적으로 사용하겠다는 생각이 떠오른다면, 그 작품을 이해하지 못한 것이다. 〈팔이 부러지기 전〉이라는 작품을 보면서 (실제로 눈을 퍼내는 삽과 그 모양이 다르지 않지만) '흠, 올겨울 우리 집 진입로에 쌓인 눈을 치우기 좋겠는걸.' 하고 생각하는 사람은 확실히 그 용도를 헛갈린 게 분명하다. 실용적 관점에서 냉철하게 보면 – 감성적이지 않은 진화심리학자나 문화인류학자의 눈으로 보면 – 예술이 존재한다는 것은 수수께끼다. 대체 우리는 왜 이런 대상에 가치를 두는 걸까?

그 이유 중 하나는 이 장의 첫 부분에서 거론된 사회적 요인들과 관계가 있다. 아리스토텔레스 오나시스가 자택의 바 의자에 범고래 음낭 가죽을 씌운 것과 똑같은 이유로 누군가는 거실 벽에 값비싼 하얀색 텅 빈 캔버스를 걸어두며 즐길 수도 있다. 터무니없고, 불필요하고, 돈이 많이 드는 행위를 하며 쾌락을 느끼는 이유는 이런 행위가 지위와 권력을 과시하는 기능을 하기 때문이다. 또한, 우리가 진화 및 문화와 관련된 이유로 인해 과시하는 것을 즐기도록 만들어졌기 때문이다.

일부 현대작품 속에도, 지성과 교양을 과시하려는 요소가 들어 있다. 아무리 멍청한 사람이라도 렘브란트의 작품을 보면 넋을 빼앗기지만, 그보다 '불안한 대상'을 감상하기 위해서는 특별한 전문지식이 필요하다. (앞서 나왔던, 연극 〈아트〉 속 "견습 기간을 다 거쳐야" 한다는 세르주의 말을 떠올리면 된다.) 사실, 셰리 레빈의 〈샘/마르셀 뒤샹을 따라서〉나 마이크 비들로의 〈앤디 워홀(의 브릴로 상자) 이 님〉과 같은 작품들은 그 자체가 다른 현대예술작품들에 대한 비평이다. 심지어 이 작품의 **제목**이 의미하는 바는 엘리트들만이 이해할 수 있다. 또한, 로버트 메이플소프의 〈자화상〉처럼 선정적인 작품을 즐긴다는 것 역시 성과 종교 문제와 관련해서 세련되고 범세계적인 성향을 지녔다는 확실한 징후가 된다. 전통적인 가족 초상

화나 종교적 예술작품을 소유하고 높이 평가하는 모습이, 개인의 독실한 신앙과 사회적 위치, 공동체 안에서의 지위를 광고해주는 것처럼 말이다.

그런데 이 같은 지위가, 우리가 예술작품에 가치를 두는 유일한 이유인 것은 아니다. 오히려 예술에서 느끼는 즐거움 가운데 일부는 가장 기본적인 지각과 감정 체계에서 나온다. 사실적인 그림은 실물의 대체품이나 대용품으로 쓰일 수 있다. 눈을 즐겁게 만드는 대상을 소유할 수 없을 때, (혹은 어떤 이유에서건 소유하고 싶지 않을 때), 우리는 표상물을 보는 것으로 만족한다. 훌륭한 풍경화는 부족한 전망을 보완해주고, 꽃 그림은 진짜 꽃을 대체할 수 있다. 맛있는 음식이나 나체로 있는 사람을 그린 그림도 마찬가지다.

또한, 일부 예술은 균형과 형태, 색상 측면에서 '단순히 보기 좋다'는 형식적 특성을 가지고 있다. 시각 과학계에서는 그 이유를 밝혀내기 위해 현재 노력중이다. 의외일지 몰라도, 이것은 최근 현대 예술계의 몇몇 작품에서 느껴지는 매력 중 하나인 것 같다. 안드레 세라노는 황금빛 안개 속에 떠 있는 십자가상 사진 작품으로 유명하다. 이 작품에 대해 앤서니 줄리어스는 "흐릿하나 전통적인 아름다움"이 느껴진다고 이야기했고, 루이스 메넨드는 "기술적으로도 형식적으로도, 꽤 아름답고 감동적인 작품"이라고 말했다. 하지만 이 작품의 제목이 〈오줌 예수〉라는 것을 듣는 순간, 이 작품을 보는 여러분의 시각은 달라질 것이다. 마찬가지로 메이플소프는, 사진 작품을 찍을 때 자신은 조명과 구성에 초점을 둔다는 다소 전형적이고도 순수한 발언을 했다. 그리고 그는 남성의 성기를 찍을 때도 이러한 태도로 접근한다.

예술에는 지적인 매력이 있다. 예술은 우아한 수학 증명이나 영리한 논증, 빛나는 통찰이 주는 즐거움과 똑같은 즐거움을 불러일으킬 수 있다. 대부분의 현대 예술은 표상과 성 역할, 서양과 비서양 문화, 예술 그 자체의 본질에 대해 비평하는데, 그 과정에서 철학이 섞인다. 즉, 훌륭한 예술은 훌륭한 철학이 주는 즐거움과 같은 것을 선사할 수 있다. 혹자는 여기서 더 나아가 이렇게 주장한다. 즉시 이해되는 예술은 애초에 그리 훌륭할 수 없다고. 미술지 《아트뉴스》의 기사("당황하고 어리둥절해하다가 홀딱 반하다: 걱정을 멈추고 이해되지 않는 예술을 사랑하는 법 배우기")에 뉴욕 현대미술관 큐레이터의 말이 인용되었다. "정말로 진지한 예술의 본질은, 내가 보고 있는 게 무엇인지 모른다는 데 있다."

그런데 이 '예술에 가치를 두는 이유 목록' 중 빠진 게 하나 있다. 바로 미술 심리학적인 측면에서의 고찰이다.

♦ 위작, 무엇이 문제인가?

〈엠마오에서의 저녁 식사〉가 얀 베르메르의 작품으로 여겨졌던 동안에 그 그림은 지극히 높은 평가를 받았다. 그러나 그 작품이 20세기의 형편없는 위조범 한 판 메이헤렌이 그린 것임이 드러나자, 그 가치는 곤두박질쳤다. 그 그림은 법원에서 위작으로 판명됨에 따라, 네덜란드 법에 의해 그 즉시 파기될 수도 있었다.

위작이야말로 기원의 중요성을 보여주는 가장 극적인 사례에 해당한다. 이와 관련해서 아서 쾨슬러는 한 친구의 이야기를 들려주었다. 피카소의 작품 한 점을 소장하고 있던 그 친구는, 그동안 그 그림을 복제본이라고 알고 있었다. 하지만 그 그림은 원본이었고, 나중에야 그 사실을 알게 된 그녀는 그 그림을 눈에 더 잘 띄는 곳에 전시하고 더 많이 즐겼다. 그녀는 이제 그림이 다르게 **보인다**고 말한다. 그녀가 생각하는 작품의 가치가 상승한 것이다. 그럴 만하다. 나는 마크 샤갈의 작품을 몹시 좋아해서 원본 그림에 대해서라면 억만금을 지불할 의향도 있지만 복사본에 큰돈을 쓰고 싶은 마음은 전혀 없다. 복사본을 원본만큼 즐길 수는 없을 테니까. 비록 내가 원본과 복사본을 절대 구별하지 못한다 해도 말이다.

 이와 같은 선호 현상은 시장의 원리만으로는 설명되지 않는다. 물론 앞선 피카소 그림의 경우, 소장하고 있던 작품의 가치가 올라갔으니 기뻐하는 게 합리적이긴 하다. 예술가가 사망하면 작품 가격이 오르고 유통되는 복사본이 많을수록 가치가 떨어지는 것도 사실이다. 하지만 금전적 가치가 원본을 선호하는 유일한 요인인 것은 아니다. 짐작건대, 대부분은 절대 되팔 생각이 없더라도 원본을 더 선호할 것이다. 게다가, 작품이 지닌 경제적인 매력은, "다른 사람들(잠재적 구매자들)은 왜 기원을 중요하게 여기는가?"와 같은 의문을 잠시 뒤로 미뤄줄 뿐이다. 실상 원본의 시장 가치가 높은 이유는 어디까지나 우리가 원본을 선호하기 때문이지, 단지 원본이라서 시장가치가 높은 것은 아니다.

 이 대목에서 회의론자들은 물 만난 물고기가 된다. 핑커는 우리가 예술을 평가하는 방식이 미학적이지 **않다고** 주장하면서 그 첫 번째 사례를 이렇게 제시한다. "값을 매길 수조차 없었던 걸작이 위작으로 밝혀지면 가치가 없어진다." 쾨슬러 역시 유래에 대한 집착이 '페티시 숭배'에 가까운 심각한 혼란에 그 바탕을 두고 있다고 주장했다.

어떤 관점에서 보면, 판 메이헤렌의 견해도 이와 비슷하다. 그의 위작들은 비평가들을 함정에 빠뜨리기 위한 것이었다. 철학자 앨프레드 레싱은 이 위조범의 논리를 이렇게 요약한다. "일단 내 그림이 베르메르의 진품이라고 인정되어 추앙받기 시작하면, 나는 공개적으로 그것이 위작임을 자백할 것이다. 그러면 비평가들은 일찍이 내놓았던 찬사를 거두어들임으로써 그들의 오류 가능성을 인정하거나, 아니면 내가 베르메르와 어깨를 나란히 할 만큼 위대한 예술가라는 것을 인정해야 할 것이다."

비평가들은 모두 속아 넘어갔다. 판 메이헤렌은 군중 속에 서서 세계 유수의 전문가들 중 한 명이 자신의 그림을 가리키며 "아마도 얀 베르메르의 그 걸작"이라고 발표하는 소리를 대단한 즐거움과 함께 만끽했다. 이 에피소드는 비평가들의 위신을 크게 떨어뜨렸다. 그들은 자신의 전문지식을 사용해 그 그림 자체를 평가하는 대신, 위대한 예술가로 인정되는 사람의 그림 – 정확하게는 자신들이 그렇게 생각했던 그림 이리는 이유만으로 그 작품을 칭찬했다. 이것은 어느 잡지 편집인이 저명한 대학 교수가 썼다는 이유만으로 그의 과학 기고문을 잡지에 실었던 때처럼 당혹스럽고 부도덕해 보인다. 이런 관점에서 보면, 우리가 위작에 반응하는 심리는 진정한 의미에서 미학과는 거의 관계가 없다. 그 대신, 편향과 우월의식, 편견의 심리가 영향을 미친다.

그런데 이것을 다른 관점에서 한번 생각해 보자. 비평가들이 〈엠마오에서의 저녁 식사〉의 진짜 기원을 알게 된 것이 그림에 대한 반응에 영향을 주었다는 사실은 그다지 놀랍지 않다. 역사와 기원에 대한 이해는 우리가 생각할 수 있는 모든 영역에서 우리가 느낄 수 있는 즐거움에 영향을 준다. 예술이라고 특별히 다른 게 아니다.

가령, 미술 평론가 아서 단토는 "올바른 파트너 또는 최소한 올바른 부류의 파트너와 성관계를 가지는 중이라는 믿음"이 성적 쾌락의 한 부분을 차지하는 게 확실하다고 지적한다. 음식도 마찬가지다. 음식을 먹는 기쁨 가운데 일부는 특정한 음식을 먹고 있다는 믿음에서 온다. 따라서 "믿음이 틀렸다는 것을 알게 된 순간, 입 안에 넣었던 음식이 불쾌하게 느껴질 수 있다. 이를테면, 정통파 유대교도에게는 돼지고기가 그렇고, 힌두교도에게는 소고기, 우리 같은 대부분의 사람들에게는 인육이 그렇다(실제로 그것을 맛있게 느꼈더라도 말이다)." 우리가 느끼는 즐거움은 우리가 사물의 본질을 어떻게 보느냐와 연결되어 있다. 여기에는 사물의 역사와 기원이 포함된다. 눈앞에 있는 고기요리가 우리의 접시에 오르기 전 어디에 있었는지 – 가령, 무엇과 접촉했는지 – 가 중요하다. 마찬가지로, 잠재적 섹스 파트너의 과거에 대해 알게 됐다면 그때부터 파트너에 대한 태도가 근본적으로 바뀔 수도 있다.

쾨슬러도 이와 유사한 성과 관련된 사례를 들려준다. 베를린의 한 출판사에서 일하던 젊은 여성에 관한 이야기이다. 그녀는 나이나 성별에 상관없이 작가들과 성관계를 맺었다고 한다. 다만, 2만 부 이상 책이 팔린 작가여야만 했다. 이보다 적게 책을 판 작가들에게서는 성적 만족을 느낄 수 없었기 때문이다. 쾨슬러는 이 여성의 행동에 대해 그녀가 단순히 혼동을 일으켰기 때문이라고 말한다("그녀의 머릿속에서 **카마수트라**와 베스트셀러 목록이 끔찍하게 뒤섞여 버린 탓이다"). 그러면서 이와 마찬가지로 우리도 예술작품을 판단할 때 기원을 따지면 혼동을 일으킬 수 있다고 주장한다. 하지만 나는 이것을 잘못 도출된 교훈이라고 생각한다. 쾨슬러의 사례가 유효한 까닭은, 그 여성이 지니고 있는 기준이 매우 피상적이었기 때문이다. 만약 그녀가 도서 판매량 대신 특정한 도덕적, 지적 자질을 지녔다고 생각되는 사람들에게서만 성적 만족감을 느꼈다면 어땠을까? 역사를 뺀 감각적 사건만을 중요시**해야 한다**는 쾨슬러의 전제를 받아들인다 해도, 이것은 쾌락이 작동하는 방식이 아니며, 성과 예술이 작동하는 방식도 아니다.

철학자 데니스 더튼은 일관되게 기원의 중요성을 강조한다. 그의 주장에 따르면, 모든 예술에는 **행위**performance라는 요소가 포함되어 있기 때문에 예술은 다음과 같은 방식으로 본능적으로 이해되고 평가된다고 한다.

모든 예술작품은 인공물, 즉, 인간이 솜씨와 기술의 산물이다. 우리는 연기자나 무용수, 바이올리니스트가 일하는 모습을 보면서 끊임없이 인간의 행위agency를 의식한다. 이보다 즉각적이지는 않지만, 여러 세기 동안 미술관에 걸려 있는 그림 혹은 오래전부터 친숙한 음악에 대해서도 행위performance의 요소가 분명히 느껴진다. 이러한 경향성은, 인간의 행위agency가 낳은 결과물에 직면하면 한층 더 강해진다. 행위performance처럼,

예술작품 역시 예술가가 문제를 풀고, 장애물을 극복하고, 구할 수 있는 재료로 만족하면서 작업했던 방식을 보여준다. 그리고 최종 산물은 우리가 그 자체를 특별히 흥미가 있는 대상으로서 감상하도록 설계되었다. 그것이 우리가 각각의 작품을 다른 예술품이나 다른 예술가의 활동과 분리해서 감상하게 되는 이유일 것이다. 이렇게 분리해서 감상하는 것은, 우리가 심미적 대상에 주목할 때 보이는 특징적인 방식이다. 하지만 그것으로 인해 당연히 고려해야 하는 사실을 보지 못해서는 안 된다. 모든 예술작품의 기원에는 인간이 있으며, 예술작품은 그렇게 이해되어야만 한다는 사실 말이다.

이처럼 행위로서의 예술이라는 관점에서 보면, 네덜란드 비평가들이 〈엠마오에서의 저녁 식사〉에 대한 판단을 바꾼 것은 우월의식이나 마술적 사고에 의한 것이 아니다. 그들의 판단은 완전히 합리적이었다. 그들은 〈엠마오에서의 저녁 식사〉가 뚜렷한 화풍이 있는 창의적인 예술가의 작품이 아니라 그러한 예술가의 작품을 모방한 것에 불과하다는 사실을 알게 되었고, 그들에게는 이 점이 중요했다. 그러한 판단 역시 합리적이었다.

아직 확신이 들지 않는다면, 〈사이코〉라는 영화를 살펴보자. 이 영화에는 사장의 돈을 훔친 뒤 애인을 찾아가는 한 여성이 나온다. 폭풍을 만난 여성은 베이츠 모텔에서 하룻밤을 묵는데, 그곳에서 어머니와의 관계가 예사롭지 않은 과묵한 남성 노먼 베이츠를 만난다. 그리고 결국 그녀는 샤워 중에 칼에 찔려 살해된다. 이 영화는 개봉 후 흥행에 실패했을 뿐만 아니라 비평가들로부터 지루하고 상상력이 부족하다는 평을 받았다. 아무도 그 영화를 고전이나 중요한 영화로 여기지 않았다.

지금 이야기하고 있는 이 영화는, 1998년에 구스 반 산트 감독이 연출한 〈사이코〉이다. 1960년에 알프레드 히치콕 감독이 만든 고전을 '숏 하나하나 그대로 따서' 리메이크한 버전이다. 관객들은 이것이 리메이크 작품이라는 걸 알았고, 반 산트 감독이 그렇게 의도했다는 것도 알았다. 그리고 그러한 사실이 관객들의 심미적 반응에 영향을 주었다. 만약 히치콕 감독의 원작 영화가 없었다면, 1998년 버전의 〈사이코〉는 아마도 다르게 받아들여졌을 것이다. 이렇게 작품의 기원에 따라 판단이 바뀌는 것은 정말로 비이성적인 일일까?

예술작품의 기원에 초점을 두는 것이 인간의 보편적 특성은 아니라고 주장하는 사람들도 있을 것이다. 변호사 앤서니 줄리어스는 예술 관련 범죄를 논하면서 위작은 '자연적으로 생긴' 범죄는 아니라고 명확히 말한다. 왜냐하면 위작은 저작자라고 하는 '역사적으로 발생한 독특한 개념'에 의해 결정되기 때문이다. 종종 들리는 바에 따르면, 예술작품의 출처에는 전혀 신경 쓰지 않는 사회도 있다고 한다.

이쯤에서 어린아이들이 위작을 어떻게 생각하는지 알아보는 게 도움이 될 것 같다. 과연 아이들은 위작의 가치가 낮다고 여길까? 우리는 앞서 소개한 연구 결과를 통해, 아이들이 어떤 것을 예술작품이라 명명하고 분류할 때 그 작품의 기원을 중요시한다는 걸 이미 알았다. 하지만 예술작품을 **좋아하는** 정도를 결정할 때도 작품의 기원을 고려할까? 심리학자 칼 존슨과 멜라니 제이콥스는 이 문제를 연구를 통해 가장 유의미하게 다루었다. 연구 결과, 만 4세 아이들은 유명인의 스웨터를 박물관에 전시하는 것은 적절하지만 똑같이 생긴 복제품을 전시하는 것은 적절치 않다고 여기는 것으로 밝혀졌다. 이것은 매우 흥미로운 발견이었다. 하지만 스웨터는 예술작품이 아니다. 게다가 이런 작품(스웨터)의 역사에는, 개인적인 접촉(유명인이 입었다)이 수반될 뿐 의도적인 창작과는 관련이 없다.

예상컨대, 제대로 연구가 이루어지면, 아주 어린 아이들조차 예술을 예술이라 명명하고 분류할 때뿐 아니라 예술의 가치를 평가할 때도 역사를, 특히 의도가 담긴 역사를 진지하게 생각한다는 게 밝혀질 것이다. 다른 인공물들과 마찬가지로 예술작품 역시 생각이 담긴 인간 활동의 산물이라서, 사람들의 의도적인 해석을 통해 이해되고 평가되기 때문이다.

♦ 예술에 대한 이원론적 관점

우리는 우리 중 일부가 불안한 대상을 **좋아하는** 이유를 아직 충분히 설명하지 못했다.

이러한 예술작품을 감상하는 동안에는 앞서 논했던 쾌락의 모든 구성요소가 작용한다. 그런데 아직 우리가 다루지 않은 요소가 적어도 하나 더 있다. 바로 우리가 육체적으로나 지적으로나 솜씨와 기교를 과시하길 즐긴다는 점이다. 이런 유형의 쾌락은 예술에만 국한되지 않고, 운동경기에서 느끼는 즐거움으로도 확장된다. 두 경우 모두, 완성물에 대한 우리의 평가는 완성물의 기원에 대한 추정에 달려 있다. 예술의 경우, 지금까지 우리는 단순한 모방의 대척점에 있는 진짜 창의적인 과정이라는 추론에 초점을 맞추었다. 하지만 이 밖에 다른 고려사항들도 있다. 더튼이 지적했듯이, 음악 애호가라면 녹음 연주로 듣는 리스트의 '메피스토 왈츠'의 엄청나게 빠른 기교에 넋을 잃을 수 있다. 하지만 이 빼어난 연주가 사실은 솜씨 좋은 음향 엔지니어의 노력이 낳은 결과라는 것을 알면 상황은 달라진다. 아니면, 밀리 바닐 리가 1989년 콘서트에서 립싱크를 하다가 발각되면서 (도중에 음반이 튀었다.) 사람들의 분노를 샀던 일을 생각해 보자. 마찬가지로, 2시간 30분 이내의 기록으로 뉴욕 마라톤을 완주했다면 육체적으로 굉장한 위업을 달성한 것이다. 하지만 주자가 능력 강화 약물을 사용한 게 드러나면 감동은 다소 줄어든다. 중간에 몰래 지하철을 탔다는 사실이 드러나면 감동은 더욱 더 사라진다.

  이 장에서 논했던 것과 같은 종류의 예술작품을 누구나 즐기는 것은 아닌 게 분명하다. 이런 작품의 감상 수준을 결정하는 하나의 중요한 요인은, 작품들의 창작 행위에 얼마나 깊이 감명 받았는지에 달려 있다. 잭슨 폴락의 작품을 우러러보는 사람은 그 그림의 기원이 된 행위에 감동했을 가능성이 크다. 그 행위 자체를 인상적이고 어려운 과정이라고 생각할 것이다. 어느 안목 높은 비평가는 폴락의 작품 〈원 (넘버 31, 1950)〉을 비평하기 위해, 작품의 크기가 높이 9피트, 너비 17피트라는 것부터 언급하며 시작한다. 그런 다음, 2~3피트를 넘어서는 아치를 물감으로 그릴 때 생기는 문제와 선 위로 겹겹이 겹쳐서 선을 그리는 어려움에 대해 논평한다. 캔버스를 전체적으로 드러내 보이면서도 동시에 각 요소의 정체성을 유지시키는 힘든 작업과 물감을 말리기 위해 처리해야 할 일 등을 언급한다. 그는 이 그림을 보면서 "삼척동자도 하겠다!"고 말하는 사람이 있다면 얼마든지 직접 해보라고 제안한다.

앞에서 우리는 풍경화를 보면서 실제 풍경을 볼 때처럼 반응한다고 말한 바 있다. 불쾌한 풍경을 재현한 것을 보면 불쾌해하고, 보기 좋은 것을 재현한 것을 보면 즐거워한다. 이것은 대략적인 의미에서는 맞는 말이다. 하지만 아주 정확한 표현은 아니다. 아리스토텔레스가 『시학』에서 논했듯, "어떤 것을 직접 보면 우리는 고통을 느낀다. 하지만 그것을 가장 정확하게 모방해놓은 것은 즐기면서 본다. 그것이 우리가 극도로 싫어하는 동물의 형상이건 시체의 형상이건 간에 말이다." 예전에 나는 마드리드에서 고야의 걸작 〈아들을 먹어 치우는 사투르누스〉를 감상하며 즐거운 시간을 보냈다. 하지만 현실에서 그런 장면을 본다면 그 길로 줄행랑을 치고 말 것이다.

적절한 예술 심리학 이론이라면, 예술작품을 포함한 인간의 모든 창작물은 두 가지 방식으로 볼 수 있다는 점을 인정해야 한다. 이것은 일반적으로 우리가 세상을 보는 두 가지 방식 – 물리적인 신체의 관점 및 욕망과 의도의 관점 – 과도 일치한다.

우리는 **본다**고 하는 문자 그대로의 의미대로 예술을 볼 수 있다. 이때 우리는 우리가 지각할 수 있는 예술의 속성에 반응한다. 이는 자연스럽고 불가피한 해석 방식이다. 이 때문에 우리는 예쁜 것들이 그려진 그림을 좋아하고 끔찍한 장면을 싫어하는 경향이 있다.

이러한 원초적인 성향을 무시하기는 힘들다. 가령, 시체 그림을 좋아하는 사람은 없을 것이다. 대체로 우리는 사실적인 그림을 보면, 거기에 묘사된 실제 대상이나 장면에 반응하듯이 본능적으로 혹은 무의식적으로 그 그림에 반응한다.

하지만 우리는 예술을 예술로 볼 줄도 안다. 이 경우, 우리는 예술을 존재하게 한 행위의 관점에서 예술을 본다. 그래서 예술가의 의도를 포함한 예술의 역사를 재건하려고 시도한다. 이것을 통해 예술이라는 이름과 범주가 정해진다. 또한, 우리의 심미적인 반응도 부분적으로 결정된다. 그 과정에서 때로는 우리가 대상을 단지 대상으로 보는 원초적 방식을 무시하기도 한다. 그러면 추한 것이 그려진 그림도 아름다울 수 있고, 기괴한 폭력 장면도 보기에 즐거울 수 있다. 또한, 전혀 그럴 가능성이 없어 보이는 물질적 대상이 오히려 가장 강렬한 감정적 반응을 촉발할 수도 있다. 그것은 심지어 때때로 우리를 울리기까지 한다.

3부

사회적 영역에 대한 관점

4장

선과 악

◆ ◆ ◆

영혼은 자기가 들어갈 사회를 선택한다.
그러고는 문을 닫아버린다.
― 에밀리 디킨슨

"이 예쁜 것, 널 잡아먹고 말 테다. 네 예쁜 강아지도."
― 서쪽 마녀

우리 아들 재커리는, 색욕을 제외하고는, 네 번째 생일을 맞을 때까지 7대 죄악에 해당하는 것들을 하나하나씩 다 저질렀다. 다행스럽게도 말이다. 그것은 재커리가 성인도 아니고, 침팬지도 아닌 한 명의 인간임을 보여준다. 또한, 그가 꽤 똑똑하다는 뜻이기도 했다. 교만이나 질투처럼 자신과 다른 사람을 비교하는 죄를 저지르려면 지능이 필요하다는 것은 분명하니까. 심지어 탐욕, 나태, 분노, 식탐 같은 육체적 죄 역시 계획적으로 우선순위를 매길 줄 안다는 것을 보여준다. 사람과 금붕어는 둘 다 과식할 수 있다. 다만, 식탐은 사람에게만 있다. 사람만이 자신이 무엇을 하고 있는지 알고 있으며,

다르게 하려면 어떻게 해야 하는지 알기 때문이다.

재커리가 저지른 죄들을 보면, 그가 자신의 의지에 따라 옳고 그른 일을 할 잠재력을 가진 도덕적 생명체라는 사실을 알 수 있다. 보통의 만 3세 아이라면 당혹감과 죄책감, 수치심을 느끼기도 하고, 부당한 대우를 받으면 화가 나기도 한다. 제일 중요한 점은, 고통스러워하는 다른 이들에게 공감하고 그들의 고통을 없애기 위해 행동할 줄 안다는 것이다.

나는 도덕성의 뿌리는 타고난다고 생각한다. 우리는 진화를 통해 다른 사람들을 대하는 능력을 다져왔다. 도덕성의 뿌리는 바로 이 능력의 핵심, 즉, 우리가 사람들의 영혼을 평가하는 중심부에 자리 잡고 있다. 이런 관점에서 보면, 우리가 느끼는 도덕적 감정은 적응의 결과물이기도 하다. 그것은 달콤한 음식을 좋아하는 우리의 취향과 고체에 대한 우리의 인식 못지않다. 이런 도덕 능력 중 일부는 다른 종들에게서도 찾아볼 수 있다. 하지만 그 어떤 동물에게서도 세 살짜리 인간이 지닌 도덕적 힘을 찾아볼 수는 없다.

♦ 닥터 이블을 찾아서

여러분은 악인인가? 아니라고 본다. 누구도 자신을 나쁜 사람으로 보지 않는다. 〈오스틴 파워-제로〉에 닥터 이블이라는 이름의 악당이 등장한다. 하지만 이것은 패러디일 뿐이다. 진짜 악당은 자기 자신을 악당이라 부를 만큼 자신을 잘 알지 못한다.

『오즈의 마법사』에서 서쪽 마녀가 했던 유명한 위협의 말을 생각해 보자. 끔찍한 소리처럼 들리지만, 왜 그런 말을 했는지 상황을 고려해 보자. 불과 몇 피트 떨어진 곳에서 자신의 여동생이 어디선가 날아온 도로시의 집 아래에 깔려 죽어 있다. 이쯤 되면 여동생의 끔찍한 종말의 책임이 도로시에게 있다는 것은 확실해 보인다. 사실 살해된 가족의 복수를 하려는 것은 자연스러운 반응이다. 심지어 도덕적인 반응이라고 하는 사람도 있을 것이다. 특히나 오즈의 나라처럼 무법천지의 사회라면 말이다. 영화제작자들의 의도 때문에 서쪽 마녀에게 공감하기는 쉽지 않지만(말도 안 되는 이름부터가 그렇다), 그래도 어느 정도 이야기가 순조롭게 흘러가는 이유는 마녀의 격노에 그럴 만한 동기가 있었기 때문이다. 방금 누군가가 여동생을 죽였다면 여러분은 어떻게 반응하겠는가?

현실 세계에서 악행을 저지르는 자들은 자신을 좋은 일을 하는 좋은 사람 혹은 특수한 상황으로 인해 어려운 일을 할 수밖에 없는 좋은 사람으로 여긴다. 최악의 경우, 자신의 원래 착한 인성과 달리 나쁜 일을 하도록 강요받았거나 속아 넘어갔거나 선동되었다고 생각한다. 심리학자 로이 바우마이스터에 따르면, 전쟁범으로 기소된 사람들은 대개 자신을 희생자라고 주장한다. 나치와 같은 전범자들은, 불공정한 검찰의 지나친 열의 때문에 자신이 목표 대상이 되었다고 불평한다. 1990년대에 자행된 대량 학살과 조직적 강간 혐의로 기소된 세르비아인들은 대부분 자신을 피해자로 보았다. 그들의 가족과 이웃이 당한 잔혹 행위를 앙갚음했을 뿐인데 죄를 뒤집어썼다고 생각했다.

이런 주장들은 공감 혹은 관대한 처분을 얻으려는 냉정한 전술로 보이기에 무시할 만하지만, 간혹 진심처럼 보이는 경우도 있다. 갱

단 두목 알 카포네는 이렇게 불평했다. "사람들이 가벼운 쾌락을 즐기며 좋은 시간을 보내게 하느라 내 인생의 전성기를 다 보냈건만, 이제 나는 욕만 얻어먹고 쫓기는 신세가 되었지." 연쇄살인마 존 웨인 게이시는 33명 이상을 살해했고 희생자 중 대부분은 어린아이들이었다. 그는 사람들에게 자신이 '희생양'으로 태어난 것처럼 말하면서, '존 웨인 그레이시로 사는 게 얼마나 고통스러운지' 아무도 모를 거라고 했다. 이보다 평범하게 벌어지는 일상적인 폭행 사건들에도 공통된 주제가 있다. 폭력을 저지른 게 그저 보복일 뿐이라는 것이다. 희생자가 직접 저지른 일 때문이거나 희생자와 같은 인종이나 계층, 성별에 속하는 다른 구성원들이 저지른 일 때문이라고. 즉, **그들이 자초한 일**이라고 말한다.

우리 중 악을 선과 평행선상에 놓인 하나의 선택지로 여기거나, 자신의 의지에 따라 걸어가는 갈림길로 여기는 사람은 거의 없다. 우리가 저지르는 악행은 무심코 일어나거나, 선택할 대안이 제한적이라는 이유로 정당화되는 것들이다. 혹은 예외적 상황의 결과물이다. 일부 철학자들과 신학자들은 여기서 한 걸음 더 나아가, 이성적으로 죄를 선택하는 것은 불가능하다고 주장했다. 이것이 바로 아우구스티누스의 『고백록』을 관통하는 하나의 주제다. 이 책은, 뱀에게 속아 넘어가지 않았던 아담이 대체 왜 금단의 열매를 먹었냐는 의문으로 시작한다. 아우구스티누스는 아담이 악인이 되기로 선택했기 때문은 아니라고 주장한다. 그 대신, 이브를 실망시키고 싶지 않아서, 끔찍하게 위험한 선택을 한 이브를 버리고 싶지 않아서 그랬다고 주장한다. 게리 윌스가 표현했듯, 원죄는 자리를 잘못 잡은 기사도 정신에서 탄생했다. 마찬가지로, 아우구스티누스는 어린 시절에 저질렀던 작은 잘못 - 과수원에서 배를 훔친 일 - 을 우정을 갈망한 결과라며 정당화한다. 다른 사람의 재산을 탐했다는 고백보다는 더 긍정적인 동기를 이유로 댄 셈이다.

사이코패스는 선한 의도가 보편적이라는 것에 반하는 예외적인 경우다. 이들은 - 거의 언제나 남자다 - 멍청하거나 무식하지 않다. 그래서 자기의 행동이 미치는 결과를 이해할 수 있다. 하지만 안다고 해서 흔들리지 않는다. 정상적으로 양심이 끌어당기는 힘이 부족한 나머지 그들은 자신의 행동에 대한 회한을 거의 느끼지 않는다. 이들에게 도덕적 감정은 없다. 적어도 우리가 느끼는 정도는 아니다. 이들은 나쁜 짓을 하면서 그 사실을 스스로도 안다. 연쇄살인마 게리 길모어는 이렇게 표현했다. "난 언제든 살인 할 수 있었어… 난 다른 사람들의 감정을 전혀 느끼지 않을 수 있거든. 그래서 감정에 좌우되지 않을 수 있지. 내가 완전 진짜 잘못하고 있다는 건 알아. 그래도 난 계속 그렇게 할 수 있어."

또 다른 연쇄살인범 케니 비안키는 젊은 여성을 납치해서 고문하고 죽이는 기분이 어땠냐는 질문에 이렇게 답했다. "어린아이가 길을 걸어가는데, 사탕 기계가 줄지어 서 있는 거야. 원하는 사탕은 아무거나 골라도 되는데 돈도 내지 않고 그냥 가져가면 되는 거지. 하고 싶은 대로 다 하면 되는 거야. 이거야말로 최고지."

연쇄살인마 테드 번디는 체포된 다음, 자신이 저지른 살인사건들 때문에 세상이 떠들썩한 것을 도무지 이해하지 못했다. "아니, 세상에는 사람도 많은데, 왜 그러지?"

사이코패스는 정신병으로 취급된다. 정확한 질병명은 '반사회성 성격 장애'이지만, 여기서는 더 일상적인 용어를 계속 사용하려고 한다. 그런데 이 병은 우울증이나 조현병 등과는 다른 특이한 질환이다. 우리가 사이코패스 환자를 치료하는 이유는 그들이 겪는 비극 때문이 아니라 그들로 인해 다른 사람들이 겪는 비극 때문이다. 사실 길모어처럼, 그들의 비도덕적인 기준에 비춰보았을 때조차, 성공적이지 못한 삶을 사는 사이코패스들이 많다. 그들은 젊어서 죽거나 감옥에서 생을 마감하는 등 대체로 인생의 성적표가 형편없다.

왜 사이코패스가 되는지는 아무도 모른다. 이 장애는 어렸을 때부터 나타난다. 사이코패스는 어렸을 때부터 작은 동물을 고문하고, 쉴 새 없이 거짓말을 하며, 연민이나 공감하는 모습을 거의 보이지 않는다. 인간의 거의 모든 특성(신장, 지능, 행복 등)은 어느 정도 유전의 가능성을 지녔다. 정상적인 아이들이 가지고 있는, 다른 사람의 고통과 행복에 마음을 쓰는 능력에는 유전적인 요소가 있는 것으로 알려져 있다. 즉, 사이코패스들은 도덕적으로 불리한 조건을 가지고 태어난 사람들인지 모른다. 경험도 중요할 수 있다. 심리학자들이 1950년대에 진행했던 실험을 살펴보자. 갓 태어난 새끼 원숭이를 1년간 또래와 어미 원숭이로부터 격리하는 실험을 진행했는데, 그렇게 자란 원숭이는 커서 공격성을 보였고, 다른 원숭이들의 곤경에 무감각했다. 그야말로 원숭이 사이코패스로 자란 것이다.

현실 세계에서 사이코패스의 자녀는 보통 이중으로 고통 받는다.

먼저, 부모가 지닌 사이코패스 성향이 무엇이건 간에 그 유전적 성향을 공유할 가능성이 있다. 또한, 사이코패스의 손에서 양육되는 불운을 겪는다. 여러분의 상상처럼, 사이코패스는 세상에서 자녀를 가장 잘 돌보는 부모는 아니지 않은가.

♦ 최후의 승리는 착한 자의 몫

사이코패스가 존재하는 것을 보면, 도덕적 감정의 존재 이유에 대해서도 의문이 생긴다. 과연 우리 모두는 왜 사이코패스가 되지 않았을까?

이 질문에 답하기 위해 인간의 기원은 신 – 우리는 하느님의 형상대로 창조되었다는 주장 – 이라는 주장이 동원되기도 한다. 혹은 문명의 힘 즉, 문화와 정부 때문이라는 주장도 있다. 홉스와 프로이트처럼 이 주장 외에는 공통점이 거의 없는 학자들이 이런 주장을 선호한다. 그러나 의외겠지만, 이에 대한 많은 답은 우리의 동물적 본성에서 찾을 수 있다.

끔찍한 일을 저지른 사람들을 우리는 때때로 '동물'이라고 부른다. 하지만 이는 동물에게 부당한 처사다. 비인간 동물들은 때때로 매우 착히다. 이들은 **이타적**인 모습을 보인다. 생물학자들이 말하는 동물의 이타심은 자신을 희생하면서 다른 동물에게 이롭게 행동하는 것을 의미한다.

동물이 자기 새끼를 도울 때, 그것은 가장 기본적인 형태의 이타심이다. 다윈주의의 시각에서 보면, 이것은 고민할 필요도 없이 당연한 일이다. 특히 자연선택의 원동력이 한 개체의 생존력 증대가 아닌 전체 종을 위한 **번식력** 증대에 있다는 사실을 기억하면 더욱 그렇다. 자, 한 가지만 빼고 모두 똑같은 동물 두 마리가 있다고 상상해보자. 그들 사이의 차이점은 둘 중 한 마리에게만 새끼를 보살피는 성향이 있어서 새끼의 생존 기회를 높인다는 점이다. 유전적인 속성 때문이든 아니든 간에, 이 동물은 새끼를 잘 보살피는 부모가 되었고, 이제 이 속성은 그 동물 집단 안에 널리 퍼진다. 그러한 속성 때문에 자손의 생존 가능성은 커질 테고, 자손 역시 윗대와 비슷한 속성을 지니게 될 경향성이 있기 때문이다. 그렇게 세대를 거쳐 가는 동안, 집단의 모든 구성원들은 이 형질을 보유하게 된다. 이것이 바로 자연선택의 논리다. 즉, 어떤 형질에 변화가 생기고 이 형질이 부모에게서 자식으로 대물림되면, 더 많은 자손을 생성하는 변종이 대체로 최후의 승자가 된다. 자연선택은 자손의 생존과 더 많은 번식이 보장되는 방향으로 종을 진화시키고, (생물학자들이 일컫는 전문적 의미에서의) 이타심을 지닌 채 자라게끔 만들어 자신을 희생해서라도 다른 개체를 도와주게 유도한다.

동물의 이타심은 새끼를 넘어 다른 친족에게까지 확장된다. 생물학자 윌리엄 해밀턴이 주창하고 리처드 도킨스가 명확히 정리한 '혈연 선택' 이론이 그 이유를 설명해준다. 잠깐, 동물의 경우를 머릿속에서 지우고, 유전자의 관점에서 진화를 생각해 보자. 살아남는 유전자란, 자신의 복제물을 가장 많이 만드는 유전자이다. 그런데 유전자는 자신을 직접 복제할 수 없다. 그래서 이 일을 해줄 동물이나 식물, 바이러스 같은 생물학적 개체를 만들어낸다. 그리고 '운반자'라 불리는 이런 개체는 클로닝과 같은 무성생식을 통하거나, 더 일반적으로는 다른 운반자와의 생식적 결합을 통해 유전자를 복제한다. 자연선택이 유전자에도 작용하기 때문에, 점점 더 우수한 운반자들이 더 많이 만들어진다. 즉, 한 유전자의 성패는 자기가 만들어내는 운반자의 성공 가능성에 좌우된다. '닭은 그저 달걀이 다른 달걀을 만들어 내는 수단이다'는 말이 있었던 것처럼, 이 말에 비유해보자면 동물은 유전자가 다른 유전자를 만들어 내기 위해 사용하는 수단에 불과하다고 할 수 있겠다.

이런 종류의 시각 전환이 내포하는 의미를 이해하기 위해서, 우리가 감기에 걸렸을 때 재채기와 기침을 하는 이유를 살펴보자. 한 동물의 전체적인 관점에서 보면, 이런 행동은 그저 바이러스의 우연한 부산물일 뿐이다. 하지만 도킨스는 바이러스의 관점에서 봤을 때, 더 나은 답을 얻을 수 있다고 지적한다. 바이러스는 숙주가 자신을 공기 중으로 내뱉도록 숙주의 호흡계를 조작하는 방식으로 진화했다. 이렇게 해야 다른 사람들이 바이러스에 감염될 가능성이 더 커지니 말이다. 바이러스의 관점에서 보면, 더 많은 숙주가 생기는 셈이다. 바이러스의 입장에서는 - 더 정확히 말하자면, 바이러스를 만드는 유전자의 입장에서는 - 사람은 번식을 위해 사용되어지는 운반자에 불과하다. 이런 방식으로, 더 적응력이 뛰어난 바이러스의 출현도 상상해보자. 숙주의 신경계를 감염시켜 숙주가 다른 사람의 입에 입맞춤하게 만드는 바이러스가 있다고 말이다. 실제로, 광견병 바이러스는 이와 거의 비슷한 효과를 일으킨다. 이 바이러스에 감염된 개는 입에 거품을 문 채 집을 나와 떠돌면서 다른 동물을 문다. 바이러스야말로 시체 도둑의 원조인 셈이다.

이처럼 유전적 관점에서 보면, 자신의 자녀에게 잘하는 것과 다른 친족에게 잘하는 것은 특별히 다를 게 없다. 모든 유전자는 후대에 대물림될 확률이 50%다(클로닝으로 번식하는 생물은 이 확률이 100%다). 그런데 형제가 같은 유전자를 가질 확률 역시 50%다. 사촌에게 같은 유전자가 있을 확률은 12%다. 성공적인 유전자들은 친족 간 유전자 공유 확률에 따라 다른 친족에게도 이타적인 행동을 하는 운반자를 만든다. 하지만 유전자 확산의 측면으로 보면, 자신의 에너지를 자기 자녀(50%)와 사촌(12%)에게 똑같이 쏟아 붓는 동물은, 사촌보다 유전 확률이 4배(50÷12)나 더 높은 자신의 자녀에게만 에너지를 쏟는 동물에 비해 장기적으로는 더 불리하다.

사실, **자기 자신**에게 잘하는 것도 특별한 일은 아니다. 유전자 입장에서는, 스스로를 다른 운반자와 질적으로 다른 지위를 가졌다고 여기는 운반자를 만들어낼 이유가 없다. 두 동물이 있다고 상상해 보자. 첫 번째 동물은 상황이 어떻든 언제나 자신의 생존만 챙긴다. 두 번째 동물은 새끼 셋을 위해 자기 목숨을 희생할 줄 안다. 집단 안에서 지속될 가능성이 있는 유전자는 두 번째 동물의 유전자다. 생물학자 J. B. S. 홀데인에게 형제를 구하기 위해 목숨을 바치겠냐고 물었더니, 그는 재빨리 계산해본 후 바치지 않겠다고 답했다고 한다. 하지만 그는 형제 3명을 위해서라면, 또는 조카 5명이나 사촌 9명을 위해서라면 기꺼이 목숨을 바치겠다고 했다.

스티븐 핑커는 이 모든 것에 역설이 있다고 지적한다. 리처드 도킨스는 이러한 유전자 중심적인 관점을 '이기적 유전자' 이론이라 불렀다. 이런 딱지가 붙자, 유전자가 우리를 이기적으로 만든다거나 그러한 이기심이 적응성을 지녔다는 오해가 생겨났다. 하지만 유전자가 이기적이라는 말은, 유전자가 자기 복제만을 위해 존재한다는 뜻이다. 이 말을 은유적으로 표현해보자면 이렇다. 유전자는 자기 복제 말고는 다른 것에는 신경 쓰지 않는다. 즉, 유전자가 만든 운반자 - 가령, 동물 - 가 반드시 이기적일 필요는 **없다**는 뜻이다. 진화가 유전자 차원에서 일어나는 경우, 나와 남은 엄격히 구별되지 않는다. 이 시각으로 보자면, 포식자로부터 자신을 지키는 것과 그것으로부터 내 자녀나 형제를 지키는 것 사이에는 단정 지을 만한 차이점이 없다. 유전적 관점에서 보면, 나보다는 형제 3명을 지키는 게 더 가치 있는 법이다. 진화가, 이러한 행동을 유발하는 두뇌를 등장하게 했다는 말은 일리가 있다. 말하자면, 동물의 관대함은 유전자의 이기심(오로지 자기 복제만을 생각하는 것)의 직접적인 결과일 수 있다.

이타심은 친척이 아닌 대상에게도 발현된다. 동물은 커다란 위험을 감수하면서까지 다른 동물에게 경고를 보낸다. 찌르레기와 지빠귀는 자신의 머리 위로 매가 날고 있으면 경고 울음소리를 낸다. 자신에게 관심이 주목되는 희생을 치르면서 다른 새들에게 달아날 기회를 주는 것이다. 흡혈박쥐는 소나 말, 사람처럼 덩치가 큰 포유류의 피를 배불리 먹을 기회가 생기면, 동굴로 돌아가서 다른 모든 박쥐의 입속에 자신이 먹은 여분의 피를 토해준다. 침팬지는 먹이가 가득한 나무로 서로를 안내해서 자기가 구한 먹이를 나눈다. 동물들은 서로 털을 다듬으며 기생충을 잡아주고, 서로의 새끼를 지켜준다. 싸우는 중에도 지고 있는 약한 상대를 죽이지 않으려고 뒤로 물러서는 경우도 많다. 이 모든 이타적 행동이 혈족이 아닌 무리 구성원에게까지 확장된다.

여담이지만, 많은 사람, 특히 반려동물을 키우는 사람들은 이러한 동물의 공감 능력이 인간인 주인에게까지 확장된다고 믿는다. 영장류학자 바버라 스머츠는 그녀의 반려견 사피 이야기를 예로 든다. 그녀가 우울할 때면 사피가 이렇게 행동한다고 말한다. "사피가 다가와 내 눈을 들여다보고 자기 이마를 내 이마에 맞대요. 그런 다음 영락없이 내 옆에 누워 자기 몸을 내 몸에 최대한 밀착시키죠… 내가 천장을 보고 누우면, 사피는 즉시 턱을 내 가슴에, 정확히 내 심장 위에 둔 채 나와 눈을 맞춘답니다. 내 기분이 풀릴 때까지 말이죠." 이런 일화들로 무엇을 증명할 수 있을지는 잘 모르겠다. 하지만 그렇다고 즉각 묵살해 버리는 것도 타당하지 않을 것 같다. 과연 동물은 인간을 어떻게 생각할까? 친족이라 여길까? 어쩌면 일종의 대리모나 대리부처럼 여기는 건 아닐까? 아니면 종족의 구성원이라고 여기고 있을까?

진화론 초창기에는, 동물이 비非혈연에게 친절하게 구는 것을 당황스럽게 여겼다. 다윈은 한 유기체의 생존과 번식에 이익이 되지 않는 구조나 행동은 존재할 수 없다고 주장했다. 그것이 진화론에서 볼 수 있는 절대적인 예측이라고. 이 주장대로라면, 오로지 말 타는 사람의 즐거움을 위해 안장을 탑재한 형태로 진화한 말이 있다면, 자연선택설 입장에서는 엄청난 충격일 것이다. 그런데 이것이 바로 이타심의 사례에서 벌어지는 일인 것 같다. 동물은 자신에게 돌아오는 명백한 이익 없이도 대가를 치르는 행동을 본능적으로 한다.

그런데 이 문제는 생각보다 쉽게 설명될 수도 있어 보인다. 개별 동물로 보자면, 목숨을 걸고 경고 울음을 내는 것은 적응적인 행동이 아니다. 하지만 그 동물이 속한 집단으로 보자면, 그것은 적응성에 부합하는 행동이다. 경고를 전달받은 모두가 얻는 전체적인 이익이 그 개체가 치르는 대가보다 크기 때문이다. 이런 형질이 진화하는 이유는 개체가 아니라 집단의 이익에 부합되기 때문이다.

이것은 꽤 솔깃한 설명이라서, 다윈도 설득되었다. 그래서 인간의 도덕성이 진화한 이유는, 개인이 아니라 많은 이들에게 이익을 안겨주기 때문이라고 주장하기도 했다. 하지만 진화가 꼭 이런 식으로만 작동하는가? 여기, 돌연변이로 정신이 이상해진 흡혈박쥐가 있다고 상상해보자. 이 박쥐는 다른 동물에게서 피를 빨아먹지만 동료들에게는 나눠주지 않는다. 피가 남으면 그저 게워내기만 한다. 마찬가지 상태에 놓인 두 마리의 다람쥐도 상상해보자. 한 마리는 정상이라 다른 다람쥐의 경고를 듣고 이 경고를 다시 다른 다람쥐에게 전달하기도 한다. 하지만 다른 한 마리는 정신이 이상해져서 경고를 듣기는 하지만 절대로 위험을 감수하면서 남에게 경고를 보내지는 않는다. 진화론의 언어로 표현하자면, 이런 돌연변이들은 '사기꾼'이다. 대가를 치르지 않고 자신의 이익만 챙기기 때문이다. 그 결과, 이들은 생존과 번식에 유리해지고 이들의 이기적 본성을 따르는 유전자가 집단에 넘쳐나게 된다. 반면, 착한 놈은 멸종하게 된다. 경고와 나눔이라는 조화롭고 상호 유익한 사회구조는,

생물학자들이 좋아하는 용어로 표현하자면, 진화적으로 안정적인 전략은 아니다. 그래서 동물의 이타심은 초창기 다윈주의자들에게는 해석해낼 수 없는 골칫거리이기도 했다.

하지만 이 곤경을 벗어날 방법이 등장한다. 바로 호혜적 이타주의 이론이다. 착한 자들 - 돌봄과 나눔의 유전자를 지닌 자들 - 이 같은 집단 내 다른 구성원들에게 세심한 주의를 기울여 다른 사람들 모두가 그들 못지않게 착해진다고 가정해보자. 또한, 착한 자들이 속임수를 부리는 돌연변이들을 식별해낼 수 있고 나중에 그들에게 보복도 할 수 있다고 가정해보자. 이렇게 되면 정신병 유전자의 출현을 초래한 돌연변이는 잡초를 솎아내듯 제거될 것이다. 이런 가정 아래라면 사기꾼들은 번성하지 못하고 이타심은 번영을 누릴 수 있다.

하지만 그러려면 하나의 동물에게 요구되는 사항이 많다. 안정적인 집단 안에서 살아야 하며, 개별 개체를 알아볼 줄 알고, 이들 개체의 행동을 모니터할 줄 알고, 사기꾼들의 뒤를 밟을 줄 알고, 나중에 그들을 응징하도록 자기의 행동을 조정할 줄 알아야 한다. 그리고 이 모든 일을 할 수 있는 인지능력은 모든 생명체에게 주어지지는 않는다. 한 개체가 가끔 대가를 치르는 방식으로 전체적인 이익을 얻을 수 있는 상황 역시 모든 생명체에게 주어지는 것은 아니다. 하지만 인간을 포함한 몇몇 동물에게는 이러한 상황들이 분명하게 주어진다.

♦ 도덕적 감정의 출현

우리가 논했던 이타심 가운데 일부는 생리적 형질로 나타난다. 포유류의 유선이나 캥거루의 주머니, 새끼를 돌보고 먹이는 데 사용되는 다른 모든 다양한 기관들이 그 예에 속한다. 그런가 하면, 이타적 형질은 이보다는 덜 명확할 수도 있다. 사냥감을 잡아서 질겅질겅 씹고 있는 사자 무리의 경우가 그렇다. 그들에게는, 특히 모두가 가까운 혈연관계일 경우, 먹이를 먹을 때 자제하면서 배불리 먹지 않는 것은 적응적 특성일 수 있다. 그렇게 했을 때, 모두가 생존에 필요한 최소량을 얻을 수 있기 때문이다. 이러한 자제력을 발휘하려면 다른 사자의 섭취량을 살펴보고 그에 따라 반응하는 복잡한 시스템이 필요할 거라고 생각할 수도 있다. 하지만, 도킨스는 돌연변이라는 훨씬 더 간소한 방법으로 이를 해낼 수 있다고 말한다. 즉, 덜 튼튼한 치아를 갖게 만들어서 천천히 씹고 느리게 먹게 만드는 것이다. 이 경우, 부실한 치아를 가지는 경향성은 이타적 적응에 해당될 수 있다.

즐거운 마음으로 삐딱한 이야기를 하나 하겠다. 나는 생물학에서 말하는 이타심과 심리학 및 신학에서 말하는 이타심이 매우 닮아 있는 사례들에 흥미를 느낀다. 자연선택이 어떻게 특정한 방식으로 우리의 정신적 삶을 형성하여 우리를 이타적으로 만들고, 그로 인해 우리가 진심으로 다른 사람들에게 마음을 쏟고 그들을 위해 희생하게 되는지가 매우 흥미롭다. 이것은 앞선 장들에서 논했던 것처럼, 다른 사람의 마음을 분석적으로 이해하는 그런 종류의 능력이 아니다. 인지적으로 마음을 읽는 능력이 아니다. 이것은, 이타적 행동을 유발하는 충동과 동기, 욕망, 욕구에 관한 문제이다. 이러한 정신 상태를 우리는 도덕적 감정이라고 묘사하기도 한다.

　감정을 적응적 시각으로 보는 게 놀라울 수도 있다. 오랜 세월 동안, 철학자들은 감정을 문젯거리라고 보았다. 칸트는 물론이고, 그보다 앞선 시대의 철학자인 플라톤도 감정에는 사람을 부패하고 타락하게 만드는 영향력이 있다고 보았다. 반면, 합리적이고 도덕적인 행동을 하게 만드는 것은 **이성**이라고 확신했다. 즉, 감정은 편파적이다. 감정은 선호하는 쪽으로 움직인다. 그리고 이러한 측면에서, 모든 도덕 이론가들 역시, 도덕적 숙고는 공정해야 한다고 입을 모아 말한다.

　감정에 대한 이런 부정적 시각은 법의 영역에서 등장한다. 미국에서는 판사가 배심원들에게 판단을 내릴 때 감정에 휘둘리지 말라고 명시적으로 경고한다. 배심원 설시문에 관한 소송에서 재판장 샌드라 데이 오코너는 도덕성과 감정을 명백히 양분했다. 그러면서 선고는 "단순한 동정심이나 감정이 아닌, 피고의 배경과 인성, 범죄에 대해 이성에 근거한 도덕적 반응을 반영해야 한다"고 주장했다. 선고에는 '도덕적 탐구'가 반영되어야지 '감정적 반응'이 담겨서는 안 된다는 말이다.

　감정에 대한 이와 같은 견해는 대중문화의 궁극적 척도라 할 수 있는 〈스타트렉〉에서도 등장한다. 주인공 중 한 명인 스팍은 벌칸인이다. 벌칸인들은 한때 공격적인 인종이었으나 감정을 억제하는 법을 배웠기 때문에 멸망을 피할 수 있었다. 그들은 차가운 논리의 명령에 따라 살아간다. 또 다른 등장인물인 데이터는 오로지 이성에 따라 움직이는 로봇이다. 그의 프로그래밍에는 감정이 포함되지 않았다. 스팍과 데이터는 뛰어난 능력을 지닌 존경받는 고위 장교다. 그들은 감정이 없는 덕분에 변덕스러운 인간들보다 많은 장점을 누린다. 공황 상태에 빠지거나, 이성을 잃고 화를 내거나, 색욕이나 오만에 사로잡히는 일이 없다.

하지만 핑커의 지적처럼 스팍에게는 "욕망과 동기가 틀림없이 있었을 것이다. 낯선 신세계를 탐험하고, 신문명을 찾아내고, 대담하게 아무도 간 적 없는 곳에 가도록 그의 등을 떠민 무언가가 있었던 것이 틀림없다." 스팍은 옷을 입었다. 그는 공격당하면 싸우거나 물러섰다. 동료 승선원을 지키기 위해 심지어 스스로 위험을 감수했다. 그는 명령에 복종했다. 과학 문제에 몰입했고 동료 승선원과 날 선 논쟁을 마다하지 않았다. 이러한 것을 가능하게 만든 게 겸손과 공포, 분노, 충성심, 호기심, 자부심이 아니라면 과연 이런 행위들을 하게 만든 동기는 무엇이란 말인가? 철학자 리처드 핸리도 비슷한 지적을 한다. 그동안 불과 TV 시리즈의 몇 화만이 진행됐을 뿐인데, 그동안 데이터가 후회와 신뢰, 감사, 질투, 실망, 안도, 곤혹, 아쉬움, 자부심, 호기심, 고집을 느끼는 게 분명하다고 말이다.

사람들이 스팍과 데이터에게 감정이 없다고 하는 이유는, 그들의 무표정한 얼굴과 억양 없는 목소리 때문이다. 그들은 웃거나, 소리치거나, 신음하거나, 코웃음 치거나, 키득거리거나, 입을 삐죽이거나, 음흉하게 보거나, 으스대거나, 노려보지 않는다. 그래도 감정이 있는 것은 확실하다. 감정은 우리가 목표를 세우고 우선순위를 매길 수 있도록 만든다. 만약 우리가 나중에라도 어떤 능력을 지닌 로봇을 만들게 된다면, 그 로봇에게는 적대적인 세계에서 생존하고 번식하는 능력뿐 아니라 당연하게도 감정이 필요할 것이다.

이런 주장을 최종적으로 테스트하는 방법은 감정이 없는 사람들을 찾아서 그들이 살아가는 모습을 확인하는 것이다. 하지만 그런 사람은 존재하지 않는다. 그 대신, 우리는 대략 비슷한 상태에 있는 사람들, 즉, 불운하게도 전전두엽 피질이 손상되어 특정한 감정 반응이 무뎌진 사람들을 살펴볼 수 있다.

신경과학자 안토니오 다마지오는 유명한 건설 감독관 피니어스 게이지의 사례를 논한다. 게이지는 1840년대에 공사장에서 철 막대기가 머리를 관통하는 사고를 당했다. 어떤 의미에서 보면 그는 운이 좋았다. 운동능력도 손상되지 않았고, 감각도 거의 다치지 않았으며, 기억력과 언어 능력도 정상이었다. 하지만 사고 이후 그의 친구들은 "게이지가 예전의 게이지가 아니다"라고 했다. 예전의 그는 활기차고 성실한 친구이자 사업가였다. 그러나 이제는 술 마시고 싸움만 하는, 무례하고 저속한 사람이 되어 일자리를 잡을 수도 없게 되었다. 그는 세상과 등진 채 죽음을 맞았다.

다마지오는 현대판 게이지의 이야기도 들려준다. 엘리엇이라는 이름의 이 남성은 전두엽에 종양이 있었다. 이후, 종양은 제거되었지만, 뇌에는 손상이 남았다. 엘리엇은 여전히 지적이고 매력적인 남성이었지만, "더는 예전의 엘리엇이 아니었다… 아침에 하루를 시작하고 출근하려면 자극이 필요했다. 직장에 가면 시간을 제대로 관리할 수 없었다. 사람들은 그의 일정을 믿을 수 없게 되었다." 다마지오는 이와 같은 결함의 원인을 엘리엇이 감정을 잃었기 때문이라고 봤다. "냉철한 추론 탓에 엘리엇은 다양한 선택지에 다양한 가치를 부여할 수 없게 되었고, 절망적일 정도로 평면적인 풍경의 의사결정을 하게 되었다."

지금 나는 도덕적 감정을 포함한 모든 감정이 우리에게 좋은 것이라고 주장하고 있다. 하지만 사이코패스라는 존재가 이런 주장에 의문을 제기한다. 사이코패스는 도덕적 감정의 결핍을 겪고 있지만, 결핍이 없는 척 살기 때문에 문제없이 살아간다. 그들은 자신의 이익을 위해 냉철하게 계획적으로, 가짜로 사랑하고 충성하고 공감한다. 사이코패스가 연민이나 죄책감, 공정심 없이도 잘 번성한다면, 확실히 그러한 감정들이 이토록 중요할 필요는 없을 것이다.

사실 우리가 사이코패스에 대해 알고 있는 지식은 대부분 체포되거나 치료 대상이 된 사람들 – 실패한 사이코패스들 – 에게서 얻은 것이다. 그래서 때로는 이런 사람들이 이례적인 경우가 아닐까 추측하기도 한다. 또한, 많은 사람들이 경이로울 만큼 성공한 일부 기업가나 일부 정치인들이 양심에 구애받지 않는다고 느낀다. 미소 짓는 얼굴의 지도자가 냉혈 괴물이라고 생각하면 불길함이 느껴질 수도 있다. 대중이 대통령이나 유명인들을 사이코패스로 진단하는 것도 드문 일은 아니다.

하지만 성공한 사이코패스는 그저 신화일 수 있다. 선천적으로 육체적 통증을 못 느끼는 사람들도 이와 비슷하다. 일견 굉장히 멋진 상태라는 생각이 들 수도 있겠지만, 이런 상태에 놓인 사람들은 대개 서른 살 전에 사망한다. 스스로 자기 몸에 화상을 입히기도 하고, 팔다리를 너무 심하게 굽혀서 스스로 관절을 손상시키기도 한다. 단순한 감각과 이성적 욕구만으로는 자기 몸을 보호할 수 없다. 보호에 대한 욕구를 불러일으킬 만큼 실제로 아픔을 동반한 불쾌함이 필요하다.

사이코패스도 마찬가지 상황일 수 있다. 나 역시 감정에 과도하게 집착하고 싶지는 않지만, 감정은 확실히 마음에 관한 우리의 오랜 관심과 함께 진화해왔다. 그리고 정상인의 행동 틀은 사랑, 죄의식, 수치심, 공감 등의 작용을 통해 만들어진다. 사이코패스에게는 이러한 도덕적 감정이 없다. 그들은 평생을 마치 그런 감정이 있는 것처럼 – 다른 사람들을 좋아하는 것처럼, 나쁜 짓을 저지른 뒤 잘못을 느끼는 것처럼 – 살아가야 한다. 어느 정도의 도덕감각을 겉으로 드러내지 않으면 누구도 그런 사람 가까이에는 가지 않기 때문이다.

내가 생각하기에, 전형적인 사이코패스들은 일회성 사기처럼 단기적으로는 크게 성공할 수 있으나 장기적으로는 실패할 수밖에 없는 것 같다. 도덕적 감정을 적절히 지닌 사람이 본능적으로 하는 선택을, 의식적으로 하기는 불가능하기 때문이다. 혹은, 도덕 규칙에 대한 감정적 끌림이 없는데 그것을 지키도록 스스로를 동기 부여하는 게 어려울 수도 있다. (사이코패스로 사는 것은 틀림없이 **힘들** 것 같다. 줄곧, 아주 많이 노력해야 할 테니까.) 게다가, 사이코패스는 도덕적 이해력이 어느 정도 손상된 상태일 수 있으며, 도덕성 측면에서 보자면 보이는 모습만큼 실제로는 똑똑하지 않을 수도 있다. 심리학자 제임스 블레어의 주장에 따르면, 사이코패스에게는 사회적 관습을 침해하는 것과 도덕률을 위반하는 것 사이의 차이를 정상적으로 인식하는 능력이 결핍되어 있다. 즉, 남자아이가 치마를 입는 행동과 한 아이가 다른 아이를 때리는 행동의 본질적인 차이를 모른다. 정상적인 어른들이나 아이들은 도덕에 어긋난 행위를 더 나쁜 것으로 취급하지만, 사이코패스는 그렇지 않다. 이러한 차이를 인식하려면 도덕 위반 행위에 대한 특유의 강한 감정적 반응이 어느 정도 있어야 하는데, 사이코패스에게는 그것이 부족할 수 있다. 아무튼 사이코패스가 안고 있는 문제의 원인이 무엇이든, 그들은 흥하지 않는다. 최후의 승리는 결국 착한 사람의 몫이다.

♦ 공감과 연민

자기 자신과 타인을 구별할 줄 알면서도 타인의 고통과 즐거움을 공유한다면 여러분에게는 공감적 인식이 있는 것이다. 이 말은 곧, 여러분이 도덕적 동물이 되어가는 중이라는 뜻이기도 하다.

그런데 도덕감각이 완전히 무르익으면, 이런 기준을 넘어선다. 공감하지 못하는 사람들에게까지 도덕적으로 행동할 수 있게 되는 것이다. 가령, 굶주리는 사람들의 고통을 어떤 식으로든 경험할 수 없다 해도, 먼 나라에서 벌어지는 기아 문제를 해소하기 위해 노력할 수 있다. 도덕판단 중에는 직접적으로 공감과 별로 관계없는 것들도 있다. 절약과 금욕의 미덕이나 공정과 정의에 대한 추상적 이해가 그렇다. 심지어 도덕성과 공감이 충돌하는 사례도 있다. 가령, 경찰관은 범죄를 저지른 사람을 체포해야 한다. 그로 인해 범죄자가 비참한 처지가 되더라도, 심지어 그가 비참해짐으로써 그 경찰관이 그의 고통에 공감하게 되더라도 말이다. 그래도 내가 – 마사

누스바움 같은 현대 철학자들과 마틴 호프먼, 제롬 케이건 같은 발달심리학자들을 비롯한 많은 학자들의 뒤를 이어 – 여전히 주장하고 싶은 것은, 공감은 그 이후에 뒤따르는 모든 것의 토대가 된다는 것이다. 시인 셸리의 표현을 빌자면, "도덕이 품은 위대한 비밀은 사랑이다."

공감 능력은 어릴 때, 쉽게 생겨난다. 아기들은 다른 아기가 우는 소리를 들으면 같이 울기 시작한다. 인간이 아닌 동물도 비슷하게 반응한다. 그래서 쥐에게 다른 쥐의 고통을 보여주는 것은 고문 행위다. 1950년대에 실시된 한 연구에서 (지금이라면 비윤리적인 연구로 여겨질 수 있지만) 음식이 나오는 레버를 누르도록 쥐를 훈련시켰다. 그런 다음, 장치를 바꾸어 레버를 누르면 음식이 제공되지만 때때로 다른 방에 있는 쥐에게 충격이 가해지고 이 장면을 레버를 누른 쥐가 볼 수 있게 했다. 그러자 쥐들은 동족을 아프게 하지 않으려고 덜 먹는 쪽을 선택했다(물론, 그렇다고 굶어 죽는 쪽을 택하지는 않았다). 나중에 원숭이를 대상으로 같은 실험을 했을 때, 원숭이들은 쥐보다 더 오랫동안 음식을 먹지 않으려 했다. 다만, 이들의 감수성은 오로지 같은 종 구성원들에게만 국한된 것이었다. 음식을 얻기 위해서 토끼에게는 거리낌 없이 충격을 가했으니까.

이처럼 우리의 마음은 왜 다른 이들의 고통 앞에서 동요하는 것일까? 한 가지 이유는, 말 그대로 그들의 고통이 느껴지기 때문이다. 심리학자들과 철학자들은 이른바 '감정 전염(감정적 경험이 한 사람에게서 다른 사람에게로 전달되는 현상)'을 오랫동안 관찰해왔다. 1759년, 애덤 스미스는 간단한 예시를 통해 이를 보여주었다. "누군가가 어떤 사람에게 일격을 가하려고 조준한 뒤 그의 팔이나 다리를 내리치는 것을 보면, 우리는 자연히 몸이 움츠러들고 자신의 팔이나 다리를 뒤로 빼게 된다. 그러다가 일격이 가해지면, 마치 우리도 어느 정도는 일격을 받은 것처럼, 실제 아파하는 사람만큼 아파한다."

일레인 해트필드와 존 카치오포, 리처드 랩슨은 그들이 공저한 매력적인 저서를 통해 이 주제를 다루었다. 그들은 감정의 전염 과정이 두 가지 단계로 나타난다고 상정한다.

1단계: 모방. 우리는 사람들을 모방한다. 그들의 반응을 흉내 내고 그들이 어떻게 반응할지 예상해서 우리 몸을 움직인다. 내가 여러분을 향해 바보처럼 헤벌쭉 하고 웃으면, 여러분도 금세 활짝 웃어줄 것이다. 웃음은 전염성이 있다. 하품도 그렇다. 적절한 분위기라면, 눈물도 전염된다. 틱이나 경련을 일으키는 사람을 보게 될 때, 우리 중에는 그 모습을 모방하지 않도록 의식적으로 노력해야만 하는 사람들도 있다. 내 아내는 텍사스에 사는 친척과 5분 이상 대화할 때마다 남부 특유의 말투에 전염되어 느리게 말하기 시작한다. 우리 아이들은 깡충깡충 뛰거나 춤추는 사람을 보면 똑같이 따라하지 않고는 못 배긴다. 그래서 TV에서 무술 영화라도 나오면 아주 위험해질 수 있다.

하지만 모방은 보통은 이보다 더 미묘하게 일어난다. 세심하게 실시된 실험 연구를 통해, 다른 사람이 팔씨름하는 것을 지켜보고 있을 때 우리의 팔 근육에도 경련이 일어난다는 사실이 밝혀졌다.

다른 사람이 말을 더듬는 소리를 들으면, 우리 입술도 이를 모방하듯 움직인다. 그런데도 스스로는 이런 일이 벌어지고 있음을 모를 수도 있다. 동영상 분석 결과, 사람들은 상상할 수 있는 것의 거의 모든 것을 모방할 수 있는 것으로 밝혀졌다. 가령, 고통이나 슬픔, 행복, 당혹스러움, 역겨움을 드러내는 표정이나 눈 깜빡임, 말할 때의 목소리 높이와 크기 등을 다 따라 할 수 있다. 사람들은 다른 사람의 움직임에 1/50초 간격으로 무서우리만치 빠르게 반응한다.

최근에는 이런 과정이 뇌의 어느 부위에서 일어나는지를 정확히 알아내기 위한 연구가 이루어졌다. 어떤 사람이 음식을 쥐는 것 같은 행동을 하면, 그 사람 뇌의 피질에 있는 일부 신경세포들이 활성화된다. 이중에는 '거울' 신경세포도 있다. 거울 신경세포는 다른 사람이 자신과 같은 행동을 하는 것을 지켜볼 때도 활성화된다. 이것으로 보아, 뇌 안에는 내가 하고 있는 행동과 다른 사람이 하고 있는 행동을 구별하지 않는 부위들이 있음을 알 수 있다. 그리고 이런 부위들이 우리 모방 능력의 기초를 이루고 있을 가능성이 있다.

비범한 속도로 괄목할 만한 임무를 수행해내는 신경계를 보다 보면, 어떤 생물학자라도 그것의 목적이 무엇인지 궁금할 수밖에 없다. 신경계의 반응 중 하나인 흉내 내기의 경우는 어떨까. 흉내 내기를 하는 한 가지 이유는 그것이 다른 사람들의 감정을 느끼는 첫 단계이기 때문이다. 즉, 흉내 내기는 우리의 진화된 이타심이 보이는 능력 중의 하나다. 여기서 감정 전염 과정의 두 번째 단계가 시작된다.

2단계: 기분 변화. 육체적 활동은 기분에 영향을 미친다. 정확히 말하자면, 기분에 어울리는 동작이나 행동을 했을 때, 실제로 그 감정을 일으킬 수 있다. 윌리엄 제임스는 이런 통찰을 일반적인 감정 이론으로 확장해나갔다. 즉, "우리는 울기 때문에 마음이 아프고, 때리기 때문에 화가 나며, 떨기 때문에 무섭다."

감정은 이렇게 모방과 기분 변화라는 두 과정을 통해 전염된다. 다시 말하자면, 다른 사람의 표정을 흉내 냄으로써 그 표정이 유발하는 감정을 똑같이 느끼게 되는 것이다. 이것을 이렇게 설명할 수 있다. 1단계. 여러분은 행복하기 때문에 미소 짓는다. 여러분이 미소 짓는 것을 보고 나도 미소 짓는다. 2단계. 미소 짓는 행위를 통해 나 역시 행복감을 느낀다. 이렇게 여러분의 마음속 행복감은 내 마음속으로 확장된다.

그러므로 사람들이 행복하기를 바란다면 그들을 미소 짓게 해야 한다. 충고를 밥 먹듯이 하는 부모와 친구들처럼, 수많은 치료사들은 우울증에 걸린 사람들에게 의식적으로 행복한 표정을 지으라고 충고해 왔다. 이것이 실제로 효과가 있다는 증거도 있다. 한 연구에서, 사람들에게 양쪽 입 꼬리를 펜으로 올려 미소 짓게 하거나 입 꼬리를 아래로 내려 언짢은 표정을 짓게 한 다음, 만화를 보여주면서 얼마나 재미있는지 물었다. 그 결과 '미소 짓는 사람들'은 '찌푸리는 사람들'보다 만화를 더 재미있다고 여겼다. 또 다른 연구에서는, 최첨단 헤드폰을 테스트한다고 하면서 헤드폰으로 대학교 등록금 인상을 주장하는 사설을 들려주었다. 동시에, 일부 사람들에게는 헤드폰으로 사설을 듣는 동안 고개를 끄덕이게 하고, 다른 무리에게는 고개를 젓게 하고, 또 다른 무리에게는 고개를 움직이지 말라는 지시를 내렸다. 그런 다음, 등록금 인상에 대한 의견을 물었더니, 고개를 끄덕였던 사람들은 사설의 주장에 동의하는 경향을 보였고, 고개를 저었던 사람들은 반대를 나타냈으며, 고개를 움직이지 않았던 사람들은 중립적인 입장을 보였다.

이러한 결과는, 사람들 중 유독 설득력을 지닌 사람들이 어떻게 생겨나는지 설명해준다. 작가 말콤 글래드웰은 어느 일류 판매원을 이렇게 묘사했다.

톰 가우에게 흥미로웠던 점은 그가 하는 말의 내용과 달리 그가 무척 설득력 있게 보였다는 점이다. 그에게는 뭐라 규정할 수 없는 모종의 특징이 있는 듯하다. 강력하면서도 전염성 있는, 거부할 수 없는 무언가가 그의 입에서 나오는 말을 넘어서서 그를 만나는 사람들을 끌어들이고, 그에게 동조하게끔 만들었다. 그것은 에너지이자, 매력이자, 호감이었다. 아니, 이 모든 것일 뿐 아니라 거기에는 그 이상의 무언가가 더 있었다.

글래드웰은 가우와 같은 사람들에게는 다른 사람의 감정을 조종하는 특별한 재능이 있다고 주장한다. 그들이 어떻게 그렇게 하는지는 아무도 모른다. 다만, 그들은 자신과 상호작용하는 사람들을 모방하는 경향이 있고, 그것으로 인해 어떻게든 동기화가 이루어지는 것처럼 보인다. 이런 면에서 천부적인 재능을 타고났다고 알려진 사람은 미국의 로널드 레이건 대통령이다. 그의 별명은 '위대한 소통가'였다. 그와 그의 정책에 열렬히 반대하던 사람들조차 그의 연설 장면 영상을 시청할 때면 그의 표정을 따라 움직였다. 그가 행복해 보이면 공감하면서 긴장을 풀었고, 그가 화를 내면 긴장했다.

흉내만이 공감에 이르는 유일한 경로는 아니다. 우리는 다른 사람의 어려움을 생각하는 것만으로도 그에게 공감할 수 있다. 하지만 흉내 내기는 도덕성을 발동시키는 특별한 적응적 행위, 즉, 그 토대일 수 있다.

우리는 공감을 통해 도덕적 행동에 얼마나 가까워질 수 있을까? 철학자들의 지적에 따르면, 공감이 긍정적인 도덕 행동이나 연민을 일으키는 것에 논리적인 이유는 없다고 한다. 고통스러워하는 사람을 지켜보면서 감정 이입 때문에 여러분도 고통을 느끼게 되었다고 가정해보자. 그렇다고 해서 고통스러워하는 사람을 보살피고 연민을 느껴야 하는 이유가 있을까?

사실, 모든 사람이 연민을 느끼는 것은 아니다. 나치군 치하에서 죽음의 수용소 근처에 살았던 한 여성의 경우를 살펴보자. 총살당한 사람들을 보게 된 그녀는 마음이 심하게 동요되어 당국에 단호한 항의 편지를 쓴다. "사람들이 자신의 의지와는 무관하게 이처럼 잔인무도한 참상을 목격하는 일이 비일비재합니다. 어찌 됐건 저는 여겨습니다. 이런 광경을 보고 나면 너무나 신경이 쓰여서 장기적으로는 견디지 못할 것 같습니다. 그래서 요청합니다. 이런 비인간적인 행위를 중단하거나 아니면 사람들 눈에 띄지 않는 곳에서 하도록 조처해주십시오."

이 여성은 사람들이 살해되는 것을 보는 게 고통스러웠지만, 그들을 도와달라는 쪽으로 반응하지 않았다. 대신, 다른 곳에서 총살을 하라고 요구하는 식으로 반응했다. 도덕적인 사람들조차 먼 나라에서 일어나는 고통과 참상을 그린 장면에 직면하거나 도시 한복판에서 구걸하는 걸인을 지나칠 때면 때때로 등을 돌린다. 아리스토텔레스에 따르면, 가장 도덕적인 사람들조차 합리적인 판단에 의해 마음속 연민을 차단하는 경우가 있다고 한다. 누군가의 불운을 사소한 것이라고 믿거나 스스로 자초한 것이라고 믿는 방식으로 말이다.

이러한 것을 봤을 때, 공감과 연민 사이에 필연적인 연관성은 없어 보인다. 그래도 공감이 불러일으키는 반응의 대부분이 **연민**이라는 사실은 변함없다. 그 과정에 논리적인 연관성은 없지만, 마음은 실제 그런 식으로 작동하고 있다. 그게 사실이다. 공감을 다루는 수많은 심리학 문헌들을 보다 보면, 그중 어떤 연구 결과들은 공감과 연민 사이에 매우 명백한 상관관계가 있다는 인상을 전달한다. 그리고 이것은 우리 마음속에서 어떤 안도감을 불러일으킨다.

공감은 타인을 향한 좋은 행동과 연관되어 있다. 지필 측정 결과 공감 지수가 높은 사람들은 낮은 사람들보다 자선단체에 더 많은 기부금을 내고 노숙자 보호시설에서 자원봉사를 할 가능성이 컸다. 또한, 다른 사람의 입장이 되어보라고 공감을 유도할 경우, 그들을 도와줄 가능성이 더 크게 나타났다. 실제로, 심장박동 수 증가로 알 수 있는 공감 반응의 강도와 도와주는 속도는 일치한다. 여러 실험 결과, 사람들은 다른 사람의 고통에 노출될 때 공감이 높아지고, 그것이 곧 도움을 주는 행동을 이끌어낸다는 게 확인됐다. 또한, 공감 능력이 있는 사람은 고통 받는 사람이 실제로 도움을 받을 때 기분이 좋아졌다.

이 연구 결과들은, 인간의 본성에 관한 중요한 사실을 알려준다. 일반적인 경우에, 우리는 다른 사람들의 고통에 공감하고 연민을 느끼고 그들을 돕도록 되어 있다. 애덤 스미스는 – 이기심이 핵심인 경제이론을 세운 만큼 사리사욕의 힘을 모르는 순진한 인물은 아니었지만 –『도덕 감정론』의 시작 부분에서 이렇게 주장한다. 타인의 행복에서 우리가 얻는 명백한 이익이 없더라도 우리에게 그것은 중요하다고.

진화론적 관점에서 보면 이것은 타당하다. 흔히 분노는 공격적인 행동으로 이어지고, 허기는 음식을 찾게 만들며, 색욕은 성행위를 유발한다. 이는 놀라운 게 아니다. 그러한 행동을 유발하기 위해 그러한 감정들이 존재하기 때문이다. 마찬가지로, 감정이 전염되는 덕분에 우리는 공감을 경험할 수 있고, 이렇게 공감이 존재하는 이유는 결국 이타적인 행동을 하기 위해서이다.

♦ 아기의 도덕성

모방 능력은 어렸을 때 나타난다. 신생아에게 다가가 혀를 내밀어 보이면 아기도 금세 혀를 내밀 것이다. 태어난 지 하루밖에 안 된 신생아들은 다른 사람들이 움직이는 대로 자기 몸을 똑같이 움직인다. 생후 10주 된 아기들은 행복과 분노를 모방한다. 그러다가 만 1세에서 2세로 넘어갈 때쯤 본격적인 모방 능력이 나타난다. 그림 3.1에 이런 사례들이 몇 가지 소개되어 있다.

가장 명백한 형태의 감정 전염은 출생 직후, 우는 다른 아기 옆에

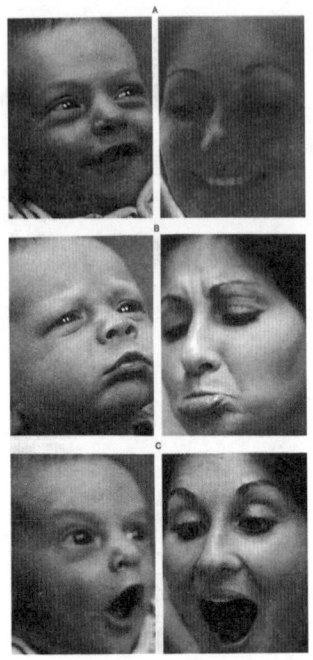

그림 3.1 흉내쟁이 아기
필드 등의 허가를 받고 발췌함. "신생아의 표정 식별과 모방", 《사이언스》 218: 179-181
저작권 1982 미국 과학진흥협회

서 똑같이 울음을 터뜨리는 아기의 사례에서 나타난다. 이때 아기는 어른들이 치과에서 나는 드릴 소리에 움찔하는 것처럼 단순히 울음소리를 불행과 결부시키는 걸까? 아니면 자신이 울고 있다고 잘못 생각하는 걸까? 우리는 아기가 우는 것에는 그 이상의 이유가 있다는 것을 안다. 아기들은 다른 소음을 들을 때보다, 혹은 자기 울음소리의 녹음본을 들을 때보다 다른 아기들의 울음이 녹음된 소리를 들을 때 더 많이 운다.

그와 동시에, 이런 종류의 반응을 '진짜 공감'이라고 보기는 어려울 수 있다. 어쩌면 아기들은 다른 사람의 괴로움을 보거나 듣는 게 그냥 **아픈 것**일 수 있다. 그래서 그들은 안심할 방법을 찾는다. 고통스러워하는 다른 아이를 본 생후 10개월 아기는 슬픈 표정을 지으며 엄마 품을 파고들지도 모른다. 그 고통의 기원을 파악할 새도 없이, 아기는 자기가 고통스러울 때 하는 행동을 한다. 그러다가 돌 무렵이 되면 진정한 공감 능력이 생긴다. 만 1세 아이는 달래는 목소리를 내거나 상냥하게 쓰다듬는 방법으로 다른 사람을 도와주려는 행동을 자주 한다. 이런 모습은 아이가 다른 사람의 고통과 자기 자신의 고통이 별개라는 사실을 이해하고 있음을 나타낸다. 또한, 어떻게 하면 고통을 완화할 수 있는지도 어느 정도 인식하고 있다는 뜻이다.

자신에게 행복을 주는 일이 반드시 다른 사람의 고통을 달래주지는 않는다는 것을 깨달을 때, 아기는 한 단계 더 발달한다. 마틴 호프먼은 생후 15개월 마이클의 이야기를 들려준다. 마이클은 폴이라는 친구와 장난감 하나를 두고 싸우고 있었다. "그러다가 폴이 울기 시작했다. 그러자 마이클은 동요한 것처럼 보이더니 쥐고 있던 장난감을 놓았다. 그래도 폴은 계속해서 울었다. 그러자 마이클은 잠시 가만히 있더니 자신의 테디베어를 폴에게 주었다. 그래도 소용이 없자, 마이클은 다시 잠시 가만히 있다가 마침내 옆방에 놓아두었던 자신의 애착 담요를 폴에게 주었고, 폴은 그제야 울음을 멈추었다."

아이들은 만 2세 정도가 되면 다른 사람들에게 마음을 쓰고 그들의 기분이 좋아지도록 행동한다. 이를 뒷받침하는 증거는 많다. 모든 실험과 관찰 연구 결과, 이 나이의 아이들은 다른 사람에게 해를 가한 후에는 죄책감의 기미를 보이는 경향이 높았다. (1장에서 언급했듯, 여기에는 성별에 따른 차이가 분명히 존재한다. 만 1세 여자아이들은 공감과 죄책감을 더 잘 느끼고, 고통스러워하는 다른 사람들을 도와줄 가능성이 더 컸다.) 또한, 아기들은 공감적 분노도 드러냈다. 생후 17개월이 된 한 아기는 다른 아이가 주사를 맞으며 아파하는 모습을 보면서 자신도 아픈 것처럼 몸을 움츠린 다음 의사를 때렸다.

두 돌 무렵이 되면, 당혹감과 질투심의 징조가 어느 정도 나타난다. 이런 관념이 생기려면 자기 자신을 별개의 객관적 존재로 인식할 수 있어야 한다. 그다음 해가 되면, 아이는 진정으로 도덕적인 존재가 된다. 내외부의 기준에 견주어 자신의 행동과 생각을 평가할 수 있게 되어 자부심과 수치심, 죄책감을 느끼게 된다.

이렇게 되면 도덕적인 만 3세 아이의 이야기를 다루었던 이 장의 시작 부분으로 돌아가게 된다. 몇몇 흥미로운 연구는, 심지어 이보다 더 어린 나이에도 도덕관념이 생긴다고 주장한다. 아이들은 생후 1년 동안 당혹감을 나타내거나 괴로워하는 다른 아이를 상냥하게 쓰다듬어주는 등 진심으로 공감하는 듯한 행동을 많이 보였다. 어쩌면 우리는 아이들이 생후 1년 동안 발휘하는 공감 능력을 과소평가하고 있는 것일지도 모른다. 아마도 그들은 다른 사람이 괴로워한다는 것을 이해하고 정말로 도와주고 싶어 할 것이다. 다만, 그들에게는 무언가를 하는 데 필요한 감정 통제력과 지식, 협응 능력이 부족하다. 그래서 그들은 그저 울음을 터뜨릴 뿐이다. 고통 받는 사람을 목격했으나 어쩔 도리가 없어서 무기력해진 어른들이 그렇게 반응하는 것처럼 말이다.

지금까지는 아주 어린 아이들의 능력에 초점을 맞추었다. 그런데 여기에는 간과해서는 안 될 중요 사항이 하나 있다. 아이들의 능력에 부족한 부분이 있다는 사실 말이다. 어린아이들의 도덕적 감정에는 참다운 의미의 도덕과 관련된 초월적이고 보편적인 특성이 부족하다.

혈연 선택과 호혜적 이타성에만 바탕을 둔 도덕성은 너무 지엽적이라는 문제가 있다. 이런 도덕성은 가족과 친구에게만 적용되기 때문이다. 심지어 어른들도 혈연과 동맹의 유대관계로 묶인 사람들을 편애한다. 이런 사실을 부정할 생각은 없다. 우리들 대부분은 모르는 사람보다는 가족과 친구에게 연민과 의무감을 더 많이 느낀다. 하지만 그럼에도 불구하고, 어떤 이유에서인지 모르겠지만, 우리는 이러한 한계를 뛰어넘는다. 타고난 편협한 도덕감각을 초월한다. 이것은, 종교적 신념이나 희망 사항을 근거로 한 주장이 아니다. 혈연 선택과 호혜적 이타성으로는 쉽게 설명되지 않는 인간의 특성, 실제 사실들에 바탕을 둔 주장이다. 인간 사회에는 사법제도와 명시적인 도덕률이 있다. 인간은 친절을 발휘할 수 있는 능력을 지녔다. 그래서 먼 나라의 얼굴도 모르는 사람들에게 혈액을 나누어주거나 동물들의 처우에 대한 우려 때문에 먹고 싶은 음식을 자제하는 등의 일을 의도적으로 한다. 이렇듯 우리는 도덕적인 태도를 – 가령, 노예제도가 부당하다는 인식이나 남성과 여성이 평등한 권리를 가져야 한다는 관념 등을 - 지녔다. 이는 우리 인간종에게 진정으로 새로운 일이다.

영장류학자 프란스 드 발은 도덕성에 대한 통찰력 있는 논의를 시작하면서, 사람의 능력을 과장하거나 인간과 영장류 친족 간의 차이를 과장해서는 안 된다고 경고한다. 침팬지들도 자기 새끼들을 사랑하고, 다른 침팬지들의 고통을 보면 함께 고통스러워하고, 곤경에 처한 다른 침팬지들을 보면 돕고 싶은 충동이 일어나는 것처럼 행동한다. 침팬지들은 사회계약을 강요할 줄 알고, 속임수를 쓰는 개체를 벌주기도 하며, 사회적 위계를 지키고 유지하려고 조심한다. 이 같은 동물에게 강력한 사회적, 이타적 본능이 있다는 사실에 대해서는 그 누구도 의심하지 않을 것이다. 그럼에도 불구하고 드 발은 인정한다. "동물은 도덕 철학자가 아니다." 그러면서도 이렇게 묻는다. "그렇다면 사람들 중 얼마나 많은 **사람**이 도덕 철학자일까?"

이것은 중요한 질문이다. 다음 장에서 나는 이 질문에 대해 드 발을 비롯한 많은 이들의 대답과는 다른 답을 제시하려 한다. 바로 **우리 모두가** 도덕 철학자라고 말이다.

BOOK21

문학-실용

 21세기북스는 급변하는 시대의 흐름 속에서 독자의 요구를 먼저 읽어내는 예리한 시각으로 〈칭찬은 고래도 춤추게 한다〉, 〈설득의 심리학〉 등 밀리언셀러를 출간하며 경제 경영 자기계발 분야의 독보적인 브랜드로서 자리매김했습니다.

f 21cbooks　　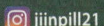 jiinpill21　　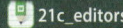 21c_editors

북이십일의 문학 브랜드 아르테는 세계와 호흡하며 세계의 우수한 작가들을 만납니다. 국내에 소개되지 않은 혹은 잊혀서는 안 되는 작품들에, 새로운 가치를 담아 재창조하여 '깊고 아름다운 책'을 만들고자 합니다.

f 21arte　　 21_arte　　 staubin

가정/육아

수연이네 삼 형제 완밥 레시피
한 번에 만들어 온 가족이 함께 먹는
인스타 팔로워 85만 수연이네의 집밥 레시피
유수연 지음 | 값 28,000원

유아식을 시작하는 13개월 아이부터 까다로운 어른 입맛까지 요리 한 번으로 만족시키는 수연이네 온 가족 식사

세상에서 가장 쉬운 본질육아
삶의 근본을 보여주는 부모, 삶을 스스로 개척하는 아이
지나영 지음 | 값 18,800원

한국인 최초 존스홉킨스 소아정신과 지나영 교수가 전하는 궁극의 육아법. 부모는 홀가분해지고 아이는 더 단단해진다! 육아의 결승선까지 당신을 편안히 이끌어줄 육아 로드맵

아이를 무너트리는 말, 아이를 일으켜 세우는 말
상처 받기 쉬운 아이의 마음을 지키는 대화법 70가지
고도칸 지음 | 한귀숙 옮김 | 값 19,000원

"아이의 안정감은 편안한 대화로부터 시작됩니다."
10년간 소아정신과에서 일한 저자는 부모들이 아이의 마음을 세워주는 소통을 하길 바라며 대화법 70가지를 소개한다. 아이를 한 인간으로 존중하며, 상처받기 쉬운 마음을 보듬는 방법에 관해 이야기한다.

0~3세 기적의 뇌과학 육아
컬럼비아대 뇌과학자 엄마가 알려주는
생후 1,000일 애착 형성 가이드
그리어 커센바움 지음 | 이은정 역 | 값 20,000원

아마존 육아 베스트셀러! 딱 3세까지만, 육아할 땐 뇌과학! 정서지능, 회복탄력성, 언어능력을 동시에 발달시키는 최강의 애착 육아 바이블. 잘 때, 예민할 때, 울 때, 조용할 때 등 상황별 대처법 수록

육아 효능감을 높이는 과학 육아 57
아이비리그 진학률 1위,
스탠퍼드 온라인 하이스쿨(OHS) 교장이 알려주는 과학 육아
호시 도모히로 지음 | 신찬 옮김 | 값 18,000원

학생들의 자발성을 이끌어내는 교육 방식으로 매년 수많은 학생을 아이비리그 진학시키는 교육 컨설턴트인 저자가 OHS 입학을 원하는 초등학생을 위한 프로그램에서 소개한 육아법을 전격 공개한다.

취미/실용/공부

목공의 즐거움
목공을 시작해도 될까요?
옥대환 지음 | 값 32,000원

쉰 넘어 대패를 처음 잡아본 문과 출신이 두서없이 풀어놓는 취목의 세계. 이 책은 평생 문과로 살아온 이력과 대비되는 10년의 목공 경력 기록으로, 매력 있는 취미인 목공에 기웃거리는 사람들에게 나무와 톱의 세계로 푹 빠질 수 있게 한다.

이런 진로는 처음이야
읽다 보면 저절로 쾌속 성장하는 자기 탐색 프로젝트
이찬 지음 | 값 17,800원

나에게 딱 맞는 직업을 찾고 싶은 10대를 위한 인생 내비게이션
서울대 '진로와 직업' 교육 전문가 이찬 교수가 청소년들에게 제안하는 내 꿈 찾기 프로젝트

이런 철학은 처음이야
흔들리는 10대, 철학에서 인생 멘토를 찾다
박찬국 지음 | 값 17,800원

서울대학교 철학과 박찬국 교수의 청소년을 위한 맞춤 철학 이야기
세상에서 가장 쉬운 철학 입문서! 쉽고 재미있는 지식교양으로 청소년은 물론 학부모·교사에게까지 열광적인 지지를 얻고 있는 〈처음이야〉 시리즈의 철학 편

이런 수학은 처음이야(전4권)
읽다 보면 저절로 개념이 잡히는 놀라운 이야기
최영기 지음 | 값 17,000원

서울대 수학교육과 최영기 교수가 전하는, 쉽게 배워 복잡한 문제까지 정복하는 수학 교실. "진작 이렇게 수학을 배웠더라면!" 수학을 포기하고 싶었던 우리 아이들의 '수학 고민'을 한방에 풀어주며 초중등 자녀를 둔 학부모들의 압도적인 지지와 선택을 받았던 화제의 베스트셀러

이런 공부법은 처음이야
내 인생 최고의 공부는 오늘부터 시작된다
신종호 지음 | 값 17,800원

서울대 교육학과 '광클 수업' 신종호 교수님의 공부 거부감을 기대감으로 바꾸는 공부 처방전
〈유퀴즈〉〈당신의 문해력〉〈부모 vs 학부모〉 화제의 공부 멘토!
서울대 교육학과 신종호 교수가 들려주는 공부의 본질!

에세이

우리는 사랑 안에 살고 있다
구독자 85만 국민 힐링 채널
〈리쥬라이크〉 유준이네 첫 에세이

유혜주, 조정연 지음 | 값 19,800원

간지러운 연애부터 요절복통 육아,
가슴 절절한 부모의 마음까지
무던한 하루 위에 쌓아간 사랑의 기록들

기어코 반짝일 너에게
오늘은 크리에이터 내일은 배우,
서툴지만 분명하게 빛나는 청춘의 기록들

김규남 지음 | 값 16,800원

화제의 인기 급상승 유튜브 〈띱Deep〉의 주연배우 김규남의 첫 에세이
"나에 대한 믿음 없이는 계속해서 나아갈 수 없다는 걸 안다. 내세울
것 없고, 보잘 것 없는 나라도 우리 스스로를 좀 더 믿어보기로 하자."

고층 입원실의 갱스터 할머니
남몰래 난치병 10년 차,
빵먹다살찐떡이 온몸으로 아프고 온몸으로 사랑한 날

양유진 지음 | 값 18,800원

100만 크리에이터 '빵먹다살찐떡' 양유진이 고백하는 난치병 '루푸스
투병' "다행인 것은 이제 환자라는 걸 즐기는 지경까지 왔다는 것이다"
오롯한 진심으로 당신에게 슬쩍 건네는 유쾌하고 담백한 응원

죽을 때 후회하는 스물다섯 가지
1000명의 죽음을 지켜본 호스피스 전문의가 하는
'후회 없는 죽음'을 위해 지금 당장 실천해야 할 25가지

오츠 슈이치 지음 | 황소연 옮김 | 값 18,800원

1000명이 넘는 이들의 임종을 목격한 호스피스 전문의가 기록한 '죽
기 전에 하는 후회'의 목록과, 현장의 생생한 사연을 바탕으로 한 다양
한 삶의 드라마를 그려냈다.

살림지옥 해방일지
집안일에 인생을 다 쓰기 전에 시작하는 미니멀라이프

이나가키 에미코 지음 | 박재현 옮김 | 값 18,000원

게으른 사람도 살림을 잘할 수 있는 유일한 길
'살림'이라는 삶의 필수 활동이 즐거워져야 인생도 즐거워진다는
간명한 메시지를 담고 있으며, 그 실천법까지를 아우르는 책이다.

5장
도덕적 범주

• • •

제1조. 모든 인간은 태어날 때부터 자유로우며 그 존엄과 권리에 있어 동등하다.
인간은 천부적으로 이성과 양심을 부여받았으며 서로 형제애의 정신으로 행동하여야 한다.
제2조. 모든 사람은 인종, 피부색, 성, 언어, 종교, 정치적 또는 기타의 견해,
민족적 또는 사회적 출신, 재산, 출생 또는 기타의 신분과 같은 어떠한 종류의 차별 없이,
이 선언에 규정된 모든 권리와 자유를 향유할 자격이 있다.
— 세계인권선언, 1948

부모로 살다 보면, 19세기의 토머스 마틴 목사의 주장에 고개를 끄덕이게 되는 날들이 있다. 그는 어린아이들의 '타고난 패악'을 언급하며 "우리는 악한 근성으로 가득한 본성을 가지고 세상에 태어난다. 악한 근성은 인류가 행하는 모든 도덕적 악행의 원천"이라고 주장했다. 또한, 부모라면 프로이트의 편에 설지도 모른다. 그는 아기를 **이드** — 부모에 이어서 사회에 의해 문명화될 필요가 심각하게 있는 다형 도착적 욕구 덩어리 — 에 불과한 존재로 보았다. 개인적으로 나는 킹슬리 에이미스의 표현이 마음에 든다. "사람들이 이토록 무시무시한 모습을 자주 드러내는 일은 전혀 놀랍지 않다. 애초

에 그들의 출발점은 아이였기 때문이다."

정말로 아이들은 작은 야수다. 그런데 야수로 사는 게 온전히 나쁜 일인 것만은 아닌 것 같다. 자연선택이라는 무정한 과정이 감정을 지닌 생명체를 만들 수 있다는 사실은 가장 희한한 자연 섭리 중 하나다. 다른 사람의 고통에 민감하고 그 고통을 없애려고 노력할 수 있는 생명체를 만들어 낸다니 말이다.

여기까지가 앞선 장에 소개된 내용이다. 다른 모든 종의 경우, 이야기는 여기서 끝이 난다. 하지만 인간에게는 우리의 타고난 자질을 초월하는 도덕적 이해력이 있다. 이것이야말로 우리 인간종이 지닌 가장 뛰어난 재주일 것이다. 도덕적 이해력은 우리의 지성과 공감이 상호작용하는 가운데에서 생겨난다.

♦ 정념의 노예

자연선택으로 형성된 우리의 도덕적 감정이 과연 우리가 지닌 옳고 그름에 대한 관념의 시작이자 끝일까? 그렇지는 않아 보인다. 인간에게는 자제력이 있고, 언어가 있으며, 의식이 있다. 우리는 과거와 미래를 생각할 수 있으며, 무엇보다도 도덕성에 대해 추론할 수 있다. 그 과정 속에서 우리는 지성을 사용하여 우리의 진화된 본능을 보완하고 때로는 극복한다.

예를 들면, 건강한 아기를 죽이는 것은 잘못된 일이라는 것에 누구나 동의할 것이다. 사회가 이를 금하는 법을 제정해야 할 만큼 말이다. 하지만 아직 태어나지 않은 아이들에 대해서라면, 이제는 칼로 무 자르듯 할 수 없다. 낙태를 결코 받아들일 수 없다고 생각하는 사람들도 있다. 그런가 하면, 줄기세포 연구를 허가해야 한다거나 임신 6개월까지는 낙태를 수용할 수 있어도 그 이후로는 안 된다고 생각하는 사람들도 있다. 그런데 그러한 자신의 입장을 정당화하라고 하면, 사람들은 대부분 **이성**을 소환한다. 아무리 초기라 해도 태아는 엄연한 인간 생명체이며 인간을 파괴하는 행위는 잘못된 것이다… 수정란은 한 무리의 세포 그 이상도 아니지만, 일단 자라서 독자 생존할 수 있게 되면 보호할 가치가 생긴다… 잉태되는 그 순간부터 생명이다… 생명은 출생과 함께 시작된다 등등. 심리학자 엘리엇 투리엘과 크리스틴 네프가 내린 결론에 따르면, "낙태에 관한 사람들의 견해는 달랐어도 생명의 가치에 관한 판단은 다르지 않았다. 즉, 그들의 의견이 갈리는 이유는 생명의 시작 시점을 다르게 추정하기 때문이다."

다른 사례를 들어보자. 법학자 리처드 포스너는 우리가 과거에 비해 동성애자와 동성애 행위에 더 관대한 이유는 동성애에 대해 더 많이 알게 되었기 때문이라고 주장한다. 중세에는 지진을 동성애자들 탓이라고 여겼다. 과거에는 성적 지향을 선택의 문제라고 믿었지만, 대체로 지금은 유전적인 문제라 자발적으로 선택할 수 없는 것으로 본다. 포스너에 따르면, 동성애자들을 차별하는 사람들의 문제는 그들이 동성애에 대해 잘 모른다는 데 있다.

이런 전망은 퍽 고무적이다. 우리의 지식이 성장하면, 낙태나 성적 행동과 같은 도덕적 이슈에 대해서도 더 잘 이해할 수 있게 된다는 뜻이기 때문이다. 도덕적 계몽에 이르는 길 위에는 사리사욕과 편견, 권위에 대한 맹목적 복종과 같은 요인들이 장애물처럼 도사리고 있을지 모른다. 하지만 이런 문제들은 종국에는 과학적 진보와 이성에 바탕을 둔 논쟁으로 해결될 것이다. 이런 입장을 극단적으로 견지한 인물이 바로 임마누엘 칸트다. 그는 도덕적 의무는 오로지 충동과 감정으로부터 독립된 추론 과정을 통해서만 결정될 수 있다고 주장했다.

이번에는 완전히 다른 시각을 살펴보자. 심리학자들과 철학자들 중에는 합리적 근거에 의한 도덕적 사고가 환상이라고 주장하는 사람들이 많다. 철학자 데이비드 흄은 "이성은 정념의 노예이며, 또 노예여야만 한다"는 유명한 말을 남겼다. 로버트 라이트는 다윈주의적 도덕 진화론을 요약한 글에서 이렇게 주장한다. "우리에게는 무엇이 옳고 무엇이 그른지를 판단하는 이 세상 게 아닌 것 같은 직관력이 있다. 이 직관력은 개인들이 날마다 벌이는 육탄전에서 사용할 무기로 설계된 것이다." 사회심리학자 조너선 하이트는 이렇게 결론짓는다. "도덕적 추론이 도덕적 판단을 낳는 게 아니다. 오히려 도덕적 추론은 판단이 이루어진 다음에 생겨난 일종의 사후적 해석인 경우가 일반적이다."

이런 관점에서 보면, 도덕감각의 발달은 언어의 발달과 똑같다. 언어를 이루는 것들 중에는 단어와 문장처럼 학습하지 않아도 저절로 터득되는 보편적인 것들이 있다. 그런가 하면 집단마다 달라서 학습해야만 하는 것들도 있다. 가령, 문장을 만들기 위해 따라야 하는 단어 배열순서 같은 것이 그렇다. 언어 학습 능력이 가장 왕성해지는 특정한 시기가 있는데, 이 시기(대략 사춘기까지)가 지난 다음에 배우려고 하면, 원어민처럼 말하게 될 가능성은 적다. 언어 학습은 문화적 몰입의 산물이지, 이성적 선택의 결과가 아니다. 어쨌든, 일본에 사는 아이들이 일본어를 배우는 이유는 그들 주변 사람들이 일본어를 하기 때문이지, 일본어가 다른 언어보다 뛰어나다는 이성적 결정을 내렸기 때문이 아니다. 사실, 모든 언어는 복잡한 생각의 소통 창구라는 훌륭한 임무를 똑같이 처리한다. 유럽어가 아프리카어보다 우월하지 않으며, 산업사회의 언어가 외딴 수렵채집 사회의 언어보다 더 복잡하지도 않다.

아마 도덕성도 이와 같을 것이다. 보편적인 것들 - 영아 살해는 잘못이다 - 도 있고, 문화마다 다른 특유의 관점도 있다. 많은 기독교 근본주의자들은 동성애는 부도덕하지만, 아동 체벌은 부도덕하지 않다고 생각한다. 반면, 미국과 유럽의 일반 대중 가운데는 이와 반대로 생각하는 사람들이 많다. 언어가 그렇듯이, 부모나 또래로부터 이와 같은 특정한 문화 관념을 가장 잘 흡수하는 특정한 시기도 있다(아동기 말기~청소년기). 어떤 도덕 시스템이 다른 도덕 시스템보다 객관적으로 우월하다고 주장하는 것은, 하나의 언어(영어나 라틴어 혹은 힌두어?)가 나머지 언어보다 우월하다고 믿는 것만큼이나 맹목적으로 배타적이며 어리석은 짓이다.

이런 견해 - '도덕적 상대주의'라고도 알려져 있다 - 는 새로운 것이 아니다. 2,500년 전, 고대 그리스의 역사가 헤로도토스는 페르시아의 다리우스 왕에 대한 이야기를 들려준다. 왕은 궁전을 찾은 그리스인들에게 얼마를 주면 아버지 시신을 먹겠냐고 묻는다. 충격을 받은 그리스인들은 억만금을 줘도 그렇게는 못 한다고 대답한다. 그런 다음, 이 그리스인들이 있는 자리에서 왕은 몇몇 인도 부족민들에게 얼마를 주면 부모의 시신을 화장하겠냐고 묻는다. 그러자 부모의 시신을 **먹는** 관습이 있던 인도인들은 경악하고 만다. 이 이야기에 이어서 헤로도토스는 이렇게 말한다. 다른 사람의 문화를 비웃는 사람은 '완전히 미친 자'라고.

이런 관점에서 보면, 미국 동부에 사는 사람들이 중서부에 사는 사람들보다 더 자유로운 낙태법을 선호하는 이유는 지능이나 지식, 도덕적 통찰력 때문이 아니다. 과거에, 특정한 선호가 이들 집단에 자리 잡아 이 문화권에서 자란 사람들에게 흡수되었기 때문이다. 이것은, 특정한 억양을 사용하고 특정한 음식을 좋아하는 것과 동일하다.

도덕적 상대주의자들에 따르면, 사람들이 자기 입장에 대해 내세우는 논거는 이미 내려진 결정의 사후 정당화에 지나지 않는다. 우리는 판사처럼 증거와 논거를 살펴보면서 진실을 객관적으로 찾지 않는다. 우리는 사전에 설정된 관점에 따라 설득력 있는 의견을 피력하는 변호사와 같다. 임신 말기의 낙태는 부도덕하다고 판단하는 사람들은 임신 말기의 태아는 살아있고 경험하는 존재라서 보호받을 가치가 있다고 말할 가능성이 있다. 하지만 신념은 판단을 낳지 않는다. 오히려 그 반대다(판단이 신념을 낳는다).

사람들은 때때로, 이유를 대라는 요구 앞에서 허둥대곤 한다. 하이트와 그의 연구진들은 사람들에게 다음과 같은 상황을 들려주었다.

마크와 줄리는 오빠와 여동생 사이다. 두 사람은 대학교 여름방학을 맞아 함께 프랑스를 여행하는 중이다. 어느 날 밤, 해변 근처 오두막에 단둘이 남게 되자, 그들은 둘이서 성관계를 하면 흥미롭고 재미있을 거라고 판단한다. 어쨌든 각자에게 새로운 경험은 될 것 같다고 여긴다. 줄리는 이미 피임약을 먹고 있었지만, 혹시나 하는 마음에 마크도 콘돔을 사용한다. 그 후, 두 사람 모두 그 섹스를 즐겼지만 다시는 하지 않기로 한다. 그러면서 그날 밤의 일을 두 사람만의 특별한 비밀로 간직한다. 그들은 그 일을 통해 더 가까운 사이가 된 것처럼 느낀다. 당신은 이 일에 대해 어떻게 생각하는가? 두 사람이 성관계를 가진 것은 용인될 만한 일일까?

연구진은 이 시나리오를 다양한 문화권의 사람들에게 들려주면서, 국기로 화장실 청소하기, 사망한 친척이 부탁한 약속 어기기, 죽은 닭과 성관계하기, 죽은 개를 식용하기 등의 이야기도 덧붙였다. 일류 대학교에 다니는 일부 미국인 대학생을 제외하고, 대부분의 사람들은 이런 행위를 부도덕하다고 강하게 비판했다. 하지만 그 이유를 뚜렷이 설명할 수는 없었는데, 하이트는 이런 현상을 가리켜 '도덕적 말문 막힘'이라고 부른다.

이 연구 결과는 우리가 부도덕하다고 **생각하는** 것과 정말로 우리가 부도덕하게 여기는 것 사이의 극명한 차이를 보여준다. 명시적으로 물어봤을 때, 많은 미국인들이 아무에게도 해를 끼치지 않는 활동은 부도덕하지 않으며 허용되어야 한다고 답한다. (매춘과 마약의 적법성을 둘러싼 논쟁은 흔히 이런 활동으로 인한 '피해자가 있는지 없는지'의 논쟁으로 축소된다.) 하지만 누구에게도 해를 끼치지 않은 사례임에도 불구하고 몇몇 사례를 직면할 때, 무언가 잘못됐다는 육감을 먼저 느끼는 경우도 많다.

맞다. 상황은 점점 더 나빠진다. 심리학자 필립 테틀록과 연구진은, 등장인물들이 모종의 도덕적 거래를 고민하는 이야기를 학부 학생들에게 들려주었다. 가령, 죽어가는 어린아이를 위해 고액의 수술비를 지불해야 할지 결정하는 병원 관리자 이야기를 들려주었다. 예상했듯, 학생들은 도덕적으로 잘못된 결정(지불 거부)을 하는 관리자를 못마땅하게 여겼다. 그리고 흥미롭게도, 결국 관리자가 도덕적으로 올바른 결정(지불하기)을 하는 경우에도, 이 **딜레마에 대해 깊이 숙고**했다면 역시나 못마땅하게 여겼다. 올바른 일을 행하기로 결심하는 것만으로는 충분치 않다. 그것에 더해 **신속히** 결정하기를 원하는 것이다. 테틀록에 따르면, 우리는 도덕적으로 문제 소지가 있는 선택지를 만지작거리는 것만으로도 그 사람을 못마땅하게 여긴다고 한다. 그래서 그런 사람은 오히려 숙고 행위 때문에 오명을 얻는다.

여러분도 한번 직접 시험해보라. 동물과 성관계하는 것은 왜 잘못일까(그러면서도 쾌락을 위해 동물을 먹는 것은 왜 잘못이 아닐까)? 성인이 만 14세의 미성년자와 동의에 따른 성관계를 맺는 것은 부도덕한 일일까(혹은 동의에 따른 이성 간 성관계일 때와 동의에 따른 동성 간 성관계일 때의 대답이 다를 수 있을까)? 인종 간 지능 차이를 유전적으로 설명할 수 있을까? 강간은 생물학적 적응의 일환일까? 어떤 요인이 유아 살해를 유발할까? 어떤 요인이 9·11 테러와 같은 테러 행동을 유발할까? 고문은 언제든 정당화될 수 있을까? 이 모든 질문에 대해 사람들이 보인 반응은 분노와 조롱이었다. 테틀록의 연구가 시사하는 것처럼, 실제로 독자들 중 이 질문들을 읽으면서 불편함을 느낀 사람들도 있을 수 있다. 뿐만 아니라, 이 질문들을 수록해놓은 내게 일순간 못마땅한 감정을 느낀 사람들도 있을지 모른다.

이런 종류의 반응에 타격을 입은 의외의 피해자가 바로 데카르트다. 그가 사망하고 얼마 지나지 않아 그의 저서들이 로마 가톨릭교회에 의해 금서로 지정되었기 때문이다. 그의 저서에는 신의 존재와 영혼의 비물질적 본성을 뒷받침하는 강력한 논거들이 포함되어 있었기 때문에 교회의 이런 결정이 의아하게 느껴질 수 있다. 하지만 이런 논거들을 세우기 위해서는, 이런 문제들을 사고가 가능하고 합리적으로 논쟁할 수 있는 주제로 여겨야만 한다. 교회가 금기시하던 게 바로 그 부분이었다.

'우리의 도덕감각은 합리적이지 않다는 관념'에 상당 부분 납득하지 않았다면, 나는 이 주장에 이렇게 많은 시간을 할애하지 않았을 것이다. 우리는 특정한 상황에 감정적으로 반응한다. 토머스 제퍼슨은 이렇게 강한 도덕적 감정을 자명한 진리라고 묘사했다. 이러한 감정은 합리적 숙고의 산물이 아니다. 우리는 특정 행위가 잘못임을 그저 **아는** 것이다. 그래서 우리에게는 이성이 필요 없다. 또한, 그런 것들에 대해 이성을 찾으려 할 때 불편함을 느끼도록 만들어졌다.

그런데 이와 동시에 나는, 이러한 견해를 이루고 있는 핵심 주장에 대해서는 틀렸다고 생각한다. 인간에게는 이성도 있고, 다른 사람의 시각에서 생각할 줄 아는 강화된 능력도 있기 때문이다. 이 모두가 함께 작용하여 결정적으로 인간을 다른 동물들과는 다른 존재로 만든다. 영화 〈아프리카의 여왕〉에서 캐서린 헵번이 험프리 보가트에게 했던 말처럼 말이다. "올넛씨, 이 세상에 태어난 우리가 딛고 일어서야 하는 것은 바로 자연이랍니다."

♦ 선천적인 도덕성, 개인적인 도덕적 판단

현대 대중 사회에서 도덕을 입에 올리면 대부분 의혹과 당혹감이 담긴 눈초리로 바라본다. 어떤 용어는 아예 사용 자체가 줄어들기도 했다. 도덕적 사고에 대해 관심을 갖고 있다고 말하면, 빈번하게 돌아오는 대답이 있다. 특히 학부 학생들이 많이 하는 말인데, 일종의 개념 부정인 셈이다. "난 도덕성을 믿지 않아요" 혹은 "옳고 그름 같은 게 실제로 있다고 생각하지 않아요." '의무'나 '명예' 같은 단어는 군사적 맥락 안에서만 종종 쓰일 뿐 아니라, 그런 단어를 마주할 때 많은 이들은 〈스타트렉〉에 등장하는 클링온 족을 떠올린다. 사회학자 앨런 울프가 대규모 표본조사의 대상이었던 미국인들에게 '미덕'이라고 말했을 때 무슨 생각이 떠오르느냐고 묻자, 놀랍게도 이 단어의 의미를 모르는 사람이 많았다. '악행'에 관해서도 묻자, 주로 TV 드라마 〈마이애미 바이스〉가 기억난다고 답했다.

역설적이게도, 도덕성에 대한 명시적 논의가 없다는 사실은 도덕성이 우리 일상생활의 중심에 얼마나 자연스럽게 자리하고 있는지를 보여주는 증거다. 추상적인 측면에서 이 주제가 중요하지 않은 이유는 그것이 구체적인 측면에서 항상 중요하기 때문이다. 독실한 신자들에게 종교가 그렇듯 말이다. 즉, 도덕성의 영역에 관해서는 우리는 모두 독실한 신자와 다름없다.

도덕 이슈는 우리 오락 생활의 핵심을 차지한다. 문학과 연극 같은 교양 있는 취미의 경우에도, 만화책이나 액션 영화 같은 교양과는 무관한 즐길 거리의 경우에도 마찬가지다. 또한, 거의 모든 가십이 도덕성에 초점을 맞춘다. 우리는 다른 사람들을 칭찬하거나 욕하고, 그들의 행동과 생각을 평가하고, 그들의 인성과 동기를 판단하는 데 깊은 관심을 가진다. 우리는 모두 남을 재단하길 좋아하는 사람들이다. 이에 대한 항변은 잠시 놔두자. 실제로, 정치적 보수주의자들의 역설적인 면이 그렇다. 그들은 대학교의 인문학 학과에 도덕적 허무주의자가 넘쳐난다고 걱정하지만, 이들 학자야말로 가장 예리한 도덕적 비난을 가할 수 있는 역량이 출중한 사람들이다. 정치적 보수주의자들에 대한 그들의 글을 한 번만 읽어봐도 이러한 사실을 알 수 있다.

어떤 사람들은 지금 자신이 도덕적 판단을 하고 있다는 사실도 깨닫지 못한다. "세상에나! 내가 40년 넘게 산문을 통해 말하고 있었으면서도 그걸 몰랐다니"라며 감탄하는 몰리에르의 작품 속 주인공 므슈 주르댕처럼 말이다. 학생들은 도덕성 언어는 거부하면서도 성희롱, 아동 노동력 착취, 대학원생 조교가 받는 불공정한 처우에 대해서는 반감을 거리낌 없이 드러낸다. 그들은 단순히 사람들에 대한 성희롱이나 아동과 조교의 고통을 바탕으로한 이익을 즐기지 않는다고 말하는 게 아니다. 맥주보다 포도주를 더 좋아한다거나 조깅보다 수영을 좋아한다거나 하는 식으로 단순히 자신의 선호를 표현하고 있는 게 아니다. 그들은 그런 것들이 보편적으로 나쁜 행동이라고 주장한다. 다시 말해, 그런 행위들이 부도덕하다고 주장하는 것이다.

울프는 인터뷰 결과, 미국 사회의 표면 아래를 관통하는 강한 도덕적 암류가 있다는 결론을 내렸다. 심지어 (샌프란시스코의 카스트로 지역에 사는 게이 남성들처럼) 드러내놓고 허용적이며, 함부로 남을 재단하지 않는 사람들도 마찬가지다. 울프는 미국 사회를 지배하는 철학을 한마디로 '도덕적 자유'라고 요약한다. 그런데 이것을 허무주의나 무관심으로 오해해서는 안 된다. 도덕적 자유를 종교적 자유에 비유하자면 이렇다. 즉, 무신론이 아니라 종교 선택의 자유인 셈이다. 울프에 따르면, 미국인들은 도덕성에 대한 믿음이 확고하지만, 이 신념은 사람마다 명백히 다른 방식으로 드러난다고 한다. 동성애적 행동이 부도덕하다고 여기는 사람들이 있는가 하면, 성적 선호를 이유로 다른 사람을 따돌리는 게 부도덕하다고 생각하는 사람들도 있다. 어떤 이들은 낙태를 실행하는 사람들을 보고 충격을 받는가 하면, 또 어떤 이들은 여성들의 '낙태 병원 행'을 막아서는 사람들을 보고 경악한다. 울프에 따르면, "거의 모든 사람들이 마찬가지다. 도덕적 결정을 내려야 할 때가 되면, 모두 자기 자신을 들여다본 다음 – 자신의 이익과 욕구, 필요, 감성, 정체성, 성향을 직시한 다음 – 올바른 행동 방침을 선택한다… 미국에는 도덕적 다수가 존재한다. 다만 그중에서 어쩌다가 결심하고자 하는 사람이 생길 뿐이다."

울프가 인터뷰했던 사람들은 도덕적 지혜를 얻는 다양한 원천을 언급한다. 여기에는 자기계발서나 대중적인 TV 프로그램, 목사나 신부나 랍비, 다양한 정신건강 전문가, 플라톤이나 칸트 같은 철학자, 제인 오스틴이나 알렉산더 솔제니친 같은 소설가, 테야르 드 샤르댕이나 랍비 힐렐이나 예수 그리스도 같은 종교적 인물, 〈라이언 일병 구하기〉나 〈가늘고 푸른 선〉과 같은 영화 등이 포함된다. 여기에 덧붙여서 울프는 많은 미국인의 도덕관념이 현대에 발달한 다음 세 가지 현상에 영향을 받았다고 지적한다. 즉, 마약 중독과 관련된 언어의 대중적인 유행, 성적 선호가 대체로 유전적 요인에 의해 결정된다는 합의의 확대, 최근에 이루어진 인지과학과 진화심리학 분야의 발전이 영향을 끼쳤다고 보는 것이다. 이것을 보면, 동성애에 대한 지식이 동성애에 대한 사람들의 판단에 영향을 준다는 포스너의 결론은, '과녁을 벗어난 주장'이라고 이야기하는 많은 사회심리학자들의 말과 달리 그렇게 잘못된 것만은 아닐 수 있다. 비록 과학은 무엇이 옳고 그른가를 직접 알려줄 수는 없지만, 도덕적 의사결정에 유의미한 영향을 끼치는 배경 사실에 관한 정보를 제공해줄 수는 있다. 그리고 이미 그렇게 하고 있는 것으로 보인다.

어떤 도덕적 숙고는, 이미 내린 결정을 정당화하는 데 필요한 정보를 탐색하는 것일 수도 있다. 하지만 항상 그런 것은 아니다. 시민권 운동이 일어나는 동안, 로버트 콜스가 미국 남부의 흑인과 백인 어린이들이 직면했던 역경을 기술했던 것을 보거나, 캐럴 길리건이 낙태를 고민하는 젊은 여성들을 인터뷰한 내용을 보면 그렇다. 이들의 경우에는 숙고가 먼저였고, 행동은 그다음이었다.

뿐만 아니라, 도덕적 숙고는 때때로 같은 공동체에 속한 대부분의 사람들과는 다른 행동을 하도록 부추긴다. 예를 들면, 채식주의가 그렇다. 실제로, 아동의 도덕적 발달에 관한 선구적 연구를 했던, 발달심리학자 로렌스 콜버그는 어렸을 때 스스로 고기를 먹지 않기로 선택한 게 도덕성에 관심을 가지게 된 계기라고 말했다. 채식주의자들에게 왜 고기를 먹지 않기로 했냐고 물으면, 주로 윤리적인 이유를 댄다. 간혹 감정적인 용어로 표현하기도 한다. "농장 동물에게 만연히 가해지는 가학적인 행위와 고문에 대해 알게 되자 다시는 다른 동물을 먹을 수 없게 되었어요." 때로는 추상적인 도덕 원칙에 바탕을 두기도 한다. "공정하게 봤을 때, 우리가 원하는 것을 다 먹을 '권리'보다 동물들이 자신의 삶을 살고 즐길 권리가 우선되어야만 합니다." 대부분의 '도덕적 채식주의자들'은 채식주의자로 양육되는 것도, 학교나 종교에서 그런 관점을 배우는 것도 아니다. 그들은 각자가 속한 집단 안에서 소수자다. 채식주의로 혜택을 보는 강력한 이익은 없으며, 채식주의로 이익을 얻는 교회나 회사도 없다. 젖소에게는 정치적 영향력이 없다. 그런데도 이런 입장을 고수하는 사람들이 존재한다는 것은 도덕적 역량에는 단순히 주변 사람의 견해를 흡수하는 것 이상의 무언가가 있음을 뜻한다.

물론, 인정한다. 도덕적 자유에는 한계가 있다. 흔히 사람들은 미묘하고 복잡한 도덕 이슈 – 줄기세포 연구, 사립학교 학비 지원, 미국 노예 후손들에게 지급되는 배상금에 관한 논쟁 – 를 다룰 때, 정치적으로나 사회적으로 자신과 유사한 사람들의 반응을 받아들인다. 모든 이슈를 세심하게 연구하기에는 인생이 너무 짧다. 그래서 어느 정도는 권위에 의지하는 것도 타당할 수 있다. 그 권위가 정당하다면 말이다. 이것은 과학계의 표준 관행이다. 만약 말의 진화에 대해 무언가 – 내가 아는 바가 전혀 없는 – 를 알아야 한다면, 나는 전문가들의 의견을 확인한 뒤, 다른 증거를 따지지 않은 채 그것이 사실이라고 잠정적으로 받아들일 것이다. 과학사회학자들은 과학의 진보가 이런 종류의 신뢰에 얼마나 기초하는지 지적한 바 있는데, 이는 도덕적 판단의 경우도 다르지 않을 것이다.

어쨌든 나는, 살아가면서 주변 사람들의 의견과 최소한 몇 가지 정도는 다른 의견들을 가진 사람들을 항상 접한다. 더군다나, 도덕 이슈는 개인적인 게 많아서, 사는 동안 우리는 각자 알아서 대처해야 한다. 가령, 자선단체에 얼마를 기부해야 할까? 일과 가정 사이의 적절한 균형점은 어디일까? 내가 친구에게 해야 할 도리는 무엇일까? 이와 같은 질문에 대한 답변은 진열대 위의 공산품처럼 규격화되어 있지 않다. 결정의 열쇠는 바로 우리 자신이 쥐고 있다.

◆ 도덕적 진보의 시대

20세기는 잔혹함의 측면에서 끔찍한 시대였다. 한 세기 동안 수많은 잔혹 행위가 자행되었다. 터키의 아르메니아 대학살, 볼셰비키 정권 하의 소련에서 2천만 명의 사망자가 발생한 것, 나치의 홀로코스트, 세르비아의 보스니아 이슬람계 '인종청소', 후투족의 투치족 학살. 대규모 학살의 책임이, 두려움에 사로잡힌 사람들을 명령에 복종하도록 내몬 미치광이 악인에게 있다고 보여지던 시기도 있었다. 하지만 이제는 분명해졌다. 겉보기에는 멀쩡한 보통 사람들이 가장 끔찍한 행위를 자행하는 경우도 많다. 도시 전체가 어느 소수 집단을 탄압하기 위해 들고 일어선다거나, 어제까지만 해도 친구였던 사람들을 이웃들이 광적으로 살해하는 사례 등이 이를 말해준다. 이 모두를 고려하면, 도덕적 진보를 논하는 것은 좋게 봐야 너무 순진한 일로 비춰질 수도 있겠다.

하지만 20세기는 절대로 19세기보다 못한 시대가 아니었다. 상대적으로 봤을 때, 현대사회의 사람들이 과거보다 서로에게 더 다정하다는 뚜렷한 증거가 있다. 도덕적 진보의 한 가지 흔적으로 꼽을 수 있는 것은 바로 살인사건의 감소다. 근대 민족국가에서 발생한 살인 피해자 수를 국가 형성 이전 사회나 수렵채집 집단의 수치와 비교해본다면, 지금 우리가 지상 낙원에 살고 있다는 느낌이 들 정도다.

그런데 내가 여기서 이야기하고자 하는 것과 관련된 유의미한 사실은 따로 있다. 지금 우리는 과거와는 다른 도덕관념을 가지고 있으며, 이런 관념의 등장이 우리가 서로를 대하는 것에 긍정적인 영향을 주었다는 점이다. 히브리 율법이 언급된 다음의 성경 내용이, 세상이 달라졌다는 중요한 증거가 될 것이다.

너희 곁에 사는 형제가 가난하게 되어 자신을 너희에게 팔 경우, 그를 종 부리듯 해서는 안 된다… 너희가 소유할 수 있는 남종과 여종은 다음과 같다. 너희는 주위 민족들에게서 남종과 여종을 사들일 수 있다. 또 너희 곁에 머무르는 거류민의 자식들 가운데에서나, 너희 땅에서 태어나 너희 곁에 머무르는 그들의 친척 가운데에서 사들여, 너희 소유로 삼을 수 있다. 너희는 그들을 너희 자손에게 대대로 물려주어 소유하게 할 수 있다. 너희는 그들을 언제까지나 종으로 부려도 된다. 그러나 너희 형제 이스라엘 자손들끼리는 가혹하게 다스려서는 안 된다.

대부분의 독자들이 노예제를 잘못됐다고 – 사람은 다른 사람을 소유할 수 없다고 – 믿고 있을 것이기에, 이제는 이런 율법을 부도덕하다고 여길 것이다. 위의 내용 중 우리의 현대적 감성을 거스르는 부분이 하나 더 있는데, '도덕률은 보편적이어야 한다'는 것에 반하는 내용이라는 점이다. 위의 인용문처럼 이스라엘인들에게 적용되는 법과 주위 민족들에게 적용되는 법이 달라서는 안 된다.

철학자 피터 싱어는 변화하는 우리의 직관을 파악할 유용한 방법을 개발했다. 먼저, 인류의 본능과 감정은 혈연 선택과 호혜적 이타심을 통해 진화해왔다. 대상에 따라 이타심이 가져오는 혜택이 다르기에, 우리가 느끼는 애정의 강도도 그에 따라 달라진다. 그래서 자기 자녀에 대한 사랑이 누이의 자녀에게 느끼는 사랑보다 더 큰 법이며, 사촌의 자녀보다는 누이의 자녀에 대한 사랑이 더 큰 법이다. 같은 집단 구성원들 사이의 호혜적 이타성 역시 혈연 선택과 유사한 진화 현상이다. 호혜적 이타심은 같은 집단 구성원들을 도와주고, 신뢰가 바탕이 된 유대관계를 맺고, 친절에 보답하고, 속이는 자들을 벌주는 등의 일을 하고자 하는 욕구를 낳는다. 그런데 이때에도 등급이 나뉜다. 즉, 우리의 이타심은 모르는 사람들보다는 이웃을 향해서 더 강하게 발현된다. 우리는 우리를 도울 수 있는 사람들을 돕는다. 이것이 바로 싱어가 말하는 도덕적 범주의 원형이다.

그런데 인류의 역사가 진행되는 동안 이 도덕적 범주가 확대되는 일이 발생했다. 가족과 부족의 울타리 너머로 확장되는 동정심을 발전시킨 것이다. 우리는 머나먼 땅에 사는 낯모르는 사람들을 돕기 위해 헌혈도 하고 돈도 보낸다. 이제는 이스라엘 민족이 아닌 사람들 혹은 현대 시점에서 그에 해당하는 사람들을 노예로 삼는 게 옳지 않다고 믿는다. 또한, 우리의 애정은 동물에게도 미치고, 장애나 지체가 있는 사람들에게도 닿는다. 다윈의 표현처럼, 어찌 된 일인지 우리의 "동정심은 더 다정해지고 더 널리 퍼졌다. 그리하여 모든 인종과 어리석거나 불구가 된 자들을 비롯한 쓸모없는 사회 구성원들에게도 그리고 마침내 더 하등한 동물에게까지도 확대되었다."

도덕적 진보를 사다리 걷어차기와 비슷하게 보는 것은 현명하지 않다. 우리의 도덕적 범주가 확대되더라도, 원래부터 가지고 있었던 영장류의 감정과 정서가 여전히 우리에게 남아 있다. 그래서 우리는 가족과 친구들에게 더 끌리고 그 외의 다른 사람들에게는 거리감을 느낀다. 그로 인해, 의도적으로 혈연과 비혈연 사이의 경계를 허물도록 설계된 사회운동은 – 예를 들어, 부모와 자녀 사이의 끈끈한 유대감 없이 공동 육아를 했던 이스라엘의 전통적인 생활공동체 키부츠의 경우에서 볼 수 있듯이 – 항상 실패했다. 같은 부족민이 아닌 사람들을 묘사할 때는, 음식에 붙이는 언어적 표지를 사용하는 아마존의 와리 부족만큼 편향되지는 않았을지 몰라도, 우리 안에는 다른 집단 구성원들을 야만적으로 무시할 가능성이 잠재되어 있다. (다음 장에서 살펴보겠지만, 두려움과 분노, 역겨움 같은 감정들이 이런 가능성의 방아쇠를 당길 수 있다.)

프로이트에 따르면, 어려운 시기가 되면 사람들은 초기 발달 단계로 퇴행한다고 한다. 전쟁이나 사회·경제적 붕괴처럼 위협적인 상황에 놓이게 되면 도덕적 차원에서도 퇴행이 일어난다. 이 같은 종류의 도덕적 퇴행 상황은 실험실에서도 쉽게 유도할 수 있다. 죽음을 피할 수 없는 운명이라는 것을 눈치 채지 못할 정도로 은연중에 사람들에게 상기시키기만 하면 된다. 그러면 사람들은 더 엄격하고 가혹해지며, 자신을 조국과 더 동일시하게 되고, 자신과 비슷한 사람들을 더 좋아하고 다른 사람들은 덜 좋아하게 되며, 더 쉽게 혐오감을 느끼게 된다. 한마디로 말해, 그들의 도덕적 범주가 줄어든다.

반면, 위협이 없는 환경에서는 더 나은 자신의 모습이 어렴풋이 드러난다. 유엔 세계인권선언을 생각해보자. 이 선언에 담긴 사상은, 과거 대부분의 시간 동안에는 인류가 상상도 할 수 없었던 생경함이다. 그리고 이런 것이 바로 도덕적 진보다.

그렇다면 진보는 항상 도덕적 범주의 팽창을 가져올까? 지금까지는 그렇다는 게 일반적인 대답이었다. 우리의 도덕적 범주가 처음에는 아주 작게 시작되었기 때문이다 하지만 다다익선이 언제나 진리인 것은 아니다. 배아에게도 권리가 있다고 믿는 사람이 그렇지 않은 사람보다 과연 더 좋고 더 도덕적인 사람일까? 곤충을 밟지 않으려고 조심하는 불교 신자가 단순하고 평범한 사람보다 과연 도덕적으로 더 성숙한 사람일까? "동물을 죽이는 것은, 히틀러식 가스실과 스탈린식 강제수용소를 짓는 것과 겨우 한걸음 정도의 차이만 있을 뿐"이라는 아이작 바셰비스 싱어의 말은 과연 옳을까? 이러한 질문에 그렇다고 답할 사람도 있겠지만, 여기에는 한계가 있어야 한다. 피부 세포와 개인용 컴퓨터에 관해서도 동등한 권리를 요구해야 하는가? 어린아이와 돌멩이가 동등한 가치를 지닌다고 봐야만 도덕적으로 완벽한 경지에 오를 수 있는 것인가?

한마디로 그렇지 않다. 세상에는 도덕적 무게를 지니지 않은 것들도 있다. 그런 것들마저 도덕적 범주 안에 넣으려 한다면 멍청한 행동일 뿐만 아니라 비윤리적인 일이다. 개인과 사회, 법의 영역 안에서 이루어지는 결정들은 다양한 행위자들 사이의 균형에 바탕을 둔다. 태아에게 권리를 부여하면 임산부의 자유가 제한되고, 소를 존중으로 대하면 고기의 맛을 좋아하는 사람들의 즐거움을 제약하게 된다. 줄기세포 실험을 거부한다는 것은 고약한 질병을 앓는 사람들의 치료 가능성을 줄인다는 의미가 된다. 도덕적 범주가 너무 넓으면 결국에는 너무 좁은 것만큼 부도덕한 일이 될 수 있다.

범주에 속한다는 것이 모 아니면 도처럼 양분되는 문제가 아님을 고려해 보면, 사정은 더 복잡해진다. 범주를 구분하는 경계는 모호하다. 부분적으로만 도덕적 고려의 대상이 되거나, 특정 유형에서만 고려 대상이 될 수 있는 것들도 있다. 철학자 존 롤스는, 그가 주장하는 정의의 원칙은 비인간 동물에게는 적용되지 않는다고 분명히 밝힌다. 그러면서도 그는 비인간 동물을 잔혹하게 대하는 것은 잘못이라고 주장한다. 피터 싱어는 동물도 도덕적 범주 안에 포함되어야 한다고 강하게 주장한다. 하지만 다른 사람들처럼 그 역시도 개는 침팬지가 아니며, 침팬지는 어린아이가 아님을 인정한다.

나는, 낙태 반대론자들 중 진심으로 수정란과 아기가 동등한 도덕적 지위를 가졌다고 생각하는 사람은 극소수에 불과할 거라고 생각한다. 마찬가지로 태아를 없애는 것과 종잇조각을 찢는 것을 도덕적으로 구별할 수 없다고 믿는 낙태 선택권 옹호론자들도 거의 없을 것이라 생각한다.

다른 사람들에 대한 의무가 어디까지 있느냐에 관한 문제 역시 또 다른 이슈다. 아마도 여러분은 자신의 자녀와 먼 나라에 사는 다른 사람들의 자녀가 동등한 가치를 지닌 사람으로서 특정한 권리와 자유를 동등하게 누릴 자격이 있다고 여길 것이다. 하지만 그렇다고 해서 여러분이 이들 모두에게 똑같은 의무를 지니고 있는 것은 아니다. 기근에 시달리는 다른 아이들 여러 명을 구하는 대신, 그 돈으로 자신의 자녀의 학비를 대는 것이 과연 부도덕한 일일까? 머나먼 나라에 사는 사람들보다 여러분의 이웃이나 동료, 시민들의 요구를 더 챙기는 경우는 어떨까? 각자가 자신의 주변 사람들에게 관심과 배려를 집중하는 게 모두의 운명을 향상시켜줄 최고의 방법일지 모른다. 혹은 이런 생각이 잘못된 것일 수도 있다. 어느 쪽이든 대답을 결정하기에는 모두 어려운 질문들이다. 하지만 이런 질문들의 답을 찾는 과정이 바로 도덕적 진보의 핵심이다.

♦ 공정성에 관하여

공정성은 도덕적 추론의 시작점이 되는 기본 관념이다. 자신의 행동을 정당화해보라는 요청을 받고서 "그렇게 하고 싶어서" 또는 "난 내 맘대로 다 할 수 있어"라고 대답한다면, 윤리적인 게 아니다.

반면, "내 차례였어" 또는 "공정한 내 몫이었어"라고 설명한다면, 그 설명은 윤리적이다. 이런 설명 안에는 다른 누구라도 내 입장이라면 똑같이 했을 것이라는 게 내포되어 있기 때문이다. 이러한 설명을 통해 중립적인 관찰자에게 자신의 행동을 설득력 있게 정당화할 수 있고, 그랬을 때 공평성, 윤리, 정의, 법이라는 표준을 세우는 게 가능해진다.

피터 싱어가 지적했듯, 실제로, 모든 철학적, 종교적 시각에서 공유되는 유일한 한 가지는 바로 공정성이다. 공정은 황금률의 본질이다. 예수는 "남이 너희에게 해주기를 바라는 그대로 너희도 남에게 해주라"라고 명했으며, 랍비 힐렐은 "네가 싫어하는 일은 네 이웃에게도 하지 말라. 이것이 토라 전체에서 전하는 메시지다. 나머지는 그에 대한 해설이다"라고 했다. 공자는 도덕성을 한마디로 요약해달라고 하자 이렇게 답했다. "서恕라는 단어가 아닐까? 즉, 네가 원하지 않는 일은 남에게도 행하지 말라." 임마누엘 칸트는 "네 의지의 준칙이 동시에 보편법칙이 되는 경우에만 그 준칙에 따라 행동하라"라고 주장했다. 애덤 스미스는 도덕적 판단의 시금석으로서 공정한 관찰자의 판단에 호소했다. 공리주의자들은 도덕의 영역 안에서 "각각의 사람은 한 사람으로 친다. 누구도 그 이상으로 치지 않는다"라고 주장했다.

우리는 어쩌다가 공정성을 이렇게 중요하게 여기게 되었을까? 최초의 인류가 쓰다듬거나 철썩 때리는 등의 신체적 행동으로 찬성이나 반대를 표현했다면, 언어가 진화한 후로는 동의나 비난의 말을 통해 표현하는 쪽으로 바뀌었다. 판단에는 하나의 표준에 대한 관념이 실려 있기 때문에, 그 판단에 대한 이의 제기도 이루어질 수 있다. 판단에 대한 정당한 이유를 말해 달라는 요구 앞에서 단순히 사리사욕에 호소할 수는 없는 법이다. 이 대목에서 싱어는 흄의 주장에 찬성하며 이렇게 인용한다. 정당한 이유를 대려는 사람은 "자신의 특수한 사적 상황에서 벗어나 자신과 다른 사람들에게 모두 공통되는 관점에서 상황을 보아야 한다."

싱어가 재구성한 것과 일맥상통하면서도 그보다 더 단순한 버전으로 이 말을 표현해보자면 다음과 같다. 인간은 일반화의 힘에서 생겨난 통찰력을 통해 윤리에 도달한다. 이것이 바로 다윈이 『인간의 유래』에서 주장한 내용이다. "사회적 본능 - 인간의 도덕적 구조를 이루는 주된 원칙 - 은 적극적인 지력의 도움과 습관의 영향을 받으면서 자연스럽게 '남이 너희에게 해주기를 바라는 그대로 너희도 남에게 해주라'라는 황금률에 이르게 된다. 이것이 바로 도덕성의 토대가 된다."

싱어 역시 어떻게 윤리가 이성을 통해 생겨날 수 있는지를 다음과 같이 설명한다.

나는 세상 속 나의 위치를 곰곰이 생각함으로써 내가 다른 사람들 중 한 명일 뿐임을, 다른 사람들처럼 내게도 이해관계와 욕구가 있음을 알 수 있다. 내게는 세상을 보는 개인적 시각이 있다. 이 시각에서 보면, 내 이익이 무대의 맨 앞, 정중앙에 있고, 내 가족과 친구의 이익이 그 뒤에 바짝 붙어 있다. 모르는 사람들의 이익은 무대 뒤편 가장자리로 밀려나 있다. 하지만 이성 덕분에 나는 알 수 있다. 다른 사람들도 나처럼 주관적 시각을 가지고 있으며, '우주의 관점'에서 보면 나의 시각이 그들의 시각보다 더 특별한 대우를 받을 이유가 없다는 것을.

이 말에 따르면, 공정성은 타고난 게 아니다. 유전자에 각인된 게 아니다. 공정성은 지력의 부산물이다. 한 생명체가 충분히 똑똑해지면, 그 똑똑함의 결과로 공정심 – 그리고 황금률 같은 도덕률에 대한 인식 – 이 생긴다. 그래서 합리적인 사회적 존재라면 모두가, 심지어 먼 은하계에 사는 존재들조차도 종국에는 윤리라는 관념을 발달시키게 된다.

하지만 공정성에는 한계가 있다. 공정성으로는, 도덕적 채식주의자들, 생면부지의 사람들에게 헌혈하는 사람들, 편 가르기의 수혜자가 될 수 있는데도 성차별주의와 인종차별주의에 반대하는 사람들을 설명할 수 없다. 어쨌든, 황금률은 오랜 세월 존재해왔다. 뿐만 아니라, 다른 인간을 노예로 삼는 것 등의 행위가 잘못되지 않았다고 여겼던 많은 지도자와 철학자, 신학자에게서조차 지지를 받아왔다. 그렇다고 그들이 위선자나 바보였던 것은 아니다. 노예로 삼을 사람들에게는 황금률이 적용되지 않도록 도덕적 범주를 제한하기만 하면, 황금률과 노예제는 얼마든지 양립할 수 있었다.

예수와 싱어의 발언을 다시 한 번 살펴보자. "**남**이 너희에게 해주기를 바라는 그대로 너희도 남에게 해주라.", "하지만 이성 덕분에 나는 알 수 있다. **다른 사람들**도 나처럼 주관적 시각을 가지고 있으며, '우주의 관점'에서 보면 나의 시각이 **그들의** 시각보다 더 특별한 대우를 받을 이유가 없다는 것을."

이때 다윈이 이야기한 '남'의 범주에 포함되는 사람들은 누구일까? 싱어가 말하는 '다른 사람들'과 '그들'은 누구를 의미하는 걸까? 그들의 원칙적인 발언에는 그 대상이 구체적으로 언급되어 있지 않다. 사람에 따라 누군가는, 황금률을 문자 그대로 곧이곧대로 해석해서 오로지 사람에게만 적용된다고 이해할 수도 있다. 그런가 하면 누군가는 황금률이 모든 사람과 곤충과 나무, 컴퓨터에도 적용된다고 해석할 수 있다. 그래서 공정성이라는 원칙이 중요하지만 – 보편성에 대한 어떤 개념이 없다면, 법이나 윤리는 존재할 수 없다 – 공정성만으로는 도덕적 범주가 어떻게 확대되는지 설명할 수 없다.

♦ 공감, 이성 그리도 의도적 회피

자, 여러분이 누군가를 설득해서 다른 대륙에 사는 기아에 허덕이는 아이에게 돈을 보내게 한다고 가정해보자. 이것은 배고픈 사람을 구슬려 음식을 먹게 만들거나 피곤한 사람을 잠자게 만드는 것과는 다르다. 고통 받는 친구나 친척을 도와주도록 동기를 부여하는 것과도 다르다. 먼 곳에 있는 얼굴도 모르는 사람에 대한 이타심을 가지게 하는 것은 더 힘든 일이다. 뼈 있는 말로 표현하자면, 이것은 자연스럽지 않다.

먼저, 여러분은 지력에 호소할 수 있다. 어쨌든, 먼 나라 아이와 우리 이웃집 아이, 가족을 구별 짓는 것은 한낱 출생이라는 우연한 사건에 의한 것이며, 멀리 떨어진 곳에 산다고 그 사람의 고통을 외면하는 것은 인종을 이유로 드는 것만큼이나 옹호받기 어렵다고 이야기할 수 있다. (일부 철학자들은, 물리적 거리에 따라 도덕적 우선순위를 정하는 것을 '인종차별주의'와 비슷한 말인 '공간적 차별주의'라고 불렀다.) 혹은 먼 나라에 사는 아이를 도와주는 것이 행복감을 극대화시키고, 위대한 성취를 가능케 하는 보다 더 큰 목표를 달성하는 데 도움이 된다고 주장해볼 수도 있다.

또는, 다른 사람의 입장에서 생각해보라고 설득하는 방식으로 사람들의 도덕적 행동을 유발할 수 있을지 모른다. 1963년 7월, TV로 중계된 존 F. 케네디 대통령의 연설이 바로 그러한 예에 속한다. 그는 모든 미국인들에게 호텔, 극장, 식당과 같은 공공시설에 평등하게 접근할 권리를 부여하자고 하면서 시민 평등권을 옹호했다. 그는 백인들을 향해 추상적인 윤리 원칙을 들먹이면서 호소하지 않았다. 그 대신, 이렇게 말했다.

어느 미국인이 피부색이 짙다는 이유로 대중이 가는 식당에서 점심을 먹을 수 없다면, 갈 수 있는 최고의 공립학교에 자녀를 보낼 수 없다면, 자신을 대표할 공무원에게 투표할 수 없다면, 한마디로, 우리 모두가 원하는 충만하고 자유로운 삶을 누릴 수 없다면, 그와 같은 피부색으로, 그와 같은 처지로 사는 것에 만족할 수 있는 사람이 우리 중 누가 있겠습니까? 참고 기다리라는 충고에 만족할 수 있는 사람이 누가 있겠습니까?

운이 좋다면, 이런 방식으로 누군가를 상대방의 입장이 되어보도록 만들 수 있다. 이처럼 다른 사람의 관점에서 보게 만들면, 앞에서 논했던 감정 전염 과정의 결과와 같은 결과를 얻게 된다. 즉, 공감을 일으킬 수 있게 된다.

멀리 떨어진 다른 사람의 고통을 느낀다고 해서 생기는 진화상의 이점은 없다. 사실, 그만큼 혈연에 쏟아 부을 자원을 끌어 써야 하니 오히려 손해다. 공정성이 그러하듯, 공감 역시 다른 여러 능력 안에서 우연히 생겨난 부산물이다. 사회적 지능이 강화되면, 아직 존재하지 않는 상황일지라도 그 경우에 다른 사람들이 어떻게 행동하고 반응할지 추론할 수 있게 된다. 그럼으로써 우리의 행동이 가져올 결과를 계획하고 평가할 수 있게 된다. 상황을 가정하고 상상하고 다른 사람의 관점에서 그 상황을 볼 수 있는 능력은 진화에 적응함으로써 얻어지는 것이다. 한 가지 역효과라면, 공감이 증대된다는 데 있다. 우리는 실제의 경험 – 음식의 맛, 토사물의 냄새, 누군가가 고통스러워하는 모습과 소리 – 에 반응하도록 진화했지만, 상상 속 환경에 대해서도 똑같이 반응할 수 있다. 이 경우, 정도는 덜해도, 실제의 경험이 불러일으키는 것과 똑같은 반응이 일어날 수 있다. 음식을 생각하면 침이 고이기 시작하고 배에서 꼬르륵 소리가 난다. 성적 공상만으로도 성욕이 생기고, 고층 건물 창밖으로 몸을 내민다는 생각만으로도 식은땀이 난다. 이런 일은, 여러분이 다른 사람의 상황에 놓여 있다고 상상할 때도 일어난다. 즉, 때로는 그 사람이 경험할 세상을 상상하는 것만으로도 그 사람에 대한 공감을 불러일으킬 수 있다.

이성적 주장과 감정적 호소는 밀접하게 연관되어 있다. 정의 사회 건설에 지대한 영향을 미친 존 롤스의 주장을 살펴보자. 그는

"자신의 이익 증대에 관심 있는 자유롭고 합리적인 사람들"로 구성된 집단을 상상해보라고 한다. 그런데 사람들은 '무지의 장막'에서 출발하기 때문에 사회를 건설하고는 있지만, 그 사회에서 자신들이 어떤 상태가 될지는 모른다. 자신의 인종, 성별, 지능, 계층 등을 모르기 때문이다. 롤스는, 그 합리적인 사람들은 특정한 사안에 대해 합의를 이룬다고 주장한다. 그들이 노예제 사회를 옹호하지 않는 것은, 그들 중 노예가 되고 싶은 아무도 없다는 이기적인 이유 때문이다. 롤스의 주장에 따르면, 이처럼 합리적이고 자기 이익을 중요시하는 사람들이 만든 정의로운 사회에서는 장점을 기반으로 한 차이는 용인되지만 — 더 똑똑하고 더 많이 동기 부여된 사람들이 돈을 더 많이 버는 것 등 — 불평등은 매우 제한적으로 허용된다.

　롤스는 이러한 주장을 펼치면서, 명시적으로 동정이나 공감의 역할을 배제하고자 하는 태도를 드러냈다. 그의 주장의 진수는, 합리성과 사리사욕을 통해 정의를 만들어가는 데 있기 때문이다. 그런데 심리학자 마틴 호프먼의 통찰력 있는 지적에 따르면, 실제로 현실 세계에서 롤스의 제안을 시행하고자 할 때 요구되는 것은 공감이다. 사실, 우리는 '무지의 장막' 뒤에서 움직이지 않기 때문이다. 노예 주인이 대체 왜 무지의 장막을 치려고 하겠는가? 흄은 "내 새끼손가락이 긁히는 것보다는 온 세상이 멸망하는 편이 낫다는 생각은 이성에 반하는 생각이 아니다"라는 유명한 말을 남겼다. 사람들이 정의를 향해 움직이도록 동기를 부여하려면 추가적인 기폭제가 필요하다. 호프먼은 공감이 이런 기폭제가 될 수 있다고 주장한다.

무지의 장막을 받아들이기로 결심하고 나면, 실제 프로젝트를 실행할 때도 상당한 상상력이 요구된다. 특정한 환경에 있다는 것이 어떤 것인지 상상해야 한다. 노예제는 잘못이라는 결론을 - 순전히 이기적인 견지에서 - 내리려면, 노예로 사는 것이 불쾌할 것이라는 결론을 내려야 한다. 그러려면 다른 사람의 시각을 이해하는 능력이 필요하다.

도덕적 범주에 어디까지 포함시킬까 하는 문제를 다룰 때도 공감과 이성의 상호작용이 일어난다. 인지 신경과학에 깊이 몰두했던 나의 옛 동료는 현 시점의 뇌 기능 이론들을 근거로 들면서 편도체 - 감정을 조정하는 뇌의 한 조직 - 가 있는 생명체를 먹는 행위는 잘못이라고 고집했다. (그의 말을 뒤집어 보면, 편도체가 없는 생명체는 먹어도 되는 만만한 상대다.) 이런 태도로 인해 그는 편도체가 있는 생명체들이 겪는 고난을 들여다보려고 노력하게 되었다. 물론, 편도체가 없는 생명체에 대해서는 공감하고 싶은 유혹을 피하게 되었다. 이것은 이성이 공감을 유발한 경우다. 반면, 내 누이 엘리자가 여덟 살 때 고기를 먹지 않기로 결심한 이유는, 주변 동물들에 대해 자발적으로 일어난 공감 때문이었다. 그리고 이런 공감으로 인해 그녀는 자신의 선택을 뒷받침할 합리적인 논거를 적극적으로 찾게 되었다.

마찬가지로, 합리적 숙고를 통해 노예제가 잘못이라고 확신하는 사람은 노예의 시각으로 세상을 보기로 결심하면서 부도덕하고 불공정한 상황을 인식하게 되기도 한다. 그런가 하면, 무슨 이유에서건 노예의 관점으로 세상을 봤고 그것에 공감부터 하게 된 사람 역시 그 후에 노예제가 부도덕하다는 관념을 탐구하게 될지도 모른다. 이렇듯 공감과 합리성은 서로를 강화시킬 수 있다.

다른 사람의 시각으로 보겠다는 생각을 직접 선택한 것이 아닌 경우도 있다. 우리는 때때로 우리가 처한 상황을 통제하기 위해 우리의 도덕적 감성을 확장한다. 마치 다이어트 중인 사람이 유혹에 넘어갈까 봐 식품점의 아이스크림 진열대 쪽으로 가지 않는 것처럼 말이다. 심지어 아주 어린 아이들도 지금 당장 쿠키 한 개를 집지 않고 기다리면 나중에 여러 개를 받을 수 있다는 말을 들으면 의식적으로 전략을 발휘한다. 쿠키가 놓인 접시에서 눈을 돌리거나 그 위를 덮어서 가리는 등의 방법으로 스스로 즉각적인 유혹으로부터 주의를 분산시킨다. 만약 여러분이 어떤 집단의 구성원들을 **좋아해야 한다**면, 그들을 향한 긍정적인 반응을 활성화할 만한 상황을 더 많이 자초하고, 반대의 편견을 강화할 만한 상황을 피하면 된다. 가령, 그들을 긍정적으로 조명한 책이나 영화를 찾아보는 한편, 그 반대의 것은 피하는 식으로 말이다.

우리는, 상대적으로 고귀하지 않은 목적에 우리의 추론 능력을 사용하기도 한다. 한 연구에서, 도와 달라는 노숙인의 호소 – 자신의 처지를 상상해달라는 호소와 도움을 요구하는 단순하고 객관적인 호소 – 중에서 무엇을 들을지 대학생들에게 직접 선택하게 하는 실험을 했다. 그리고 두 가지 호소 중 어떤 것이든 그 호소에 반응하게 되면, 많은 시간이 소요되는 지원 활동에 참여 요청을 받게 될 것이라고 했다. 그러자 학생들은 객관적인 호소를 선택했다. 학생들은 노숙인의 입장을 상상함으로써 공감하게 되는 것을 의도적으로 피했다. 설득당해서 크게 헌신하고 싶지 않았기 때문이다. 길에서 걸인을 봤을 때 감정적으로 영향 받고 싶지 않아서 시선을 피하는 것과 유사한 반응이다.

남북전쟁 당시 남부의 노예주들은 지능적으로 노예제를 옹호했다. 그들은 빌린 기계보다 자신이 소유한 기계를 더 살뜰히 챙기게 된다는 주장을 폈다. 또한, 노예제가 성경에 뿌리를 둔 것이라고도 주장했다. 창세기에서 함은 그의 아버지 노아가 술에 취해 벌거벗은 걸 보고서 아버지를 조롱했는데, 하느님은 그런 함을 보고서 함의 아들 가나안과 그의 모든 후손들이 "제 형제들의 가장 천한 종"이 될 거라는 저주를 내렸다. 고대 히브리인들은 이 성경 속 내용을 들어 가나안 사람들을 노예로 삼는 것을 정당화했다. 그리고 결국 이를 인용한 미국인들은 아프리카인들을 함과 가나안의 근대 후손이라 부르며 자신들에게 예속시키는 행위를 정당화했다.

나치 의사들 역시 그들이 실험 대상으로 삼았던 민족에 공감하지 않도록 의도적으로 행동했다. 나치는 이런 거리두기 과정의 일환으로 잔혹한 행동의 실상을 흐리기 위해 '이동', '정착', '선별' 같은 완곡한 표현을 사용했다. 홀로코스트를 연구한 한 학자는 수만 건의 나치 문서를 살펴본 결과, 그 속에서 '죽임'이라는 단어는 개에 관한 포고령에서 단 한 번 나왔을 뿐이라고 말했다. 이보다 더 극단적인 감정적 거리두기 기법도 있었는데, 정신과 의사 로버트 제이 리프턴은 나치 의사들이 제2의 자아를 만드는 선택을 했다고 주장했다. 그는 이 과정을 일컬어 '더블링(또는 이중화-역자)'이라고 표현했다. 그들은 '아우슈비츠 자아'를 새로 만들어냄으로써 양심의 가

책을 거의 또는 전혀 느끼지 않으면서 강제수용소에서 성공적으로 시간을 보냈다.

더 나은 자아의 발현을 가로막는 더 간단한 일상적인 기법은 생각할 틈 없이 신속하게 행동하는 것이다. 내가 다이어트에 실패한 시기를 살펴보면, 평소보다 더 빨리 먹는 경향이 두드러진다. 생각할 시간이 생기기 전에 음식을 집어넣었던 것이다. 철학자 존 엘스터는 벨기에 사람들이 1차 대전 후 깨달은 것에 대해 이야기한다. 그들은 전쟁 부역자들에 대한 재판이 즉시 열리지 않으면 처벌이 더 공정해지고 연민을 사게 된다는 것을 깨달았다. 즉시 재판에 넘겨진 부역자들은 처형되는 경우가 많았던 반면, 어느 정도 시간이 흐르고 감정이 식은 뒤에는 처형될 가능성이 줄어들었던 것이다. 이 때문에 벨기에 사람들은 2차 대전이 끝난 후, 전쟁부역자들에 대한 재판이 신속히 진행되기를 원했다.

♦ 도덕적 변화는 어떻게 일어나는가

이제 우리는 도덕적 범주가 확대되는 이면에는 3가지 요소가 작용한다는 사실을 알게 되었다.

공정성. 공정성은 도덕적 범주를 확대하지도, 축소하지도 않는다. 다만, 도덕적 범주가 일단 존재한다면, 공정성의 원칙은 통제력을 장악하여 황금률처럼 더 광범위한 정의와 법의 원칙을 만들어낸다.

공감의 확장. 자연스러운 상태에서라면 우리의 도덕적 범주에 들어오지 않았을 사람들의 관점으로까지 생각할 수 있게 된다. 공감은 경험에 의해 촉발될 수도 있고, 설득을 통해 유발될 수도 있으며, 어떤 원칙의 적용으로 인해 그렇게 될 수도 있다.

일반화와 설명의 성립. 우리는 도덕적 범주에 속하는 사람들과 나머지 사람들을 나누는 기준에 대해 고민할 수 있다. 그러면서, 다른 사람들의 관점에서 더 많이 생각하도록 일반화와 설명이라는 방식을 통해 동기 부여할 수 있다.

이러한 관념들은 모든 인간 집단에 존재한다. 그렇다면 문화마다 도덕적 관점이 다른 이유는 무엇일까? 도덕적 변화는 어떻게 일어나는 걸까? 그리고 이것이야말로 가장 중요한 의문인데, 도덕적 범주는 대체 왜 확대되어 온 걸까? 우리 모두는 도덕적 범주를 축소시키는 데 머리를 써서, 나치 의사처럼 될 수도 있었다. 하지만 이와는 정반대의 일이 벌어졌다. 바로 다음과 같은 4가지 주요 요인이 있었기 때문이다.

1. 서로 간의 상호의존

흡혈박쥐와 가젤과 사람은 모두 같은 종에 속하는 여타의 구성원들과 협력하면서 번성한다. 다만, 유일하게 사람만이 의사소통 수단을 가지고 있고, 유익한 합의라는 목표를 향해 노력할 수 있는 지능과 먼 거리를 가로질러 상호작용할 수 있는 기술을 보유하고 있다. 로버트 라이트는 생물학적, 문화적 진보에 대해 야심만만한 주장을 펼쳤다. 이런 능력들 덕분에 우리 인간종의 상호의존성이 계속해서 증대된다는 것이다. 우리의 상호작용은 한쪽의 이익이 다른 쪽의 손실이 되는 제로섬 게임이 아니라, 모두에게 유리한 윈-윈 게임이다.

다른 사람들에 대한 배려가 커지고 우리의 도덕적 범주가 넓어지는 것은 이 과정에서 생기는 행복한 결과다. 이러한 결과는 현명한 사리사욕 덕분에 생긴다. 우리에게는 예전부터 존재했던 도덕관념이 없더라도, 똑똑한 생명체라면 다른 사람들을 긍정적으로 대할 때 이득이 생긴다는 것을 깨닫게 된다. 라이트가 표현했듯이, "내가 일본에 폭탄을 터뜨리고 싶지 않은 이유 중 하나는 내 미니밴을 일본에서 만들었기 때문이다."

이것은 호혜적 이타심의 확대 버전이다. 진화 차원에서, 서로 간의 상호의존은 유전자에 유리하다. 문화적 차원에서는 개인에게 유리하다. 이렇듯 이기적 동기는 이타적 행동을 낳는다.

2. 접촉

수렵 채집인들은 소규모 집단을 형성하며 살았고, 인간종이 출현한 이래 인류는 대부분 자신이 태어난 곳 주변에서 살았다. 하지만 인간의 접촉 범위는 지속적으로 팽창했고, 지난 수십 년 동안 그 성장세는 급격히 증가했다. 우리는 점차 많은 사람들과 접촉을 늘려간다.

만약 친밀함이 경멸을 불러일으키는 상황이라면, 이러한 추세는 골치 아픈 문제가 될 것이다. 하지만 제대로 된 상황 아래서는, 반대의 효과가 나타난다. 2차 세계대전이 끝난 후, 심리학자 고든 올포트는 접촉이 편견을 줄인다는 '접촉 가설'을 제시했다. 특히 모든 사람들의 지위가 평등하고, 모두가 공동의 목표를 위해 협력하고, 접촉에 대한 사회적 지지가 있다는 조건 아래에서 접촉이 이루어질 때 편견은 감소한다고 말했다. 이 이론을 뒷받침하는 연구 결과가 1950년대에 다수 발표되었다. 가령, 인종차별정책이 폐지된 공공주택에서 살았던 백인 주부들은, 인종차별정책이 유지된 곳에서 살았던 백인 주부들보다 훗날 흑인을 더 높이 평가하는 것으로 드러났다. 흑인 파트너와 함께 일했던 백인 경찰관들은, 훗날 흑인 명령권자의 명령을 따르는 것에 이의를 적게 표현했다. 심리학자 토머스 페티그루와 린다 트롭은 최근 200건이 넘는 연구 결과를 검토했다. 이들 연구에 동원된 실험 대상자 수를 모두 합치면 9만 명이 넘었다. 그 결과, 접촉 가설을 입증하는 압도적인 증거가 발견되었다. 소수 인종, 동성애자, 장애인을 포함한 다양한 집단 구성원들과 함께 시간을 보낸 사람들이 이들 집단에 대한 편견을 덜 느끼게 된다는 것이다.

그동안 접촉 가설에 관한 연구는 보통 인종차별 철폐나 통학버스제, 고용 관행의 변화 등 강제력 있는 법률의 시행을 통해 사람들이 접촉하게 된 상황에 초점을 맞추었다. 하지만 연구 사례 가운데는 비교적 체계적이지 않게 이루어진 접촉을 대상으로 삼은 경우도 있었다. 철학자 조너선 글로버는 최악의 조건에서도 사람들의 인간저 면모가 우연히 드러난 사례들을 소개한다. 그중 조지 오웰의 사례도 있었다. 스페인 내전에서 한창 싸우고 있던 오웰은 옷을 반만 걸친 채 양손으로 바지를 부여잡고 있는 적군 병사와 마주쳤다. "내가 그를 향해 총을 쏘지 않은 이유 중 하나는 그의 하찮은 바지 때문이었다. 내가 여기 온 것은 '파시스트'에게 총부리를 겨누기 위해서다. 그런데 바지가 흘러내리지 않게 붙잡고 있는 그 남자는 '파시스트'가 아니었다. 아무리 봐도 그는 우리와 같은 동료이자 인간이라서 그에게 총을 쏘고 싶은 마음이 생기지 않았다."

마찬가지로, 어느 베트남전 참전용사는 그의 부하들이 사망한 베트남인들의 소지품을 없앨 때, 거기에서 부모와 여자친구, 아내, 아이들의 사진을 발견하고서 가졌던 불편한 마음을 이야기한다. 그 경험 때문에 그들은 이렇게 생각하게 되었다고 한다. "저들도 그저 우리와 똑같은 사람이다."

때때로 우리는 사람들의 도덕관을 바꾸기 위해 환경을 바꾸려고 노력한다. 여기에는 접촉을 조작하는 행위도 포함될 수 있다. 부모들 가운데는 자녀의 편견을 예방한다는 목표 아래 다양한 인종과 사회경제적 계층에 노출되도록 자녀를 특정 어린이집이나 학교에 보내는 경우도 있다. 접촉 가설 연구에 따르면, 이런 방법은 타당한 전략이다. 어른들도 마찬가지다. 스포츠 팀이나 군대처럼 공동의 목표를 위해 서로 협력하면서 의존하는 집단 환경을 조성하는 것도 합리적인 방법이다.

마지막으로, 접촉이라고 해서 실제로 물리적 상호작용이 있어야 할 필요는 없다. 이미지와 언어를 통해서도 접촉은 이루어진다. 우리는 다른 사람들에 관한 이야기를 듣는 것으로도 그들과 친숙해질 수 있다. 언론처럼 사실적인 이야기도 좋고, 다양한 형태의 꾸며낸 이야기여도 좋다.

3. 이미지와 이야기를 통한 설득

때로는 다른 사람들을 더 직접적으로 조종하는 방법도 있다. 누군가에게 다른 사람의 관점으로 보라고 단순하게 요구하는 식으로 말이다. 실제로, 많은 발달심리학자가 이것을 도덕적 사회화의 원동력이라고 여긴다. 어린아이들은 "누가 너한테 그렇게 하면 네 기분이 어떨까?"와 같은 말을 주고받는 상호작용에 수없이 노출된다. 이런 종류의 잔소리는 어느 정도 효과가 있다. 그래서 이런 유도책을 많이 쓰는 부모의 자녀는 부모와 같은 도덕관을 갖게 되는 경향이 있다.

이러한 설득 방법은 어린아이들을 상대하는 경우에만 국한되지 않는다. 존 F. 케네디 대통령도 백인들에게 그들이 차별하는 사람들의 관점에서 보라고 요구했다. 고대 그리스 연극도 마찬가지다. 마사 누스바움에 따르면, 고대 그리스 연극은 "공감적 동일시를 통해 관중을 그리스에서 트로이로, 전쟁이라는 남성의 세계에서 가정이라는 여성의 세계로 이동시켰다. 고대 비극을 관람한 미래의 시민들은 모두 남성이었지만, 그들은 앞으로 자신들과 운명의 결이 비슷할지도 모르는 역할들 - 지도자급 시민, 전장의 장군, 망명자와 걸인과 노예 - 뿐 아니라, 결코 그들과 같은 운명일 수 없는 많은 이들 - 트로이인과 페르시아인과 아프리카인, 아내와 딸과 어머니 - 의 고통에도 공감할 것을 요구받았다."

아리스토텔레스 이래로, 우리는 사람들이 자신과 친숙하고 비슷한 이들에게 가장 많이 공감한다는 사실을 알고 있다. 그래서 설득할 때, 공감해야 할 잠재적 대상이 그들과 정말로 **친숙하고 비슷하다**는 확신을 심어주려고 많이 노력한다. 굶주린 아이들을 도와달라는 호소문에는, 공감을 일으키려는 시도로, 불가피하게 그 아이들의 이미지가 포함된다. 우리는 언어를 통해서도 그 사람들을 마치 가족이나 이웃처럼 여기게 된다. '형제애', '자매애', '인간 가족' 같은 용어들은 환기시키는 힘이 대단하다. 다른 사람들의 공감을 태아와 배아로 확대시키고 싶은 사람들은 '아직 태어나지 않은 아이'와 같은 표현을 쓰고, 아기와 닮은 모습으로 나온 배아 사진을 보여주는 게 현명하다. 그리고 이와 반대의 의도를 지닌 사람들이라면 그렇게 하지 않는 편이 더 현명하다.

4. 도덕적 통찰력의 증대

2장에서 나는 어린아이들이 사물의 본질을 발견하려고 노력하는 자연과학자와 같다고 말했다. 마찬가지로, 로렌스 콜버그는 어린이들을 꼬마 '도덕 철학자'라고 묘사했다. 그들은 수동적인 도덕 학습자가 아니다. 그들의 도덕적 사고는 오히려 그들 스스로 세상을 반추하는 과정을 통해 일부 발달한다. 사람들은 자신만의 고유한 도덕적 통찰력을 지니게 됨으로써 고기를 먹는 것, 노예를 부리는 것, 홀로코스트로 사람들이 살해되는 동안 방관하는 것은 잘못이라는 개인적인 판단을 할 수 있게 된다.

하지만 개인 차원의 이런 능력만으로는 진보가 설명되지 않는다. 추측건대, 통찰하고 발견할 수 있는 능력을 지닌 우리는 언제나 도덕 철학자였다. 세상의 패턴을 설명하고자 애쓰는 우리가 언제나 직관적인 과학자였던 것처럼 말이다. 도덕적 진보가 일어나는 이유 가운데 하나는 우리의 통찰력이 축적될 수 있기 때문이다.

적절한 비유로 들 수 있는 것은 과학이다. 자연선택설을 들고 나온 사람 혹은 지구가 태양 주위를 돈다는 사실을 발견한 사람은 내가 아니다. 나는 이런 사실과 이론을 내 주변 사람들로부터 배웠을 뿐이고, 그들은 그들보다 앞서 존재했던 사람들로부터 배우는 혜택을 입었을 뿐이다. 이런 식으로 꼬리를 물고 거슬러 올라가게 되는 것이다. 마찬가지로, 노예제가 나쁜 것임을 처음 깨닫게 된 사람은 내가 아니다. 내가 알고 있는 것은 다른 사람들로부터 습득한 것이다. 도덕성과 과학의 경우, 앞선 모든 세대가 쌓은 통찰력을 각 세대가 누리게 되는 혜택이 있다.

이러한 4대 요인이 모여, 인류사를 거치는 동안 도덕적 범주가 어떻게 확대되었는지를 설명하는 문화발달 이론이 된다. 동시에 이것은 개인 발달 이론의 토대가 된다. 어린아이들은 매우 지엽적인 관계에서 애착을 쌓는다. 그들은 주변 사람들, 주로 가족과 긴밀한 영향을 주고받는다. 여기서 그들의 첫 번째 도덕적 범주가 시작된다. 이런 면에서 그들은 침팬지, 원숭이, 긴팔원숭이와 다를 게 없다. 추측건대, 우리의 영장류 조상들도 이와 같았을 것이다. 하지만 위에서 기술된 4가지 요인들로 인해 아이들의 도덕적 범주는 확장된다. 그렇게 아이들은 그들의 도덕적 관점 안에서 관대한 사람으로 자라날 것이다. 단, 아래와 같은 조건이 충족될 때 말이다.

… 다른 사람들과 많이 접촉할 수 있어야 한다.
… 협력했을 때 상호 이익이 되는 환경 안에서 상호작용해야

한다.

… 사실적인 이야기여도 좋고 상상에 의한 이야기여도 좋다. 멀리 떨어진 다른 사람들의 관점으로 보고 싶게 만드는 이야기에 노출되어야 한다.

… 앞선 세대들의 도덕적 통찰에 노출되어야 한다.

♦ 결국 도덕은 정의를 향해 굽어 있다

한 사회의 과학적 성장을 이끄는 원동력이 있듯이, 어떤 문화의 도덕적 성장을 견인하는 힘이 존재한다고 했을 때, 도덕적 의견 차이가 의미하는 것은 무엇일까? 인류학자 리처드 슈웨더는 이에 대해 이렇게 말한다.

… 온갖 것에 대해 끔찍함, 격분, 분개, 자부심, 역겨움, 죄의식, 수치심이 자발적으로 일어나는 것을 지극히 당연하게 여겼다. 온갖 것이란, 자위행위, 동성애, 성적 금욕, 일부다처제, 낙태, 할례, 태형, 사형, 이슬람교, 그리스도교, 유대교, 자본주의, 민주주의, 국기 불태우기, 미니스커트, 장발, 삭발, 음주, 육식, 예방접종, 무신론, 우상숭배, 이혼, 과부의 재혼, 중매결혼, 연애결혼, 부모와 자식이 모두 한 침대에서 자는 것, 부모와 자식이 한 침대에서 자지 않는 것, 일하는 것이 허용된 여성, 일하는 것이 허용되지 않은 여성을 말한다.

이런 차이점들이 모두 도덕적인 차이인 것은 아니다. 도덕성은 보편성을 전제 조건으로 삼는 게 특징이다. 무엇인가가 잘못된 것이라면, 그것은 모두에게 잘못된 것이어야 한다. 이런 점에서, 도덕적 판단은 선호 혹은 관례와는 구별된다. 사람들은 사회 상규를 위반하는 사람을 보면 충격을 받을 수도 있고, 자신이 주변과 어우러지지 않을 때 - 익숙한 사례를 들자면, 파티에 어울리지 않는 옷차림을 하고 갔을 때처럼 - 마음이 불편해질 수도 있다. 그래도 사람들은 이러한 규칙은 자의적인 것이며, 다른 문화에서는 다른 식으로 할 수 있다는 것을 인정할 줄 안다. 심리학자 래리 누치와 엘리엇 투리엘은 종교적 환경에서 자란 아이들이 종교적 가르침과 일반 규칙의 차이를 아주 뚜렷이 인식한다는 점을 발견했다. 그들은 물건을 훔치고 사람을 때리는 것을 금지하는 규칙과 예배일, 두건, 정결한 음식, 할례 등의 종교적 관행에 관한 규칙을 구별했다. 그들은 훔치고 때리지 못하게 하는 규칙은 모든 사람에게 적용되는 반면, 종교법은 그렇지 않다는 단호한 태도를 보였다.

물론, 자신이 고수하는 도덕적 태도 중 몇 가지는 보편적으로 적용돼야 한다고 믿는 것들도 있다. 여기에는 종교적 신념에 바탕을 둔 것들도 포함된다. 가령, 가톨릭 신앙에 근거해서 낙태를 반대하는 사람들은 가톨릭 신자가 낙태를 하면 안 된다고만 하지 않는다. 그들은 **그 누구도** 낙태를 해서는 안 된다고 말한다.

도덕적 차이가 사라지지 않는 데는 여러 가지 이유가 있다. 첫째, 도덕적 진보가 모든 집단이 같은 도덕 시스템으로 수렴한다는 걸 의미하는 것은 아니기 때문이다. 우리는 모두 같은 물리적 세계에 살고 있다. 전자電子에 관해서라면, 네덜란드에서나 인도, 파푸아뉴기니에서나 모두 똑같다. 그래서 물리학 이론은 단 하나만 존재해야 한다. 반면, 도덕성은 식물학에 더 가깝다. 수천 마일 떨어진 곳에서 각자 그 지역만의 식물학 이론을 발달시킨 두 집단이 있다고 해보자. 각각의 이론이 발달함으로써 식물의 세계를 기술하고 설명하는 능력이 좋아질 수 있고, 모든 식물이 공통적으로 가지고 있는 속성에 대해서는 일치된 의견을 보일 수도 있다. 그래도 이 이론들은 결국에는 완전히 다르게 끝날지도 모른다. 각자의 지역에서 일어나는 현상을 설명하기 위해 발전시킨 이론들이기 때문이다. 도덕적 관심사들 중에도 지엽적인 것들, 어느 한 사회에 대한 사실과 그 사회의 역사에 의해 좌우되는 것들이 있다.

둘째, 도덕적 진보가 **어렵기** 때문이다. 과학은 대부분 개인적인 것이 아니지만, 도덕성은 개인적인 차원의 것이다. 물체의 공간 이동 방식이나 물이 얼어붙는 이유에 대해서 당신의 생각이 틀렸다고 말하면, 사람들은 당혹스러워하거나 짜증을 낼 수도 있다. 그런데 이 정도 반응은 아무것도 아니다. 사람들에게 그들의 도덕성이 잘못되었으니, 다른 쪽 뺨도 내밀고, 원수를 용서하고, 노예제를 포기하고, 학계에 여성을 받아들이고, 고기를 먹지 말고, 재산 대부분을 모르는 사람들에게 줘야 한다고 했을 때 돌아오는 반응에 비한다면 말이다.

마지막으로, 도덕적 진보가 어려운 또 하나의 이유는 도덕과 종교적 신념의 연관성 때문이다. 우리가 옳고 그르다고 여기는 것 중에는 성서의 권위와 요정과 신의 축복에 관한 신념에 바탕을 둔 것이 많다. 이런 신념은 경험적 증거와 단절되어 있기 때문에, 탐탁지 않은 방식으로 도덕성을 왜곡할 수 있다. 이를 잘 보여주는 현대의 사례가 있다. 바로 자기 계발 전문가로 유명한 닥터 로라다. 그녀는 최근 동성애가 부도덕하다고 주장하면서 그 증거로 성서를 인용했다. 그러자 인터넷상에 다음과 같은 공개서한이 올라왔고, 이로 인해 그녀의 이름이 세간에 오르내리게 됐다.

친애하는 로라 박사님,

사람들에게 하느님의 율법을 가르치기 위해 물심양면 애써주셔서 감사합니다. 저 역시 박사님으로부터 많은 것을 배웠고, 그렇게 알게 된 지식을 가능한 한 많은 사람과 나누기 위해 노력하고 있습니다. 예를 들어, 누군가가 동성애적 생활방식을 옹호하려고 하면, 저는 거두절미하고 레위기 18장 22절에서 동성애는 역겨운 짓이라고 분명히 규정하고 있다는 사실을 상기시킵니다. 그러면 논쟁은 끝나버리죠. 그래도 몇몇 구체적인 율법과 그 율법을 가장 잘 따르는 방법에 대해서는 박사님의 조언이 필요하답니다.

소를 잡아 제단 위에서 번제물로 바치면 주님이 느끼기에 향기로운 냄새가 난다는 것은 잘 압니다(레위기 1장 9절). 문제는 우리 이웃집 사람들입니다. 그들은 그 냄새가 나쁘다고 항의합니다. 이 문제는 어떻게 처리해야 할까요?

탈출기 21장 7절의 말씀처럼 저는 제 딸을 노예로 내다 팔고 싶습니다. 요즘 시세로 얼마를 받아야 할까요?

레위기 25장 44절에는 주변 민족들에게서 남종과 여종을 사들일 수 있다고 되어 있습니다. 제 친구 중 한 명이 이 말씀은 멕시코인에게는 적용되지만, 캐나다인에게는 적용되지 않는다고 주장합니다. 확실하게 정리해주시겠습니까?

제 이웃 중 한 명은 안식일에도 고집스레 일을 계속합니다. 탈출기 35장 3절에서는 그런 사람은 사형에 처해야 한다고 합니다. 제게 그 이웃을 죽여야 할 도덕적 의무가 있는 건가요?

이 글의 핵심은 닥터 로라의 위선적인 모습을 드러내는 데 있다. 그녀는 정말로 성경의 권위 때문에 동성애에 반대하고 있는 것이 아니다. 그저 다른 이유로 생긴 자신의 도덕적 직관을 뒷받침하기 위해 성경을 인용한 것뿐이다. (이런 행태는 어제오늘의 일이 아니다. 그녀는 개화된 사람들부터 야만적인 사람들의 입장에 이르기까지 다양한 도덕적 입장을 뒷받침할 근거로 성경 속 내용을 선별해서 사용했다.) 그런데 이 공개서한이 인상적인 또 하나의 이유는 세상이 변했음을 잘 보여주고 있기 때문이다. 여러분이 누군가를 난처하게 만들기 위해 성경 속의 계율들을 사용하고 싶다면, 얼마든지 마음 편하게 그렇게 해도 좋다. 아무도 진지하게 받아들이지 않을 테니.

다만, 한 가지 단서는 달아야겠다. 아무도가 아니라 거의 아무도이다. 세상에는 여전히 저런 관점을 유지하는 곳들이 있다. 하지만 그런 곳은 앞서 논했던 도덕적 진보 과정과 단절되고, 상호작용, 접촉, 책이나 영화 같은 여러 형태의 설득으로부터 상대적으로 고립된 사회들이다. 그런 사회가 존재한다는 것은 도덕적 진보에 대한 일개 반론에 지나지 않는다. 창조론자들의 존재가 과학적 진보에 대한 하나의 반론인 것처럼 말이다.

도덕적으로 진보할 가능성은 우연히 마주하는 행운과 같다. 이

가능성은 자연선택을 통해 진화한 능력들에서 나온다. 다른 사람들의 생각과 감정을 이해하는 인간 고유의 능력도 여기에 포함된다. 이런 인식 능력은 강화되고 확장될 수 있기에 도덕적 범주도 확대될 수 있다. 마틴 루터 킹 주니어가 남긴 명언 가운데 내가 가장 좋아하는 말이 있다. "도덕이라는 우주는 긴 호를 그리며 뻗어 있어서 그 끝을 가늠할 수는 없지만, 확실한 것은 정의를 향해 굽어 있다는 것이다."

6장

혐오와 유머

◆ ◆ ◆

티에라 델 푸에고 제도에서 지낼 때의 일이다. 야영지에서 차갑게
보관해 놓은 고기를 먹고 있었는데, 한 원주민이 와서 그 고기를 손가락으로
만졌다. 그러더니 고기가 부드럽다고 노골적으로 혐오를 드러냈다.
반면, 나는 벌거벗은 미개인이 내 음식을 만지는 모습을 보고
그야말로 혐오를 느꼈다. 그의 손이 더러워 보이지 않았는데도 말이다.
— 찰스 다윈, 「인간과 동물의 감정 표현」

가슴을 가리시오, 불쾌하단 말이오.
— 몰리에르

영유아들은 부모가 보면 구역질할 만한 물질들을 가지고 행복하게 놀기도 하고, 그 안에서 뒹굴기도 하며, 심지어 입으로 가져가 먹기도 한다. 우리 아들 재커리는 만 2살 반이었을 때 혐오는 일절 보이지 않고 호기심만 드러냈다. 기저귀를 갈 때면 "나도 응가 볼래!"라고 하면서 보여 달라고 하는 경우가 자주 있었다. 해도 된다고 허락을 받으면 더 가까이서 보려고 대변을 집어 올리곤 했다. 프로이트는 어린아이들이 자신의 대변을 매우 좋아한다고 믿었다. 그는 아이들이 배설 행위를 출산과 비슷하게 여기고 자신의 대변을

남근의 대용물로 본다고 주장했다. 하지만 나는 이런 모습을 재커리에게서는 하나도 발견하지 못했다. 그는 더러워진 자기 기저귀가 쓰레기통에 버려졌을 때 아무런 상실감도 보이지 않았다. 그는 그저 대변을 자기 몸에서 마법처럼 뿅 하고 나타나는 신기한 물질로 여겼을 뿐이다.

그런데 재커리의 형 맥스는 달랐다. 그 당시에 그는 괜찮았다. 역겨운 것을 혐오스러워하는 모습은 나와 크게 다를 바 없었다. 문제가 있다면, 지나치게 깔끔하게 구는 것이었다. 동생의 기저귀를 가는 동안 도저히 옆에 있지 못했다. 소변과 피, 구토물에 대해서 우스꽝스러울 정도로 혐오감을 드러냈다. 자기 접시 위에 놓인 음식들이 서로 겹쳐지지 않도록 조심했고, 좋아하지 않는 음식이 다른 음식에 닿으면 그 음식도 먹지 않았다. 윌리엄 이안 밀러는 『혐오의 해부학』에서 그의 어린 자녀들이 자라면서 어떻게 자기 몸에서 나온 배설물을 과도하게 걱정하게 되었는지 묘사한다. 그의 딸은 자기 손이 더러워질까 봐 화장실에서 볼일을 보고서도 뒤를 닦지 않으려 했다. 아들은 소변 한 방울만 튀어도 속옷은 물론 바지까지 다 벗겠다고 고집했다.

밀러의 지적처럼 혐오는 위험한 주제다. 대부분의 글은 다루고 있는 주제의 특성이 그 글에 묻어나지는 않는다. 지루함에 대한 글을 재미있게 쓸 수도 있고, 유머에 관한 글을 지루하게도 쓸 수 있다. 하지만 혐오라는 주제는, 저자의 통제력을 넘어서서 혐오감을 불러일으키는 힘이 있다. 역겨움에 관한 글은 결국에는 읽는 사람을 역겹게 만들 가능성이 있다. 이런 부담을 독자에게 안기기는 부담스럽다. 주제도 주제지만 묘사하는 내용 가운데 일부는 특히 저급 코미디처럼 유치해 보일 수도 있다. 밀러는 그의 저서 내내 이런 우려를 불식하기 위해 분투한다. 책의 내용이 진지하게 받아들여지지 않을까 봐 걱정한 나머지, 어느 한 시점에서 콧물에 관한 매력적인 논의를 급작스럽게 끝내버린다.

하지만 역겨움을 가까이에서 들여다보며 얻게 되는 이득은, 위험을 감수할 만큼 충분한 가치가 있다. 우리가 역겹다고 여기는 것을 구체적으로 연구하다 보면, 몸에 관한 우리의 생각과 영혼에 관한 생각이 어떻게 연관되어 있는지에 대한 통찰을 얻을 수 있다. 어떤 사람과 그 사람의 행동을 역겹게 여길 가능성은 그를 육체적 존재로 볼 것인지, 영혼의 존재로 볼 것인지와 밀접하게 연관되어 있다. 육체로 볼 경우, 혐오감을 피하기는 어렵다. 영혼으로 볼 경우, 혐오감을 초월할 수 있다. 이러한 이원적 시각은 집단학살과 성욕처럼 대단히 이질적인 영역에까지 도덕적, 정치적인 영향을 미친다.

♦ 나쁜 맛

'역겨움disgust'은 라틴어에서 유래한 단어로, 문자 그대로 풀이하면 '나쁜 맛'이라는 의미다. 이 감정이, 음식이나 식사와 관계가 있다고 믿을 만한 이유는 충분하다. 사람들은 역겨움을 느낄 때 특정한 표정을 짓는다. 다윈이 말했듯, 이 표정은 콧구멍을 찡그림으로써 냄새를 막아내고 이를 악물고 혀를 밖으로 밀어냄으로써 먹고 싶지 않은 음식을 뱉어내려는 시도에서 나온다.

혐오는 구역질을 유발할 수 있다. 구역질은 음식이나 식사와 깊이 관련된 감각이다. 1960년대에 심리학자 존 가르시아는 쥐를 대상으로 실험을 진행했다. 쥐에게 처음 보는 음식을 준 다음, 약물이나 고농도 방사선으로 구역질을 유발했더니, 쥐는 그 음식에 대한 혐오감을 보였다. 이런 '가르시아 효과'는 인간에게도 적용될 수 있으며, 그러한 반응이 의식적인 지식과 욕구보다 우선할 수 있다. 초밥을 처음 먹었는데 하필 독감 때문에 그 후에 구역질이 났다면, 다시는 날 생선을 먹을 수 없게 될지도 모른다. 구역질의 원인이 독감임을 아무리 잘 알고 있다고 해도, 초밥-그 냄새와 맛-생각을 하면 속이 메스꺼워질 수 있다.

구역질은 구토를 유발할 수 있다. 구토는 경이로울 정도로 다목적성을 띤다. 구토가 혐오의 원인이자 결과이기 때문이다. 구토를 통해 자기가 먹은 것을 위에서 게워 내면, 이와 동시에 그 냄새와 형태 때문에 자신과 다른 사람들의 구역질을 유발하게 되어 더 많은 구토를 불러올 수 있다. 이런 식으로 구토는, 의식적 추론 과정을 뛰어넘는 비언어적 의사소통의 한 형태로서 기능한다. 구토는 마치 "독이 든 음식을 먹었을지 몰라. 자, 모두 그만 먹고 위를 비워 냅시다!"라고 외치는 것과 같다.

이 분야를 연구한 심리학자 폴 로진에 따르면, 사람들은 딱히 혐오감을 느끼지 않아도 여러 이유로 특정한 것들을 먹지 않으려 할 수 있다. 돌이나 나무껍질처럼 음식이 아닌 것들로 생각될 때 그렇다. 또, 비소처럼 먹으면 죽음을 초래하는 경우에도 그렇다. (비소가 들어 있는 차를 강제로 마신다고 생각하면 겁먹을 수는 있어도 차 자체를 혐오스럽게 느끼지는 않을 것이다. 그것을 먹는다고 해서 얼굴을 찡그리지도 않을 테고, 분노가 치밀어 오르지도 않을 것이다.) 종교적 이유로 금지되는 음식들도 있다. 유대교와 이슬람교에서는 돼지고기가, 힌두교에서는 소고기가 그렇다. 어떤 음식은 맛이 써서, 또는 너무 밍밍해서, 또는 너무 매워서 기피 대상이 되기도 한다. 심지어 아기들도 맛에 대한 선호를 지녔다. 아기들은 쓴맛보다는 단맛을 더 좋아한다. 아기의 비위를 맞추고 싶다면, 시큼한 피클보다는 달콤한 우유를 주는 편이 좋다.

그렇다면 혐오감은 왜 생기는 걸까? 이 질문의 답을 찾는 가장 좋은 방법은 우선 이 감정이 왜 존재하는지 그 이유부터 들여다보는 것이다. 로진의 지적에 따르면, 인간은 '잡식동물의 딜레마'에 시달린다. 우리가 섭취하는 음식의 원천이 단 하나만 있는 게 아니기 때문이다. 우리는 유칼립투스 잎만 먹을 운명을 타고난 코알라 같은 초식동물이 아니다. 사자처럼 육식동물도 아니다. 우리는 과일, 채소, 동물의 고기 등 변화무쌍한 먹잇감 가운데서 선택하며 살아야 하는 잡식동물이다. 농경과 가축 사육, 정교한 조리 기술 덕분에 현대인들은 비범한 음식 세계를 창조해냈다. 다른 어떤 동물도 먹겠다고 꿈꾼 적 없는 이런 음식 중에는 알코올음료와 매운 음식, 가공 곡물도 포함되어 있다. 물론 수렵 채집인들조차도 잡식동물의 딜레마에 직면하긴 했지만.

이 같은 세계는, 기회이며 대체로 생존에 유리하다. 한 가지 식자재가 귀해지면 다른 것을 먹으면 되기 때문이다. 반면, 이런 음식 중 일부는 우리 목숨을 앗아가기도 한다. 그중 하나가 식물이다. 식물은 초식동물에게 먹히지 않기 위해 방어용으로 독성 화학물질을 지니도록 진화했다. 미국 도시 지역에서 독극물 센터로 걸려오는 신고 전화 중 상당수는 집에서 키우는 화초를 먹은 아이의 복통 때문이었다.

고기 역시 나름의 특수한 문제가 있다. 눈에 보이지는 않지만, 고기 속에 살면서 기하급수적으로 증식해서 감염을 일으키는 미생물이 문제다. 썩은 고기는 만지고 싶지도 않고, 절대 먹어서도 안 된다. 그런 상태의 고기와는 가능한 한 멀리 떨어져 있고 싶다. 역겨움이 저절로 올라온다.

이제 우리는 어떤 종류의 것들이 혐오를 유발하는지 파악하기 시작했다. 산이나 구름 같은 비생물학적 자연물은 절대 역겹지 않다. 인공물도 마찬가지다. 다만, 플라스틱으로 만든 구토물처럼 혐오스러운 것과 비슷해 보이도록 특별 제작된 것들은 예외이다. 식물이 그 자체로 혐오스러운 경우는 드물다. 단, 시각적으로나 촉각적인 면에서 썩은 고기와 비슷하게 느껴지는 썩어가는 채소는 혐오스럽다. 혐오는 주로 고기와 고기 부산물, 즉, 질병과 전염의 위험이 있는 물질들에게서 느끼는 감정이다.

♦ 혐오, 안전에 대한 열망에서 탄생한 감정

혐오스러운 것들은 오염을 일으킨다. 그래서 제아무리 작은 접촉이라 해도 역겹게 느껴진다. 그런데 위험한 것들이 일반적으로 다 그런 것은 아니다. 독이 든 작은 약병이 있다고 하자. 나는 그 약병을 들고 산책도 할 수 있고, 책상 위의 점심 도시락 바로 옆에 놓아

둘 수도 있다. 반면, 개똥을 가지고 다니면서 산책하고 싶지는 않다. 꼭 그래야 한다면, 고통스러워하면서 어떻게든 내 몸과 내가 먹을 음식 가까이 오지 않게 하려고 애쓸 것이다.

이런 혐오감을 극단적인 상황으로 몰고 가는 다양하고도 흥미로운 심리 실험들이 있다. 멸균된 바퀴벌레를 우유 컵 안에 넣고 흔들면, 이 우유를 마시겠다고 나서는 사람은 없을 것이다. 한 번도 쓰지 않은 소변 검사용 용기에 담겨 있는 우유나 새로 산 파리채로 휘저은 우유를 마시고 싶은 사람도 없다. 아무리 광나게 닦았더라도 요강에 음식을 담아 먹을 사람은 없다. 사람들은 토사물 모양의 고무 물체는 입에 물고 있지 않으려 한다. 또한, 개똥 모양으로 구운 퍼지도 먹지 않으려 한다.

이러한 태도가 비합리적으로 보이는가? 어쨌든, 실험 대상자들에게는 멸균된 바퀴벌레라는 것과 파리채가 새 거라는 사실, 깨끗한 요강이라는 사실을 알려주었음에도 이런 결과가 나왔으니 말이다. 모조 토사물과 개똥 모양의 퍼지 역시 몸에 해로운 것은 아니다. 로진 연구진이 주목한 바에 따르면, 혐오감은 인류학자 제임스 조지 프레이저 경이 『황금가지』에서 기술한 공감 주술의 2대 법칙을 따른다. 첫 번째는 유사성의 법칙 또는 동종 주술이다. 이에 따르면 "겉모습과 현실은 같다." 이 법칙을 따르는 예가 바로 부두술이다. 어떤 사람의 모습과 비슷하게 만든 부두 인형은 그 사람을 상징한다. 그래서 인형을 바늘로 찌르면 그 사람을 찌르는 것과 같다. 두 번째는 전염의 법칙이다. 이 법칙에 따르면, 물리적 접촉을 통해 속성이 전이된다. 논란의 여지가 있지만, 두 법칙 모두 혐오의 영역에 적용된다. 가짜 똥은 진짜처럼 취급되고(유사성), 어떤 대상이 똥에 닿으면 그 대상도 혐오스러워진다(전염). 결론적으로, 실험 결과, 우리는 합리적 존재가 아니라는 것이 입증되었다. 우리는 주술의 법칙에 휩쓸리는 존재이다.

그래도 최소한 혐오의 영역에서는 이러한 편향들이 타당한 경우가 많다. 첫째, 전염에 대한 신념은 합리적이다. 혐오스러운 것들은 실제로 전염력을 **지니고 있다**. 세균은 실제로 접촉을 통해 **옮는다**. 실험을 준비한 친절한 대학원생은 책임감이 아주 강해서, 정말로 바퀴벌레를 멸균 처리했고, 한 번도 쓴 적 없는 새 파리채를 준비했고, 요강을 아주 박박 닦아두었다 해도, 우리가 일부러 모험을 할 필요가 있을까? 어쨌든, 의심스러운 물질을 마시지 않겠다고 해도 잃을 것은 없다. 여기서도 우리는 대부분의 인지 체계에서 그랬듯이 교훈을 얻는다. "나중에 후회하기보다는 지금 안전하게 가는 편이 낫다."

유사성은 어떨까? 개똥 모조품이 초콜릿 퍼지로 만든 것임을 알고 있더라도 - 심지어 여러분이 직접 개똥 모양의 틀에 퍼지를 넣어 구웠더라도 - 한 입 베어 무는 것을 여전히 주저할 수 있다. 비합리적인가? 사실 어느 정도는 그렇다. 그러니 아무리 비합리적이라 할지라도, 이것은 합리적인 일을 하게끔 진화한 시스템이 불러온 필연적인 부산물이다. 2장에서 논했듯, 우리 마음은 대상이 지닌 더 심오한 속성에 집중하도록 진화해 왔고, 우리의 감각을 통해 얻는 정보를 통해서 그 심오한 속성을 알아냈다. 그런데 감각을 사용하다 보면 잘못된 경고에 취약해지는 문제가 생긴다. 무언가가 어떤 것과 비슷해 보이지만 사실은 다른 것인 경우들이 있기 때문이다. 우리는 TV 화면 위에서 깜빡이는 이미지들이 2차원으로 배열된 빛 패턴에 불과함을 잘 알고 있다. 그래도 이런 이미지를 보고 우리는 깜짝 놀라기도 하고, 배고파지기도 하고, 성욕도 생기고, 흐느껴 울기도 한다. 우리의 마음은, 눈에 보이는 것을 진지하게 받아들이는 게 가치 있는 세상에서 진화해왔다.

어떤 경우든, 3차원 대상에 직면했을 때 조심하는 것은 특히 좋은 전략이다. 어떤 대상이든, 그 정체를 알려주는 실마리는 여러 개가 있다. 겉모습이나 사람들이 들려주는 말도 실마리에 포함된다. 하지만 일반적으로는 자기 눈을 믿는 것이 현명하다. 어떤 대상의 겉모습은 그것의 정체를 알려주는 탁월한 단서이기 때문이다.

리처드 루소의 소설 『엠파이어 폴스』에는 한 문제아 청소년이 나온다. 그는 여자 친구에게 권총 안에 총알이 없다고 안심시키면서 총을 머리에 대고 방아쇠를 당기라고 선동한다. "네 감각으로 총이 장전되지 않았다는 걸 알았다면 겁낼 이유 없잖아." 하지만 그 소년의 말은 틀렸다. 아예 이런 게임을 하지 않는 것이 합리적인 행동이다. 맞았을 때 얻는 이득은 얼마 되지 않지만, 틀렸을 때 치러야 하는 대가가 너무 크기 때문이다. 물론, 심리학 실험에서는 짊어져야 할 위험 부담이 훨씬 적지만, 그래도 나중에 후회하느니 지금 안전하게 가는 편이 낫다는 교훈은 여전히 유효하다.

나는 혐오의 합리성을 일반적으로는 옹호하지만, 그렇다고 모든 혐오 반응이 타당한 것은 아니다. '**너무**' 안전해질 수 있다는 것이 문제다. 사람들 중에는 돈을 만지거나, 공공장소에서 문손잡이를 건드리거나, 집 밖에서 화장실 사용하기를 거부하는 사람들이 있다. 또는 여성이나 유대인, 흑인에게 혐오감을 느끼는 비합리적인 – 부도덕한 것은 말할 것도 없고 – 경우도 있다. 혐오감이 진화적 적응 과정에서 생겨난 것일지라도, 얼마든지 심각하게 잘못된 길로 빠질 수 있다.

♦ 혐오의 보편적 특성

혐오의 발달을 논할 때 프로이트를 언급하지 않고 넘어갈 수는 없다. 프로이트는 수치심, 도덕성, 혐오 모두를 '반응형성'으로 보았다. 반응형성은, 무의식적인 충동을 성취하지 않도록 차단하는 역할을 하는데, 우리가 실제로 똥을 먹고, 친형제 자매와 성관계를 맺고, 시체를 가지고 한바탕 즐기는 것 등을 **원하고 있어서** 이 같은 리비도의 욕구를 차단하기 위해 혐오 같은 반응형성이 존재한다는 게 그의 주장이다.

이런 주장은 필시 조금은 사실일 것이다. 만약 이 같은 행동들을 상상조차 할 수 없다면, 그런 행동들을 차단하기 위해 감정들을 (생물학적 진화나 문화적 빌딩을 통해) 진화시킬 **필요도** 없었을 테니까. 즉, 우리가 상상할 수 있는, 마실 수 있는 것들의 범주에 소변이 아예 들어가지 않는다면, 그것을 마시는 행위에 대한 직관적인 혐오 역시 등장하지 않았을 것이다. 그렇다 해도, 이러한 사실은 우리 안에 혐오스러운 것들에 대한 구체적인 욕구가 있다는 프로이트의 주장과는 상당한 거리가 있다. 즉, 그의 주장은 타당하지 않다.

한편, 인류학자 메리 더글러스의 오염과 금기에 관한 연구에서 파생된 또 다른 주장도 있다. 그녀는 오염원이 되는 물질들은 이례적인 것들이라 지배적인 구조에 속하지 않는다고 본다. 가령, 박쥐가 혐오스러운 이유는 기괴하기 때문이다. 박쥐는 하늘을 나는 포유류인데, 포유류라면 날아서는 **안 된다**. 몸에 털이 너무 많은 사람이 혐오스러운 이유는 털이 비인간 동물을 나타내는 표시이기 때문이다. 팔이나 다리가 없는 것이 혐오를 일으킬 수 있는 이유도 대체로 사람들에게는 팔다리가 모두 있기 때문이다. 하지만 이런 주장은 혐오를 일반적으로 설명하려는 의도로 제기된 게 결코 아니다. 그랬더라면 아마 형편없는 설명이 되었을 것이다. 비정상이라고 모두가 혐오스럽지는 않기 때문이다. 돌고래는 헤엄치는 포유류라서 하늘을 나는 포유류만큼 기괴한 존재다. 하지만 그렇다고 해서 우리가 돌고래를 혐오스럽게 여기지는 않는다. 다른 비정상적인 사례들도 생각해 보자. 전화기를 안에 넣고 구워 만든 케이크, 왕좌에 앉아 있는 닭, 땅콩 캐러멜로 만든 헬리콥터 등. 이것들은 다 이상하지만, 이상하다고 해서 혐오를 유발하지는 않는다. 더군다나 혐오 대상의 전형이나 마찬가지인 대변은 전혀 이례적인 물질이 아니다.

혐오가 발달한 원인이 사회적 학습에 있다고 보는 이론도 있다. 프로이트의 영향을 받은 많은 심리학자들이, 배변훈련 때문에 어린아이들이 몸에서 나오는 배설물을 혐오하기 시작한다고 생각한다. 말하자면 이렇다. 아이는 원래 몸이 만들어내는 것들에 대해 중립적이다. 그런데 여러분이 무서운 표정을 짓고서 화난 말투로 아이의 배설물에 대한 수치심과 굴욕감을 주입한다. 이것이 내면화되어 아이는 자신의 대변과 다른 사람들의 대변에 혐오감을 느끼게 된다. 피나 토사물도 마찬가지다. 또한, 많은 북미 사람들에게는 민달팽이가 그렇듯, 특정 문화 안에서 혐오스럽다고 여겨지는 것들도 다 이런 이유에서이다.

그런데 이 주장은 여러 가지 이유에서 타당치 않다. 일단, 프로이트의 시대와는 세상이 달라졌다. 적어도 내 이웃들만 봐도 그렇다. 부모는 배변 훈련을 시키면서 얼굴을 찡그리거나 구역질을 하거나 자녀에게 진저리가 난다고 말하지 않는다. 오늘날에는 많은 부모들이 사회화되었고, 그 덕분에 자녀가 자기의 배설물에 수치심을 느끼지 않도록 조심한다. 이렇게 된 주된 이유는, 육아 전문가들이 사회적 학습의 신봉자들이기 때문이다. 최고의 육아서적 가운데 하나인 페넬로페 리치의 『당신의 아기와 아이』에 등장하는 전형적인 사례를 살펴보자.

> 배설물에 대한 당신의 혐오감을 자녀가 공유하게끔 하기 위해 애쓰지 말라. 당신의 자녀는 그 배설물이 자기에게서 나온다는 것을 방금 알게 되었다. 그의 눈에 배설물은 자기에게 속하는 흥미로운 산물로 보인다. 서둘러 유아용 변기를 비우고, 코를 찡그리고, 깔끔을 떨면서 손가락 끝을 사용해 아이의 옷을 갈아입히고, 아이가 자기 변기 속 내용물을 살펴보거나 문지르면 화를 내는가? 그렇다면 당신은 자녀의 감정을 상하게 하고 있는 것이다. 그렇다고 자녀의 즐거운 관심을 공유하는 척할 필요는 없다. 어른들이 배설물을 가지고 놀지 않다는 걸 알게 되는 것도 성장의 일부다. 하지

만 자녀가 배설물을 더럽고 역겹게 느끼도록 만들려고 애쓰지 말라. 자신에게서 나온 배설물을 당신이 혐오한다는 것을 알게 되면, 그들은 자신 또한 혐오스러워 한다고 느낄 것이다.

혐오에 대한 사회적 학습이론이 맞았다면, 현대의 부모들은 혐오감에서 해방된 아이들이라는 새로운 인종을 창조해냈어야 한다. 세상이 선사하는 모든 대상과 물질을 자유로이 만지고 냄새 맡고 집어삼키는 아이들 말이다.

사실, 혐오의 발현이 배변 훈련과 관계있다는 증거는 없다. 누구나 거의 같은 것에 혐오감을 느낀다. 정신분석학자든, 현대의 육아 전문가든, 아니면 수렵채집인이든, 누구의 손에서 자랐는지는 중요치 않다.

사회적 학습론을 지지하는 사람이라면, 어른들이 우리의 혐오를 차단하려고 노력은 했지만… 실패한 것이라고 주장할 수도 있다. 즉, 어쩔 도리가 없는 셈이라고. 어른들의 혐오감은 은연중에 무의식적으로 드러나고, 아이들은 그 실마리를 포착해서 스스로 혐오를 느끼는 법을 배우고 마니까. 하지만 이 이론도 이치에는 맞지 않는다. 아무리 아이들에게 다른 사람의 마음을 이해하는 굉장한 능력이 숨어 있다 하더라도, 아이들이 **독심술가**는 아니다. 게다가 그들이 어른의 마음속 깊이 숨어 있는 감정들을 알아채는 힘을 가지고 있다는 증거도 없다. 설령 그런 힘이 있다 하더라도, 지금처럼 아이들이 대변 같은 것들에 보이는 반응은 너무 극적이다. 부모는 자녀가 전기 콘센트를 핥거나 길에서 차도로 발을 내딛는 등의 위험한 행동을 하면 얼굴을 붉히면서 소리를 지르지만, 그 결과로 아이들에게 콘센트나 자동차에 대한 혐오나 공포가 생기지는 않는다. 그렇다면 배변 훈련 중 은밀히 드러나는 어른들의 혐오에 대해서 아이들은 왜 그렇게 과장되게 반응하는가? 이런 모순된 차이를 설명하기 위해서는, 아이들이 그러한 성향을 타고났기 때문이라고 주장해야 할 것이다. 다시 말해, 자라면서 유독 어떤 것들에 대해 혐오감을 느끼는 성향을 타고났기 때문이라고. 하지만 이 말이 사실이라면, 굳이 사회적 학습론을 끌어올 필요가 있을까?

이보다 설득력 있는 혐오 발달 이론은 다윈의 관찰 연구 결과를 출발점으로 삼는다. 혐오의 근간에는 생물학적 적응이 자리한다는 주장이다. 오래전 우리 조상들이 혐오 덕분에 이득을 얻었고, 그 결과, 적응 차원에서 혐오가 진화했다는 의미다.

이 진화론에는 발달시켜야 할 여지들이 많이 남아 있다. 진화한 능력이라고 해서 전부 다 어렸을 때부터 발현되지는 않는다. 명백한 사례로 들 수 있는 것이 바로 임신할 수 있는 신체적 능력과 이에 상응하도록 섹스 파트너를 찾고 평가하고 싶게 만드는 감정적, 동기적 체계이다. 혐오의 경우, 자연선택의 결과가 아기들에게 비참한 처지를 부를 만큼 자인하지는 않았던 모양이다. 자신의 배설물에서 벗어나지 못하는 아기들을 혐오의 감정으로 이끌고 들어가지도 않는 것 같다. 그래서 이동에 제약이 있고, 어른들로부터 음식 섭취를 제한받는 생후 몇 해 동안의 아이들은 혐오로부터 자유롭다.

아주 어린 아이들은 정말로 혐오감을 모른다. 부모라면 어린 자녀가 자신의 배설물에 얼마나 무던한지 쉽게 관찰할 수 있다. 로진 연구진에 따르면, 만 3세가 될 때까지 아이들은 무엇을 주건 – 메뚜기든, 그들이 '개똥'이라고 생각하는 것(실제로는 땅콩버터와 치즈를 섞어 만든 것)이든 – 행복하게 거의 다 입으로 가져간다고 한다.

그러다가 일단 타고난 혐오 반응이 발현되면, 특정한 물질들을 보편적으로 혐오스럽게 여긴다. 혐오의 시작 시점은 아주 갑자기 찾아올 수 있다. 공포와 매우 비슷하다. 아이들에게는, 전에는 무서워하지 않았던 특정한 것들 – 가령, 어둠, 폐쇄된 공간, 거미(이것들은 다른 영장류들도 똑같이 무서워한다) – 을 심하게 무서워하기 시작하는 발달 시점이 있다.

나는 우리 아들 맥스가 만 3살 반쯤 되었을 때, 그에게서 처음 혐오감을 발견했다. 나는 거실 바닥에서 재커리의 기저귀를 갈아주고 있었고, 맥스는 옆에 서서 호기심 어린 눈으로 아래를 내려다보고 있었다. 기저귀 냄새가 지독하게 코를 찌르자, 맥스는 기분이 상한 듯 보이더니 구역질을 하기 시작했다. 맥스에게 무슨 일이냐고 묻자, "배가 아파요"라고 했다. 왜 그런 거냐고 묻자, 아이는 모르겠다고 대답했다. 결국, 나는 아이를 달래면서 다른 방으로 데리고 갔다. 놀랍게도 맥스는 자기가 역겨움을 느낀 대상에 대한 의식적 통찰이 생기기도 전에 이미 혐오감을 느꼈다. 재커리도 거의 비슷한 나이대에 이르자 혐오감을 드러내기 시작했다. 특정한 나쁜 냄새를 맡으면 불평을 하고 코를 찡그리는 등의 행동을 보이기 시작했던 것이다.

혐오에도 학습이 요구된다. 세상에 관한 변하지 않는 사실들은 우리 뇌 속에 저장되어 있을 가능성이 크고, 대상과 사람에 대한 근본적인 인식도 여기에 포함된다. 자신이 어디에 있든 시간이 얼마나 흐르든, 고체 형태의 변함없는 대상이나 목표와 감정을 가진 사람에게 중점을 두고 세상을 바라보는 게 이롭기 때문이다. 하지만 세상에 관한 여타의 사실들은 세대가 지나면서 변하고, 생물학적 진화로 따라잡기에는 그 변화의 속도가 너무 빠르다. 여러분은 자신이 만나는 구체적인 사람들의 성격을 학습해야 하고, 여러분이 사는 공간적 환경도 학습해야 한다. 마찬가지로, 만약 혐오가 우리를 상한 고기에서 멀어지게 만드는 역할을 해야 한다면, 여기에도 학습이 필요하다. 지역적 조건에 따라 독성 있는 음식의 종류가 다 다르기 때문이다. 물론, 대변처럼 어디서건 먹기에 좋지 않아서 보편적으로 기피 대상이 되는 것들도 있다. 그렇더라도 자연선택이, 환경에 따른 음식의 위험 수준을 특정할 수는 없는 법이라서, 어느 정도 변화가 있게 마련이다.

♦ 혐오는 언제 발현되는가

그렇다면 여러분은 이렇게 생각할지도 모르겠다. 진화생물학자와 발달심리학자, 문화인류학자가 풀어야 할 숙제는 보편적인 게 무엇인지 먼저 알아낸 다음, 다음과 같은 질문에 답하는 것이라고. "아이들은 혐오스러운 게 무엇인지 어떻게 배우는 걸까?"

하지만 이것은 올바른 질문이 아니다. 혐오스러운 것을 배울 게 아니라 혐오스럽지 않은 것들의 범주를 배워야 한다. 스티븐 핑커에 따르면, "지구상 모든 동물의 모든 부위 중 사람들이 먹는 부분은 지극히 적다. 나머지 부위는 건드리지도 않는다. 많은 미국인이 소와 닭, 돼지, 몇몇 물고기의 골격근만을 먹는다. 내장이나 뇌, 신장, 눈, 발 같은 다른 부위를 먹는 것은 선을 넘는 행위가 된다. 그리고 이러한 목록(먹을 수 있는 것들의 목록)에 없는 동물이라면, 그것의 어떤 부위든 먹지 않는다. 개, 비둘기, 해파리, 민달팽이, 두꺼비, 곤충을 비롯한 수백만 종의 동물들이 여기에 속한다." 다윈 역시 우리가 처음 접하는 음식을 얼마나 조심스럽게 대하는지 설명했다. "놀라울 따름이다. 어떤 사람들은 평소 먹지 않는 동물의 고기처럼 특이한 음식을 먹는다는 생각만으로도 즉각적으로 구역질을 하거나 실제로 구토를 한다. 위가 거부할 만한 것은 아무것도 없는데도 말이다."

그렇다면 앞의 질문은 이렇게 바뀌어야 한다. "아이는 혐오스럽지 않은 게 무엇인지 어떻게 배우는 걸까?"

이 질문에 대한 답으로, 인류학자 엘리자베스 캐시던이 진행한 연구의 몇 가지 부분을 살펴보자. 먼저, 아이들은 혐오가 없는 상태로 삶을 시작한다. 하지만 대략 만 3세가 되면 까다로워져서 전에 먹어본 적 있는 음식만 먹으려 한다. 만 4세가 되면 더 까다로워진다. 그때쯤이면 전에 경험해보지 못한 고기는 모두 역겨워진다. 이 시점이 되면 혐오스러운 음식에 대한 직관력이 어른들과 거의 같은 수준이 된다. 그들은 우유와 감자 칩이 괜찮은 음식에 속한다는 것을 안다. 반면, 메뚜기나 '개똥'을 주면, 거절한다.

영유아들의 음식 섭취는 부모가 통제하기 때문에, 이 시기에 새로운 음식을 접하게 하면 장차 아이들의 음식에 대한 선호를 형성

할 수 있다. 이 시기를 가리켜 심리학자들은 '민감기' – 가장 편하게 학습이 이루어지는 시기 – 라고 부른다. 캐시던은 유독 늦게 고형식을 시작한 아이들이 유아기 때 편식하는 경향이 있다는 것을 발견했다. 아마도 민감기 때 새로운 음식을 접해본 경험이 짧았기 때문이라고 추정된다.

그런데 이때 아이들이 보이는 반응이 진짜 혐오일까? 어른들의 혐오와 같은 의미를 지닌 혐오가 맞을까? 여기서 핵심은 오염과 관련되어 있다. 무언가가 혐오스럽다고 했을 때, 그 무언가는 그것과 접촉하는 것은 무엇이든 더럽혀야 한다. 아이들이 이 사실을 이해하는지 탐구하기 위해, 심리학자 마이클 시걸 연구진은 만 3~4세 사이의 호주 어린이들을 대상으로 일련의 연구를 진행했다.

한 연구에서는, 간식 시간에 아이들에게 바퀴벌레가 둥둥 떠 있는 음료수를 보여주고는 "자, 주스 마시자. 이런! 바퀴벌레가 빠졌네"라고 한 다음, 바퀴벌레를 제거한 뒤 아이들에게 물었다. "이제 이 주스 마셔도 될까, 안 될까?" 아이들은 대부분 안 된다고 답했다. 몇몇 아이들은 오염된 음료는 마시기 싫을 것이라고 답했다. 아이들은 보통 초콜릿 우유를 더 선호하지만, 이런 경우라면 오염된 초콜릿 우유를 마시기보다는 물을 더 마시고 싶어 할 것이라고도 했다.

또 다른 연구에서는 오염의 영역에 관한 아이들의 도덕적 추론 능력을 시험했다. 장 피아제를 비롯한 다른 발달심리학자들은 영유아들이 거짓말과 실수의 차이를 인식하지 못한다고 주장했다. 그들은 아이들이 모든 허위발언을 거짓말로 여긴다고 주장했다.

바로 이 주장을 탐구하기 위한 실험이 진행되었다. 아이들에게 곰팡이가 핀 빵을 보여준 다음, 실험자는 그 곰팡이 위에 베지마이트 스프레드(호주인들이 아침에 빵에 즐겨 발라 먹는 스프레드)를 발라서 곰팡이가 보이지 않게 했다. 이 모든 과정을 옆에 있는 두 개의 곰돌이 인형들이 목격한 것으로 설정했다. 그리고 아이들에게 다음과 같이 두 가지 시나리오를 들려준 다음, 거짓말과 실수를 구별해 보게 했다.

1. 이 곰돌이는 빵에 핀 곰팡이를 보지 못했단다. 그런데 곰돌이가 친구에게 빵을 먹어도 된다고 했어. 그럼 이 곰돌이가 거짓말을 한 걸까, 아니면 실수를 한 걸까?

2. 이 곰돌이는 빵에 핀 곰팡이를 봤단다. 그런데 곰돌이는 친구에게 빵을 먹어도 된다고 했어. 그럼 이 곰돌이가 거짓말을 한 걸까, 아니면 실수를 한 걸까?

영유아들은 대체로 이 상황을 제대로 인식했다. 이들은 첫 번째 시나리오의 곰돌이가 실수를, 두 번째 시나리오의 곰돌이가 거짓말을 했다는 것을 알았다. 나중에 이들은 두 번째 곰돌이에 대해 "못됐다고" 말했지만, 첫 번째 곰돌이에 대해서는 그렇게 이야기하지 않았다.

흥미롭게도, 이처럼 섬세한 도덕적 감수성은 오염의 영역에만 존재하는 것 같다. 다른 비슷한 상황에서 아이들은 그렇게 섬세하게 판단하지 못했다. 곰팡이가 핀 빵 대신, 집 안에 뱀 한 마리가 있는 설정으로 바꿔서 다시 한 번 동일하게 실험을 진행했다. 곰돌이가 집에 뱀이 있는 것을 보고도 뱀이 없다고 말했지만, 아이들은 이 곰돌이가 거짓말을 하고 있다는 사실을 알아채지 못했다.

만 4세 이후에 선호하는 음식의 범위를 확대하고자 하면 많은 어려움이 따른다. 심지어 어른들도 마찬가지다. 현실적인 고려사항 때문에 군인을 대상으로 이 분야의 연구가 진행된 적이 있었다. 2차 세계대전 동안, 태평양에 주둔하고 있던 미군 조종사들을 대상으로 한 실험이었다. 이들은 곤충과 두꺼비가 안전한 먹거리라고 똑똑히 배웠음에도 불구하고, 그것을 먹는 것 대신 굶주림을 선택했다. 더군다나, 대학생을 실험 대상으로 할 때와 달리, 군인들은 명령을 따라야 함에도 불구하고, 그 불쾌한 일을 하라는 명령에는 차마 따르지 못했다.

이와 일맥상통한 연구 결과가 있다. 어른들에게 처음 접하는 음식을 강제로 먹게 할 수는 있지만 - 한 연구에서는 메뚜기튀김을 먹게 했다 -, 그 경험을 기분 좋게 느끼도록 할 수는 없는 것으로 드러났다. 어른들이 처음 보는 음식을 기꺼이 먹어보는 경우는 그 음식이 원래 알던 음식과 크게 다르지 않을 때이다. 빵도 좋아하고 초콜릿도 좋아한다면, 흔쾌히 초콜릿 빵을 먹어볼 수 있는 법이다. (실제로, 미국 어린이들의 경우 만 4세까지는, A를 좋아하고 B를 좋아하면 A+B도 좋아한다는 법칙이 존재하는 것처럼 보인다. 그래서 휘핑크림을 올린 햄버거나 케첩을 뿌린 아이스크림 같은 재미있는 음식 조합이 나오는 듯하다.) 우리는 간혹 다른 동기가 있어서 새로운 음식을 시도해

보기도 한다. 가령, 센 것처럼 보이고 싶을 때, 혹은 새로운 집단에 어울리고 싶을 때가 그렇다. 물론, 엄청나게 허기가 졌을 때는 말할 것도 없다. 그런데 새로 시도하는 음식들 가운데 가장 먹기 힘든 것이 바로 고기로 만든 음식이다.

나는 뉴헤이븐에 있는 한 박물관에서 열린 식용 곤충 쇼에 우리 아이들을 데려갔다. 무대 위에서 '셰프'가 귀뚜라미를 마늘과 오일에 볶은 뒤, 작은 컵에 든 오르조 파스타 위에 얹어서 관중들에게 건넸다. (그런 다음, 그는 되풀이해서 "맛있게 드세요" 대신 "벌레 맛있게 드세요"라고 외쳤다.) 그런데 거의 모든 아이들은 그것을 행복하게 먹기 시작했다. 어른들의 경우에는, 몇몇은 그것을 맛있게 먹었지만 대부분은 거절했고, 컵 안을 들여다보고 **비명**을 지른 여성도 있었다. 나 역시 처음에는 맛있게 먹을 자신이 있었지만, 실제로 귀뚜라미를 보자 얼어붙고 말았고, 컵을 내려놓을 수밖에 없었다. 머리로는 아무 문제가 없다는 것을 알았지만, 도저히 행동으로 옮길 수는 없었다. 그러니 절대로 혐오의 힘을 과소평가해서는 안 된다.

◆ 혐오의 범위

혐오의 대상은 음식을 넘어, 죽음과 '몸이라는 겉포장'의 훼손(절단이나 수술 등), 비위생, 특정한 성행위로까지 확대된다. 대학생들에게 혐오 등급을 매겨보라고 제시했던 목록이 다음에 나와 있다.

공중화장실에서 누군가가 볼일을 본 뒤, 물을 내리지 않은 탓에 남아 있는 대변을 발견했다.

친구의 반려묘가 죽었는데, 사체를 당신 손으로 집어야 한다.

한 성인 여성이 친부와 성관계하는 소리를 들었다.

친구가 일주일에 한 번만 속옷을 갈아입는다는 사실을 알게 됐다.

사고 현장에서 내장을 드러낸 남자를 목격했다.

이 항목들은 모두 높은 혐오 등급을 받았다. 왜 그럴까? 어떤 공통된 특성이 있는 걸까?

이와 관련해서 가장 우아한 이론을 전개한 인물은 로진이다(그는 처음에는 에이프릴 팰런과 함께, 후에는 조너선 하이트, 로버트 매콜리와 함께 작업했다). 로진은, 혐오는 특정한 잠재적 음식에 대한 거부반응에서 출발했다고 주장한다. 그에 따르면, 혐오는 자연선택 과정 속에서 이런 목적을 위해 진화해 왔다. 그런데 물리적인 신체의 방어 차원에서 출발했던 혐오는 발달 과정에서 보다 추상적인 영혼의 방어로 옮겨간다. 특히, 우리가 동물임을 상기시키는 것은 무엇이든지 우리의 혐오감을 유발하곤 한다.

인간은 먹고, 싸고, 성행위를 해야 한다. 동물과 똑같다. 문화마다 이런 행동들에 대한 적절한 방법이 규정되어 있다. 가령, 우리는 대부분의 동물들을 잠재적 먹거리 후보군에서 제외시킨다. 또한 대부분의 사람들을 잠재적 섹스 파트너 후보군에서도 제외시킨다. 그리고 이러한 규정을 무시하는 사람들에 대해서는 혐오스러운 짐승 같다며 매도한다. 뿐만 아니라, 동물처럼 인간에게도 몸이라는 연약한 겉포장이 있다. 여기에 구멍을 내면

피와 무른 내장이 드러난다. 인간의 몸도 동물의 몸처럼 죽는다. 겉포장 훼손과 죽음이 혐오스러운 이유는 우리의 이러한 동물적 취약성을 상기시켜 우리의 마음을 불편하게 만들기 때문이다. 마지막으로, 인체를 올바로 사용하고 유지하도록 다스리는 역할을 하는 위생 규칙이 있다. 문화적으로 규정된 이러한 기준에 맞추지 못하는 사람은 인간 이하로 취급된다. 인간이 동물처럼 행동하는 한, 인간과 동물의 차이는 흐려진다. 그럴 때, 우리는 자신을 저급하고 천하고 (아마도 가장 결정적으로는) 결국에는 죽을 수밖에 없는 존재로 보게 된다.

이러한 이유로 로진은 혐오를 '몸과 영혼의 감정'이라고 묘사한다.

여기에는 두 가지 심오한 통찰이 담겨 있다. 첫째, 몸에서 영혼으로 혐오가 확장되는 것은 일종의 '전적응'이다. 전적응이란, 어떤 목적을 위해 진화해 온 것이 나중에는 다른 목적으로 사용되는 것을 말한다. 둘째, 우리가 지닌 동물과의 유사성 때문에 우리는 사람에게서도 혐오감을 느낄 수 있다. 그것에 따르면 우리는 천사가 아니며, 고깃덩어리에 불과하다.

하지만 로진의 이론은 너무 개념적이고, 너무 인지적이다. 이것에는, 혐오가 지니고 있는 육체성과 감각성이 빠져 있다. 혐오는 그렇게 세련된 감정이 아니다. 우리가 동물이라는 사실을 지적으로 상기시키기 때문에 혐오에 빠진다는 주장은, 혐오의 필요조건도, 충분조건도 되지 못한다. 인간은 어쨌든 숨도 쉬고 잠도 잔다. 이른바 '동물과 똑같다.' 그렇다고 숨 쉬고 잠자는 게 혐오스럽냐 하면 또 그렇지는 않다. 뇌 스캔 영상이나 방사선 사진은, 우리의 육체적 본질을 있는 그대로 충격적으로 상기시키지만 그렇다고 우리가 그것을 혐오스럽게 여기지는 않는다. 내가 - 다른 모든 동물들처럼 - 언젠가 죽는다는 사실을 되새길 때 슬퍼질 수도 있지만, 혐오감은 들지 않는다. 일반적으로, 우리의 동물성이 상기되는 것 그 자체는 혐오스럽지 않다.

죽음, 비위생, 몸(혹은 그것의 훼손), 특정한 성행위가 혐오스러운 이유를 더 그럴 듯하게 설명하는 방법은 따로 있다. 즉, 그것들을, 썩은 고기와 썩어가는 생선을 인식할 때처럼 기본적인 감각 단계 차원에서 인식하기 때문이다. 이것은 죽음과 연관되었을 때 가장 명백히 드러난다. 죽음 자체는 혐오스럽지 않다. 우리에게 혐오감을 주는 것은 죽음이 아니라 시신이다. 시신이 역겨운 이유는, 그것이 죽을 수밖에 없는 우리의 본성을 공허하게 상기시키기 때문이 아니다. 그것이 썩어 가는 살이기 때문이다. 몸이라는 포장지가 훼손될 때 혐오감이 드는 이유는, 그것이 우리 신체의 연약함을 떠올리게 하기 때문이 아니다. 다른 동물들과의 유사성을 보여주기 때문도 아니다. 이러한 훼손이 혐오스러운 이유는 진화 과정 중에 우리가 기피 대상으로 삼게 되었던 것들, 즉, 피와 고름, 무른 조직과 연관되어 있기 때문이다. 비위생이 우리에게 불쾌감을 주는 이유는, 그러한 행동을 하는 사람이 동물처럼 보여서가 아니다. 비위생적인 사람에게서 나쁜 냄새, 즉, 상한 음식이 연상되는 냄새가 나기 때문이다. (비위생이 질병과 직결된다는 점도 추가로 고려해볼 수 있겠다.) 마지막으로, 성행위 역시 대체로 소변이나 대변과 관련된 신체 부위와의 접촉이 수반된다. 그래서 성행위는 혐오라는 결실을 특히 나 많이 맺을 수 있는 분야다.

혐오가 감각의 영역에 – 어떤 방식으로든 우리의 감각을 건드리는 것들에 – 국한되어 있다는 게 지금까지 우리가 확인한 논점이었다. 다시 말해, 혐오는 사려 깊은 인지적 과정에서 발생하는 결과물이 아니다. 하지만 이와 다르게 혐오의 언어는, 고깃덩이와 배설물의 세계에서 멀리 떨어진 채로 더 광범위하게 비유적으로 사용되는 듯하다.

그 아이디어는 정말이지 **구린내가 난다.**
그가 아무 일도 안 하려고 이리저리 피하는 모습을 보면 **토할 것 같아.**
고액 연봉을 받는 CEO가 **역겨워.**

불과 몇 달 뒤, 나는 사람들이 '혐오스럽다'는 말로 다음과 같은 것들을 표현하는 소리를 들었다.

대통령의 조세안
단순히 보조금 지원자가 맘에 안 든다는 이유로 그의 지원서에 대해 부정적 평가를 하던 어떤 사람
마이크로소프트
기성품 스파게티 소스의 높은 가격

사람들에게 혐오스러운 것들을 열거해보라고 하면, 유력한 용의자들(대변 같은 것들)뿐 아니라, 사기꾼, 나치, 성차별주의자, 자유주의자, 보수주의자처럼 특정한 유형의 사람들도 그 목록에 포함된다. 이 주제를 다루던 세미나에 참석했던 한 대학원생은 TV 토론에 나온 한 정치인의 발언에 구역질을 느낀 적이 있었다고 했다. 만약 계속 토론을 시청했으면 그 학생은 분명히 '토하고 싶어졌을' 것이다.

이 모든 것을 봤을 때, 혐오를 고도로 추상적이고 지적인 감정이라고 생각하게 될 수도 있다. 물론 나는 이러한 생각에 다분히 회의적이다. 예상컨대, 이런 발언들에 등장하는 '혐오'는 일종의 비유적인 표현이다. 우리가 조세안이 혐오스럽다고 말할 때의 감정은, 지식에 목마르다거나 새 차를 갖고 싶은 욕심에 눈멀었다고 말할 때와 그 감정의 결이 비슷하다. 어쨌든, 정치계나 학계에서 열띤 담화가 진행되는 동안 실제로 사람들의 얼굴과 행동을 관찰해보면, 많은 분노를, 심지어 증오를 목격할 수 있다. 반면, 혐오를 나타내는 표정이나 감정적 징후는 볼 수 없거나, 있다고 해도 드물다.

우리가 '혐오'라는 말을 비유적으로 사용한다고 설명하긴 했지만, 그렇다고 해서 그러한 표현이 중요하지 않다는 뜻은 아니다. 혐오는 설득력 있는 비유이자 상당한 힘을 가진 비유다. 밀러가 언급했듯이, "다른 어떤 감정도, 심지어 증오조차도 그 대상을 이처럼 비호의적으로 그려내지는 않는다." 내가 어떤 아동 발달 이론을 공격하고 싶어 한다고 해보자. 이 이론을 두고, 어리석고 일관성이 없다고 하거나 이 이론 때문에 내가 얼마나 화가 났는지 이야기하는 것은, 이 이론을 혐오스럽다고 표현하는 것과는 완전히 다른 차원의 문제다. 혐오스럽다는 말은 수위가 높은 표현이다. 혐오스럽다는 그 말 한마디에 그때까지 객관적이고 구체적으로 거론되던 그 대상은 절대로 용납할 수 없는 것이 되어 버린다. 그리고 그 대상의 이론을 지지하는 사람이 누구든지 간에 그의 이름 역시 오염시켜 버린다.

혐오스럽다는 말 안에는, 정상적인 관찰자라면 누구든 명백히 알 수밖에 없는 의미가 내포되어 있다. 누가 봐도 크게 보이는 것을, 크다고 명시하는 것과 같다. 무언가가 혐오스럽다는 말에는 '직접 보면 당신도 혐오감이 들 걸. 혐오감이 들지 않는다면 **당신한테** 무슨 문제가 있는 거야'라는 의미가 함축되어 있다. 그래서 혐오의 언어 앞에서는 반응할 수가 없다. 말문이 막혀 버리기 때문이다.

어떤 견해를 공격할 때 혐오를 어떻게 사용할 수 있는지 보여주는 사례가 다음에 나와 있다. 윤리학자 리언 카스는 최근에 인간 복제를 논하면서, "혐오감을 논거로 내세울 수는 없다"라고 인정한 다음, 말을 이어갔다.

하지만 역겨움은 결정적일 때 깊은 지혜가 담긴 감정적 표현이 된다. 지혜의 힘이 미치지 않는 영역에서도 지혜를 온전히 또렷하게 전달한다. (아무리 합의가 있었다고 해도) 부녀간 근친상간이나 수간, 사체 훼손, 강간이나 살인은 끔찍하기 짝이 없다. 실제로 이런 끔찍한 행위들을 뒷받침할 만한 적합한 논거를 댈 수 있는 사람이 있을까? 이런 행위들에 대한 혐오감이 합리적으로 충분히 정당화되지 못했다고 해서, 그 감정에 대해 윤리적인 의문이 들 수 있을까?

나는 인간 복제에 대해 우리가 느끼는 혐오감이 이런 범주에 속한다고 생각한다. 인간을 복제할 가능성에 반감이 생기는 이유는 그 일이 낯설거나 참신해서가 아니다. 우리가 마땅히 소중하게 여기는 것들이 침해될 거라는 걸, 논거가 없더라도 즉각적으로 직감하기 때문이다.

복제 양 돌리의 성공으로 인해 일련의 시론들이 발표되었을 때, 밀러도 이와 비슷한 주장을 폈다.

이제는 분명히 밝혀야겠다. 나는 복제라는 발상이 혐오스럽고 역겹기까지 하다. 인간 복제만이 아니라 양 복제도 마찬가지다. 솔직히 돌리를 보면 혐오스럽다… 내가 하고 싶은 말은 간단하다. 인간으로 사는 데에는 큰 제약이 있는 법이다. 그런데 우리가 위험한 방식으로 이런 제약을 밀어내려 하면 혐오, 공포, 섬뜩함 같은 감정들이 그 사실을 우리에게 알려준다. 이 감정들은 우리가 인간의 자리를 떠나 다른 곳으로 가려 할 때 알람을 울린다. 물질이나 기계, 짐승의 세계로 내려가려 하거나 정신의 영역이나 순전히 말도 안 되는 세계로 올라가려 할 때 우리에게 경고를 보낸다.

하지만 틀렸다. 우리가 복제에 대해서 근친상간, 시신 훼손, 수간에 반응하는 것과 같은 방식으로 반응한다는 것은 사실이 아니다. 많은 사람들이 인간 복제에 대해 나쁘고 심지어 끔찍한 발상이라고 생각하지만, 이것은 역겨움을 느끼는 것과는 다르다. 아마 여러분은 자녀들을 데리고 아널드 슈워제네거가 출연한 대중영화 〈6번째

날)을 관람했을 것이다. (영화 속에서 아널드는 가족이 키우는 애완동물을 복제하러 갔다가 사악한 계략에 의해 **자신**이 복제되고 만다!) 하지만 만약 컬럼비아 영화사가 복제가 아닌 수간을 주제로 액션 영화를 제작해 상영한다면 어떨까? 그것만큼 쇼킹한 일은 없을 것이다. 실제로, 피터 싱어가 '헤비 페팅'이라는 제목의 기고문에서 (우리가 동물을 대하는 태도가 모순된다는 주장을 하기 위해) 대담하게도 수간을 둘러싼 도덕적 이슈를 논하자, 돌아온 반응은 조롱과 분노였다. 이처럼 세상에는 금기시되는 주제들이 있다. 복제는 거기에 속하지 않는다.

  나는 카스와 밀러를 비롯한 다른 많은 이들이 진실로 복제를 잘못이라고 확신한다는 걸 의심하지 않는다. 또한, 그들의 확신이 – 그들이 온전히 증명해낼 수 없을지도 모르지만 – 직관의 결과일 거라는 것도 믿는다. 하지만 그들이 특이한 게 아니라면, 복제에 대한 그들의 반응은 우리가 정상적으로 경험하는 역겨움이나 반감, 혐오감과는 같지 않다.

  나는 카스도 이 사실을 잘 알 것이라고 생각한다. 그는 우리가 이미 알고 있는 혐오를 상기시키는 대신, '극단적 형태의 아동 학대', '인간 복제에 대한 우리의 공포심'과 같은 표현을 통해 혐오를 **유발**하려고 한다. 그는 사람들에게 이런 식으로 복제에 **반응해야 한다**고, 그렇게 하지 않으면 도덕적 결함이 있는 사람이라고 설득하려 한다. 만약 사람들 대부분이 복제를 수간과 비슷한 것으로 생각한다면, 복제를 찬성하는 사람은 대체 어떤 괴물이 되는 걸까? 그는 불길한 어조로 읊조린다. "몸서리치는 법을 잊어버린 영혼들은 얼마나 천박한가."

만약 카스의 주장이 옳더라도, 또, 우리가 정말로 인간 복제를 역겹게 여기더라도, 그다음이 어떻게 될지는 분명치 않다. 카스와 밀러가 시사하는 바와 달리, 역겨움이 항상 심오한 지혜의 표현인 것은 아니다. 또한, 우리가 인간답기 위해 지켜야 하는 제약을 위반할 때 이를 알려주는 유용한 도구도 아니다. 혐오는 잔인하고도 어리석은 감정일 수 있다. 미국 역사를 되돌아보면, 예전에는 많은 사람들이 인종간 성관계라는 관념을 혐오스럽게 생각했다. 그리고 이 감정은 린치를 가하는 식으로 표현되었다. 또한, 많은 경우, 혐오는 집단 - 여성, 동성애자, 유대인, 불가촉천민 등 - 을 목표물로 삼았다. 감정들 중 도덕적 지침으로 삼을 만한 것을 고른다면, 나라면 혐오보다는 공감과 연민, 동정을 더 선호할 것이다.

♦ 혐오의 대상이 된 사람들

여러분이라면 다른 사람의 옷을 입겠는가? 만약 그 사람이 절단 수술을 경험했거나 결핵 같은 질병을 앓았다면? 도덕적 오점으로 얼룩진 사람의 옷이라면? 여러분이라면 히틀러가 입었던 스웨터를 입겠는가? 오클라호마시티 폭탄 테러범 티모시 맥베이가 썼던 야구 모자라면? 이런 질문에 많은 사람들은 싫다고 답한다. 완전히 깨끗하게 세탁된 데다 정상적이고 건강하고 도덕적으로도 문제없는 사람의 옷이라 해도, 여전히 낯선 사람의 옷을 입기 꺼리는 사람들이 우리 중에는 많다. 우리는 다른 사람들에게서 쉽사리 혐오감을 느낀다. 이런 성향은 골치 아프고 때로는 무시무시한 사회적 결과를 낳는다.

철학자 마사 누스바움은 혐오가 어떻게 무기로 사용되었는지를 요약해서 설명해준다.

역사를 통틀어, 자신의 우월한 인간적 지위를 규정하려는 특권 집단이 혐오스러운 특정 속성들 - 미끈미끈함, 악취, 끈적끈적함, 고약함 - 을 상대 집단에 끌어다 붙이는 일은 항상 되풀이되었다. 유대인, 여성, 동성애자, 불가촉천민, 하층민. 이들은 모두 더러운 몸을 지닌 얼룩진 사람처럼 그려졌다.

유대인은 오랫동안 혐오의 대상이었다. 일단, 유대인 그 자체를 혐오스러워했다. 볼테르는 유대인에 대해 이렇게 썼다. "유대인들은 더운 기후 지역에 사는 다른 어떤 민족보다 나병에 많이 걸렸다. 속옷도 입지 않고 집에 욕조도 없었기 때문이다. 유대 민족은 워낙 청결이나 생활 예절을 등한시했기에 입법자들이 강제로 손을 씻는 법을 제정해야 할 정도였다." 심지어 유대인 남성들이 월경을 한다는 주장도 있었다. 또한, 유대인들은 다른 집단이 소중하게 여기는 사람과 대상에게 혐오스러운 짓을 했다. 그들은 의례에서 그리스도교 아이들의 피를 사용했는데, 1215년에 성변화* 교리가 정식 가톨릭 교리로 인정되자 즉각 성체에 침을 뱉고 그 위에 대변을 보는 등 성체를 훼손하는 식으로 반응했다고 전해진다.

---

* 성체성사에서 빵과 포도주가 예수의 몸과 피로 변한다는 개념. 변화지례라고도 한다. (역자 주)

어떤 집단을 혐오스럽다고 인식하는 문제는 집단학살이라는 주제와 직결된다. 집단학살의 원인은 많다. 대상으로 삼은 집단의 구성원들이 신의 적이거나 지속적인 위협이라는 믿음, 저들이 과거에 끔찍한 잘못을 저질렀기 때문에 복수해야 한다는 신념 등이 원인이다. 그런데 혐오는 특수한 위상을 가진다. 혐오는 사람들을 다중살인으로 몰아가는 매우 효과적인 방법이다. 유사 이래 모든 집단학살에 혐오가 활용되었다는 사실은 인간의 심리를 잘 보여준다.

물론, 수수께끼처럼 보일 수도 있다. 목표 대상이 위험인물이라고, 그들이 과거에 끔찍한 짓을 저질렀다고 퍼뜨리는 것은 일리가 있다. 하지만 왜 굳이 '혐오스럽다'고 이야기하는 것일까?

가장 단순하게 답하면 이렇다. 혐오는 역겨운 것들을 연상시키는 부정적인 감정이기 때문이다. 그래서 어떤 사람들에 대해 혐오스럽다고 말하면 그들에 대한 부정적인 생각을 불러일으키게 된다. 하지만 이보다 더 나은 대답 즉, 직관적 이원론의 핵심을 강타하는 설명을 할 수도 있다. 말하자면, 혐오는 사람의 영혼이 아닌 몸에 대한 반응이기 때문이라고 말이다. 영혼을 가진 존재로 사람들을 보면, 그들은 도덕적 가치를 지니게 된다. 여러분은 그들을 미워할 수도 있고 탓할 수도 있고, 사악한 존재로 여길 수도 있다. 또한 그들을 사랑할 수도 있고, 용서할 수도 있고, 상처받은 사람으로 여길 수도 있다. 그들이 도덕적 범주 안에 들어간다면 말이다. 반면, 사람들을 그저 몸으로만 보면, 그들은 모든 도덕적 가치를 상실하게 된다. 공감은 그들에게까지 미치지 않는다. 그래서 역사 속 독재자들과 전쟁광들은 혐오라는 도구를 통해 사람들이 가장 끔찍한 잔혹

행위를 저지르게 만들 수 있다는 통찰을 얻고 또 얻었다.

이것의 작용 방식을 보여주는 현대의 가장 명료한 사례는 나치의 선전에서 찾을 수 있다. 선전 문구 속에서 유대인들은 더럽고 추잡한 질병 덩어리로 묘사되었다. 그들은 쥐, 쓰레기, 감염을 일으키는 세균으로 그려졌다. 누스바움이 익히 표현했듯, "반유대주의 선전에 등장하는 유대인들의 상투적인 이미지는 이러했다. 혐오스럽게 부드러우면서 구멍이 숭숭 뚫린, 액체를 흡수해 끈적끈적하고, 미끈한 점액질의 계집애 같은 존재, 즉, 독일 남성의 깨끗한 몸속에 사는 더러운 기생충의 이미지였다." 1920년대의 튀르키예인들 역시 아르메니아인들을 이와 비슷하게 표현했고, 1990년대에 르완다에서는 투치족이 후투족에 대해 이런 식으로 말했다.

집단학살 행위를 하는 동안 압제자들이 사용하는 전략이 하나 더 있다. 학살의 희생자들이 혐오스럽게 행동하도록 그들을 몰아가고, 그렇게 보이도록 상황을 조성하는 것이다. 아르메니아인 가족들을 굶어 죽기 직전까지 몰아가던 자들은 아르메니아인들이 '굶주린 개'처럼 먹을 것을 두고 싸운다며 그들의 '손이 짐승 발톱처럼' 생겼다고 경멸조로 말하곤 했다. 나치는 위생을 챙기기 어렵거나 불가능한 환경 속에 유대인들을 몰아넣은 다음 – 강제수용소에 가두거나, 정도가 덜한 경우라면 유대인 거주지역에 살게 하면서 – 그들의 추잡함에 대해 실컷 떠들었다. 프리모 레비에 따르면, 유대인들의 화장실 사용을 금지한다는 규칙이 발표되자, 다음과 같은 반응이 일어났다고 한다.

SS 친위대는, 남녀 할 것 없이 플랫폼과 철로 한가운데 어디서든 쪼그리고 앉아 볼일을 보는 사람들을 보며 노골적으로 재미있어했다. 독일인 승객들은 대놓고 혐오감을 표현했다. "저 사람들 좀 봐. 저런 운명이 된 것도 그럴 만하네. 저들은 멘센Menschen, 즉, 인간이 아니라 동물이야. 아주 명백하군."

테렌스 데 프레는 강제수용소 생존자들 중에는 가능한 한 청결을 유지하려고 애쓴 사람들이 많았다고 주장했다. 이들을 짐승처럼 보이게 만들려는 시도에 맞서, 이들은 스스로와 다른 사람들 앞에서 존엄성을 잃지 않기 위해 고군분투했다.

혐오만이 사람을 깎아내리는 유일한 방법은 아니다. 먼저, 사람을 '화물'로 묘사하거나 숫자로 지칭하는 등 사람의 인격을 앗아가는 방법이 있다. (이런 이유로 아동 권리협약의 틀을 만든 사람들은, 모든 아동에게는 고유한 이름을 가질 권리가 있다고 주장하며 그것을 아동의 권리로 규정했다.) 유머 역시도 사람들을 웃게 만듦으로써 누군가의 인간성을 말살하는 데 이용될 수 있다. 문화혁명 동안, 반대파에게 바보 모자를 씌우거나 비하하는 내용이 적힌 플래카드를 달아 가두 행진을 시킨 것이 그 사례이다. 그래도 인간성을 말살하는 데 사용할 만한 일상적인 도구로는 혐오만 한 게 없다. 그야말로 본능적이고 강력하기 때문이다.

혐오는 더 고상한 목적으로도 사용될 수 있다. 어떤 사람들은 물질적인 우리 몸에 대한 부정적인 반응을 유발함으로써, 영적인 삶이나 영혼의 삶에 대한 동기를 부여하려고 한다. 성 아우구스티누스는 키케로가 생생하게 묘사했던 에트루리아 해적들의 고문 방식을 차용했다. 그들은 죄수들을 고문할 때 시체와 얼굴을 마주 보게 해서 몸을 하나로 묶는 방식을 사용했는데, 아우구스티누스는 영혼의 운명도 이와 같다고 주장했다. 썩어 가는 시신에 묶인 것처럼 육체에 묶여 있는 것이 영혼의 운명이라고 말이다.

그렇다면 혐오의 한계는 어디까지일까?

성행위를 생각해보자. 음식과 마찬가지로, 어떤 성행위가 혐오스러운지를 묻는 것은 잘못된 접근이다. 그런 행위가 너무도 많기 때문이다. 동물과의 성행위, 아이와 아기와의 성행위, 시신과의 성행위가 그렇다. 사람에 따라 동성 간의 성행위, 노년이나 심지어 중년의 성행위에 역겨움을 느끼기도 하고, 서로 다른 인종 간의 성행위와 장애인과의 성행위를 역겨워하기도 한다. 그런가 하면 자위행위나 특정한 방식의 성행위, 심지어 특정한 자세를 끔찍하게 생각하는 사람들도 있다. 합의에 따른 성인 남녀 간의 유쾌하고 평범한 성행위조차도, 심지어 매우 매력적인 성인들의 합의에 따른 성행위조차도 틀림없이 적어도 가끔은 혐오스럽게 느껴질 수도 있다. 따라서 도착적인 행동 하나하나, 자세 하나하나를 따져서 혐오스러운 성행위 목록을 작성하고 거기에서 공통된 특성을 확인하려 하는 것은 잘못된 계획이다.

음식에 대한 질문과 마찬가지로, 이렇게 물어야 한다. 어떤 성행위가 혐오스럽지 **않은가**? 유머 작가 스티븐 프라이가 이에 대해 한

가지 답을 제시한다. 먼저, 그는 자신이 생각하는 성관계의 짐승 같은 본질에 대해 이야기한다. "사랑이라는 연회의 주인공 역할을 하는 저 축축하고 어둡고 냄새나고 역겹게 숱이 많은 신체 부위가 대체 왜 매력적인지 알려주는 사람이 있으면 대단히 고맙겠다." 그런 다음, 성욕이 그것보다 문명화된 그 어떤 과묵함보다도 우선순위에 놓인다고 지적한다. "일단 자신의 몸이 제공하는 약물에 취하면, 모욕적이고 음란하고 짐승 같은 행동의 고삐가 풀려버린다. 우리 중 가장 합리적이고 품위 있는 사람들도 그것에 다 빠져 버리고 만다." 달리 표현하면, 색욕이 혐오를 이길 수 있다는 말이다.

이 지점에서, 프로이트를 난감하게 만들었던 문제를 깔끔하게 정리하고 넘어가자. "예쁜 여성의 입에 열정적으로 키스하는 남성이라도, 그 여성의 칫솔을 사용해야 한다는 것에는 역겨워할 수 있다." 프로이트는 혐오라는 감정의 비합리성을 설명하기 위해 이 사례를 들었다. 하지만 이런 일이 일어나는 이유는 쉽게 설명된다. 키스라는 행위에는 성욕이 작용하기 때문에 혐오가 차단되는 것이다. 이는 배고픔과도 유사하다. 굶주린 사람은 인육이든 뭐든 다 먹는다.

그런데 색욕에는 고유한 도덕적 문제가 있다. 성욕을 품고 누군가를 보는 것과 도덕적 가치를 지닌 사람으로 보는 것 사이에 팽팽한 긴장이 있을 수 있다. 이런 통찰은 어제오늘 등장한 것이 아니다. 페미니스트들은 오래전부터 누군가를 '대상으로' 보는 행위의 부도덕함을 주장했다. 나는 다음과 같은 표현이 특히 적절하다고 생각한다. 색욕과 사랑이 공존할 수 있음은 명백하다. 하지만 혐오처럼 색욕도, 손쉽게 사람을 사람으로 인식하지 못하게 막을 수 있고, 이 사실이 마음을 불편하게 만든다. 메릴린 먼로는 이러한 우려를 몇 마디 쓴소리로 요약했다. "난 한 번도 섹스를 좋아한 적 없어요. 앞으로도 그럴 일은 없을걸요. 섹스는 사랑과 정반대 같거든요."

그렇다면 사랑은 어떨까? 사랑도 색욕처럼 혐오를 이기지만, 그 방식은 매우 다르다. 사람을 사랑할 때, 우리는 그 사람을 몸이 아니라 하나의 영혼으로 생각한다. 혼인 관계가 오래 지속되거나 파경을 맞는 이유를 연구한 심리학자 존 가트맨은 결혼생활에 문제가 있음을 알 수 있는 주요 징후를 발견했다. 열을 올리며 싸우거나 대화가 차갑게 단절되는 것은 파경의 징조가 아니었다. 혐오와 그것의 파트너라 할 만한 경멸이 나타날 때가 진짜 문제였다.

그리스도교 신학 속에는, 다른 사람들이라면 역겨워할 만한 행위들을 감내함으로써 인류애와 하느님에 대한 사랑을 표현하는 성인과 추앙받는 인물이 차고 넘친다. 그들은 낯선 이의 고약할 정도로 더러운 몸을 씻겨주고, 나병환자를 돌본다. 성녀 카타리나의 경우에는 내가 차마 입에 담을 수 없는 행동을 베푼다. 하지만 우리가 사랑의 힘으로 비교적 역겨운 행위를 감내하는 일상적인 사례도 많다. 아기의 기저귀를 갈아주고 고령의 친척을 돌보는 예는 흔하다. 이런 경우에는 혐오가 사라지는 게 아니라 줄어드는 것이다. 나는 다른 사람의 아이보다 내 아이의 기저귀를 갈아주는 일이 훨씬 더 쉽다고 느낀다. 그리고 그 이유의 대부분을 차지하는 것이 바로 사랑이라고 생각한다. 외과 의사 아툴 가완디는 의사가 환자를 어떻게 수술하는지 논하면서 의사의 태도를 묘사했다. 그들은 환자의 몸을 대할 때, 마땅히 존중해야 할 한 사람인 동시에 해결해야 하는 하나의 문제로 보면서 '다정함과 심미주의'를 장착하고 임한다고 한다. (부수적으로 주목할 사항이 하나 더 있다. 의학적 처치 과정에서 억눌러야 하는 감정은 혐오만이 아니다. 성욕도 있다.)

이외에도 혐오감을 접어두게 만드는 더 일상적인 심리적 과정들도 있다. 먼저, 습관화 – 반복적인 노출로 반응을 무뎌지게 하기 – 가 있다. 어떤 것들에 익숙해지면 거슬리던 것이 덜 거슬리게 된다. 또한, 사람들은 혐오스러울 가능성이 있는 것을 맞닥뜨릴 때 필요한 통제력을 어느 정도는 연마해둔다. 가령, 기저귀를 갈 때 조심스레 눈을 돌리고, 입으로 숨을 쉬면서 다른 생각을 하는 식이다. 이보다 더 인지적인 차원의 노력도 있다. 매일, 발에 묻은 쥐똥이나 핫도그의 실제 구성 성분 등을 걱정하면서 지내다가는 머리가 돌아버릴 수도 있다. 그래서 우리는 그런 문제들을 곱씹어 생각하지 않으려고 노력한다. 하지만 항상 성공하지는 못한다. 런던을 여행하던 중, 나는 운 나쁘게도 신문에서 과학 기사를 하나 읽었다. 과학자들이 영국의 펍에서 안주로 제공하는 땅콩을 분석했더니, 아니나 다를까 땅콩 겉에 소변이 얇은 막처럼 묻어 있었다는 내용이었다. 깔끔함과는 거리가 먼 사람들이 화장실을 이용한 다음 손 씻기를 게을리 한 탓이었다. 그 후, 나는 펍에 가서도 그 내용을 머릿속에서 지울 수 없었고, 다른 사람들이 그 안주를 맛있게 먹는 동안 그저 슬픈 눈으로 바라보기만 했다.

마지막으로, 사회적 구조가 작동해서 우리를 혐오스러운 것으로부터 지켜주거나, 우리 눈에 보이지 않게 가려주거나, 경계선상에 있는 경우라면 우리를 안심시켜주기도 한다. 이런 기능을 하는 것이 바로 예절이다. 1558년에 작성된 행실 지침서에서 좋은 사례를 찾을 수 있다. "새로 세탁한 손수건이 아니면 누구에게도 주어서는 안 된다… 손수건을 펼친 다음, 마치 머리에서 진주와 루비가 떨어지기라도 한 양 뚫어지게 들여다보는 것도 적절치 않다." 일부 종교법도 그런 기능을 한다. 가령, 정결한 음식이 어쩌다 오염된 경우, 오염된 부분이 전체의 1/6에 미치지 않으면 용인된다는 식으로 말이다. 또한, 완곡한 표현도 이런 기능을 한다. 미국인들과 유럽인들은 음식의 기원을 감추려고 무던히도 애쓴다. 조리법으로도 숨기고, 말할 때도 '소고기'나 '돼지고기' 같은 용어를 드러내놓고 사용하지 않으려 한다. (이와 관련해 한 친구에게서 들은 이야기가 생각난다. 어느 날, 친구의 딸이 식탁 위의 음식을 넋을 잃고 관찰하더니, 이렇게 말했다고 한다. "진짜 신기하지 않아요? 이 음식을 '양고기'라고 부른대요. 양이라면 진짜 양이랑 이름이 같잖아요!" 그 얘기를 들은 그가 음식과 동물의 이름이 같은 것은 우연이 아니라고 알려주자 그 사실에 경악한 딸은 십 년이 더 지난 지금도 여전히 채식주의자로 살고 있다.)

혐오스러운 것을 세심하게 통제해서 필요한 만큼만 제시하는 사회적 구조도 있다. 보편적으로 의례에 자주 등장한다. 예를 들어, 누에르족은 소의 소변으로 목욕을 하고, 주니족은 의식 중에 개똥을 먹고, 예일대학교의 해골과 뼈 동아리에서는 입회식 때 나체로 관에 누워 진흙 속에 묻히는 체험을 한다. 불쾌한 무언가를 하면 충성심을 시험할 수 있고, 고통을 공유함으로써 집단 연대감이 생긴다. 혐오스러운 물질과의 접촉은, 고통의 연대를 만드는 탁월한 메커니즘이 된다.

전반적으로 혐오에는 약간의 매력이 있다. 조너선 하이트의 지적에 따르면, 사람들에게 "혐오스러운 거 볼래요?"라고 물으면, 거의 항상 조심스럽게 "네"라는 대답이 돌아온다고 한다. 모든 부정적 감정에는 이런 매력이 있다. 우리는 아픈 곳을 찌르고, 무서운 기구를 타려고 놀이공원에 가고, 눈물을 흘리게 하는 비극을 찾아본다. 프로이트 학파라면 이것이 병이라고 여길지 모르지만, 나는 로진의 '양성 피학증' 이론에 마음이 더 기운다. 우리는 세상과 맞닥뜨리기 위해 – 우리가 무엇을 할 수 있고 우리의 한계가 어디까지인지를 시험해보기 위해 – 때때로 부정적인 경험에 직면하는 방식으로 자신을 단련한다. 단, 부정적인 경험이 우리의 통제 아래 있어서 실질적인 위협이 되지 않도록 선을 지킨다.

마지막으로, 혐오는 유머를 유발하는 원천이다. 어떤 논객들은 역겨운 내용을 담은 유머야말로 최근에 만들어진 발명품이라고 주장한다. 하지만 이런 종류의 것들은 고대 그리스의 고전 희극에도 가득했다. 아리스토파네스의 희곡 작품에도 화장실 유머는 남부럽지 않게 있다. 이런 이유를 설명해줄 훌륭한 희곡 이론이 나왔으면 하는 바람이다.

♦ 혐오와 유머의 공통적인 속성

혐오와 유머의 공통점을 논하기 전에, 더 폭넓게 질문을 던져보자. 무엇 때문에 우리는 웃는가? 뇌에 관한 어느 대중서는 이렇게 자신 있게 주장한다. "우리는 예상했던 일과 실제 일어나는 일 사이에 부조화가 있을 때 웃는다. 단, 그 결과가 무섭지 않아야 한다." 하지만 이런 주장이 옳을 리 없다. 부조화가 유머의 한 측면인 것은 분명하지만, 그것만으로는 충분치 않기 때문이다. 식기세척기 안에서 신발 한 짝이 발견된다거나 6월에 눈이 온다거나 하는 일은 앞뒤가 맞지 않지만, 그 자체로 웃기지도 않는다. 따라서 웃음을 유발하려면 그냥 부조화가 아니라 특정한 유형의 부조화가 필요하다.

부조화 이론의 범위를 좁힌 인물은 아서 쾨슬러다. 그는, 유머가 관점의 전환을 수반한다고 지적했다. 핵심을 찌르는 구절이 원래의 추론 틀 안에서는 앞뒤가 안 맞지만, 다른 틀 안에서는 이치에 맞아야 한다는 뜻이다. 아래의 예처럼 말이다.

문이 문이 아닐 때는?
문이 열려 있을 때(when it is a jar)!
(열려 있다는 뜻의 ajar와 병이라는 뜻의 a jar를 사용한 언어유희 - 역자).

마시면 똑똑해지는 맥주는?
버드와이저(budwiser)!
(더 똑똑하다는 의미를 지닌 wiser를 사용한 언어유희 - 역자).

유머는 관점의 전환으로부터 나온다. 첫 번째 질문에 "닭일 때!"라고 답했다고 가정하자. 이 경우도 앞뒤가 안 맞기는 매한가지지만, 웃기지는 않는다. 전혀 말이 안 되기 때문이다. 반면, "열려 있을 때"라고 하면 핵심어인 'ajar'가 중의적인 의미를 담고 있기 때문에 말이 된다. 농담은 이럴 때 성립된다.

우리는 이러한 이론 덕분에 유머의 비밀에 한 발짝 다가서고 있지만, 여기에는 한 가지 문제가 있다. 이런 농담들이 생각보다 웃기지 않다는 것이다. 이런 농담은 그저 탄성을 자아낼 뿐이다. 이런 농담에 누군가가 웃는다면, 십중팔구 너무 형편없어서 웃는 것이다. 이런 종류의 언어유희는 잘해봐야 재기발랄할 뿐이다. '똑똑'으로 시작하는 문답식 농담이나 '전구 갈기' 농담, '코끼리를 소재로 한' 농담도 마찬가지다. 이들은 일종의 농담 지망생이다. 농담의 형식적 기준은 충족했지만, 농담을 진짜 재미있게 만드는 2%가 부족하다.

이 부족한 2%에 해당하는 것이 바로 특정한 유형의 사악함이다. 웃음을 좋아하는 사람이라면 이 잔인한 본질을 놓칠 리 없다. 심리학자 로버트 프로바인에 따르면, 웃음소리는 때때로 상냥하게 들리지만, 반면 충격적일 만큼 야랄하게 들릴 수도 있다고 한다. 그리 오래전 일도 아니다. 엘리트들이 재미로 정신병원을 찾아가 입원 환자들을 보며 한없이 웃던 시절이 있었다. 육체적, 정신적 기형은 늘 오락거리였다. 공개 처형과 태형이 진행될 때도 웃음은 빠지지 않았다. 전쟁 중에 벌어지는 강간과 약탈, 살인의 현장에도 웃음소리가 늘 따라다녔다. 콜로라도주 리틀턴의 컬럼바인 고등학교에서 학살을 자행하는 동안에도 살인자들은 웃었다. 예전에 나는 2차 세계대전 중 독일에서 찍힌 어느 작은 유대인 소년의 끔찍한 사진을 본 적이 있다. 소년은 무릎을 꿇은 채 강제로 길바닥을 닦고 있었고, 어른들은 그 주위를 둘러싼 채 웃으며 그를 조롱하고 있었다. 많은 고문 보고서에는 고문 가해자들이 희생자들을 모욕하면서 재미있어 했다는 내용이 나온다. 어느 2차 세계대전 참전용사의 보고에 따르면, 그의 소속 부대는 숨어 있던 일본인 병사를 발견한 뒤, 그를 사격 연습용 과녁으로 삼았다고 한다. 그를 공터에 풀어놓고 그가 미친 듯이 달아나면 그 뒤로 총을 발포했다. "그들은 그 병사의 움직임을 보고 우스워했소. 웃느라 그를 천천히 죽이게 되었을 정도라오. 그들은 이 일로 신이 나서 며칠 동안이나 농담거리로 삼았다오." 인간과 비슷한 영장류의 행동에서도 이와 똑같은 공격성이 나타난다. 원숭이 무리는 공동의 적을 공격할 때 웃음소리 비슷한 소리를 낸다. 침팬지도 공격하는 것처럼 행동할 때 웃음소리를 낸다.

하지만 유머를 '관점의 전환에 잔혹함을 한 스푼 뿌린 것'으로만 본다면 너무 단순하게 생각하는 것이다. 유머에는 제대로 된 유형의 잔혹함이 필요하다. 코미디언 멜 브룩스는 언젠가 이렇게 말했다. "내가 내 손가락을 자르면 비극이다. 당신이 뚜껑 열린 하수관에 빠져 죽으면 그것은 희극이다." 데이브 배리가 유머 작가 지망생들에게 했던 조언도 이를 잘 표현하고 있다.

"유머에 관한 진실 중 가장 중요한 것은 이것이다. 어떤 상황에서 진짜 유머를 볼 수 있으려면 시각을 가져야 한다. '시각'은 두 개의 고대 그리스어에서 파생된 말이다. '시'는 '나 외의 다른 누군가에게 일어나는 나쁜 일'을 의미하고, '각'은 '이상적으로 말하면 도널드 트럼프 같은 사람'이라는 뜻이다."

여기서 중요한 요소는 존엄성의 상실이다. 누군가의 콧대가 꺾이고 체면이 깎여야 한다. 웃음은 무기로, 그것도 군중이 사용할 수 있는 무기로 쓰이기도 한다. 무의식적인 데다 전염성도 있기 때문이다. 웃음이 지닌 체제 전복의 힘은 워낙 대단해서, 플라톤은 국가에서 웃음을 금지해야 한다고 생각했을 정도다. 반면, 상냥한 사람의 웃음은 장난기를 나타내고 우정을 싹트게 할 수도 있다. 우리는 <u>스스로 존엄성을 포기하고 망신을 자초해서 자신을 조롱하고</u>, 그렇게 해서 다른 사람들을 웃게 만들 수도 있다.

유머는 육체와 영혼의 상호작용과 매우 직접적인 관계를 맺고 있을 수 있다. 유머에는 시각의 전환이 필요하다. 그런데 가장 충격적인 전환 중 하나는 사람을 지각 있는 존재, 즉, 영혼으로 보다가 관점을 바꿔 육체로 보게 되는 것이다. 앙리 베르그송은 유머가 이러한 육체와 영혼의 이원성에 바탕을 둔다고 주장했다. 베르그송은 이를 가리켜 "살아 있는 것 위에 덮인 기계적인 어떤 것"이라고 했고, 쾨슬러는 "미묘한 마음과 무생물의 이원론"이라고 불렀다. 사실 대부분의 유머들은 육체나 영혼과는 관련이 없다. 하지만 이 이원론이 최고로 군림하는 영역이 있으니, 그것은 바로 슬랩스틱이다.

미국식 슬랩스틱을 연구한 앨런 데일에 따르면, 재미있는 행동들은 모두 '때리기와 넘어지기' 중 하나에 속한다고 한다. 전형적인 때리기에 해당하는 것이 파이로 얼굴 때리기이며, 전형적인 넘어지기 중 하나가 바나나 껍질에 미끄러지는 것이다. 하지만 두 범주, 즉, 영웅의 위엄에 대한 의도적 공격(때리기)이나 그 위엄의 의도치 않은 붕괴(넘어지기)에 해당하는 행위들의 종류는 매우 광범위하다. 영화 〈덤 앤 더머〉에서 짐 캐리가 음식에 변비약을 우스꽝스러울 정도로 많이 집어넣은 탓에 제프 다니엘스는 무지막지하게 공격해 오는 설사에 굴복하고 만다. 이것은 때리기에 해당한다. 영화 〈빈〉에서 로완 앳킨슨은 값을 매길 수 없는 예술작품 앞에 서서 흥얼거리며 미소를 지은 채 감상하다가, 갑자기 그 작품 위로 폭발적인 재채기를 날려버린다. 이것은 넘어지기에 해당한다.

데일의 표현처럼, '몸'은 혐오와 종교, 슬랩스틱의 배후에서 영혼의 품위를 떨어뜨리는 효과를 낸다. 다만, 방식은 서로 다르다. 혐오는 영혼을 묵살한 채 몸에 초점을 맞춘다. 종교는 적어도 가끔은 영혼에 집중하고 몸은 외면한다. 슬랩스틱은 육체와 영혼을 동시에 다룬다는 면에서 이들 중 가장 풍요롭다. 슬랩스틱은, 불안정한 물리적 껍데기에 갇혀 있는 감정과 목표를 지닌 사람의 모습을 보여 준다. 데일이 말했듯이, 슬랩스틱에는 "통제하는 몸속에 갇혀 있는 영혼에 대한 세속적 의미"가 담겨 있다.

이것은 틀림없이, 누군가가 파이 세례를 받거나 바나나 껍질을 밟고 넘어질 때 왜 우리는 웃게 되는가 대한 멋진 분석처럼 들릴 수 있다. 하지만 이원성이 없다면, 유머도 없기 때문에 슬랩스틱은 실패하고 만다. 그렇기에 영유아들이 이런 종류의 유머를 즉각적으로 인식한다는 사실은 매우 흥미롭다. 만약 여러분이 지금 두 살배기 아이를 웃겨야 하는 곤란한 처지에 있다면, 갑자기 놀란 표정을 지으면서 엉덩방아를 찧는 게 가장 효과 좋은 방법이다.

4부

정신적 영역에 대한 관점

7장
고로 나는 존재한다

• • •

"돼지 판막이라." 래빗은 역겨움이 몰려오는 것을 감추려 애쓴다.
"괜찮았어? 그들이 네 가슴을 열고 기계를 통해 네 피를 돌게 하는 거야?"
"식은 죽 먹기지. 그냥 의식 없이 누워 있으면 되는걸.
기계로 피를 돌게 하는 게 어때서? 어이, 대장, 우리가 달리 뭐라도 되나?"
우리는 신이 불멸의 영혼을 불어넣어 만든 유일무이한 하나의 존재.
은총의 운반자. 선과 악이 싸우는 전쟁터. 수습 천사.
- 존 업다이크, 「토끼 잠들다」

다른 사람들의 장례식에 꼭 참석하라.
그러지 않으면 그들도 당신의 장례식을 찾지 않는다.
- 요기 베라

누군가가 세상을 떠날 때, 어떻게 하면 그의 영혼을 남아 있는 몸에 붙들 수 있을까? 어쨌든, 친구와 가족, 소유하던 것들이 세상을 떠나는 일은 기쁜 일이 아니므로, 누구나 자연스럽게 그녀나 그의 몸을 되돌려 놓으려고 애쓸 것이다. 인류학자 티모시 테일러가 지적했듯이, 이것은 귀중한 물건을 손에서 떨어뜨렸을 때 다시 줍게 되는 것과 똑같은 충동이다. 그러나 몸이 되살아나는 것은 남아 있는 사람들에게는 나쁜 소식이다. 손상되어 부패 중인 시신이 자신의 배우자를 포함한 자기 소유물들을 도로 가져가려고 할지도 모르기 때문이다. 그래서 많은 사회에서는 기발한 방법들을 개발하여 영혼에 마법을 걸거나, 겁을 주어 쫓아내거나, 주의를 다른 곳으로 돌리려 애썼다.

그런데 이것은 일시적인 문제에 불과하다. 몸이 부패하면서 영혼은 정신의 세계로 점점 더 이동한다. 그러다가 충분한 시간이 지나면 (가령, 살이 완전히 사라지고 뼈만 남으면) 소생 가능성은 점점 더 사라진다. 그럼에도 때로 몇 주 또는 몇 달이 지난 뒤 두 번째 의례가 필요한 경우가 많다. 영혼이 조상들의 영역에 확고하게 남아 있도록 해두기 위해서다. 많은 문화권에서 '이중 장례'를 치르는 이유 중 하나다. 사후 즉시 한 차례 의식을 치른 다음, 영혼이 안식처로 가도록 재촉하기 위해 한 차례 더 치른다.

이 책을 읽는 대부분의 독자들은 영혼이 시신을 다시 차지하지 않게 할 방법을 고민해 본 적은 없을 것이다. 소생은 공포 영화에나 나올 법한 일이니까. 하지만 이런 우려가 전적으로 생경한 것은 아니다. 이는 흔한 주제를 색다르게 변주한 것이기 때문이다. 이보다 친숙한 버전 중에는 영혼이 천국으로 올라가거나, 지옥으로 떨어지거나, 다른 동물이나 사람의 몸을 차지할 수도 있다는 관념이 있다. 스스로 죽은 사람과 소통할 수 있다거나 영혼을 안전하게 보호하기 위해 기도해야 한다고 믿지 않더라도, 당신이 아는 사람 중엔 그렇게 믿는 사람이 있을 것이다.

직접 질문을 받으면, 미국인들 대부분은 천국(90%)과 지옥(73%), 천사(72%)의 존재를 믿는다고 답하고, 대부분은 천국에서 친구와 가족을 만나고 싶다고 말한다. 대략 6명 중 1명은 더 나아가 죽은 사람과 이미 접촉한 적이 있다고 주장한다.

내가 알기로, 사람들에게 육체와 영혼의 이원성이라는 더 일반적인 전제에 대해 체계적으로 질문한 사람은 없다. 존 업다이크의 소설 속 주인공인 래빗의 생각에 동의하는지 물어본 적이 없다는 말이다. 여러분은 자신이 (A)기계라고 생각하는가, 아니면 (B)비물질적인 영혼이라고 믿는가? 심미적으로 매력적인 선택지는 (B)이다. (우리가 '고깃덩어리 기계'일 뿐이라는 AI 분야의 선구자 마빈 민스키의 주장을 좋아할 사람이 어디 있겠는가?) 우리는 우리가 육체**인 것**처럼 느끼지 않는다. 육체를 **차지하고** 있는 것처럼 느낀다. 어떤 사람들은 스스로의 정체성을 육체이자 영혼이라고 규정하면서 "둘 다"라고 말하고 싶어 할 수도 있다. 하지만 (A)를 선택하는 사람은 극소수에 불과할 것이다.

그렇다면 (A)에 동의하는 많은 심리학자와 신경과학자들의 의견에 대해서는 어떻게 설명할 수 있을까? 나는 이런 대답의 진정성을 의심하지는 않는다. 다만, 과학적 추론이나 철학적 숙고를 통해 다음과 같은 믿음을 가지게 된 사람들의 범주에 함께 넣겠다. 외부 세계는 없으며 감각적 느낌만 있을 뿐이라거나(버클리 주교), 생각과 느낌은 존재하지 않는다거나(일부 급진적인 행동주의자), 도덕성이나 진리, 고통 같은 것은 없다고 믿는 사람들의 범주에 말이다. 이러한 사람들은 완전히 진심으로 그렇게 믿는 것일 수도 있다. 하지만 이 같은 견해는, 세상에는 대상과 마음, 도덕, 진리, 경험이 존재한다는 우리의 근본적인 인식 위에 급조된, 공허한 지적 같은 의견이다.

이 책은, 우리가 두 가지 방식 즉, 육체의 관점과 영혼의 관점에서 세상을 바라보는 이원론자라는 의견을 전제로 하고 있다. 그리고 이 이원론을 통해 몸과 영혼은 분리된 별개의 것이라는 발상이 직접적으로 탄생했다. 이런 발상에서부터 자아와 정체성, 사후의 삶이라는 개념들과 그것을 포함해서 우리가 소중히 여기는 관념들이 탄생한 것도 사실이다.

♦ 우리가 확실하게 알고 있는 것

잠시 철학적 회의주의자가 되어보자. 보통의 회의주의자들은 초능력, 폴터가이스트 현상, 외계인의 존재나 녹차의 수명연장 같은 효과를 믿지 않는다. 하지만 철학적 회의주의자인 여러분에 비하면 이러한 회의론자는 명함도 내밀지 못할 수준이다. 여러분은 거의 모든 것을 의심하기 때문이다. 가령, 사람들은 대부분 자신이 살아온 세월을 인정한다. 하지만 철학적 회의주의자인 여러분은 우주가 혹시 단지 몇 초 전에 창조된 것은 아닌지 의혹을 품을 수 있다. 그리고 그러했을 때, 여러분의 기억은 모두 환상이 된다. 공상과학 작품을 보면, 로봇과 복제인간들이 자신에게 부모와 유년기, 풍요로운 삶이 있었다고 믿는 상태로 제작되는 장면이 나온다. 안타깝게도 그들이 잘못 알고 있는 것이지만. 그들의 기억은 가짜다. (영화 〈블레이드 러너〉를 생각해보라.) 여러분도 그렇지 않다고 어떻게 확신하겠는가?

여러분에게 뇌가 있는지 의심스러울 수 있다. 영유아들은 자기한테 뇌가 있는지 알지 못한 채로 아주 행복하게 아장아장 걸어간다.

인류 대부분도 그런 기관이 존재하는지 전혀 모르는 채 살다가 죽었다. 심지어 뇌를 처음 발견한 후에도 한동안은 어디에 쓰이는 기관인지 알지 못했다. 고대 그리스인들은 혈액을 식히는 게 뇌의 주된 기능이라고 믿었다.

오늘날에는 신앙심이 가장 깊은 사람들조차 뇌가 정신적, 영적 삶과 밀접하게 관련되어 있다는 데 동의한다. 아마도 뇌를 영혼이 자리하는 좌석이라고 생각할 것이다. 하지만 항상 이렇게 명확한 것은 아니다. 15세기 교회는 머리가 붙어 있는 샴쌍둥이에게 세례를 한 번 주느냐 두 번 주느냐 하는 문제로 씨름했다. 근대적 감성으로는 두 번이 맞다. 머리가 둘이라는 사실로 봤을 때, 두 명임이 명백하다. 하지만 그 당시 많은 사람들은 영혼이 심장에 깃들어 있다고 느꼈다. 그래서 이 문제의 해법은 심장이 몇 개인지로 결정됐다. 중세 프랑스의 외과 의사 앙브루아즈 파레는 1546년에 머리가 두 개, 팔이 두 개, 다리가 네 개 달린 죽은 아기의 시신 한 구를 받았다고 한다. 그는 아기의 시신을 해부한 다음, 이렇게 결론지었다. "심장은 하나밖에 발견하지 못했다. 이것으로 보아 아기는 단 한 명이었음을 알 수 있다."

오늘날의 과학자들은 뇌를 생각의 기관으로 여긴다. 하지만 회의주의자인 여러분이라면 1980년, 《사이언스》에 실린 로저 르윈의 기고문 "당신의 뇌, 정말로 필요할까?"에 마음이 크게 동요될 수도 있다. 이 글에서 그는 특이할 정도로 머리가 크다는 이유로 신경과학자 존 로버에게 위임된 한 학생의 사례를 소개한다. 로버에 따르면, 그 학생은 지능도 높고 사회성도 좋았지만, 단 한 가지 흥미로운 점에서 특이했다. 그에게는 "사실상 뇌가 없었다… 뇌를 스캔했더니… 뇌질과 피질 표면 사이에 있어야 할 4.5 센티미터의 뇌 조직 대신, 겨우 1밀리미터 정도밖에 되지 않는 얇은 막 한 꺼풀밖에 없었다. 그의 두개골은 주로 뇌척수액으로 차 있는 상태였다."

물론, 그에게도 **어느 정도** 뇌가 있기는 했으나, 이 글의 핵심은 생각보다 우리에게 뇌가 덜 필요할지도 모른다는 데 있다. 로버의 보고서는 논란의 여지가 있고, 뇌 스캔이 제대로 이루어지지 않았을 가능성도 있다. 하지만 로버가 맞았다고도 분명히 생각해볼 수 있다. 회의론자들에게 이것은 언젠가 그가 뇌가 없지만 똑똑하고 사회성 있는 사람을 발견하게 될지도 모른다는 암시가 될 수 있다!

우리는 자기 몸 전체가 온전히 존재하고 있는지 의심하기도 한다. 절단된 팔다리에 통증을 느끼는 환각지 사례들도 있고, 심지어 그들 중에는 팔다리가 실제로 여전히 존재한다는 망상을 하는 경우들도 있다. 여러분의 몸이 환각이 아닌지 대체 어떻게 아는가? 어쩌면 여러분은 그저 통 안에 담겨 있는 뇌 그 자체일 수도 있다. 여러분이 경험이라고 말하는 것도, 호기심 많은 뇌과학자들이나 사악한 컴퓨터들이 설계한 전기 펄스의 결과일 수도 있다. (영화 〈매트릭스〉를 생각하면 된다.) 이것은 아주 오래된 걱정의 현대판이다. 수백 년 전에도, 지금의 여러분과 대응 관계에 있던 몇몇 회의론자들은 그들의 경험이 악령에 의해 유도된 것일까봐 걱정했다.

1641년에, 르네 데카르트는 철학적 회의론 프로젝트를 시작한다. 그는 과학, 경험, 심지어 자기 몸에 대한 인식을 사용해서 자기가 아는 모든 것을 의심하는 정신 훈련에 돌입했다.

그는 '담즙의 검은 증기에 휩싸여 몽롱해진' 미치광이들이 스스로를 왕이라고 믿거나 자신의 머리가 진흙으로 만들어졌다거나 몸이 유리라고 믿는 모습을 관찰했다. 데카르트는 자기 자신이 미치광이일 수 있다는 가능성은 받아들이지 않았다. 하지만 광인들이 깨어 있을 때 상상하던 것과 똑같은 것을, 자신이 자는 동안 꿈으로 꾼다는 것에 주목했다. 그렇다면 그는 자신이 지금 잠든 것이 아님을 어떻게 확신할 수 있을까?

하지만 데카르트가 의심할 수 없었던 것이 딱 하나 있었다.

나는 세상에는 아무것도, 그 무엇도 존재하지 않는다고, 하늘도, 땅도, 마음도, 몸도 없다고 방금 확신했다. 이렇게 함으로써 내가 존재하지 않는다는 것도 확신했는가? 아니, 그렇지 않다… 속이는 데 소질이 있는 영향력 큰 사기꾼이 모든 노력을 다해서 나를 영구적으로 속이려 해도, 그가 나를 속이려고 했다는 바로 그 사실 때문에 나는 나의 존재를 추호도 의심할 수 없다. 그리고 그가 마음껏 나를 속인다고 가정하더라도, 내가 나를 무언가라고 생각하는 한, 그는 결코 나를 아무것도 아닌 것으로 만들 수 없다.

우리가 보기에 직관적으로 명백한 한 가지는 생각하는 존재로서 우리가 존재한다는 것뿐이다. Cogito sergo sum, 나는 생각한다, 고로 나는 존재한다. 이런 결론을 담은 데카르트의 함축적인 표현이야말로 철학에서 가장 유명한 문구이다.

데카르트는 묻는다. "나는 무엇인가?" 그리고 이렇게 답한다. 자기가 합리적인지, 혹은 자기에게 몸이 있는지는 확신할 수 없더라도, 자기가 '생각하는 존재'라는 것은 안다고. "그렇다면 생각하는 존재란 무엇인가? 의심하고, 이해하고, 구상하고, 긍정하고, 부정하고, 의지를 발휘하고, 거부하고, 상상하고, 인식하는 존재이다."

그다음 단계로 넘어가면서 그는 이렇게 결론 내린다. 우리는 몸은 의심할 수 있으나 자아-영혼-는 의심할 수 없기에, 영혼이 존재하기 위해 몸은 필요하지 않다. 더 나아가, 몸과 마음의 속성은 다른 게 분명하다. 몸은 공간에서 확장되지만, 마음은 아니다. 몸은 나누어질 수 있지만, 마음은 아니다. 몸과 영혼은 두 가지 별개의 '실체'이다. 즉, 하나는 데카르트가 '정교하게 잘 만든 시계'로 생각하며 흡족해했던 몸, 그리도 다른 하나는 비물질적이고 만질 수 없는 영혼이다.

많은 철학자들의 지적에 따르면, 사실 이런 주장은 몸과 영혼의 진정한 이원론을 뒷받침하는 훌륭한 논거는 아니다. 두 개의 사물이 분리된 것이라고 상상할 수 있다고 해도, 그것이 실제로 분리될 수 있다는 의미는 아니다. 상상력은 잘못된 현실로 당신을 인도할 수 있다. 아마도 데카르트의 눈에는 물이 여러 방향으로 계속 이어진 것처럼 보였기 때문에, 그는 물이 작은 입자로 만들어지지 않았다고 확신했을 것이다. 어쩌면 그는 빛보다 빨리 날아가는 탈것이나 진공 상태에서도 들을 수 있는 큰 소리도 상상했을 수 있다. 그러한 직관을 가능한 현상의 증거로 삼았던 것은 빈약한 물리학 지식 때문이었을 것이다. 마찬가지로, 생각에 몸이 필요 없다거나 마음은 확장되지도 않고 나누어지지도 않는다는 직관을, 실제로 몸은 생각을 위한 게 아니고 마음은 확장되지도, 분리되지도 않는다는 증거로 삼았던 것은 심리학 수준이 뒤떨어졌기 때문일 것이다.

 하지만 데카르트의 시도 덕분에 상식이 훤히 조명되는 결과가 빚어졌다. 그는 "나는 누구인가?"라는 질문의 정답에 관한 우리의 기본적인 직관을 탐구한다. "나는 몸이 아니다. 나는 몸을 차지한 채 느끼고 행동하는 존재"라는 게 이에 대한 그의 대답이다.

 우리가 자기 자신과 다른 사람들을 보는 방식은 이렇다. 우리는 몸을 자신의 소유물처럼 묘사한다. '나의 몸', '나의 팔', '나의 심장', 그리고 매우 의미심장하게도 '나의 뇌'라고 부른다. 희극인 에모 필립스는 직관적인 이분법을 사용해 뇌와 자아의 차이를 멋지게 포착해서 이렇게 말했다. "예전에는 가장 매력적인 인체 부위를 뇌라고 생각했다. 그러다가 '잠깐만, 뭐 때문에 이런 생각이 들었지?'라는 생각이 들었다."

 우리는 직관적 이원론을 바탕으로 사람의 정체성을 파악한다. 우리는 사람의 몸이 나이 든다는 사실을 인정한다. 몸은 자라거나 줄어들 수도 있고, 팔다리를 잃거나, 성형수술을 받을 수도 있다 - 하지만 중요한 의미에서 그 사람은 변하지 않고 그대로이다. 우리는 젊은 시절에 저지른 범죄로 노인을 처벌하기도 하고, 아기 때 물려받은 유산을 18세가 되었을 때 상속받기도 한다. 또한, 왕자가 개구리로 변했다가 다시 왕자로 돌아오거나 흡혈귀가 박쥐로 변하는 허구의 세계도 이해한다. 『오디세이아』에서 오디세우스의 동료들이 마법에 걸려 돼지로 변하는 대목도 이해한다. "그들은 돼지의 머리와 목소리, 털, 몸통을 가지게 되었다. 그러나 마음은 예전처럼 변함없이 그대로였다. 그래서 그들은 그곳에 갇힌 채 울며 지냈다." 우리는 카프카의 유명한 소설을 여는 첫 문장도 잘 이해한다. "어느 날 아침, 나쁜 꿈에서 깨어난 그레고르 삼사는 침대 위에서 거대한 벌레로 변해버린 자신을 발견했다."

사람들 가운데는 하나의 몸을 여러 사람이 차지할 수 있다고 믿는 사람들도 있다.『엑소시스트』나 그런 장르의 책과 영화를 보면, 사탄이 몸의 정당한 주인과 사투를 벌이는 장면이 나온다. 우리 대부분은 이런 이야기를 허구로 여긴다. 하지만 이런 이야기는 일부 사람들의 진심 어린 종교적 신념에 바탕을 둔 것이며, 퇴마의식은 여전히 행해지고 있다. 악령이 몸을 차지한 경우를 세속적으로 일컫는 말은 다중인격장애(전문용어로 '해리성 정체성 장애')일 것이다. 이 장애가 있으면, 하나의 몸을 성격과 나이, 성적 성향이 다른 많은 '사람들'이 차지하고 있는 것처럼 보인다.

몇몇 인공 생명체에는 영혼이 있다고 여겨지기도 한다. 번쩍이는 번개가 괴물 프랑켄슈타인에게 생명을 불어넣었듯이 주로 변형을 일으키는 어떤 힘에 의해서 말이다. 이런 피조물의 현대 버전이 로봇과 컴퓨터이다. 이들 가운데는 영화〈조니 5 파괴 작전〉에 등장하는 넘버 5처럼 어린아이 같고 친근한 경우가 있는 반면, 영화〈프로테우스 4〉의 프로테우스처럼 여성을 임신시키려 하는 사악한 존재도 있다. 이들은 아이티의 좀비나 유대인의 **골렘** 같은 영혼 없는 생명체들과는 구별되어야 한다. 유대 전통에 따르면, 골렘은 중세시대 프라하에 살던 유대인들의 수호자 역할을 했던 움직이는 진흙더미다. 히브리어로 골렘은 '형체 없는 덩어리'라는 의미다. 탈무드에 따르면, 영혼 없는 몸을 뜻한다. 좀비와 골렘은 또 다른 힘의 지시가 있을 때만 복잡한 행동을 하는 비틀거리며 걷는 로봇이다.

동물권과 컴퓨터와 로봇의 잠재력을 둘러싼 논쟁의 포문을 열 때 주로 받게 되는 질문들이 있다. 침팬지에게 영혼이 있을까? 컴퓨터에 영혼이 생길 수 있을까? 심지어 복제생물에 영혼이 있느냐를 두고 논쟁이 벌어지기도 한다. 1977년, 교황 요한 바오로 2세가 설립한 교황청 생명학술원은 복제생물에는 영혼이 없다고 말했다. 영혼은 하느님을 통해서만 만들어질 수 있으므로, 인간이 창조한 복제생물에는 영혼이 없다는 논리다. 복제생물은 특별한 것이 아니라는 – 다른 시간에 태어난 일란성 쌍둥이일 뿐이라는 – 주장은, 분명 모든 사람에게 설득력 있게 들리지는 않는다. 영혼을 반드시 추가되어야 하는 별도 요소로 보는 사람들은, 신이 그것에 신경 쓰지 않을까 봐 걱정한다.

영혼은 낙태를 논할 때도 거론되는 주제이다. 1992년 타운홀 미팅에서 클린턴 대통령은, 낙태 논쟁은 몸에 영혼이 깃드는 시점을 언제라고 보느냐에 달려 있다고 말했다. '잉태되는 순간'이 바로 그 시점이라는 것은 로마 가톨릭교회의 입장이다. 하지만 다른 신학자들은 처음 움직이는 순간 – '첫 태동' – 이나 심지어 출생 후 며칠 또는 몇 주 후에 영혼이 깃든다고 주장하기도 한다.

만약 우주에 별개의 존재로서 영혼이 존재한다면, **그리고** 영혼을 지닌 것도 있고 지니지 않은 것도 있다면, **그리고** 영혼을 소유하는 게 한 독립체의 생존권을 보장받기 위한 필요충분조건이라면, 몇몇 중요한 도덕적 문제에 접근할 때 단순한 사고방식을 견지하게 된다. 가령, 복제, 동물권, 낙태에 관한 대부분의 논쟁은 문제의 독립체(복제생물, 동물, 태아)에 영혼이 있느냐 없느냐를 판단하는 방식으로 축소된다. 몸과 영혼의 관점에서 세상을 생각할 때 생기는 많은 장점 중 하나는 이로써 얻게 되는 도덕적 선명함이다.

그런데 안타깝게도 이 선명함은 이치에 맞지 않는다. 어떤 의미에서는 영혼이 존재하는 것이 맞지만, 영혼은 몸과 뇌로부터 독립된 별개의 것은 아니다. 우리가 도덕적 관점에서 제일 관심을 두는 특징들 – 가령, 의식, 고통의 경험, 성취욕 등 – 은 뇌의 처리 과정에 따른 결과물이다. 뇌의 이런 처리 과정은 발달과 진화가 모두 이루어지는 동안 점진적으로 나타났기 때문에 발달 단계 중 이런 특징이 나타나는 순간이나 진화 과정 중 갑작스러운 급변이 일어나는 시점을 찾겠다고 애쓰는 것은 비합리적이다.

과학의 시각으로 정신적 삶을 들여다볼 때 생기는 역설적 결과는, 흥미로운 도덕적 문제들로부터 과학자들을 떨어뜨려 놓는다는 데 있다. 연구자들은 다른 종들의 능력뿐만 아니라 수정란과 배아, 태아, 아기의 정신적, 육체적 능력에 대해 점점 더 정확한 정보를 제공해줄 테고, 이것은 그것에 관한 도덕적 결정을 할 때 유의미하게 쓰일 것이다. 하지만 이것 자체로 문제가 해결되지는 않는다. 과학은, 한 개체가 도덕적 범주에 포함되려면 어떤 능력이 필요하냐와 같은 어려운 질문에는 답하지 않는다. 범주의 정도에 선을 그어야 할 때도, 어디에 그어야 할지 알려주지 않는다.

스티븐 핑커가 지적했듯이, 영혼의 물질적 기반을 발견하면 도덕적 문제가 달라진다. 우리가 짊어진 과제는 누군가가 사람이 되는 순간을 '발견'하는 것이 아니다. 우리가 해야 할 일은 특정한 권리와 특권을 확대할 때 충분히 중요시해야 할 특징이 무엇인지를 결정하는 것이다. 배아의 정신적, 육체적 능력에 대해서는 전적으로 동의하는 두 사람이라도, 한 사람은 낙태를 수용할 수 있다고 보고 다른 한 사람은 부도덕하다고 볼 수 있다. 이런 상황이 가능한 이유는 배아의 능력에 얼마나 가치를 두어야 할지, 배아의 능력을 어머니의 권리 같은 다른 고려사항들과 어떻게 저울질해야 할지를 놓고 두 사람의 견해가 다를 수 있기 때문이다.

그렇다고 이것이 '무엇이든 다 가능하다, 도덕성은 없다'는 의미일까? 이와 비슷한 사례를 살펴보자. 우리는 성관계, 혼인, 군 복무, 주류 구매가 허용되는 나이를 정해놓고 있다. 이 경우 과학자들에게만 그 결정을 맡겨놓지는 않는다. 게다가 그 경계란 것이 원래부터 흐릿하다. 추측건대, 이 점에 대해서는 모두가 동의할 것이다. 간통하거나 맥주를 살 준비가 된 사람과 그렇지 않은 사람을 나누는 구체적인 순간은 없다는 것을. 그렇다고 음주 가능 연령을 70세로 높이거나 혼인 가능 연령을 5세로 낮추는 것은 타당할까? 그것도 물론, 아니다. 도덕적 가치를 예리하게 나누는 객관적인 경계선이 없다고 해서 차이가 존재하지 않는 것은 아니니까. 가령, 5세 아이는 삶과 존중을 누릴 자격이 있는 진짜 사람이지만, 먼지 더미는 그렇지 않다는 것을 우리가 의심할 필요는 없다.

♦ 이원론자로 태어나다

장 피아제는 정신적 세계에 대한 이해력은 뒤늦게 발달한다고 믿었다. 그는 "예를 들어, 어린아이는 진짜 집과 집의 개념, 정신적 이미지, 이름을 구별하지 못한다"고 단언했다. 우리는 이런 생각이 오류임을 안다. 심리학자 헨리 웰먼은 현대 발달학계의 발견을 이렇게 요약한다. "내 견해를 말하자면, 어린아이들은 이원론자들이다. 그들은 '정신적 상태, 정신적 존재'가 '물리적 대상, 실제 사건'과는 존재론적으로 다르다는 것을 잘 안다."

어린아이들이 스스로가 이원론자임을 안다는 뜻이 아니다. 미취학 아동들은 몸과 마음의 문제에 대해 자발적으로 깊이 생각하지 않는다. 심지어 어른들도 경험의 본질과 물질세계와의 관계에 대한 명시적 이론을 개발하지 않은 채 한평생 살기도 한다. 어린아이들은 본질주의자, 현실주의자, 도덕주의자 그리고 이원론자이다. 아이들이 이원론자라는 말의 의미는, 그들이 세상을 자연스럽게 두 개의 영역이 있는 곳으로 본다는 뜻이다. 그들은 웰먼의 말처럼, (그리고 내가 육체와 영혼이라고 설명했던 것처럼) 세상을 '물리적 대상과 실제 사건', '정신적 상태와 정신적 존재'라는 두 영역으로 나누어 본다.

이 같은 웰먼의 결론은 파급력이 컸던 일련의 실험 결과를 통해 나온 것이었다. 그중 한 실험을 소개해보자면 이렇다. 실험자는 영유아들에게 정신적 존재 대 물리적 존재가 나오는 이야기, 예를 들어, 쿠키를 가지고 있는 소년과 쿠키 **생각**을 하는 소년의 이야기를 들려주었다. 만 3세 아이들조차도 다른 사람이 보고 만질 수 있는 진짜 쿠키와 그럴 수 없는 상상 속 쿠키의 차이를 이해했다. 역으로, 상상 속 쿠키는 그것을 생각하고 있는 사람이 정신적으로 변형시킬 수 있지만, 진짜 쿠키는 그럴 수 없다는 것도 이해했다.

어린아이들은 이런 정신적 상태와 존재의 기원에 대해 무엇을 알고 있을까? 우리 사회는 어린아이들에게 '뇌'와 '사고 과정에서 뇌가 하는 역할'에 대해 가르친다. 하지만 이런 이해력은 쉽게 생기는 것이 아니다. 피아제에 따르면, 그가 연구했던 아이들은 약 만 8세가 될 때까지 뇌의 역할을 거의 이해하지 못했다. 이에 비해 오늘날의 미국과 유럽 아이들은 더 조숙하다. 만 5세가 되면 뇌의 위치와 기능을 알고, 사람을 비롯한 다른 동물이 뇌 없이 생각할 수 없다는 것도 안다. 하지만 대부분은 깡충깡충 뛰거나 양치하는 등의 신체 활동에도 뇌가 필요하다는 것을 이해하지 못한다. 캥거루 흉내 내기와 같은 활동을 할 때도 뇌가 필요하다고는 생각하지 않는다. 이런 아이들에게 어떤 아이의 뇌를 돼지 머릿속에 성공적으로 이식했다는 이야기를 들려주면, 이들은 그 돼지가 이제 사람처럼 똑똑해졌다는 데에는 동의한다. 하지만 그 이식된 뇌 속에 여전히 돼지의 기억과 성격, 정체성이 남아 있다고 생각한다.

나는 여섯 살배기 아들 맥스와 논쟁을 벌이면서 비로소 이런 연구 결과를 진심으로 믿게 되었다. 그때 나는 맥스에게 자러 들어가라고 하던 중이었다. 그러자 아들이 내게 소리치며 말했다. "아빠가 나를 침대에 누워 있게 만들 수는 있지만 나를 잠들게 만들 수는 없어. 그건 **내 뇌**가 하는 일이거든!" 이 말을 듣고 나는 아이 옆에 앉아서 뇌에 대해 이것저것 묻기 시작했다(자러 가지 않아도 되자, 아이는 기쁘게 뇌 이야기를 시작했다). 학교에서 배운 내용 덕분에 그는 뇌에 깊은 감명을 받은 모양이었다. 그는 뇌가 '수백만 가지 일'을 하며, 뇌가 심하게 손상되면 사람이 죽을 수 있다고도 했다. 그리고 뇌가 우리 몸에서 지극히 중요한 부분이라고 엄숙한 말투로 설명했다.

맥스에게 뇌가 하는 일 가운데 몇 가지를 얘기해달라고 하자, 그는 보기, 듣기, 냄새 맡기, 그리고 무엇보다도 생각하기를 꼽았다. 그런데 그에 따르면 뇌가 하지 않는 일도 많았다. 맥스의 말에 따르면, 잠자리에 드는 것에는 뇌의 도움을 받지만, 꿈꾸기는 뇌의 소관이 아니다. 슬픔을 느끼고, 동생을 사랑하는 것도 뇌가 하는 일은 아니다. 맥스는 이런 일은 **그가** 하는 것이라고 했다. 물론, 뇌가 그를 도와줄 수도 있다는 것은 인정했다.

맥스는 생각하는 데 뇌가 중요하다는 것을 배웠다. 그런데 아이들은 '생각하기'를 좁은 의미로 즉, 의식적인 문제 해결과 추론의 차원이라고 여긴다. 이 나이대의 아이들에게 한참 동안 아무 생각도 하지 않을 수 있냐고 물으면 그렇다고 대답한다. 심지어 과학 교육을 받았더라도, 아이들은 자연스럽게 뇌를 특정한 정신 작용을 위해 사용하는 하나의 도구로 생각한다. 이에 따르면, 뇌는 영혼의 계산 능력을 높이기 위해 추가된 일종의 인지 보조기기인 셈이다.

나는 과연 아이들의 이런 해석이 어른들의 해석과 크게 다를지 의문스럽다. 많은 흥분과 환호 속에서 발표된 최신 연구 결과에 따르면, 실험 대상자들이 종교나 성행위, 인종에 대해 생각할 때 신경 활동 – 스캔할 때 '훤히 보이는' 뇌 부위 – 이 증가하는 것으로 나타났다. 이런 연구의 세세한 내용들이, 다양한 정신 활동이 일어나는 위치와 시간 경로에 관한 이론에 유의미한 것은 분명하다. 하지만 사람들은 뇌가 관련되어 있다는 것만으로도 매혹을 느끼는 경우가 많은 듯하다.

우리 가운데는 중요한 심리적 특징들이 뇌가 아닌 다른 신체 부위와 관련 있다고 보는 사람들도 있다. 아이들에게 심장 이식 이야기를 들려주면, 때때로 그들은 다정함 같은 특징도 함께 옮겨갈 거라고 말한다. 이 말에 동의하는 어른들도 일부 있을 것이다. 『심장의 변화』에 기술되어 있듯, 클레어 실비아는 심장과 폐 이식을 받은 뒤, 큰 변화를 겪었다. 갑자기 치킨과 맥주가 당겼고, 대단히 적극적이고 자신감 있게 변했으며, 으스대며 걸었다. 그녀는 이런 특징들이 그녀에게 장기를 기증해준 팀이라는 남성의 특징이라고 생각했다. 내 생각에는, 그녀의 치료사도 같은 의견인 듯하다. "저도 팀의 본질 가운데 일부가 클레어에게 옮겨갔다고 믿기 시작했답니다."

영혼의 비물질적 기반에 대한 아이의 첫 신념은 하루하루의 경험에 따라 어떻게 달라질까? 아이 아버지의 모습은 월요일이나 화요일이나 거의 비슷할 것이다. 그 아이 역시 일생을 같은 몸으로 지내게 될 것이다. 그 몸은 점진적인 변화와 갑작스러운 변화 모두를 겪을 테지만, 여전히 같은 대상처럼 보일 것이다.

게다가, 우리와 우리 몸의 관계는… 친밀하다. 이런 인식은 데카르트에게는 골칫거리였다. 그는 몸을 선박으로, 영혼을 조타수로 비유하기를 좋아했다. 하지만 그는 이 비유가 중요한 점에서 불완전하다는 것을 알고 있었다. 선장이 자신의 배로 인해 충격을 받는 방식과 사람이 고통을 경험하는 방식은 완전히 다르다. 마찬가지로, 선장이 배를 통제하는 방식과 우리가 우리 몸의 행동과 관계 맺는 방식은 완전히 다르다. 후자가 훨씬 **더 밀접하다**. 이언 매큐언의 소설 『속죄』에 등장하는 대단히 자기성찰적인 13세 소녀의 모습을 한번 살펴보자.

그녀는 한 손을 들고 손가락을 굽히면서 전에도 종종 그랬듯 궁금해했다. 이것이, 무언가를 붙잡는 이 기계가, 팔 끝에 달린 이 살찐 거미 같은 것이 대체 어떻게 그녀의 것이 되고, 온전히 그녀의 명을 따르게 되었을까? 혹시 그것만의 작은 삶이 있는 걸까? 그녀는 손가락을 구부렸다가 폈다. 손가락이 움직이기 직전의 찰나가 미스터리였다. 미동 없음과 움직임 사이를 가르는 그 순간, 그녀의 의도가 효력을 발휘하는 그 순간 말이다. 마치 파도가 부서지는 것 같았다… 그녀는 집게손가락을 얼굴 더 가까이 가져와 빤히 쳐다보면서 움직이라고 재촉했다. 손가락은 가만히 있었다. 왜냐면 그녀가 시늉만 하고 있었기 때문이다. 전적으로 진지하지 않았기 때문이다. 손가락을 움직일 의향이 있다거나 막 움직일 참인 것과 실제로 움직이는 것은 달랐다. 그런데 마침내 그녀가 손가락을 구부리자, 그녀의 마음속 한 부분에 의해서가 아니라 손가락이 스스로 행동하는 것처럼 보였다. 손가락은 대체 언제 자신이 움직일 것을 알았을까, 그녀는 언제 손가락을 움직이는 법을 깨달았을까?… 그녀는 매끈하게 이어지는 천 뒤에 진짜 자신—그녀의 영혼이었을까?—이 있다는 것을 알았다. 시늉을 그만하기로 결심한 뒤, 최종 명령을 내리는 진짜 자기 말이다.

우리는 자기 손가락에게 움직이라고 명령하거나, 움직이도록 의

지력을 발휘하거나, 움직이라고 말하지 않는다. **그냥 움직인다**. 이것이 우리가 겪는 하루하루의 경험이다. 그래서 세월이 지나는 동안 이런 경험을 겪으면서, 몸과 영혼의 이원성이라는 추정을 몰아내야 할지 고민하게 된다. 이것은 타당한 일이다. 발달이 진행 중인 아이들은 일상의 경험을 통해 우리가 우리 몸을 **차지하고** 있는 것이 아니라, 우리가 실제로 우리 **몸이라는** 확신을 갖는다.

이렇듯, 우리의 생각과 행동이 완벽히 일치한다면, 우리는 실제로 이 둘을 하나라고 여길지도 모른다. 하지만 때때로 우리 몸은 우리를 배신한다. 발에 쥐가 난 탓에 일어서면서 비틀거리기도 하고, 쟁반을 떨어뜨리기도 하며, 음료수를 쏟기도 한다. 신학자들은 이렇듯 생각과 행동이 완벽히 일치하지 않는다는 것을 놓치지 않았다. 일례로, 성 아우구스티누스는 무의식적인 성적흥분과 발기 부전은 에덴동산에서 인류의 타락 이후 신이 내린 형벌이라고 주장했다. 게리 윌스는 "성적흥분을 예측할 수 없는 것을 보면 몸과 영혼의 통합과 화합이 상실되었음을 알 수 있다"라고 말한다. 하지만 우리 몸의 불성실함을 알리는 신호탄은 성기능장애가 아니다. 기는 법을 배워야 하는 도전 앞에서 울부짖었던 아기 때부터 우리는 이러한 몸의 배신을 경험한다.

◆ 죽음

몸이 급변해도 변함없이 같은 사람일 수 있다는 통찰은 영혼의 속성을 보여주기에는 너무 빈약한 증거다. 주택을 생각해보자. 수세기에 걸쳐 보수와 재건축을 겪은 후에도 정체성을 유지하지만 우리는 주택에 영혼이 있다고는 생각하지 않는다.

그렇다면 사람에게만 해당되는 유일한 것은 무엇일까? 바로, 육체가 파괴돼도 사람다움은 살아남을 거라는 추정이다. 포크가 파괴되어도 그 '본질'은 살아남아서 아마도 다음 생에 숟가락으로 등장할 거라는 이야기는 말도 안 된다. 포크와 숟가락에는 그런 의미에서의 본질도 없고 몸도 없다. 그 자체가 몸이다. 하지만 많은 사람들이, 사람에 관해서는 죽으면 영혼이 몸을 떠나 어딘가로 간다고 믿는다. 천국이나 지옥, 특정되지 않은 지하 세계로 가거나 다른 생명체, 즉, 인간이나 동물의 몸속으로 들어간다고 믿는다. 만약 내가 나는 프랑스 여왕의 환생이라고 주장한다면, 아마도 여러분은 내 말을 믿지 않겠지만, 그래도 내가 무슨 말을 하려고 하는지는 이해할 수 있다. 만약 여러분이 내가 근사 체험한 이야기나 퇴행 최면을 통해 전생을 기억해낸 이야기를 듣는다면, 내 말을 확신할 수도, 확신하지 않을 수도 있고, 완전히 허풍이라고 생각할 수도 있겠지만 그래도 여러분은 그 주장들을 이해한다. 초심리학 연구 분야가 존재한다는 사실이 일반적으로 나타내는 것은, 그것의 진실 여부와는 상관없이 심지어 그에 대해 회의적인 사람들조차도 그런 주장을 이해할 수 있다는 점이다.

사후의 삶에 대한 믿음과 우리의 직관적 이원론과의 관계는 복잡하다. 이원론자이면서도 몸이 사라지면 영혼도 사라진다고 믿을 수 있다. 역으로, 이원론자가 아니면서도 사후의 삶이 있다고 믿을 수도 있다. 혹은, 특정한 뇌 물질이 아니라 뇌가 암호화하는 정보로부터 의식이 생겨난다고 믿을 수도 있다. 그럴 경우, 영원불멸은 그리 먼 이야기가 아닐 수도 있다. 레이 커즈와일의 예측에 따르면, 2040년이 되면 여러분은 자신을(뇌의 정보를-역자) 컴퓨터에 업로드할 수 있게 된다. 몸이 소멸하면 로봇이나 복제된 몸에 여러분을 다운로드하면 된다. 혹은, 신이 우리를 물리적으로 부활시킬 것이라 믿을 수도 있다. 물론, 뇌도 포함해서 말이다. 실제로 일레인 페이절스는, 초기 그리스도교인들이 가장 중요하게 여겼던 것은, 예수가 죽은 자들 가운데서 살아났을 때 예수의 실제 몸도 부활했다는 사실이라고 지적한다. 예수가 말했다. "나를 만져보아라. 유령은 살과 뼈가 없지만, 나는 너희도 보다시피 살과 뼈가 있다." 제자들에게 확신을 주기 위해, 그는 음식을 달라고 해서 먹었다. 그의 영혼만이 아니라 그의 몸이 부활한 것이다.

영혼과 몸은 별개의 것이며 영혼은 사후에도 살아남는다고 믿는다 해도, 시신이 중요하지 않다는 뜻은 아니다. 오히려 반대로, 어떤 문화든 죽은 몸을 다룰 때면 정도는 달라도 경건하고 정중하게 임한다. 시신은 때로는 주로 옷이나 무기, 소중히 여겼던 물건이나 유용한 물건과 함께 매장된다. 때로는 화장되고, 때로는 사람들이 먹기도 한다. 이렇듯 문화가 달라도 지켜야 하는 적절한 절차는 항상 있다. 자신의 시신이나 가족, 친구의 시신이 적절한 존중을 받지 못할 거라고 생각하면 많은 사람들은 경악을 금치 못한다.

이런 불안감은 전시에 드러난다. 사람들은 전사할 것을 걱정할 뿐만 아니라, 전사한 후에 일어날 일에 대해서도 걱정한다. 1949년 제네바 협정에 명시적으로 규정된 바에 따르면, 전승자들은 "[적군의] 전사자를 찾아서 시신이 훼손되지 않게 해야 한다." 또한, "전사자들은 명예롭게 매장되어야 하며, 가능하다면 전사자가 믿는 종교의 의식에 따라야 한다"라고 명시되어 있다. 오늘날에는 전사한 전우의 시신을 되찾기 위해 군에서 대단한 노력을 기울인다. 전사자의 시신이 훼손되면 – 소말리아인들이 사망한 미군 병사의 시신을 길거리에서 끌고 다녔던 것처럼 – 사람들은 격노하고 비통해한다.

영혼이 안고 있는 문제는 눈에 보이지 않고 만질 수도 없다는 것이다. 철학자 루트비히 비트겐슈타인이 표현했듯, "인간의 몸은 인간의 영혼을 가장 잘 그려놓은 그림이다." 우리는 죽은 사람과 교감을 나누고 싶을 때면 주로 그가 묻혀 있는 무덤을 찾는다. 우리가 다가갈 수 있는 가장 가까운 곳이기 때문이다. 영혼이 영원히 산다고 할 때, 망자가 제일 소중히 여겼던 소유물을 보살피는 일은 존중과 친절을 표하는 행위이다. – 그렇다면 몸만큼 소중한 소유물이 어디 있을까? 이뿐만이 아니다. 많은 종교가 몸을 소중히 다루어야 한다고 여긴다. 그래야 영혼이 안전하게 최종 목적지까지 도달할 수 있다고 믿기 때문이다.

♦ 아이들은 죽음에 대해 무엇을 알고 있을까?

먼저, 뚜렷이 구별되는 두 가지 관점으로부터 출발하자. 이 두 관점에 따라 우리는 영혼 없이도 몸이 존속할 수 있다고 생각하기도 하고, 반대로 몸 없이도 영혼이 존속할 수 있다고 생각하기도 한다. 만약, 우리가 직관적 물질주의자라서 의식과 지성을 물리적 과정의 산물이라고 믿는다면, 사후세계라는 발상은 우리에게는 별다른 의미를 주지 못한다.

우리는 '잠' 혹은 '출발'과 같은 비유를 통해 죽음을 처음 인식한다. 아마도 아이들에게 이런 식으로 죽음을 묘사하기 때문인 듯하다. 할머니가 영원히 잠드셨어. 할머니는 천국으로 가셨어. 할머니는 떠나서 다시는 돌아오지 않으셔. 아이들은 이러한 모호한 말 때문에 다소 혼란을 겪기도 한다. 할머니가 땅에 묻혔다고 들었는데, **또**, 천국에 있다는 말을 듣기도 하니까. 1896년, 어느 수사관은 그의 네 살배기 아들과 다음과 같은 대화를 나누었다.

아들: 못된 사람들만 땅에 묻히는 거죠, 맞죠?
아버지: 왜 그렇게 생각하니?
아들: 고모가 착한 사람은 다 천국에 간다고 했거든요.

심리학자 수잔 케리의 주장에 따르면, 아이들은 어떤 종류의 것들이 죽을 수 있는지에 대해서도 혼란스러워한다. 죽었다는 것은 살아있지 않다는 뜻이다. 하지만 살아 있지 않은 것에는 온갖 종류의 것이 다 포함된다. 예전에는 살아 있었지만 지금은 아닌 것(어른들이 생각하는 죽음)은 물론이거니와, 움직이지 않는 것과 진짜가 아닌 것도 다 포함된다. 죽지 않았다고 다 살아 있는 것은 아니며, 살아 있지 않다고 다 죽은 것은 아니다. 아이들은 이것을 분명히 파악하는 데 어려움을 겪는다. 케리는 다음과 같은 질문을 시발점으로 그녀의 세 살배기 딸과 대화를 나누게 되었다고 한다. "네 곰돌이는 몸 안에 피와 뼈가 있을까?"

딸: 아니, 얘는 진짜 사람이 아니잖아요… 얘는 절대 죽지 않아, 항상 살아 있을 거야!

엄마: 얘가 살아 있니?

딸: 아니, 얘는 죽었는데. **어, 어떻게 된 거지?**

엄마: 그럼 얘는 살아 있는 거니, 아니면 죽어 있는 거니?

딸: 죽었어요.

엄마: 그럼 전에는 살아 있었니?

딸: 아니, 중간이야. 살아 있는 거랑 죽어 있는 거 사이.

아이들은 죽었을 때 어떤 일이 벌어지는지 그 메커니즘에 대해 완전히 혼란스러워한다. 케리의 딸은 "죽은 사람들은 어떻게 화장실에 가요?"라고 묻더니 "아마 지하에 화장실이 있을 거야"라고 판단했다. 케리가 죽은 사람들은 먹지도 마시지도 않아서 화장실에 갈 필요 없다고 답하자, 딸아이가 의기양양하게 대꾸했다. "하지만 그 사람들은 죽기 전에 먹거나 마셨는데 - 죽기 직전에 먹은 것 때문에 화장실에 가야 해요." 아이들은 만 5세에서 7세 정도는 되어야 죽음이 무엇인지 어른처럼 분명하게 이해하는 것으로 보인다 - 죽음이란 되돌릴 수도 피할 수도 없으며, 생물학적 기능의 완전한 멈춤을 의미한다는 걸 말이다.

왜 그토록 많은 사람들이 사후세계를 믿는 걸까? 사후의 삶이라는 개념은 모든 문화에 공통적으로 존재할 뿐만 아니라, 무덤에서 발굴된 유물들로 판단하건대, 아주 오래전부터 존재했던 것으로 보인다. 그 이유는 여러 가지로 설명된다. 사후세계에 대한 관념을 사람들에게 명시적으로 가르치고 사회적으로 유지하는 이유 중 하나는 권력층의 이익에 부합하기 때문이다. 권력층은 천국이라는 당근과 지옥이라는 채찍을 휘두르며 사회를 통제한다. 또한, 사후의 삶에 대한 긍정적인 증거로 여겨지는 것들, 예를 들어, 근사 체험이나 망자와의 소통 등에 많은 사람들이 감명 받기 때문이다(미국인들의 약 6명 중 1명이 자신은 죽은 사람과 대화를 나눈 적이 있다고 주장한다).

뿐만 아니라, 공허함이 뒤따르는 잊힘과 유한한 삶이라는 관념은 많은 이에게 두려움을 안겨주기 때문이다. 나는 내가 사랑하는 사람이 그냥 사라져 버리는 것보다 천국에서 기쁘게 지낸다고 믿고 싶다. 그리고 내 운명도 그랬으면 좋겠다. 그런데 소망을 담아 생각한다고 해서 그 자체가 신념의 존재 근거가 되지는 않는다. 나는 날 수 있기를 바라지만, 내가 날 수 있다고 믿지는 않는다. 하지만 날 수 없다는 것은 명백한 반면, 사후 영혼의 상태는 명백하지 않다. 인류사 대부분의 시간 동안, 영혼이 몸보다 오래 지속될 수 있다는 생각에 의문을 품을 과학적 이유는 없었다. 이런 견해는 얼마든지 생각해낼 수 있을 뿐 아니라(우리가 영혼을 몸과 분리되어 있다고 보기 때문에), 지극히 매력적이라서(우리는 우리 영혼의 소멸을 바라지 않기 때문에), 쉽게 품을 수 있는 신념이다.

무엇보다도, 사후세계에 대한 믿음은, 우리가 지닌 직관적인 데카르트식 시각이 낳은 자연스러운 결과이다. 몸의 경험과 자신(영혼)의 경험이 다르다는 데카르트식 고유한 직관을 다시 한 번 살펴보자. 나는 내 몸이 소멸하는 것, 내 뇌가 기능을 멈추는 것, 내 뼈가 먼지가 되는 것을 상상할 수 있다. 하지만 나 자신이 더는 존재하지 않는다고 상상하기는 힘들다 - 혹자는 불가능하다고 할 것이다. 이 말인즉슨, 우리는 정신적 기능의 중지(영혼의 죽음)보다는 생물학적 기능의 중지(몸의 죽음)를 더 쉽게 이해한다는 뜻이다. 또한, 그래서 영유아들조차 몸이 소멸해도 영혼은 살아남는다고 믿는다는 뜻이기도 하다.

이에 관한 아이들의 생각을 탐구하기 위해, 심리학자 제시 베링과 데이비드 비요크룬드는 아이들에게 악어와 쥐 이야기를 들려주었다. 마지막에 쥐가 소멸하는 이야기였다. "저런! 악어 아저씨가 꼬마 쥐를 발견하고 잡으러 오네요!" 그런 다음, 아이들에게 악어가 쥐를 잡아먹는 그림을 보여주었다. "음, 꼬마 쥐가 악어 아저씨한테 잡아먹힌 것 같네. 이제 꼬마 쥐는 살아 있지 않아요."

그런 다음, 아이들에게 쥐의 생물학적 기능에 대해 질문했다. "이제는 꼬마 쥐가 살아 있지 않으니까…"

꼬마 쥐는 화장실에 갈 필요가 있을까?
여전히 귀가 들릴까?
아직도 뇌가 작동할까?

이번에는 쥐의 정신적 기능에 대해서도 물었다. "이제는 꼬마 쥐가 살아 있지 않으니까…"

꼬마 쥐는 여전히 배가 고플까?
악어 생각을 하고 있을까?

아직도 집에 가고 싶을까?

실험 결과는 충격적이었다. 생물적 속성에 관한 질문을 하자, 만 4세~6세 아이들은 죽음의 효과를 인식하는 모습을 보였다 – 화장실에 갈 필요도 없고, 귀가 들리지도 않고, 뇌가 작동하지도 않는다고 대답했다. 쥐의 몸이 사라졌기 때문이다. 반면, 심리적 속성에 관한 질문을 하자, 반 이상이 심리적 속성이 **지속된다**고 답했다 – 쥐가 배고픔, 생각, 욕구를 아직도 경험할 수 있다고 대답했다. 영혼이 살아남았기 때문이다.

프로이트는 죽음이라는 문제의 해법으로 '영혼의 교리'가 등장했다고 주장했다. 영혼이 존재하면, 의식적 경험이 끝날 필요가 없기 때문이다. 이와 대조적으로, 나는 이런 교리가 애초부터 존재하고 있었다고 주장한다. 영유아들은 언젠가 죽는다는 것을 모른다. 하지만 몸의 소멸이 불가피하다는 것을 알게 되면, 자연스럽게 사후 세계에 대한 관념이 생긴다. 이것이야말로 데카르트처럼 세상을 볼 때 생기는 가장 중요한 결과물이다.

8장
신, 영혼 그리고 과학

· · ·

> 우리는 확고히 믿으며 조건 없이 천명한다. 진정한 하느님은 오로지 한 분이시다.
> 그분은 눈에 보이는 모든 것과 보이지 않는 모든 것, 영적인 모든 것과 육체적인
> 모든 것, 즉 만물의 창조주이시다. 하느님은 태초부터 전지전능하신 힘으로
> 두 가지 창조 질서를 만드셨다. 영적 또는 천사의 세계와 육체적인 것 또는
> 눈에 보이는 우주를 똑같은 방식으로 무에서부터 창조하신 것이다.
> 그런 다음, 피조물인 인간을 만드셨다. 인간은 정신과 육체로 이루어져 있기에
> 어떤 면에서는 이 두 질서에 모두 속한다.
> – 제4차 라테란 공의회, 1215. 교황 비오 12세에 의해 재천명됨. 1950년 회칙 「Humani Generis(인류)」

> 종교는 오직 하나다. 다만, 백 가지 버전이 있을 뿐.
> – 조지 버나드 쇼

내가 아는 사람들은 대부분 유일신을 믿는다. 우주를 창조하고, 기적을 행하고, 기도를 들어주는 신 말이다. 전지전능한 그 신은 무한한 친절과 정의, 자비를 베푼다. 그런데 이것은 내가 아는 사람들이 대부분이 그리스도교인이거나 유대교인이기 때문이다. 수단에서 우덕어로 말하는 사람들(수단의 우덕 부족-역자)은 흑단 나무가 그 나무 아래서 이야기하는 사람들의 대화를 엿듣는다고 생각한다. 콩고민주공화국의 이투리 숲에서 사는 피그미 부족은 숲 전체가 그

들을 보살피며 착한 사람들에게 특히 관대하다고 믿는다. 안데스산맥에 사는 아이마라 부족은 산을 묘사할 때, 제물이 된 동물의 고기를 먹고 사는 살아있는 몸으로 그린다. 이런 산을 올바로 대하면 비옥한 들판을 보장받는다고 여긴다. 인도양의 마요트섬 주민들은 사람의 몸을 차지해서 하필이면 향수에 대한 한없는 욕망을 드러내는 눈에 보이지 않는 사람들이 있다고 믿는다.

그렇다면 모든 영적 존재의 공통점은 무엇일까? 대체 우리는 왜 이들을 믿게 되는 걸까? 나는 우리의 종교적 관념 대부분이, 몸과 영혼의 관점에서 생각하도록 진화한 마음의 부산물이라고 생각한다. 그래서 몸과 영혼이 정말로 존재하는가에 대한 문제로 넘어가면서 이 장을 끝맺으려 한다. 과연 우리의 상식적인 세계관은 과학이 이루어낸 발견과 얼마나 잘 맞아떨어질까?

♦ 초자연적 존재

인류학자 파스칼 보이어는 종교적 또는 초자연적 세계관에 등장하는 존재들이 어떤 부류인지 그 특성을 밝혀냈다. 초자연적 존재는 신기한 것과 예상되는 것 사이에 있는 최적의 절충안이다.

신기함이라는 기준은 명백하다. 초자연적 존재는 신기해야 한다. 기억하기 어렵거나 화제성이 없으면 결코 한 문화권 전체로 퍼져나가지 못하고 세월의 흐름에 따라 지속되지도 못하기 때문이다. 보이어에 따르면, 초자연적 존재는 우리가 지닌 상식적인 이해력의 어느 측면을 위반함으로써 신기해진다. 즉, 초자연적 존재는 **반직관적**이다. 이것은 정의상 거의 당연한 사실이다. 어떤 관념이 현실에 대한 우리의 상식적 이해에 위배되지 않는다면, 애초에 왜 그것을 초자연적이라고 생각하겠는가? 유령은 비물질적인 사람들이다. 그들의 비물질성이 신기하고 기억하기 쉽고 화제성이 있는 이유는 사람은 볼 수도, 만질 수도 있다는 우리의 평범한 경험에 위배되는 존재이기 때문이다.

하지만 반직관적인 신기한 특징을 제외하면, 초자연적 존재의 특성은 정상적인 존재에게 기대되는 특성과 틀림없이 같을 것이다. 만약 유령을 비물질적인 '사람'이라고 한다면, 우리는 유령에게도 믿음과 목표가 있고, 언어를 이해하고 표정을 해석할 수 있고, 정상적인 호불호가 있다고 추정할 것이다. 정상적인 사람들과 똑같이 말이다. '의식을 지닌 나무에 대한 이야기'도 마찬가지다. 그 이야기 속 나무는 의식이 있다는 점만 제외하면 다른 모든 것이 정상적인 나무와 다를 게 없다고 봐도 무방하다. 의식 있는 나무도 자라서 결국에는 죽고, 그늘이 되어주고, 잎사귀가 있고, 단단하고, 눈에 보이고, 날지 못하고 등등 일반 나무와 똑같다. 만약 어떤 존재가 너무 괴상하면, 혼란스럽고 기억해내기 어려워서 한 문화 안에서 살아남지 못하게 된다.

보이어는 이런 가설을 바탕으로 이른바 **초자연적 모형 목록**을 만들었다.

사람은 반직관적인 물리적 속성(가령, 유령이나 신)이나 반직관적인 생명 활동(대부분의 신들이 자라지 않거나 죽지 않는 것), 반직관적인 심리적 속성(막힘없는 인식이나 선견지명)을 지닌 것처럼 묘사될 수 있다. 동물 역시

이 모든 속성을 지닌 것처럼 묘사될 수 있다. 도구를 비롯한 다른 인공물들은 생물적 속성(피 흘리는 조각상)이나 심리적 속성(우리가 하는 말을 듣는다)이 있는 것처럼 묘사될 수 있다. 무수히 많은 신화와 기상천외한 이야기, 일화, 만화, 종교적 글, 공상과학소설을 검색해보면, 굉장히 다양한 **개념**을 발견하게 된다. 하지만 이외에도 알게 되는 사실이 하나 더 있다. 초자연적 존재는 **모형**의 수가 매우 한정되어 있으며, 실제로 지금 소개한 짧은 목록 안에 다 포함된다는 것이다.

만약 여기서 우리가 논의를 멈춘다면 그리 만족스럽지는 않을 것이다. 어떤 믿음에 관한 이야기를 듣고 나면, 영리한 사람이라면 누구라도, 그 믿음이 신기한 것과 예상되는 것 사이에 있는 최적의 절충안이라는 사실을 이야기할 수 있다. 그렇다면 초자연적 모형 이론을 활용해서 예측할 수 있을까? 그것을 알아내기 위해 보이어는 심리학자 저스틴 바렛과 협업하여 모종의 '실험 신학' 연구에 돌입했다. 그들은 종교적 신념의 본질을 탐구하기 위해 실험심리학의 방법론을 활용했다.

두 사람은 실험을 통해, 사람들은 상식적 예상을 딱 하나만 심하게 거스르는 참신한 존재를 제일 쉽게 기억할 것이라는 예측을 시험했다. 가령, 벽을 통과하는 남자나 슬픔을 느끼는 테이블 같은 것 말이다. 손가락이 여섯 개 달린 손처럼 단순히 특이한 것만으로는 충분치 않다. 보이와 바렛은 위반 사항이 단 하나만 있는 존재들이 여러 개 있는 존재들보다 기억하기 더 쉽다고 예측했다. 가령, 우리가 하는 말을 이해하고(심리적 속성을 지닌 인공물) **또** 가끔 사라지기도 하는(물리 원칙을 위배하는) 조각상이 그렇다.

두 사람은 평범한 대학생뿐 아니라 서아프리카의 팡 부족(대도시에 사는 부족민과 숲속 마을에 사는 부족민 모두)과 네팔에 사는 티베트 승려도 실험 대상으로 삼았다. 모든 경우에서 실험 결과는 두 사람의 예측대로였다. 사람들이 제일 쉽게 기억했던 초자연적 존재는 정확히 한 가지 근본적 속성만을 거스르는 존재였다.

종교에서 발견할 수 있는 관념들과 보이어의 목록에 열거된 모든 것들 사이에는 또 다른 공통점이 있다. 이와 같은 모든 초자연적 관념에는 정신적 상태가 기여한다는 것이다.

이런 공통점이 가장 명백하게 드러나는 경우는 유령과 신이다. 그런데 배고픈 산이나 피 흘리는 조각상 같은 이례적인 경우에도 그러한 이론이 마찬가지로 적용된다. 이들은 단순히 기이한 생물학적 속성을 지닌 대상이나 인공물이 아니다. 이들은 신념이나 욕망 같은 심리적 속성도 가지고 있다. 다른 이례적인 경우들, 즉 동정녀가 잉태하고, 물이 포도주로 변하고, 홍해가 둘로 갈라지는 일은 그 자체가 의도적인 것은 아니지만 의도적인 행동의 결과, 즉 신의 창조물의 소망을 통해 일어나는 기적으로 인식되기에 영혼과 결부되어 있다.

이런 내용을 염두에 두면서, 나만의 방법으로 초자연적 존재를 창조해볼 수도 있다.

1. 비물질적인 영혼이라는 관념으로 시작한다.
2. 이 관념을 특이한 방식으로 구체화하거나 변경한다.
3. 신기한 세부 내용을 섞는다.

정령이나 유령, 신이 그렇듯, 영혼은 몸이 없어도 존재할 수 있다. 혹은 산이나 나무 같은 예사롭지 않은 몸 안에 존재하거나, 귀신에 홀린 경우처럼 다른 사람의 몸 안에 존재할 수도 있다. 영혼은 꿈, 가사 상태, 죽음을 통해 몸 밖으로 나갈 수 있다. 영혼은 멀리서 존재를 통제할 수도 있고, 비범한 힘으로 무언가를 인식하거나 알거나 야기할 수 있다. 가장 극단적인 사례가 유대교와 그리스도교의 신이다. 하지만 그 어떤 경우도 우리가 근본적으로 알고 있는 영혼의 작동방식을 거스르지는 않는다. 어떤 종교도 원하는 대로 해주었을 때 분노하거나 항상 의도와 반대로 행하는 초자연적 존재를 상정하지 않는다.

여기서 명심할 만한 사항이 하나 있다. 종교만이 반직관적 신념의 유일한 원천이 아니라는 사실이다. 우주의 기원과 물질의 본질, 생각의 구조에 관한 오늘날의 과학 이론들은 성경이나 코란, 티베트 사자의 서에 나오는 그 어떤 내용보다도 더 기이하다. 심리학 분야만 살펴봐도 그렇다. 어떤 신경과학자들은 뇌의 양쪽 반구가 실제로는 각각 별개의 사람이라고 생각한다. 어떤 철학자들은 의식이 우주의 기본 속성이라서 돌과 별조차도 어느 정도 제한적으로 의식을 가졌다고 생각한다. 어떤 컴퓨터 과학자들은 기계에도 의식이 있거나 있을 수 있다고 말한다. 게다가 우리의 자아 역시 뇌 작용의 결과라는 게 요즘 인지과학계의 지배적인 이론이다 – 생물학자 프랜시스 크릭은 이 주장을 가리켜 '놀라운 가설'이라 불렀다. 이는 심히 반직관적이다.

과학과 종교를 구별하면서 신념의 **내용**에서 그 둘의 차이를 찾으려 한다면 이는 잘못된 접근이다. 그 대신, 이들 신념이 도출되는 **과정**과 유지되고 변경되는 사회적 조건을 살펴보는 게 더 타당하다. 만약 유령의 존재를 믿는 이유가 경험적 증거로 확신을 얻었기 때문이며, 데이터를 근거로 자신의 견해를 시험한 후 결과에 따라 처음의 견해를 버릴 의향이 있다면, 이 경우 그 사람의 신념은 과학적 가설에 속한다. 반면, 그 사람의 신념이 신앙에 뿌리를 두고 있어서 증거로도 흔들리지 않는다면, 그것은 곧 종교이다.

♦ 우리가 이해하는 신

심리학자 저스틴 바렛과 프랭크 케일은 '신학적 올바름'이라는 용어를 만들어냈다. 종교 당국이 승인한 (질문을 받을 때 사람들이 명시적으로 인용하는) 신학적 관념과 사람들의 직관에서 나오는 신념 사이에 차이가 있음을 부각시키려는 목적이었다. 전자와 후자는 일치하지 않을 수 있다. 1999년, 교황 요한 바오로 2세는 천국과 지옥이 장소가 아니라 서로 다른 삶의 상태를 의미한다고 천명했다. 하느님과 관계를 맺고 있느냐 아니냐를 뜻한다는 것이다. 그러자 많은 가톨릭 신자들이 충격을 받았다. 어떤 이들은 신문에 기고해서 고령의 교황이 실성한 것이 틀림없다고 주장했다. 이들은 신학적으로 올바른 이 해석을 마지못해 받아들이면서도, 반사적으로는 교황의 천명이 있기 전처럼 천국과 지옥을 영혼이 머무는 장소로 계속 생각할지 모른다.

신을 둘러싼 관념의 경우에도 신학적으로 올바른 것과 직관적인 것 사이에 이와 같은 종류의 긴장이 존재할 수 있다. 유대교인이나 그리스도교인에게 신이란 무엇이냐고 물으면, 대부분 전지전능한 신으로 묘사한다. 이것은 신학적으로 올바른 견해이다. 하지만 우리의 직관적인 이해력은 영혼을 – 심지어 신에 속한다고 여겨지는 영혼들도 – 우리와 같은 모습으로 해석하려는 편향성으로 얼룩져 있을 수 있다. 이것이 새로운 발상은 아니다. 일찍이 볼테르도 이렇게 말했다. 신은 인간을 자신의 모상으로 창조했고 인간은 즉시 찬사로 답했다고.

사실, 전지전능하고 온화한 불멸의 유일신은 존재한다고 믿기에는 특이한 존재다. 불교에는 이런 신이 없다. 다른 종교들의 경우, 여러 신령이 있고 그중에는 심술궂고 어리석은 신령도 있다. 시베리아에서는 중요한 문제를 논할 때 비유적인 언어를 사용한다. 문자의 뜻 그대로 고지식하게 받아들이는 신령들을 혼란스럽게 만들기 위해서다. 아프리카 일부 지역에서는 친구나 친척 집을 방문할 때 그 집 자녀들에 대해 굉장히 추하고 불쾌하다고 말하는 게 예의다 – 그래야 해칠 만한 착한 아이들을 찾고 있는 마녀들이 그 집 아이들에게 흥미를 잃고 다른 곳을 찾아보게 되니까.

확실히 구약성서의 신은 인간적인 자질을 지녔다. 스스로 이렇게 표현할 정도다. "너희는 다른 신에게 경배해서는 안 된다. 주님의 이름은 질투하는 이, 그는 질투하는 하느님이다." 이스라엘 민족의 배은망덕함에 원통해 하는 주님의 모습에서 다분히 인간적인 면모가 느껴진다. "이 민족은 대체 얼마나 오랫동안 나를 멸시하려 하는가? 내가 그들에게 보여준 모든 징후에도 불구하고 얼마나 오랫동안 나를 믿지 않으려 하는가? 나는 그들에게 역병을 내려 괴롭힐

것이고 그들에게 내렸던 상속을 거두어들일 것이다." 많은 사람들이 홀로코스트부터 에이즈 바이러스, 심지어 중요한 축구 경기에서 패하는 경우까지 현시대에 일어나는 모든 재앙을 신의 분노나 실망의 표현으로 여기곤 한다.

사람들은 신이 비 물리적이고 형태가 없으며 어디에나 존재한다고 주장하지만, 그러면서도 그분을 더 구체적인 형태로, 주로 하늘에 사는 노인의 모습으로 여긴다는 걸 인정한다. 바렛과 케일은 이런 긴장을 탐구하기 위해 미국과 인도에 사는 성인들을 대상으로 일련의 실험을 진행했다. 실험 대상자들에게 그들의 종교적 신념에 대해 명시적으로 묻자, 신은 물리적 또는 공간적 속성이 없고, 동시에 모든 것을 알고 모든 곳에 자리할 수 있고, 전능하다고 답했다. 바렛과 케일은 그들에게 하느님에 관한 일련의 이야기를 들려주었다. (힌두교 신앙을 가진 인도인들에게는 '하느님' 대신 시바신이나 크리슈나신, 브라만신, 비슈누신으로 대신했다.) 주로 이런 이야기였다.

바위가 많고 유속이 빠른 강에서 한 소년이 혼자 수영을 하고 있었다. 그러다가 그만 커다란 회색 바위 사이에 왼쪽 다리가 단단히 껴버리고 말았다. 나뭇가지들은 계속해서 그의 몸을 때리며 떠내려갔다. 이러다 물에 빠져 죽겠구나 싶어서 소년은 안간힘을 쓰면서 기도하기 시작했다. 그가 기도를 시작하던 순간, 하느님은 세상 저편의 다른 기도에 응답하고 있었다. 하지만 금세 소년의 기도에 응답하여 바위 하나를 밀쳐서 다리를 뺄 수 있게 해주었다. 소년은 안간힘을 써서 강기슭에 도달한 뒤 탈진해서 쓰러졌다.

사람들은, 하느님이 이전 기도에 대한 응답을 **먼저** 끝냈고, **일단 끝낸 다음에야** 이어서 소년의 목숨을 구했음을 명시적으로 말해주는 이야기라고 감상을 밝혔다. 하지만 이 이야기에는 사실 시간 순서가 구체적으로 나와 있지 않다 - 게다가 하느님을 무한히 많은 일을 동시에 행할 수 있는 존재라고 믿는다면, 애초에 이런 식의 일정 관리를 할 필요도 없다. 바렛과 케일의 주장에 따르면, 사람들이 지닌 상식적인 이해력 때문에 기억은 의인화하는 쪽으로 왜곡되기 쉽고, 그래서 하느님을 마치 사람처럼 한계가 있는 존재로 대하는 경향이 있다고 한다. 다른 연구에서도 이와 비슷한 결과가 나왔다. 특히, 현재 교회에 다니고 있는, 예수님과 성령, 하느님에 대한 이미지를 품고 있는 가톨릭과 개신교 신자가 이런 식으로 해석할 가능성이 더 높았다. 이것으로 볼 때, 종교적 이미지에 노출되면 의인화할 가능성도 높아지는 것처럼 보인다.

　나는 사람들이 이런 연구를 다소 불편해한다는 것을, 심지어 신성모독으로 여긴다는 것을 알게 되었다. 그래서 마음을 달래줄 만한 두 가지 내용으로 이 주제를 마무리하고 싶다. 첫째, 사람들이 신을 어떻게 생각하고 어떻게 이런 신념을 가지게 되었느냐와 신이 존재하느냐 하는 문제는 논리적으로 별개다. 종교사상을 연구한다고 반드시 무신론자여야 할 필요는 없다. 신이 존재한다면, 우리가 그분을 어떻게 이해하느냐에 대한 심리적 문제는 여전히 남아 있다. 둘째, 바렛과 케일의 연구 결과를, 사람들이 '정말로' 신을 사람처럼 믿는 것이라고 받아들이면 안 된다. 신학적으로 올바르지만 비직관적인 신념이라 해서, 그것이 진심이 아니라는 의미는 아니다. 앞서 인용한 연구가 시사하는 바는 신과 영혼 전반에 관한 자연스러운 사고방식이 존재하며, 이런 사고방식이 어떤 종교의 교리와는 충돌을 빚는다는 것이다. 믿음이 독실한 사람들은, 이런 연구 결과를 인간의 마음이 신의 본성을 인식하기에는 부족하다는 증거로 받아들일 수 있다. 반면, 비교적 세속적인 시각을 지닌 사람들은, 문화가 상식적인 직관과 어긋나는 신념을 만들어내고 유지할 수 있음을 보여주는 예로서 받아들일 수도 있다.

♦ 과연 아이들은 마법을 믿을까?

장 피아제 같은 발달심리학자들은 아이들이 논리와 합리성에 구속되지 않는 마음을 가지고 태어나기 때문에 초자연적인 존재와 사건을 거리낌 없이 잘 믿는다고 주장해왔다. 이런 심리학자들은 아이들이 마법 같은 생각을 잘한다고 말한다.

과연 아이들은 괴상한 것을 잘 받아들이는 것 같다. 우리 아들 맥스가 만 4살 때의 일이다. 나는 그에게 방 벽장 안에 들어가면 마법같이 시간을 거슬러 공룡의 나라에 도착하는 이야기를 들려주었다. 이 이야기를 진지하게 받아들인 그는 실제로 시험해보자고 우겼고, 말한 것처럼 되지 않자 잔뜩 골이 났다. 심리학자 유진 서보츠키는 만 4세~6세 아이들에게 마법 상자를 보여주며 실험을 진행했다. 그는 아이들에게 이 상자에 그림을 넣고 '알파 베타 감마'라는 마법의 주문을 외우면 진짜 물건으로 변한다는 이야기를 들려주었다. 그런 다음, 그 상자와 그림들을 두고 아이들만 남겨 놓고 방을 나갔다. 그러자 거의 모든 아이가 그 기계를 시험해보기 시작했다. 또 다른 연구에서 서보츠키는 아이들에게 마시면 더 어려지는 마법의 물약 이야기를 들려준 다음, 그 물약과 함께 아이들만 남겨두고 나오면서 말했다. "자, 이제 마시고 싶으면 그 물 마셔도 된단다. 약이 효과가 있는지 보고 싶네. 하지만 원하지 않으면 안 마셔도 돼, 네 맘이야." 그러자 대부분이 마시지 않으려 했다. 다른 연구자들의 연구 결과에 따르면, 영유아들에게 상자 안에 손가락 무는 것을 좋아하는 괴물이 있다고 상상해보라고 하면, 아이들은 그 상자에 가까이 가려 하지 않는다고 한다.

그런데 이런 연구 결과를 보고 정말로 알 수 있는 것은 무엇일까? 어쨌든, 요즘 아이들은 원격조종 자동차나 전자레인지, 비디오카메라와 같은 놀라운 기술들을 일상적으로 접한다. 그런데 시간여행이나 그림을 물건으로 바꾸기, 회춘을 현실화하는 기술이 아직 없다는 사실은 어떻게 아는 걸까? 그림을 진짜 사물로 탈바꿈시키는 장치가 현실 세계의 기계들, 예를 들면, 화성으로 날아가는 로봇 차량 같은 것보다 정말로 더 괴상하게 느껴지는 걸까? 많은 아이들이 TV 속 사람들이 화면 반대편에 있는 자신들을 볼 수 있는지 궁금해한다. 물론, 비디오카메라 같은 것들도 있기는 하지만. 그렇다 해도, 이러한 아이들이 진짜 마법을 생각하고 있는 것은 아니다. 그들은 단지 모종의 건강한 망상을 드러내고 있을 뿐이다.

마지막으로, 아이들은 자기가 상상하는 것들이 진짜라고는 정말로 생각하지 않는다. 아이들에게 상자 안에 연필이 들어 있다고 상상해보라고 한 다음, 누군가가 들어와서 연필이 어디 있는지 아는 사람 있냐고 물으면, 아이들은 상자를 가리키지 않는다. 사실, 영유아들은 상상과 실제의 세계를 썩 잘 작동시키는 것 같다. 만 3세 아이들조차 유령과 괴물, 마녀는 '상상한 것'이고 개와 집, 곰은 '실제 있는 것'임을 분명히 안다. 그들이 상자 속의 손가락 무는 괴물을 피하는 이유는 어른들이 공포 영화를 보며 움찔하는 것과 같은 이유일 것이다. 사람은 나이와 상관없이 모두 환상과 착각에 영향을 받는다. 대부분의 어른들도 똥 모양 퍼지를 거절하거나 '청산가리'라고 적혀 있는 잔에 든 물을 - 자기가 직접 그 잔에 멀쩡한 물을 채웠더라도 - 마시려고 하지 않는다. 조너선 하이트가 진행한 미공표 연구 결과에 따르면, 자칭 무신론자인 대학생들에게 영혼을 파는 계약서에 서명하겠냐고 묻자, 많은 학생이 거절했다고 한다.

  때때로 어른들도 허구의 인물이 마치 진짜 사람인 것처럼 반응한다. 의학 TV 드라마 〈마커스 웰비〉의 주연 배우였던 로버트 영은 매주 수천 통에 달하는 의료 상담 편지를 받았다고 한다. 훗날 그는 사람들의 이런 착각을 이용해서 상카 디카페인 커피의 건강상 이점을 알려주는 상업광고에 출연했다. 드라마 열혈 시청자들은 자기가 좋아하거나 미워하는 극중 인물에게 강하게 반응한다. 소설 속 등장인물에게도 마찬가지다. 찰스 디킨스가 그의 소설 『오래된 골동품 상점』 이야기를 주인공 꼬마 넬의 죽음으로 마무리하자, 분노의 편지가 그에게 쇄도했다고 한다. 이런 일들이 왜 일어나는지는 명확하지 않다. 마커스 웰비에게 편지로 발의 통증을 호소했던 어른은 실제로는 웰비가 허구의 인물임을 약간이라도 알고 있었을까? 아니면 공들여 꾸며낸 일종의 가식일까? 혹은 가상의 강아지를 쫓아 집 주위를 돌고 있는 어린아이와 비슷한 상태인 걸까? 아니면 정말로 어떤 식으로든 혼동을 한 걸까? 어느 경우든, 착각은 어린아이뿐 아니라 어른에게도 영향을 준다.

때로 어린아이들은 실제로 존재하지 않는 존재를 창조해낸다. 심리학자 마저리 테일러에 따르면, 그녀의 연구 대상이었던 영유아들 가운데 절반가량은 가상의 친구가 있었다고 한다. 그중 만 4세 아이 한 명이 그녀에게 투명 새 두 마리에 관한 이야기를 들려주었는데, 요란스럽고 어설펐으며 수다스러운 그 새들은 한 마리는 수컷(이름은 넛시)이고 다른 한 마리는 암컷(마찬가지로 이름은 넛시)이었다고 한다. 이 밖에도 부모와 조사관이 보고한 가상 친구 목록에는 서랍장도 있고, 벽에서 나와 아이들의 손을 잘라버리는 거인, 허니라는 이름의 생명체(허니, 즉 꿀로 가득하다)와 젤리아(젤리로 가득하다)라는 이름의 생명체 한 쌍, 페나와 바버라 톨이라는 이름의 두 생명체(약 관련 일을 하는 아버지를 둔 소녀의 창작품), 아이의 목 안에서 사는 목이라는 이름의 가짜 친구, 커다란 구슬 같은 눈과 커다란 파란색 머리를 가지고 해변에서 말미잘과 공룡을 사냥하는 스테이션 페타도 있었다.

이런 창작품들을 통해 아이들은 우정도 느끼고, 외로움도 해소하고, 풍요롭고 즐거운 환상을 발전시키고, 다른 사람들과 안전하게 소통하는 수단으로도 삼는다. (장 피아제의 딸 자클린은 아빠에게 화가 나면, 가상 친구의 아빠 이야기를 하면서 자신의 화를 드러냈다. "마레카주의 아빠는 너무 싫어요… 걔 엄마가 잘못 고른 것 같아요.")

가상 친구는, 환상과 현실을 구별하는 데 문제가 있다는 증거일까? 가상의 친구가 상상 속 인물임을 인식하지 못하는 경우에만 그렇다. 이 주제와 관련된 증거를 수집하기 위해 테일러는 아이들에게 가상의 사물과 진짜 사물의 속성에 관해 질문했다. 그녀에 따르면, 아이들이 그 문제를 세련되게 다루고 있음을 보여주는 매우 뚜렷한 징조가 있었다고 한다. 가상의 친구에 대해 여러 질문을 받은 뒤, 어느 시점이 되자, 아이들은 상냥한 목소리로 심리학자들에게 이런 말을 했다고 한다. "그냥 그런 척하는 거예요. 아시죠?"

♦ 아이들이 신에 대해 알고 있는 것

발달심리학이 밝혀낸 바에 따르면, 어린아이들의 사고방식에 딱히 마법 같은 면은 없다. 그렇다면 아이들은 문화를 통해 접하게 되는 종교적 발상에는 어떻게 대처하는 걸까?

종교적 발상 중에는 혼란스러운 것들도 있다. 심리학자 재클린 울리는, 기도가 무엇이고 또 어떻게 작동하는지를 어린아이들이 이해하려면 시간이 좀 걸린다고 말한다. 사실, 아이들은 비종교적인 개념인 '소원 빌기'라는 관념을 훨씬 더 쉽게 파악한다. 만 5세 미만의 아이들은 기도와 신의 연관성을 이해하지 못한다. 그래서 자신의 생각을 신과 주고받는 게 기도의 핵심임을 인식하지 못한다.

그렇다면 신에 대한 아이들의 생각은 어떨까? 처음에는 대부분의 아이들이, 신의 존재를 믿는 것을 이의 요정이나 산타클로스의 존재를 믿는 것과 같은 급으로 여긴다. 어떤 아이들은 하느님과 산타클로스를 서로 가까이 사는 친구 사이라고 말하거나 하느님이 선물을 줄 아이들을 산타에게 알려준다고 말하기도 한다. 이런 이유로, 많은 기독교 근본주의자 부모들은 산타클로스 등의 신화에 언짢아한다. 아이들이 산타클로스가 존재하지 않는다는 사실을 – 그리고 그동안 속았다는 것을 – 알게 되면, 그동안 들었던 하느님과 예수님에 관한 이야기에도 의문을 품을 수 있다고 느끼기 때문이다. 하지만 이런 부모들의 걱정은 노파심이다. 산타의 비밀을 알게 된 뒤 하느님에 대한 믿음까지 잃는 아이는 아주 극소수에 불과하다. 하느님에 대한 믿음을 잃지 않는 이유는, 오직 하느님의 존재가 사회적으로 계속 유지되고 있기 때문이다.

프로이트와 피아제, 두 사람 모두 어린아이들이 처음부터 신을 사람으로, 그들을 보호해주는 힘센 어른으로 보는 것일지도 모른다고 주장했다. 이런 주장은 근거가 있었다. 어린아이들은 신을 얼굴과 몸, 목소리가 있는 것으로 묘사한다. 만 3세 아이들에게 신의 특징과 제일 친한 친구의 특징을 물어보면, 그들은 이 둘을 체계적으로 구별하지 못한다. 사람과 달리 신은 모든 것을 알며 변하지 않는다는 성숙한 인식은 만 5세는 되어야 생긴다. 심지어 만 5세가 되어도 명확하게 구분이 안 되는 아이들도 있다. 아이들에게 하느님은 '마법을 할 줄 알기 때문에' 닫혀 있는 상자 안에 뭐가 들어 있는지 알 수 있지만, 동시에 겉포장과 안의 내용물이 일치하지 않으면 당황할 수 있는 존재다. 하느님은 절대 죽지 않지만, 전에는 아기였고 '많이 먹어서' 어른으로 자란 존재다. 그들은 이런 식으로 애매하게 생각한다.

심지어 일부 부모는 인간 같은 하느님이라는 이런 관념을 부추기

기도 한다. 그들은 자녀에게 그의 행동에 따라 하느님이 기뻐할 수도, 화가 날 수도 – 심지어 상처받을 수도 – 있다고 이야기한다. 때로는 자녀가 악에 관한 문제로 걱정하면 하느님의 한계를 호소하기도 한다. 이를 잘 보여주는 일화가 최근 《뉴욕타임스》 기사에 실렸다. 캘리포니아에서 한 어린 소녀가 연쇄살인범의 손에 살해당한 사건이 일어나자, 어떤 소녀가 엄마에게 물었다고 한다. "엄마, 왜 하느님이 그 아이를 도와주지 않았어요?" 그러자 엄마가 대답했다. "세상에는 미친 사람이 너무 많아서 하느님이 동시에 모두를 감시할 수 없단다."

우리는 모두, 특히 어린아이들은 인간적인 것에 끌린다. 그리고 인간이 아닌 다른 존재들도 우리의 인지력과 신체적 제약을 공유하고 있다고 자연스럽게 추정한다. 만 4세인 아이들은 대부분 튤립이 행복과 고통을 느낄 수 있다고 말한다. 그들은 코끼리, 뱀, 개미, 심지어 나무에게도 믿음이 있다고 생각한다. 의도를 파악하는 우리의 능력은 사람들을 대하기 위해 진화해왔다. 그래서 우리는 이를 확대해서 사람보다 힘이 훨씬 약하거나(튤립) 훨씬 강한(신) 생명체까지 사람처럼 분석하는 경향이 있다.

이렇게 생각하다 보면 놀라운 예측에 이르게 된다. 자폐를 앓고 있는 사람들은 우리와 같은 의도 기반의 해석 방식을 가지지 못했기 때문에, 신을 의인화하기가 쉽지 않으리라는 것이다. 최근 이 주제와 관련된 증거를 요약했던 제시 베링에 따르면, 고기능 자폐인들이 쓴 자전적 글을 보면 신에 대한 그들의 관념이 바로 이 점에서 특이하다는 것을 알 수 있다고 한다. 에드거 슈나이더는 그의 저서 『나의 자폐를 찾아서』에서 이렇게 주장했다. "최고 지성(말하자면, 신)의 존재에 대한 나의 믿음은 과학적 요인에 바탕을 둔다." 그러면서 자신은 이런 존재에 대해 아무런 정서적, 개인적 감정을 느끼지 않는다고 했다. 자폐인의 삶에 대한 통찰로 유명한 템플 그랜딘은 이렇게 적었다. "고등학교 때, 나는 신이란 모든 것 안에 존재하는 명령하는 힘이라고 결론지었다… 자연에서는 작은 입자들이 수많은 다른 입자들과 얽혀서 모두가 상호작용한다. 그렇다면 이런 입자들이 얽혀서 우주를 위해 일종의 의식consciousness을 창조해낼 수 있다는 추측이 가능하다. 이것이 현재 내가 가지고 있는 신에 대한 개념이다."

이러한 증거들은, 어린아이들이 종교적 발상에 특화된 능력이나 기질을 갖고 태어나지 않았다는 것을 보여준다. 신에 대한 선천적인 관념이나 종교 모듈도 없고, 노엄 촘스키가 제안한 '언어 기관'이나 앞선 장들에서 논했던 도덕적 감정과 유사한 것도 없다. 아이들은 생각과 감정, 목표의 원인을 찾으려는 경향이 강하고 그 결과, 자연스럽게 신과 정령, 유령과 같은 존재를 이해한다. 하지만 아이들은 무에서 이런 존재들을 만들어내지는 않는다. 그들은 종교적 발상의 소비자이지 생산자가 아니다.

♦ 몸과 영혼의 문제

'어른과 아이는 몸과 영혼을 어떻게 생각하는가'를 다루는 이 책에서, '몸과 영혼이 진짜 존재하는가'를 다루지 않는다면 그야말로 무책임한 일이다. 그런데 이런 식으로 세상을 보는 게 과연 옳은 일일까?

 몸과 영혼에 대한 믿음은 타고나는 것이며 그 믿음은 자연선택에 의해 형성되므로, 몸과 영혼은 존재하는 것이 틀림없다. 이런 결론은 솔깃하게 들릴 수도 있다. 하지만 논거가 빈약하다. 자연선택의 이면에 있는 원동력은 생존과 번식이지, 진실이 아니다. 물론, 다른 모든 조건이 똑같다면, 동물 입장에서는 진실이 아닌 것보다는 진실인 것을 믿는 편이 더 낫다. 망상보다는 정확한 인식이 나은 법이니까. 하지만 다른 조건들이 모두 항상 같은 것은 아니다. 우리는 뱀에 대한 두려움을 어느 정도 타고나지만, 그렇다고 뱀이 지금 세상에 실제 위험 요소가 된다는 의미는 아니다(그렇지도 않다). 우리는 똥 냄새를 역겨워하지만, 그렇다고 객관적으로 역겨운 특성이 똥에 있다는 의미는 아니다(우리와 달리 쇠똥구리는 똥 냄새를 좋아한다). 만약 '선천적'이라는 것이 '사실'을 뜻한다면, 우리는 물리학을 할 필요가 없다. 아기를 연구하는 것만으로도 우주에 관한 최신 정보를 얻을 수 있을 테니 말이다.

 정반대로, 세상을 올바로 서술할 수 있는 것은 오로지 물리학의 언어밖에 없으므로, 몸과 영혼은 존재하지 않는다는 주장도 있을 수 있다. 이렇게 되면 의자나 시계, 포크, 물고기, 사람은 존재하지 않는다. 정말로 존재하는 것이라면, 기초적인 힘과 쿼크, 경입자, 기타 물리학자들이 발견한 것들이 전부다.

 하지만 이는 너무 미니멀리즘에 치우친 시각이다. 화학과 생물학, 지질학 등의 자연과학은 물리학보다 높은 수준에서 타당한 일반화를 설명한다. 그리고 그중 일부는 현실 세계의 물체를 필연적으로 포함하고 있다. 철학자 힐러리 퍼트넘은 물리학 수준에서는 네모난 못이 왜 동그란 구멍에 맞지 않는지 설명할 방법이 없다고 주장한다. 이것을 설명하려면 못과 구멍에 관해 이야기할 수 있어야 하기 때문이다. 세상 안에 정말로 **몸**이 있다는 것을 의심할 이유는 없다. 몸은 시간과 공간을 가로질러 연속된 경로로 이동하고, 고체이고, 접촉을 통해 서로 영향을 주고받는 물질적 존재이다. 아기들이 세상 안에 이런 존재가 있다고 믿는 것은 옳은 일이다. 물론, 이것은 불완전한 생각이다. 다른 수준에서 보면, 실제로 이런 대상들은 빈 공간을 휙 지나가는 미립자들의 구성이기 때문이다. 하지만 불완전하다고 오류는 아니다.

그렇다면 영혼은 어떨까? 영혼에서 원인을 찾고자 하는 태도의 핵심에는 정신적 삶을 사는 존재가 존재한다는 믿음이 깔려 있다. 영혼의 행동은 순수하게 물리적인 힘의 관점으로는 설명할 수 없다. 돌이나 야구공의 운동을 이해하는 방식으로는 이해할 수 없다. 영혼의 행동은 영혼의 지식과 욕망의 결과이다. 우리는 공이 문 쪽으로 굴러가는 것을 보면, 어떤 힘이 공을 밀었기 때문에 움직인다고 생각한다. 하지만 어떤 사람이 문 쪽으로 걸어가는 것을 보면, 그 사람에게 그럴 만한 이유가 있어서 이동하는 거라고 생각한다.

나는 마음의 과학이 이런 신념 체계의 대부분을 뒷받침해왔다는 사실에 안도감을 느낀다. 급진적 행동주의자들은 한때 '내부의 정신적 과정'이라는 관념을 비웃었다. 길버트 라일이 이 관념을 가리켜 "기계 속 유령의 교리"라고 불렀던 일은 유명하다. 하지만 컴퓨터가 발명되면서, 이제 이 교리는 더 이상 웃음거리가 아니다. 우리는 물체가 정보를 저장하고, 추론하고, 기호를 사용하는 등의 일을 할 수 있다는 것을 안다. 이런 작업은 마법이 아니라 앨런 튜링과 알론조 처치와 같은 수학자들이 발견한 원칙을 통해 이루어진다. 이들은 전적으로 물리적인 장치가 정보를 저장하고 이 정보를 합리적인 방식으로 조작하는 방법을 탐구한 인물들이다. 이러한 발견 덕분에 인지심리학이라는 학문이 탄생하여 언어 능력과 인식 능력 같은 능력들을 성공적으로 설명할 수 있게 되었다. 그 결과, 다시 인지 신경과학이라는 학문이 생기면서 뇌가 정보를 암호화하고 사용하는 정확한 방법을 탐구하게 되었다.

상식도 마찬가지이다. 우리가 아는 상식에 따르면, 우리에게는 분노, 환희, 혐오, 공포 등의 감정이 존재한다. 또한, 우리에게는 음식, 음료, 성, 우정에 끌리는 충동이 있다. 상식대로, 우리는 자녀를 사랑하고 우리를 부당하게 대하는 사람들을 미워한다. 신경과학이나 진화심리학, 발달심리학에서는 이런 상식을 의심할 근거를 아무것도 제공하지 못한다. 감정은 진짜다. 감정은 우리가 자연스럽게 추정하는 거의 그대로 우리 행동을 몰아간다.

이는 좋은 소식이다.

몇몇 학자들은 이 모두가 다 좋은 소식이라고 생각한다. 과학이 상식과 충돌하지 않고, 종교와도 갈등을 빚지 않기 때문이다. 스티븐 제이 굴드는 과학과 종교, 양측 모두에게 고유의 독립된 영역이 있다고 주장했다. "과학은 경험적 영역을 아우른다. 즉, 우주를 이루는 것(사실)과 우주가 이런 식으로 작동하는 이유(이론)를 다룬다.

종교의 영역에서는 궁극적 의미와 도덕적 가치가 있는 문제들을 다룬다."

과학의 범위에 대해서는 굴드의 의견이 옳을 수 있지만, 종교에 대해서는 틀렸다. 종교가 사실의 영역을 아우르지 않는다는 말은, 뉴에이지 운동처럼 이빨이 빠진 세속화된 신앙 체계의 경우에만 맞는 말이다. 진정한 종교는 사후에도 기억과 욕망이 살아남고, 신의 개입으로 바다가 갈라지고 적군을 무찌를 수 있다고 상정한다. 또한, 우주의 기원, 지구, 동물, 특히 인간에 대해서는 실질적인 경험적 주장을 한다. 진정한 종교는 기도의 치유력, 천사나 악마와 같은 존재들에 대해서도 입장을 취한다. 세상이 무엇으로 이루어져 있고, 왜 세상은 지금처럼 작동하는지 실질적으로 주장하는 것이다. 이런 주장 가운데 일부는 몸과 영혼의 본질과 관련되어 있다.

물론, 내 말을 곧이곧대로 다 믿어서는 안 된다. 1996년, 교황은 다윈의 진화론이 비인간 동물, 그리고 어쩌면 인체에도 적용된다고 인정했다. 다만, 다음과 같은 단서를 달았다.

인체가 이미 존재하는 살아 있는 물질에서 기원한다면, 영적인 영혼은 하느님이 직접 창조하신다… 결과적으로, 진화론은 인간에 대한 진실과 양립하지 않는다. 진화론에 따르면, 정신은 살아 있는 물질의 힘에서 생겨나거나 이런 물질의 부수적인 현상일 뿐이다. 이는 진화론에 영감을 준 철학에 부합되는 내용이다.

이는 나쁜 소식이다. 정신적 삶은 마음의 산물이라고 과학은 이야기한다. 정신이 살아 있는 물질에서 **생겨난다**는 뜻이다. 모든 생각은 생화학적 과정의 결과이다. 그래서 뇌가 손상되면 정신에 장애가 생기면서 우리가 인간다워지기 위해 필요한 능력들, 즉, 자제력과 추론 능력, 우리가 지닌 사랑하는 능력 등이 파괴된다. 영적 영혼이 존재하는 것은 거의 틀림없지만, 물질의 힘과 별개로 존재하는 것은 아니다.

어떤 학자들은 인지과학이 우리 자신에 대해 이야기하는 바를 낙관적으로 받아들인다. 『빈 서판』에서 스티븐 핑커는, 비물질적인 영혼 같은 건 없다는 사실 등 인간 본질에 관한 특정한 몇몇 사실을 인정한다 해도 많은 사람들이 생각하듯이 우리에게 부정적인 영향을 주지는 않을 거라고 결론 내린다. 반대로, 이렇게 인정하고 나면 오히려 우리가 매우 소중히 여기는 가치 중 일부의 존재를 뒷받침할 수 있게 된다. 그래서 오웬 플래내건은 '인본주의적 이미지의 아름답고, 참되고, 영감을 주는 모습'이 인간의 본질에 대한 과학적 신념 안에 담길 수 있다는 것을 보여주기 위해 『영혼의 문제』를 집필했다.

나 역시 낙관적이다. 나는 진화론과 심리학의 연구 결과 중, 우리 자신의 가장 중요하고 가치 있는 면에 대해 의구심을 품게 할 만한 내용은 하나도 없다고 생각한다. 리처드 도킨스는 다윈이 등장한 이후에야 지적으로 충만한 무신론자가 가능해졌다고 말한다. 나도 마찬가지다. 철학자와 심리학자, 진화론자의 통합적인 작업이 이루어지는 지금에서야 도덕적으로 낙관적인 물질주의자로 사는 게 가능해졌다.

하지만 나는 정신적 기능에 대한 과학적 견해와 상식적 견해의 충돌을 과소평가하지는 않는다. 인지과학자들은 감정과 기억, 의식이 물리적 과정의 결과라고 믿는다. 우리의 상식은 정신적 삶이 비물질적인 영혼의 산물이라고 말한다. 이러한 직관 덕분에 우리는 몸과 뇌가 소멸한 후에도 영혼이 살아남을 수 있다고 생각하며 깊은 안도감을 느낀다. 생각의 물리적 기반이 존재한다는 믿음은 극히 소수의 의견이다.

이제 본격적으로 상황이 재미있어지기 시작했다. 생각의 신경적 기반에 관한 연구가 진행된다는 소식이 들려오고, 구체적인 연구 결과도 알려지고 있다. 가령, 뇌의 이쪽 부분은 위험을 감수하는 것과 관련되어 있고, 저쪽 부분은 음악을 생각할 때 활성화된다는 식이다. 하지만 더 큰 그림, 즉 생각의 물질적 기반이라는 주제 자체는 아직 일반적으로 평가받지 못했다. 그런 날이 도래할 때, 사람들이 어떻게 반응할지 생각하면 흥미롭다. (현재 첫 징조가 감지되고 있다. 대부분은 조너선 프랜즌, 데이비드 로지, 이언 매큐언과 같은 소설가들의 최신작에서 발견된다.) 어쩌면, 비전문가들이 자아에 대한 우리의 직관이 잘못되었다는 사실을 수용할 수도 있다. 겉으로는 고체처럼 보이지만, 실은 활발히 움직이는 미립자로 이루어져 있다는 사실을 물리학자가 아닌 비전문가들 중 일부가 받아들인 것처럼 말이다.

말처럼 쉬운 일은 아니다. 우리의 영혼이 살덩어리라는 관념은 심히 골치 아픈 문제이다. 지난 100년간 진화에 관한 연구와 가르침을 둘러싼 격렬한 논쟁이 맹위를 떨쳤듯, 이와 같은 종류의 논란

이 향후 인지과학계에서도 일어날 수 있다. 이제 우리는 상당히 흥미로운 시대에 발을 들여놓기 시작한 것이다.

장별 출처

♦ 머리말
10 다윈의 인간의 특성에 관한 견해: Darwin 1998 [1872], 1874; see also Cronin 1992.
10 데카르트 이원론: Descartes 1641; see Flanagan 1984 for discussion.
11 데카르트는 자신이 만든 기계인형을 딸처럼 생각했다: Gaukroger 1995; Reé 2002; Wood 2002.

♦ 1장. 마음을 읽는 사람들
22 마스터 젬블러: Alvarez 2001, 67.
25 물리적 대상: Spelke 1994; Spelke et al. 1993.
24 당겨서 물질을 추정하기: Pinker 1997.
27 아기는 어리석다: The Onion, 21 May 1997.
27 지독히도 왁자지껄한 혼란 상태: Cited in Rochat 2001, 5.
28 눈앞에서 사라지면 마음속에서도 사라진다: Piaget 1954.
29 신체적 협응: Diamond 1991.
31 막대기의 보이지 않는 부분: Kellman and Spelke 1983.
31 갓 태어난 병아리: Regolin and Vallortigara 1995.
32 아기들은 정말로 덧셈과 뺄셈을 할 수 있을까: Wynn 1992; review of replications: Wynn 2000; mathe matical monkeys: Hauser, MacNeilage, and Ware 1996; arithmetical dogs: West and Young 2002.
32 아기는 물체의 응집성을 예상한다: Xu, Carey, and Welsh 1999; continuity: Spelke, Phillips, and Woodward 1995; solidity: Baillargeon, Spelke, and Wasserman 1985; contact: Spelke, Phillips, and Woodward 1995.
34 눈 깜빡하는 사이에 갑자기 생겨나다: Wynn and Chiang 1998.
35 중력에 대한 이해: Baillargeon 2002 (figure 1.2 based on her figure 3.3).
36 곡선 운동: McCloskey, Caramazza, and Green 1980; Proffitt and Gilden 1989.
36 호스에서 발사된 물의 궤적: Kaiser, Jonides, and Alexander 1986.
37 표정이 굳은 얼굴에 대한 반응: Tronick et al. 1978.
37 아기의 화상회의: Field et al. 1986; Murray and Trevarthen 1985.
37 얼굴에 대한 선호: Slater and Quinn 2001.
37 엄마의 얼굴을 선호한다: Field et al. 1984.

37 행복하거나 슬픈 표정: Walker-Andrews 1997.
37 아기는 표정을 흉내낼 줄 안다: Meltzoff and Moore 1977, 1983.
38 손가락과 막대기: Woodward 1998.
39 가리키기와 바라보기: Bretherton 1992; Corkum and Moore 1995; Hobson 2002.
39 마음을 읽는 능력: Campos and Stenberg 1981.
39 침팬지에게 가리키기를 가르치다: Call and Tomasello 1994; Povinelli et al. 1997.
39 침팬지와 인간의 사회적 이해력: Tomasello 1998; Tomasello, Call, and Hare 2003; Povinelli and Vonk 2003.
39 개의 똑똑함: Hare et al. 2002.
40 간단한 영화 한 편: Heider and Simmel 1944; cross-cultural data: Morris and Peng 1994;
40 움직이는 무리: Bloom and Veres 1999.
40 의인화: Guthrie 1993.
41 아기의 빠른 반응: Bertenthal et al. 1995; Fox and McDaniel 1982; Rochat, Morgan, and Carpenter 1997.
41 아기는 움직이는 대상을 심리적 상태를 지닌 존재로 취급한다: Gergely et al. 1995; Premack and Premack 1997; see also Johnson, Slaughter, and Carey 1998 for babies' responses to robots.
    Good triangle; bad square!: Kuhlmeier, Wynn, and Bloom (2003).
42 1살 난 아이들에게 신나는 표정으로 브로콜리를 보여주다: Repacholi and Gopnik 1997.
43 마음에 대해 이야기하다: From Bartsch and Wellman 1995, 114, 39, 112.
44 틀린 믿음: The idea is from Dennett 1978; the first experiment was done by Wimmer and Perner 1983; the actual scenario described here is from Baron-Cohen, Leslie, and Frith 1985.
46 아이들이 타인의 마음을 제대로 이해하지 못한다는 주장: See, for instance, Gopnik 1993a; Perner, Leekam, and Wimmer 1987; Wellman, Cross, and Watson 2001.
46 '틀린 믿음' 추론을 극복하기는 성인에게도 어렵다는 주장: See, for instance, Bloom and German 2000; Fodor 1992; Leslie 1987, 1994a, 1994b.
46 이중장부 관리에 어려움을 겪는 이유: Roth and Leslie 1998.
48 어린이의 실패를 성인의 편견을 과장한 버전으로 설명: Birch and Bloom, 2003 under review.
    Adults expect others to share their beliefs: Kelley and Jacoby 1996; Keysar 1994; Wilson and Brekke 1994.
49 다른 사람의 마음을 이해하는 데 있어서의 문화 간 차이: D'Andrade 1987; Geertz 1983; Lillard 1998; Nisbett et al. 2001.
50 세상에 관한 특정한 지식을 아이들에게 금지하는 것: Postman 1982.
51 편측마비와 발린트 증후군: Rafal 1997, 1998.
52 자폐스펙트럼: See Happé 1996 for review.
52 자폐인의 전형적 이미지: Sacks 1995, 246.
53 어떻게 다가가야 할까: Hornby 2000, xiii-xiv.
55 무분별하게 잔혹한 어머니: Gopnik, Meltzoff, and Kuhl 1999, 55.
55 자폐인들이 '심맹'을 앓고 있다는 주장: Baron-Cohen, Leslie, and Frith 1985; see also Baron-Cohen 1995.
55 자폐아로 사는 것: Gopnik 1993b.
58 자폐아는 얼굴 보는 것을 싫어한다: Dawson et al. 1998.

56 '틀린 믿음' 실험이 실패하는 자폐아동: Baron-Cohen et al. 1985.
56 원격조종 로봇 : Sigman et al. 1992.
56 망치로 엄지를 때리는 실험: Charman et al. 1997.
57 재미있는 소리: From Sacks 1995, 269.
57 화성에 온 인류학자: Sacks 1995.
57 자폐아동이 애니메이션을 설명하는 방식: Klin 2000.
58 『누가 버지니아 울프를 두려워하랴?』: Klin et al. 2002.
58 얼굴을 마치 물건 보듯이: Schultz et al. 2000.
58 남성이라면 누구나 다 매우 가벼운 정도의 자폐스펙트럼을 가지고 있다: Baron-Cohen 2002.
62 진화에 대한 회의론자: Wallace 1889, cited by Cronin 1992, 354; Polkinghorne 1999, 2-3; the pope: Cited by Pinker 2002, 186-187.
63 다윈과 월리스의 논쟁: See Cronin 1992.
64 생물학적 적응의 부산물: Gould and Vrba 1982; and spandrels: Gould and Lewontin 1979.
64 언어는 아이들을 똑똑하게 만든다: Dennett 1996, 17. For similar proposals, see Bloom 1994; Carey 2004; Carruthers 1996; Spelke 2003; Vygotsky 1962. For discussion of the limits of language see Bloom 2000; Bloom and Keil 2001; Pinker 1994.

♦ **2장. 인공물들의 세계**

69 사람에게 관심이 없는 자폐아: Kanner 1943, 250.
71 개별 대상마다 고유한 이름을 부여하는 언어 체계: Locke 1947 [1690].
71 푸네스: Borges 1964, 63.
72 우리는 왜 범주로 분류하는 것을 좋아할까?: Locke 1947 [1690], 14-15.
74 일종의 정신적 접착제: Murphy 2002, 1 and 3.
75 객체는 우주에 아무렇게나 퍼져 있지 않다: Pinker and Bloom 1990.
76 지루한 카탈로그가 아니다: Gould 1989, 98; see also Murphy and Medin 1985.
77 보르헤스의 범주를 흐트러뜨리는 목록: Ackerman 2001, 21.
77 사람이 사망하는 원인: Cited by Bowker and Star 1999.
79 반짝인다고 다 금이 아니다: See Bloom 2000; Gelman 2003; Pinker 1994.
81 고릴라: Hubbell 2001, 31-32.
81 진실로 받아들이다: This heading is cribbed from Dennett 1994.
81 본질에 대한 로크의 생각: Locke 1947 [1690], 26.
81 본질주의; For philosophical foundations, see Kripke 1971, 1980; Putnam 1973, 1975a; see Medin and Ortony 1989 for the notion of "psychological essentialism," which is the version proposed here.
81 아이들은 본질주의자이다: See Gelman 2003 for review.
81 보편적인 특징이며 어린아이에게도 존재한다: Baldwin, Markman, and Melartin 1993.
81 겉모습과 숨겨진 속성의 구분: Gelman and Markman 1986, 1987.
82 개의 구성요소를 여러 가지로 보여주다: Gelman and Wellman 1991.
83 공통된 내적 속성을 공유하는 대상들을 일반명사로 부르는 경향: Diesendruck, Gelman, and Lebowitz 1998.
83 겉모습 바꾸기: Keil 1989.
83 아이들과 본질에 대해 이야기하다: Gelman 2003; Heath 1986.

84 본질주의는 우리 세계관을 이루는 기본 요소이다: For example, Atran 1998; Diesendruck 2001; Walker 1992; see Gelman 2003 for review.
84 본질주의는 자연계에 적용하려는 태도이다: Bloom 2000; Kornblith 1993; Pinker 1997.
85 종양: Ahn 2002.
85 순한 맛 본질주의: Bloom 2000.
85 본질주의의 손아귀를 벗어나기: Mayr 1982, 87; see also Dupré 1993; Hull 1965; Mayr 1991; Sober 1994.
86 인종과 민족성에 대한 사고방식: Pinker 2002.
86 인종 같은 것은 없다: Cosmides, Tooby, and Kurzban 2003; Lewontin 1972; Pinker 2002; Templeton 1998.
87 유전적 유사성에 대한 여론조사 : Jayaratne 2001, cited by Gelman 2003, 430.
87 실제 유전적 유사성: Cosmides et al. 2003.
88 아이들의 타고난 본질주의를 보여주는 인종에 대한 인식 사례: Hirschfeld 1996.
88 깊이 뿌리 내린 나쁜 생각: Hirschfeld 1996, xi.
88 『그들이 가지고 다닌 것들』: O'Brien 1990, 2.
90 2만 종류의 인공물: Norman 1989.
90 마르크스가 경악하다: Basalla 1988.
90 밀, 옥수수, 고양이, 개: Hubbell 2001.
91 젖소: Bryson 1992.
92 나무 같은 것은 없다: Malt 1991.
92 과일일까 아니면 채소일까?: Willett 2001, 115.
93 외형으로 범주를 지정하기에는 충분하지 않다: Bloom 1996, 1998, 2000.
94 본질주의는 인공물에도 적용된다: Bloom 1996, 1998, 2000; Medin 1989; Putnam 1975a.
95 도끼의 용도에 대해서 의심의 여지 없음: Dennett 1990.
96 아이들의 인공물을 분류하는 법에 관한 연구: Diesendruck, Markson, and Bloom 2003; Gelman and Bloom 2000; Gutheil et al. in press; Kemler-Nelson 1999; Kemler Nelson et al. 1995, 2000a, 2000b; Ward et al. 1991.
97 창조 신화에서도 언어는 중요하다: Macnamara 1982.
97 창조 과정의 물리적 과정 묘사: Kelemen 1996.
98 이런 종류의 믿음이 흔한 이유: Shermer 2000.
98 설계 논증에 대한 키케로의 논쟁: Quoted in Kelemen 1996.
99 설계자의 존재: Paley 1828, quoted in Dawkins 1986, 4.
99 페일리의 주장이 다윈에게 영향을 미치다: Dawkins 1986.
100 확률적으로 희박한 우주: Quoted in Shermer 2003.
100 흄의 회의론: Quoted in Kelemen 1996.
100 방귀에 관한 아우구스티누스의 견해: Wills 1999.
100 캐나다의 여론조사: From Shermer 2000.
101 창조론은 일반적인 교육 후에도 저항한다: Almquist and Cronin 1988; Evans 2001.
101 다윈주의에 대한 오해: Dawkins 1986, xv.
102 인공론자들: Piaget 1929.
103 아이의 발달 단계 중 사람이 자연을 창조했다고 믿는 단계는 없다: Evans et al. 1996; Gelman and Kremer 1991.
103 아이와 성인에게 대상의 용도를 묻는 실험: Kelemen 1999a, 1999b, 1999c.
104 아이들은 강성 창조론자이다: Evans 1997, 2000.

105 다윈의 이론이 널리 알려지지 않기를 바라다: Cited in Humphrey 1996, 7.

♦ **3장. 불안한 대상과 예술**
106 편지를 받고 울다: Elkins 2001.
107 충격과 혐오의 반응: Elkins 2001.
108 불안한 대상: Rosenberg 1973.
108 불안한 대상의 예시: Some of these are from Warburton 2003.
109 연극 〈아트〉에서 세르주와 그의 친구 마크의 견해: Reza 1996, 3 and 15.
110 예술과 지위: Pinker 1997, 522; see also Pinker 2002; Wolfe 1975.
112 아기, 인형, 그림: DeLoache, Strauss, and Maynard 1979.
112 시각적 표상을 접하지 않고 자란 아이: Hochberg and Brooks 1962; see also Ekman and Friesen 1975 for cross-cultural evidence.
113 가장무도회: Koestler 1964.
113 그림을 향한 이상한 행동: Ninio and Bruner 1978; Perner 1991; Werner and Kaplan 1963.
113 다양한 문화권에서 사진에 대해 실험하다: DeLoache et al. 1998.
114 아기들은 사진에 대해 어떤 반응을 보이는가: DeLoache et al. 1998.
114 실망해서 눈물이 나다: Elkins 2001, 53.
115 어린아이들의 그림 해석: Preissler 2003; Preissler and Carey (under review).
115 그림에 대한 이상한 오해: Beilin and Pearlman 1991; Thomas, Nye, and Robinson 1994.
115 어느 정도 자란 아이들도 실제 그림에 대해 혼란스러워한다는 의심: Bloom 2000.
116 피카소 그림이 그려진 엽서: Danto 1986.
117 극심한 공포감: Freeman 1991.
117 표상을 다루는 법을 배우다: Ittelson 1996.
117 표상의 이중성에 대한 문제: DeLoache 1995; DeLoache and Burns 1994; DeLoache, Miller, and Rosengren 1997.
118 성적 학대가 의심되는 사건에서 인형을 사용하는 사례: DeLoache and Marzolf 1995.
118 시차 때문에 혼란스러워하다: Friedman 1990.
118 모든 문화에는 예술이 존재한다: Brown 1991; Dissanayake 1992.
120 아동 미술과 성인 미술의 유사점: Gardner 1980, 2-5.
120 아이들은 재현 능력을 지니고 있는가?: Gardner 1980, 46-47; see also Cox 1992; Freeman 1991; Golomb 1993.
120 『어린 왕자』: Saint-Exupéry 1943, 2.
121 크기가 다른 대상에도 이름을 붙일 수 있는가: Bloom and Markson 1998.
122 엄마와 아빠: Kagan 1981.
122 포크와 숟가락: Bloom and Markson 1997.
123 풍선과 막대사탕: Bloom and Markson 1998.
125 자폐아동이 그림에 이름을 붙일 때: Preissler 2003; Bloom et al. (under review).
127 예술을 정의하려는 시도: Davies 1991.
128 헬리오가발루스의 예술: Lyas 1997.
128 예술은 사람들이 예술이라고 일컫는 것에 불과하다: For discussion see Danto 1964, 1981; Dickie 1984.
129 관객에게 보여주기 위한 예술: Dickie 1984; Fodor 1993.
131 예술은 예술이라고 평가받았던 방식대로 창작된 것: Levinson 1979, 1989, 1993.

132 아이들은 예술을 무엇이라고 하는가?: Gelman 2003; Gelman and Ebeling 1998.
134 체스 세트: Haugeland 1993.
134 장난감: Woolley and Wellman 1990.
135 보기 좋은 것들은 왜 그럴까?: Marr 1982; Pinker 1997; Ramachandran and Hirstein 1999; Shepard 1990.
136 〈오줌 예수〉: Julius 2002, 15; Menand 2002, 101.
136 전형적이고도 순수한 발언: Julius 2002.
137 당황하고 어리둥절해하다가 훌쩍 반하다: Sheets 2000.
137 판 메이헤렌 이야기: Werness 1983; Dutton 1983a.
137 네덜란드 법: Lessing 1983.
137 피카소 위작: Koestler 1964, 103.
139 판 메이헤렌의 견해: Lessing 1983, 60.
140 아는 것과 기쁨: Danto 1981, 14.
140 성관계와 혼동: Koestler 1964; see also Lessing 1983.
141 행위로서의 예술: Dutton 1983a, 176; see also Wollheim 1980.
143 역사적으로 발생한 독특한 개념에 의해 형성된 위작: Julius 2002.
144 유명인의 스웨터: Johnson and Jacobs 2001.
145 엄청나게 빠른 기교: Dutton 1983b.
146 아이는 할 수 없다: Yenawine 1991.
146 아리스토텔레스가 극도로 싫어하는 동물의 형상을 언급하다: Danto 1981.

◆ **4장. 선과 악**
153 징징거리는 전범들: Baumeister 1997.
154 알 카포네의 변명: Quoted by Stengel 2000, 200.
154 게이시의 변명: Quoted by Baumeister 1997, 50.
154 아우구스티누스의 악행에 관한 견해: Wills 1999.
155 길모어와 비안키의 진술: Hatfield, Cacioppo, and Rapson 1994, 98–99.
155 번디의 변명: Quoted by Dillard 2000, 21.
156 사이코패스: Blair 1995; Hare 1993; Hatfield et al. 1994.
156 공감의 유전학: Zahn-Waxler et al. 1992.
156 사이코패스적 원숭이: Harlow and Harlow 1962.
158 혈연 선택과 도덕성: Dawkins 1976; Hamilton 1963, 1964; Maynard Smith 1964; see Pinker 1997 for review.
160 이기적 유전자에 역설이 있다는 주장: Pinker 1997.
161 흡혈박쥐의 이타심: Wilkinson 1984.
162 기특한 강아지: Smuts 1999, quoted in Nussbaum 2001, 124.
162 이타주의에 관한 논쟁: Cronin 1992.
162 안장을 탑재한 채로 진화한 말: Darwin 1964 [1859].
163 집단 선택의 문제: Dawkins 1976; Williams 1966; but see also Sober and Wilson 1998 for a group selection theory that is consistent with the proposal discussed below.
163 상호 유익한 사회구조: Axelrod 1984; Cosmides and Tooby 1992; Dawkins 1976; Hamilton 1963, 1964; Maynard Smith 1964; Trivers, 1971, 1985.
165 덜 튼튼한 치아: Dawkins 1979.
166 자연선택과 이타심: Frank 1988; Pinker 1997; Salovey, Mayer, and Caruso 2002; Trivers

1971, 1985.
166 감정과 법: See Bandes 1999; Nussbaum 1999; Pizarro 2000.
166 〈스타트렉〉 속 감정에 관한 견해: Pinker 1997, 372; Hanley 1997.
168 감정이 무뎌진 사람들: Damasio 1994, quote on 36.
169 성공한 사이코패스?: Hare 1993.
169 선천적으로 통증을 느끼지 못하는 사람: Melzack and Wall 1983.
170 사이코패스가 사회적 관습과 도덕적 관습의 차이를 구별하는 능력: Blair 1995.
171 도덕성의 열쇠로서의 감정: Nussbaum 2001; Hoffman 2000; Kagan 1994.
172 우는 아기들: Simmer 1971.
172 쥐와 원숭이의 충격 가하기 실험: See Hauser 2000 for review.
172 일격을 가하려고 조준하다: Smith 1976 [1759].
173 감정 전염: Hatfield et al. 1994; see also Gladwell 2000.
173 팔씨름과 말을 더듬는 현상: Berger and Hadley 1975.
174 무서우리만치 빠른 모방: Davis 1985.
174 '거울' 신경세포: Gallese and Goldman 1998.
174 신체 움직임과 감정: James 1950 [1890], 326.
175 펜으로 입꼬리 올리기: Strack, Martin, and Stepper 1988.
175 헤드폰을 끼고 끄덕이기: Wells and Petty 1980.
176 일류 판매원: Gladwell 2000, 73.
176 위대한 소통가로서의 레이건: McHugo et al. 1985.
177 공감과 연민의 관계에 대한 철학적 고민: See Nussbaum 1999, 2001.
177 나치군에 항의 편지를 쓰다: Cited in Glover 1999, 379-380.
178 아리스토텔레스가 말하는 공감의 한계: Nussbaum 2001.
178 공감과 연민의 연관성에 대한 증거: See Hoffman 2000 for review of the extensive experimental literature on this topic.
179 타인의 행복의 중요성: Smith 1976 [1759] 3.
179 아기의 모방능력: Field et al. 1982; Meltzoff and Moore 1977, 1983; Haviland and Lelwica 1987; Termine and Izard 1988.
181 민감한 아기들: Martin and Clark 1982; Sagi and Hoffman 1976; Simmer 1971.
181 다른 사람의 고통에 대한 반응 발달: Hoffman 2000; see also Eisenberg and Fabes 1991; Harris 1989; Kagan 1984.
181 공감 능력이 뛰어난 아기의 예: Hoffman, 1981, 110.
182 생후 1~2세 아동의 죄책감: Zahn-Waxler and Robinson 1995.
182 도덕적 감정의 출현: Lewis 2000a, 2000b.
182 생후 1년 동안의 노력성은?: Draghi-Lorenz, Reddy, and Costall 2001; Hay, Nash, and Pederson 1981; Reddy 2000.
184 우리는 도덕 철학자인가?: De Waal 1996, 209.

♦ **5장. 도덕적 범주**

185 타락한 아기들: quoted by Keil 2004.
186 어디부터 생명으로 봐야 하는가에 대한 의견 불일치: Turiel and Neff 2000, 276.
187 동성애에 대해 더 많이 알게 되다: Posner 1992.
188 정념의 노예: Hume 1969 [1739], 462.
188 무기로서의 직관: Wright 1994, 328.

188 추론은 사후적 해석이다: Haidt 2001, 814.
188 언어 학습이 왕성해지는 특별한 시기: Newport 1990.
189 더 뛰어난 언어는 없다: McWhorter 2002.
189 도덕성 학습이 왕성해지는 특별한 시기: Haidt 2001; Harris 1998.
189 죽은 자를 다루는 것에 관한 헤로도토스의 이야기: Quoted in Blackburn 2001, 20.
190 판사가 아니라 변호사: Haidt 2001.
191 도덕적 말문 막힘: Haidt, Koller, and Dias 1993.
191 부도덕하다고 생각하는 것: Fiske and Tetlock 1997; Tetlock et al. 2000.
194 도덕적 숙고의 중요성: Pizarro and Bloom 2002.
195 도덕성에 관한 미국인들의 견해: Wolfe 2001.
195 다수의 도덕: Wolfe 2001, 196-197.
198 권리에 대한 논쟁: Coles 1986.
198 낙태 결정: Gilligan 1982.
198 도덕적 채식주의자: Amato and Partridge 1989, 36-37.
199 대량 학살에 열광하며 자행하는: for instance, Goldhagen 1996; Naimark 2001; Powers 2002.
200 수렵채집 집단의 살인 피해자 수: Pinker 2003.
200 도덕 관념이 변화했다는 예시로서의 성경 명령: Singer 1981.
201 도덕적 범주의 원형: Singer 1981.
202 동정심이 널리 퍼지다: Darwin 1874, 283.
202 와리 부족: Pinker 1997.
203 죽음을 상기시키는 것들: Goldenberg et al. 2001.
203 동물 살해, 히틀러, 스탈린: Quoted in Amato and Partridge 1989, 28.
204 롤스가 주장하는 정의가 동물에게 적용되지 않는다: Rawls 1971, 512.
205 이웃과 국민에 대한 특별한 의무?: See Nussbaum and Cohen 2002.
205 모든 도덕 및 종교 체계의 공정성: Singer 1981.
207 자신의 행동을 정당화하려는 사람: Hume 1957, section IX, part 1, quoted in Singer 1981, 93.
207 공정성과 일반화: Darwin 1874, 285-286; Singer 2000, 267; see also McGinn 1979.
210 케네디의 호소: Quoted in Frady 2002, 120.
212 이성과 도덕성의 관계: See also Hoffman 2000; Nussbaum 2001; Pizarro 2000; Solomon 1999.
212 무지의 장막: Rawls 1971.
212 공감과 롤스: Hoffman 2000.
214 자신이 처한 상황을 통제하다: Elster 2000; Pizarro and Bloom 2002; Schelling 1984.
214 쿠키를 집어들기: Mischel and Ebbesen 1970.
214 노숙인의 호소: Shaw, Batson, and Todd 1994.
215 합리적인 노예 소유자들: Chomsky 1988; Fredrickson 2002.
215 나치 의사들: Lifton 1986.
216 신속하게 행동하는 벨기에인들: Elster 2000.
217 제로섬 게임이 아니다: Wright 2000.
218 그들은 내 미니밴을 만들었다: Quoted in Pinker 2002, 320.
219 친숙함은 존중을 낳는다: Allport 1954; Pettigrew 1998; Pettigrew and Tropp 2000.
220 전쟁 중의 인간성 보기: Glover 1999, quotes on 53.

221 아이들에게 다른 사람의 관점을 받아들이도록 강요하기: Hoffman 1981, 2000.
221 그리스 전통: Nussbaum 2001, 429.
222 '형제애', '자매애', '인간 가족' 같은 용어가 환기시키는 힘: Pinker 2002; Solomon 1999.
224 도덕적 차이: Shweder 1994, 26.
228 판단 대 관습: Nucci and Turiel 1993; Turiel 1998.

♦ **6장. 혐오와 유머**
230 어린 시절의 똥/음경 시절의 똥: Freud 1962 [1905].
231 밀러의 깔끔한 아이들: Miller 1997.
233 가르시아 효과: Garcia, Ervin, and Koelling 1966; Rozin 1986.
233 혐오에 대한 연구: Rozin and Fallon 1987; Rozin et al. 1997; Rozin, Haidt, and McCauley 2000.
234 치명적인 관염식물: Cashdan 1994.
236 바퀴벌레, 오줌통, 그리고 배설물 모양의 퍼지: Rozin, Millman, and Nemeroff 1986.
236 오염과 주술: Nemeroff and Rozin 2000; Frazer 1959 [1890].
238 TV에 속는다: Pinker 1997.
238 총 게임: Russo 2001, 440.
239 욕구 차단을 위한 반응형성으로서의 혐오감: Freud 1989 [1930].
240 이상과 혐오: Douglas 1984.
240 더글러스 이론의 문제점: See also Miller 1997.
241 혐오감을 자녀가 공유하게끔 하기 위해 애쓰지 말라: Leach 1989, 317.
243 사람과 다른 영장류의 공포증: Mineka and Cook 1993.
245 혐오감은 유연해야 한다: Pinker 1997.
245 지구상 모든 동물의 모든 부위 중 사람들이 먹는 부분은 지극히 적다: Pinker 1997, 380; Darwin 1998 [1872], 257.
246 입맛이 까다로운 아이들: Cashdan 1994.
249 메뚜기와 개똥: See Rozin et al. 2000 for review.
248 어린이를 대상으로 한 오염된 음식 연구: Siegal and Share 1990; Siegal 1995; Siegal and Peterson 1996.
249 군인 대상으로 실험: Peryam 1963.
249 휘핑크림을 올린 햄버거: Rozin et al. 1986.
250 설문조사 연구: Haidt, McCauley, and Rozin 1994; see also Rozin et al. 2000.
253 음식 너머로 혐오감을 확장하다: Rozin et al. 2000, 642.
254 은유로서의 혐오: Johnson 1993; Pinker 2002.
255 혐오감은 비난받을 만한 것이다: Miller 1997, 9.
256 인간 복제에 대한 혐오감: Kass 2001, 33; Miller 1998, 86–87.
258 수간을 둘러싼 도덕적 이슈: Singer 2001. The responses to Singer's article are summarized by Saletan 2001, who begins with "Years ago, advocates of sexual abstinence came up with a clever motto to instill chastity in youngsters: 'Pet your dog, not your date,' they preached. They may live to regret those words."
259 혐오감은 도덕적 지침이 되지 못한다: Pinker 2002; Nussbaum 2001; though see Kahan 1999 for a measured defense of the moral utility of disgust.
259 다른 사람의 옷: Nemeroff and Rozin 1994.
260 혐오감이 어떻게 무기로 사용되었는가: Nussbaum 2001, 347.

260 유대인에 대한 볼테르의 견해, 유대인의 호스트에 대한 견해: Miller 1997.
261 집단학살의 원인: See Glover 1999; Naimark 2001; Sternberg 2001.
262 유대인/아르메니아인에 대한 대우: Nussbaum 2001, 347; Naimark 2001.
262 나치의 행위에 대한 프리모 레비의 견해: Levi 1988, 70–71, quoted in Nussbaum 2001, 348.
263 강제수용소에서 살아남기: Des Pres 1976.
263 사람 깎아내리기: Glover 1999, 37.
264 해적들의 고문 방식: Wills 1999.
265 혐오감을 이기는 것: Fry 1992, 84.
265 칫솔의 역설: Freud 1962 [1905].
266 결혼생활에 문제가 있음을 알 수 있는 주요 징후: Gottman 1995.
266 의사가 환자를 대하는 태도: Gawande 2001.
267 안심시키는 의식: Nemeroff and Rozin 1992; also Kass 1994.
268 1558년에 작성된 행실 지침서: Quoted in Elias 1982, 119. See also Kass 1994; Miller 1997.
Initiation rites: Miller 1997.
269 혐오스러운 거 볼래요?: Haidt 2003.
270 뇌에 관한 대중서: Greenfield 2000, 159.
270 유머가 관점의 전환을 수반한다: Koestler 1964.
271 웃음의 잔인한 본성: Provine 2000; quote from Glover 1999, 49.
272 유머의 정의: Barry 1991, 7.
273 웃음의 기능: Pinker 1997.
273 살아 있는 것 위에 덮인 기계적인 어떤 것: Bergson 1911.
274 슬랩스틱: Dale 2000, 14.

♦ 7장. 고로 나는 존재한다

279 몸이 되살아나는 문제: Taylor 2002.
280 이중 장례: Boyer 2001; Taylor 2002.
280 미국인들의 종교적 견해: Gallup and Newport 1991; Shermer 2000.
283 머리가 붙어 있는 샴쌍둥이: Campbell 2003.
283 뇌가 작은 남자: Lewin 1980; as evidence for a nonmaterialist position: Dembski 1999.
284 팔다리가 절단된 사람의 환각지: Ramachandran and Blakeslee 1998; Sachs 1985.
284 데카르트의 회의론 프로젝트: Descartes 1968 [1641].
285 "나는 생각한다, 고로 나는 존재한다.": Flanagan 2002, 174, notes that Augustine was there first when he wrote "Si fallor sum" ("If I doubt, I am"). For problems with Descartes' argument, see, for example, Flanagan 1984.
289 복제생물에 영혼이 있는가?: Doniger 1998.
290 영혼의 존재와 그 문제점들: Pinker 2002.
292 아이들은 개념 분별이 어렵다는 피아제의 입장: Piaget 1929, 55.
292 어린아이들은 이원론자이다: Wellman 1990, 50.
292 정신적 존재 대 물리적 존재: Estes, Wellman, and Woolley 1989; Wellman and Estes 1986.
293 아이들이 뇌가 무엇을 한다고 생각하는지: Gottfried, Gelman, and Schultz 1999; Johnson 1990, 2000; Johnson and Wellman 1982; Lillard 1996.

294 사람들은 생각하지 않고도 지낼 수 있다: Flavell, Green, and Flavell 1995, 1998.
294 친절의 전염: Johnson 1990.
295 심장 이식: Sylvia and Novak 1997, 165; see also Gelman 2003.
295 배와 조타수 비유의 문제점: Flanagan 1984.
296 브리오니의 의지의 경험: McEwan 2002, 35-36; see also Wegner 2002 for a review of research on the experience of willful action.
297 육체와 영혼에 대한 성 아우구스티누스의 견해: Wills 1999, 133.
299 로봇이나 몸에 당신의 마음을 다운로드하다: Kurzweil 1999.
299 그리스도의 부활: Pagels 1979.
299 사망자의 적절한 처치: Lithwick 2002.
301 못된 사람들: Sully 1896, cited by Harris 2000, 171-172.
302 죽음에 대한 혼란: Carey 1985, 27.
302 죽음에 대한 완전한 이해: Lazar and Torney-Purta 1991; Lutz 2003; Slaughter, Jaakkola, and Carey 1999.
302 무덤에서 발굴된 유물: White 1993.
304 아이들은 마음이 몸보다 오래 산다고 믿는다: Bering and Bjorklund, under review.

◆ **8장. 신, 영혼 그리고 과학**

306 하느님과 인간의 이중성에 관한 라테란 공의회 선언: Quoted in Flanagan 2002.
306 살아있는 숲과 다른 신들: Boyer 2001.
307 초자연적 존재에 대한 절충안: Boyer 2001, see also Sperber 1996.
308 초자연적 모형 목록: Boyer 2001, 78-79.
309 사람들이 더 잘 기억하는 것: see Barrett 2000 for review.
311 놀라운 가설: Crick 1994.
312 신학적 정확성: Barrett and Keil 1996; see also Barrett 2000.
312 천국과 지옥에 대한 가톨릭 신자들의 견해: Flanagan 2002.
313 신에 대한 인간형적 관점: Bowker 2002.
313 배은망덕한 영혼들: Boyer 2001.
314 분노한 하느님: Stengel 2000, 68.
315 의인화된 신: Barrett 1998; Barrett and Keil 1996; Barrett and VanOrman 1996.
317 마법의 물약: Subbotsky 1993.
317 괴물이 든 상자: Harris et al. 1991.
317 아이들이 진짜 마법이라고 생각하지는 않는다: See also Taylor 1999; Woolley 2000.
317 상자 속 연필: Woolley and Phelps 1994.
318 상상과 실제의 세계: Harris et al. 1991.
318 청산가리: Rozin et al. 1990.
318 〈마커스 웰비〉: Taylor 1999.
319 가상 친구: Taylor 1999; see also Singer and Singer 1990.
320 소원 빌기: Woolley 2000.
321 산타의 비밀과 하느님: Clark 1995; Taylor 1999.
321 신을 사람으로 여기다: Goldman 1964.
321 신의 특징과 제일 친한 친구의 특징: Giménez and Harris 2000; see also Barrett, Richert, and Driesenga 2001.
322 하느님의 한계: New York Times, A10, 18 July 2002.

322 튤립이 행복과 고통을 느낀다고 생각하다: Coley 1995.
322 자폐증적 신에 대한 관념: Grandin 1995, 191 and 200; Schneider 1999, 54, both cited in Bering 2002, 14.
323 언어 기관: Chomsky 1980; Pinker 1994.
325 네모난 못과 동그란 구멍: Putnam 1975b.
326 과학과 종교 모두에게 독립된 영역이 있다: Gould 1999.
327 종교가 경험을 바탕으로 주장하다: Crews 2001; Flanagan 2002; Sterelny 2001.
328 종교와 인지과학의 충돌: Cited in Pinker 2002, 186-187.
328 아름답고, 참되고, 영감을 주는 모습: Flanagan 2002, xvi.
328 충만한 무신론자: Dawkins 1986.

참고문헌

Ackerman, J. 2001. *Chance in the House of Fate: A Natural History of Heredity*. New York: Houghton Mifflin.
Ahn, W.-K. 2002. "Conceptual and Causal Knowledge." Paper presented at Yale University, Department of Psychology, November 11.
Allport, G. W. 1954. *The Nature of Prejudice*. Reading, Mass.: Addison-Wesley.
Almquist, A. J., and J. E. Cronin. 1988. "Fact, Fancy and Myth on Human Evolution." *Current Anthropology*: 29, 520–522.
Alvarez, A. 2001. *Poker: Bets, Bluffs, and Bad Beats*. San Francisco: Chronicle Books.
Amato, R., and S. A. Partridge. 1989. *The New Vegetarians: Promoting Health and Protecting Life*. New York: Plenum Press.
Atran, S. 1998. "Folk Biology and the Anthropology of Science: Cognitive Universals and Cultural Particulars." *Behavioral and Brain Sciences* 21: 547–609.
Axelrod, R. 1984. *The Evolution of Cooperation*. New York: Basic Books.
Baillargeon, R. 2002. "The Acquisition of Physical Knowledge in Infancy: A Summary in Eight Lessons." In U. Goswami, ed., *Blackwell Handbook of Childhood Cognitive Development*. Cambridge, Mass.: Blackwell.
Baillargeon, R., E. S. Spelke, and S. Wasserman. 1985. "Object Permanence in Five-Month-Old Infants." *Cognition* 20: 191–208.
Baldwin, D. A., E. M. Markman, and R. L. Melartin. 1993. "Infants' Ability to Draw Inferences About Nonobvious Object Properties: Evidence from Exploratory Play." *Cognitive Development* 64: 711–728.
Bandes, S. A., ed. 1999. *The Passions of Law*. New York: New York University Press.
Baron-Cohen, S. 1995. *Mindblindness: An Essay on Autism and Theory of Mind*. Cambridge, Mass.: MIT Press.
———. 2002. "The Extreme Male Brain Theory of Autism." *Trends in Cognitive Sciences* 6: 248–254.
Baron-Cohen, S., A. M. Leslie, and U. Frith. 1985. "Does the Autistic Child Have a 'Theory of Mind'?" *Cognition* 21: 37–46.
Barrett, J. L. 1998. "Cognitive Constraints on Hindu Concepts of the Divine." *Journal for the Scientific Study of Religion* 37: 608–619.

———. 2000. "Exploring the Natural Foundations of Religion." *Trends in Cognitive Sciences* 4: 29–34.

Barrett, J. L., and F. C. Keil. 1996. "Conceptualizing a Non-natural Entity: Anthropomorphism in God Concepts." *Cognitive Psychology* 31: 219–247.

Barrett, J. L., R. A. Richert, and A. Driesenga. 2001. "God's Beliefs Versus Mother's: The Development of Nonhuman Agent Concepts." *Child Development* 72: 50–65.

Barrett, J. L., and B. VanOrman. 1996. "The Effects of Image Use in Worship on God Concepts." *Journal of Psychology and Christianity* 15: 38–45.

Barry, D. 1991. *Dave Barry Talks Back*. New York: Crown Publishers.

Bartsch, K., and H. M. Wellman. 1995. *Children Talk About the Mind*. New York: Oxford University Press.

Basalla, G. 1988. *The Evolution of Technology*. Cambridge: Cambridge University Press.

Baumeister, R. G. 1997. *Evil: Inside Human Violence and Cruelty*. New York: Freeman.

Beilin, H., and E. G. Pearlman. 1991. "Children's Iconic Realism: Object vs. Property Realism." In H. W. Reese, ed., *Advances in Child Development and Behavior*, vol. 23. New York: Academic Press.

Berger, S. M., and S. W. Hadley. 1975. "Some Effects of a Model's Performance on an Observer's Electromyographic Activity." *American Journal of Psychology* 88: 263–276.

Bergson, H. 1911. *Laughter: An Essay on the Meaning of the Comic*. London: Macmillan.

Bering, J. M. 2002. "The Existential Theory of Mind." *Review of General Psychology* 6: 3–24.

Bering, J. M., and D. F. Bjorklund. Under review. "Simulation Constraints and the Natural Emergence of Afterlife Reasoning as a Developmental Regularity."

Bertenthal, B. I., D. R. Proffitt, N. B. Spetner, and M. A. Thomas, 1985. "The Development of Infant Sensitivity to Biomechanical Motions." *Child Development* 56: 531–543.

Birch, S. A. J., and P. Bloom. 2003. "Children Are Cursed: An Asymmetric Bias in Mentalistic Attribution." *Psychological Science* 14: 283–286.

———. Under review. "The Curse of Knowledge in Reasoning About False Beliefs."

Blackburn, S. 2001. *Being Good: A Short Introduction to Ethics*. New York: Oxford University Press.

Blair, J. R. 1995. "A Cognitive Developmental Approach to Morality: Investigating the Psychopath." *Cognition* 57: 1–29.

Bloom, P. 1994. "Generativity Within Language and Other Cognitive Domains." *Cognition* 51: 177–189.

———. 1996. "Intention, History, and Artifact Concepts." *Cognition* 60: 1–29.

———. 1998. "Theories of Artifact Categorization." *Cognition* 66: 87–93.

———. 2000. *How Children Learn the Meanings of Words*. Cambridge, Mass.: MIT Press.

Bloom, P., F. Abell, F. Happé, and U. Frith. Under review. "Picture Naming in Children with Autism."

Bloom, P., and T. German. 2000. "Two Reasons to Abandon the False Belief Task as a Test of Theory of Mind." *Cognition* 77: B25–B32.

Bloom, P., and F. C. Keil. 2001. "Thinking Through Language." *Mind and Language* 16: 351–367.

Bloom, P., and L. Markson. 1997. "Children's Naming of Representations." Poster presented to the Society for Research in Child Development, April 4–6.

———. 1998. "Intention and Analogy in Children's Naming of Pictorial Representations." *Psychological Science* 9: 200–204.
Bloom, P., and C. Veres. 1999. "The Perceived Intentionality of Groups." *Cognition* 71: B1–B9.
Borges, J. L. 1964. "Funes the Memorious." In *Labyrinths: Selected Stories and Other Writings*. New York: New Directions.
Bowker, G. C., and S. L. Star. 1999. *Sorting Things Out: Classification and Its Consequences*. Cambridge, Mass.: MIT Press.
Bowker, J. 2002. *God: A Brief History*. New York: DK Publishing.
Bretherton, I. 1992. "Social Referencing, Intentional Communication, and the Interfacing of Minds in Infancy." In D. Frye and C. Moore, eds., *Children's Theories of Mind: Mental States and Social Understanding*. New York: Plenum Press.
Boyer, P. 2001. *Religion Explained*. New York: Basic Books.
Brown, D. E. 1991. *Human Universals*. New York: McGraw Hill.
Bryson, B. 1992. *Neither Here Nor There: Travels in Europe*. New York: Avon.
Call, J., and M. Tomasello. 1994. "The Production and Comprehension of Referential Pointing By Orangutans *Pongo pygmaeus*." *Journal of Comparative Psychology* 108: 307–317.
Campbell, A. 2003. "Contestable Bodies: Law, Medicine, and the Case of Conjoined Twins." Unpublished manuscript, Carleton University (Ottawa).
Campos, J. J., and C. R. Stenberg. 1981. "Perception, Appraisal, and Emotion: The Onset of Social Referencing." In M. E. Lamb and L. R. Sherrod, eds., *Infant Social Cognition: Empirical and Theoretical Considerations*. Hillsdale, N.J.: Erlbaum.
Carey, S. 1985. *Conceptual Change in Childhood*. Cambridge, Mass.: MIT Press.
———. 2004. "The Origin of Concepts." Unpublished manuscript. Department of Psychology, Harvard University.
Carruthers, P. 1996. *Language, Thought, and Consciousness*. Cambridge: Cambridge University Press.
Cashdan, E. 1994. "A Sensitive Period for Learning About Food." *Human Nature* 5: 279–291.
———. 1998. "Adaptiveness of Food Learning and Food Aversions in Children." *Social Science Information* 37: 613–632.
Charman, T., J. Swettenham, S. Baron-Cohen, A. Cox, G. Baird, and A. Drew. 1997. "Infants with Autism: An Investigation of Empathy, Pretend Play, Joint Attention, and Imitation." *Developmental Psychology* 33: 781–789.
Chomsky, N. 1980. *Rules and Representations*. New York: Columbia University Press.
———. 1988. *Language and Problems of Knowledge: The Managua Lectures*. Cambridge, Mass.: MIT Press.
Clark, C. D. 1995. *Flights of Fancy, Leaps of Faith: Children's Myth in Contemporary America*. Chicago: University of Chicago Press.
Coles, R. 1986. *The Moral Life of Children: How Children Struggle with Questions of Moral Choice in the United States and Elsewhere*. Boston: Houghton Mifflin.
Coley, J. D. 1995. "Emerging Differentiation of Folkbiology and Folkpsychology: Attributions of Biological and Psychological Properties to Living Things." *Child Development* 66, 1856–1874.

Corkum, V., and C. Moore. 1995. "Development of Joint Visual Attention in Infants." In C. Moore and P. Dunham, eds., *Joint Attention: Its Origin and Role in Development*. Hillsdale, N.J.: Erlbaum.

Cosmides, L., and J. Tooby. 1992. "Cognitive Adaptations for Social Exchange." In J. H. Barkow, L. Cosmides, and J. Tooby, eds., *The Adapted Mind: Evolutionary Psychology and the Generation of Culture*. New York: Oxford University Press.

Cosmides, L., J. Tooby, and R. Kurzban. 2003. "Perceptions of Race." *Trends in Cognitive Sciences* 7: 173–179.

Cox, M. 1992. *Children's Drawings*. London: Penguin Books.

Crews, F. 2001. "Saving Us from Darwin." *New York Review of Books*, Oct. 4.

Crick, F. 1994. *The Astonishing Hypothesis: The Scientific Search for the Soul*. New York: Simon & Schuster.

Cronin, H. 1992. *The Ant and the Peacock*. New York: Cambridge University Press.

Dale, A. 2000. *Comedy Is a Man in Trouble*. Minneapolis, Minn.: University of Minnesota Press.

D'Andrade, R. 1987. "A Folk Model of the Mind." In D. Holland and N. Quinn, eds., *Cultural Models in Language and Thought*. Cambridge: Cambridge University Press.

Damasio, A. R. 1994. *Descartes' Error: Emotion, Reason, and the Human Brain*. New York: Putnam.

Danto, A. 1964. "The Artworld." *Journal of Philosophy* 61: 571–584.

———. 1981. *The Transfiguration of the Commonplace*. Cambridge, Mass.: Harvard University Press.

———. 1986. "The Philosophical Disenfranchisement of Art." In A. Danto, ed., *The Philosophical Disenfranchisement of Art*. New York: Columbia University Press.

Darwin, C. R. 1874. *The Descent of Man, and Selection in Relation in Sex*. 2nd edition. New York: Hurst.

———. 1964 [1859]. *On the Origin of Species*. Cambridge, Mass.: MIT Press.

———. 1998 [1872]. *The Expression of the Emotions in Man and Animals*. Oxford: Oxford University Press.

Davies, S. 1991. *Definitions of Art*. Ithaca, N.Y.: Cornell University Press.

Davis, M. R. 1985. "Perceptual and Affective Reverberation Components." In A. B. Goldstein and G. Y. Michaels, eds., *Empathy: Development, Training, and Consequences*. Hillsdale, N.J.: Erlbaum.

Dawkins, R. 1976. *The Selfish Gene*. New York: Oxford University Press.

———. 1979. "Twelve Misunderstandings of Kin Selection." *Zeitschrift für Tierpsychologie* 51: 331–367.

———. 1986. *The Blind Watchmaker: Why the Evidence of Evolution Reveals a Universe Without Design*. New York: Norton.

Dawson, G., A. N. Meltzoff, J. Osterling, J. Rinaldi, and E. Brown. 1998. "Children with Autism Fail to Orient to Naturally Occurring Social Stimuli." *Journal of Autism and Developmental Disorders* 28: 479–485.

DeLoache, J. S. 1995. "Early Understanding and Use of Symbols: The Model." *Current Directions in Psychological Science* 4: 109–113.

DeLoache, J. S., and N. M. Burns. 1994. "Early Understanding of the Representational

Function of Pictures." *Cognition* 52: 83–110.
DeLoache, J. S., and D. Marzolf. 1995. "The Use of Dolls to Interview Young Children: Issues of Symbolic Representation." *Journal of Experimental Child Psychology* 60: 155–173.
DeLoache, J. S., K. F. Miller, and K. S. Rosengren. 1997. "The Credible Shrinking Room: Very Young Children's Performance with Symbolic and Nonsymbolic Relations." *Psychological Science* 8: 308–313.
DeLoache, J. S., S. L. Pierroutsakos, D. H. Uttal, K. S. Rosengren, and A. Gottlieb. 1998. "Grasping the Nature of Pictures." *Psychological Science* 9: 205–210.
DeLoache, J. S., M. Strauss, and J. Maynard. 1979. "Picture Perception in Infancy." *Infant Behavior and Development* 2: 77–89.
Dembski, W. A. 1999. "Are We Spiritual Machines?" *First Things* 96: 25–31.
Dennett, D. C. 1978. "Response to Premack and Woodruff: Does the Chimpanzee Have a Theory of Mind?" *Behavioral and Brain Sciences* 4: 568–570.
———. 1990. "The Interpretation of Texts, People, and Other Artifacts." *Philosophy and Phenomenological Research* 50: 177–194.
———. 1994. "Get Real." *Philosophical Topics* 22: 505–568.
———. 1995. *Darwin's Dangerous Idea: Evolution and the Meanings of Life*. New York: Simon & Schuster.
———. 1996. *Kinds of Minds*. New York: Basic Books.
Des Pres, T. 1976. *The Survivor*. New York: Oxford University Press.
Descartes, R. 1968 [1641]. Meditations. In E. Haldane and G. Ross, ed., *The Philosophical Works of Descartes*. 2 vols. Cambridge: Cambridge University Press.
Diamond, A. 1991. "Neuropsychological Insights into the Meaning of Object Concept Development." In S. Carey and R. Gelman, eds., *The Epigenesis of Mind: Essays on Biology and Cognition*. Hillsdale, N.J.: Erlbaum.
Dickie, G. 1984. *The Art Circle*. New York: Haven Publications.
Diesendruck, G. 2001. "Essentialism in Brazilian Children's Extensions of Animal Names." *Developmental Psychology* 37: 49–60.
Diesendruck, G., S. A. Gelman, and K. Lebowitz. 1998. "Conceptual and Linguistic Biases in Children's Word Learning." *Developmental Psychology* 34: 823–839.
Diesendruck, G., L. Markson, and P. Bloom. 2003. "Children's Reliance on Creator's Intent in Extending Names for Artifacts." *Psychological Science* 14: 164–168.
Dillard, A. 2000, *For the Time Being*. New York: Vintage Books.
Dissanayake, E. 1992. *Homo Aestheticus: Where Art Comes from and Why*. New York: Free Press.
Doniger, W. 1998. "Sex and the Mythological Clone." In M. C. Nussbaum and C. R. Sunstein, eds., *Clones and Clones: Facts and Fantasies About Human Cloning*. New York: Norton.
Douglas, M. 1984. *Purity and Danger: An Analysis of Concepts of Pollution and Taboo*. New York: Routledge.
Draghi-Lorenz, R., V. Reddy, and A. Costall. 2001. "Rethinking the Development of 'Nonbasic' Emotions: A Critical Review of Existing Theories." *Developmental Review* 21: 263–304.

Dupré, J. 1993. *The Disorder of Things: Metaphysical Foundations of the Disunity of Science*. Cambridge, Mass.: Harvard University Press.

Dutton, D. 1983a. "Artistic Crimes." In *The Forger's Art: Forgery and the Philosophy of Art*. Berkeley and Los Angeles: University of California Press.

———. 1983b. Preface. *The Forger's Art: Forgery and the Philosophy of Art*. Berkeley and Los Angeles: University of California Press.

Eisenberg, N., and R. A. Fabes. 1991. "Prosocial Behavior and Empathy: A Multimethod Developmental Perspective." In M. S. Clark, ed., *Prosocial Behavior*. Newbury Park, Calif.: Sage Publications.

Ekman, P., and Friesen, W. V. 1975. *Unmasking the Face*. Englewood Cliffs, N.J.: Prentice-Hall.

Elias, N. 1982. *The History of Manners*. New York: Random House.

Elkins, J. 2001. *Pictures and Tears: A History of People Who Have Cried in Front of Paintings*. New York: Routledge.

Elster, J. 2000. *Ulysses Unbound: Studies in Rationality, Precommitment, and Constraints*. New York: Cambridge University Press.

Estes, D., H. M. Wellman, and J. D. Woolley. 1989. "Children's Understanding of Mental Phenomena." In H. Reese, ed., *Advances in Child Development and Behavior*. New York: Academic Press.

Evans, E. M. 1997. "Beyond Scopes: Why Creationism Is Here to Stay." In K. S. Rosengren, C. N. Johnson, and L. Harris, eds., *Imagining the Impossible: Magical, Scientific, and Religious Thinking in Children*. New York: Cambridge University Press.

———. 2001. "Cognitive and Contextual Factors in the Emergence of Diverse Belief Systems: Creation Versus Evolution." *Cognitive Psychology* 42: 217–266.

Evans, M. E., S. A. Gelman, J. M. Vidic, and D. Poling. 1996. "Artificialism Revisited: Preschoolers' Explanations for the Origins of Artifacts and Natural Kinds." Paper presented at the Conference on Human Development, Birmingham, Alabama, March 29–31.

Evans, M. E., S. F. Stewart, and D. A. Poling. 1997. "Humans Have a Privileged Status: Parental Explanations for the Origins of Human and Non-human Species." Paper presented at the Biennial Meeting of the Society for Research in Child Development, Washington, D.C., April 3–6.

Field, T. M., D. Cohen, R. Garcia, and R. Greenberg. 1984. "Mother-Stranger Face Discrimination by the Newborn." *Infant Behavior and Development* 7: 19–25.

Field, T. M., N. Vega-Lahr, F. Scafidi, and S. Goldstein. 1986. "Effects of Material Unreliability on Mother-Infant Interactions." *Infant Behavior and Development* 9: 473–478.

Field, T. M., R. Woodson, R. Greenberg, and D. Cohen. 1982. "Discrimination and Imitation of Facial Expressions by Neonates." *Science* 218: 179-181.

Fiske, A., and E. Tetlock. 1997. "Taboo Trade-offs: Reactions to Transactions That Transgress the Spheres of Justice." *Political Psychology* 18: 255–297.

Flanagan, O. 1984. *The Science of the Mind*. Cambridge, Mass.: MIT Press.

———. 2002. *The Problem of the Soul: Two Visions of Mind and How to Reconcile Them*. New York: Basic Books.

Flavell, J. H., F. L. Green, and E. R. Flavell. 1995. "Young Children's Knowledge About Thinking." *Monographs of the Society for Research in Child Development* 60, no. 1, serial no. 243.

———. 1998. "The Mind Has a Mind of Its Own: Developing Knowledge of Mental Uncontrollability." *Cognitive Development* 13: 127–138.

Fodor, J. A. 1992. "A Theory of the Child's Theory of Mind." *Cognition* 44: 283–296.

———. 1993. "Déjà Vu All Over Again: How Danto's Aesthetics Recapitulates the Philosophy of Mind." In M. Rollins, ed., *Danto and His Critics*. Cambridge, Mass.: Blackwell.

Fox, R., and C. McDaniel. 1982. "The Perception of Biological Motion by Human Infants." *Science* 218: 486–487.

Frady, M. 2002. *Martin Luther King, Jr.* New York: Penguin.

Frank, R. H. 1988. *Passions Within Reason: The Strategic Role of the Emotions*. New York: Norton.

Frazer, J. G. 1959 [1890]. *The Golden Bough: A Study in Magic and Religion*. London: Macmillan.

Fredrickson, G. M. 2002. *Racism: A Short Introduction*. Princeton, N.J.: Princeton University Press.

Freeman, N. H. 1991. "The Theory of Art That Underpins Children's Naïve Realism." *Visual Arts Research* 17: 65–75.

Freud, S. 1962 [1905]. *Three Essays on the Theory of Sexuality*. New York: Basic Books.

———. 1989 [1930]. *Civilization and Its Discontents*. New York: Norton.

Friedman, W. 1990. *About Time: Inventing the Fourth Dimension*. Cambridge, Mass.: MIT Press.

Fry, S. 1992. *Paperweight*. London: Random House.

Gallese, V., and A. Goldman. 1998. "Mirror Neurons and the Simulation Theory of Mind-Reading." *Trends in Cognitive Sciences* 2: 493–501.

Gallup, G. H., and F. Newport. 1991. "Belief in Paranormal Phenomena Among Adult Americans." *Skeptical Inquirer* 15: 137–146.

Garcia, J., F. R. Ervin, and R. A. Koelling. 1966. "Learning with Prolonged Delay of Reinforcement." *Psychonomic Science* 5: 121–122.

Gardner, H. 1980. *Artful Scribbles: The Significance of Children's Drawings*. London: Jill Norman.

Gaukroger, S. 1995. *Descartes: An Intellectual Biography*. Clarendon: Oxford.

Gawande, A. 2001. "Final Cut: Why Have Doctors Stopped Doing Autopsies?" *The New Yorker*, March 19, 94–99.

Geertz, C. 1983. "'From the Native's Point of View': On the Nature of Anthropological Understanding." In *Local Knowledge: Further Essays in Interpretive Anthropology*. New York: Basic Books.

Gelman, S. A. 2003. *The Essential Child*. New York: Oxford University Press.

Gelman, S. A., and P. Bloom. 2000. "Young Children Are Sensitive to How an Object Was Created When Deciding What to Name It." *Cognition* 76: 91–103.

Gelman, S. A., and K. S. Ebeling. 1998. "Shape and Representational Status in Children's Early Naming." *Cognition* 66: 835–847.

Gelman, S. A., and L. A. Hirschfeld. 1999. "How Biological Is Essentialism?" In S. Atran and D. Medin, eds., *Folkbiology*. Cambridge, Mass.: MIT Press.

Gelman, S. A., and K. E. Kremer. 1991. "Understanding Natural Causes: Children's Explanations of How Objects and Their Properties Originate." *Child Development* 62: 396-414.

Gelman, S. A., and E. M. Markman. 1986. "Categories and Induction in Young Children." *Cognition* 23: 183-209.

———. 1987. "Young Children's Inductions from Natural Kinds: The Role of Categories and Appearances." *Child Development* 58: 1532-1541.

Gelman, S. A., and H. M. Wellman. 1991. "Insides and Essences: Early Understandings of the Nonobvious." *Cognition* 38: 213-244.

Gergely, G., Z. Nádasdy, G. Csibra, and S. Biró. 1995. "Taking the Intentional Stance at 12 Months of Age." *Cognition* 56: 165-193.

Gilligan, C. 1982. *In a Different Voice: Psychological Theory and Women's Development*. Cambridge, Mass.: Harvard University Press.

Giménez, M., and L. Harris. 2000. "Understanding the Impossible: Intimations of Immortality and Omniscience in Early Childhood." Unpublished manuscript. Department of Experimental Psychology, Oxford University.

Gladwell, M. 2000. *The Tipping Point: How Little Things Can Make a Big Difference*. New York: Little, Brown.

Glover, J. 1999. *Humanity: A Moral History of the Twentieth Century*. New Haven: Yale University Press.

Goldenberg, J. L, T. Pyszczynski,, J. Greenberg, S. Solomon, B. Kluck, and R. Cornwell. 2001. "I Am Not an Animal: Morality Salience, Disgust, and the Denial of Human Creatureliness." *Journal of Experimental Psychology: General* 3: 427-435.

Goldhagen, D. J. 1996. *Hitler's Willing Executioners: Ordinary Germans and the Holocaust*. New York: Knopf.

Goldman, R. 1964. *Religious Thinking from Childhood to Adolescence*. London: Routledge & Kegan Paul.

Golomb, C. 1993. "Art and the Young Child: Another Look at the Developmental Question." *Visual Arts Research* 19: 1-15.

Gopnik, A. 1993a. "How We Know Our Minds: The Illusion of First-Person Knowledge of Intentionality." *Behavioral and Brain Sciences* 16: 1-14.

———. 1993b. "Mindblindness." Unpublished manuscript. Department of Psychology, University of California, Berkeley.

Gopnik, A., and A. N. Meltzoff. 1997. *Words, Thoughts, and Theories*. Cambridge, Mass.: MIT Press.

Gopnik, A., A. N. Meltzoff, and P. Kuhl. 1999. *The Scientist in the Crib: What Early Learning Tells Us About the Mind*. New York: William Morrow.

Gottfried, G. M., S. A. Gelman, and H. Schultz. 1999. "Children's Early Understanding of the Brain: From Early Essentialism to Naïve Theory." *Cognitive Development* 14: 147-174.

Gottman, J. 1995. *Why Marriages Succeed or Fail and How You Can Make Yours Last*. New York: Simon & Schuster.

Gould, S. J. 1999. *Rock of Ages: Science and Religion in the Fullness of Life*. New York:

Ballantine.
Gould, S. J., and R. C. Lewontin. 1979. "The Spandrels of San Marco and the Panglossian Program: A Critique of the Adaptationist Programme." *Proceedings of the Royal Society of London* 205: 281-288.
Gould, S. J., and E. Vrba. 1982. "Exaptation—A missing term in the Science of Form." *Paleobiology* 8: 4-15.
Grandin, T. 1995. *Thinking in Pictures and Other Reports from My Life with Autism*. New York: Doubleday.
Greenfield, S. 2000. *Brain Power: Working Out the Human Mind*. New York: Houghton Mifflin.
Gutheil, G., P. Bloom, N. Valderrama, and R. Freedman. In press. "The Role of Historical Intuitions in Children's and Adults' Naming of Artifacts." *Cognition*.
Guthrie, S. 1993. *Faces in the Clouds*. New York: Oxford University Press.
Haidt, J. 2001. "The Emotional Dog and Its Rational Tail: A Social Intuitionist Approach to Moral Judgment." *Psychological Review* 108: 814-834.
———. 2003. "The Moral Emotions." In R. J. Davidson, K. R. Scherer, and H.
H. Goldsmith, eds., *Handbook of Affective Sciences*. New York: Oxford University Press.
Haidt, J., S. H. Koller, and M. G. Dias. 1993. "Affect, Culture, and Morality, or Is It Wrong to Eat Your Dog?" *Journal of Personality and Social Psychology* 65: 613-628.
Haidt, J., C. McCauley, and P. Rozin. 1994. "Individual Differences in Sensitivity to Disgust: A Scale Sampling Seven Domains of Disgust Elicitors." *Personality and Individual Differences* 16: 701-713.
Hamilton, W. D. 1963. "The Evolution of Altruistic Behavior." *American Naturalist* 97: 354-356.
———. 1964. "The Genetical Evolution of Social Behavior I and II." *Journal of Theoretical Biology* 7: 1-16, 17-52.
Hanley, R. 1997. *The Metaphysics of Star Trek*. New York: Basic Books.
Happé, F. 1996. *Autism: An Introduction to Psychological Theory*. Cambridge, Mass.: Harvard University Press.
Hare, B., M. Brown, C. Williamson, and M. Tomasello. 2002. "The Domestication of Social Cognition in Dogs." *Science* 298: 1634-1636.
Hare, R. D. 1993. *Without Conscience: The Disturbing World of the Psychopaths Around Us*. New York: Guilford Press.
Harlow, H. F., and M. K. Harlow. 1962. "Social Deprivation in Monkeys." *Scientific American* 207: 136-146.
Harris, J. R. 1998. *The Nurture Assumption: Why Children Turn Out the Way They Do*. New York: Free Press.
Harris, P. L. 1989. *Children and Emotion: The Development of Psychological Understanding*. Cambridge, Mass.: Blackwell.
Harris, P. L. 2000. "On Not Falling Down to Earth: Children's Metaphysical Questions." In K. S. Rosengren, C. N. Johnson, and L. Harris, eds., *Imagining the Impossible: Magical, Scientific, and Religious Thinking in Children*. New York: Cambridge University Press.
Harris, P. L., E. Brown, C. Marriott, S. Whittall, and S. Harmer. 1991. "Monsters, Ghosts, and

Witches: Testing the Limits of the Fantasy-Reality Distinction in Young Children." *British Journal of Developmental Psychology* 9: 105–123.

Hatfield, E., J. T. Cacioppo, and R. L. Rapson. 1994. *Emotional Contagion*. New York: Cambridge University Press.

Haugeland, J. 1993. "Pattern and Being." In M. Rollins, ed., *Danto and His Critics*. Cambridge, Mass.: Blackwell.

Hauser, M. D. 2000. *Wild Minds: What Animals Really Think*. New York: Henry Holt.

Hauser, M. D., P. MacNeilage, and M. Ware. 1996. "Numerical Representations in Primates: Perceptual or Arithmetic?" *Proceedings of the National Academy of Sciences, USA* 93: 1514–1517.

Haviland, J. M., and M. Lelwica. 1987. "The Induced Affect Response: 10-Week-Old Infants' Responses to Three Emotion Expressions." *Developmental Psychology* 23: 97–104.

Hay, D. F., A. Nash, and J. Pedersen. 1981. "Responses of Six-Month-Olds to the Distress of Their Peers." *Child Development* 52: 1071–1075.

Heath, S. B. 1986. "What No Bedtime Story Means: Narrative Skills at Home and School." In B. S. Schieffelin and E. Ochs, eds., *Language Socialization Across Cultures*. Cambridge: Cambridge University Press.

Heider, F., and M. Simmel. 1944. "An Experimental Study of Apparent Behavior." *American Journal of Psychology* 57: 243–259.

Hirschfeld, L. A. 1996. *Race in the Making*. Cambridge, Mass.: MIT Press.

Hobson, R. P. 2002. *The Cradle of Thought: Exploring the Origins of Thinking*. London: Macmillan.

Hochberg, J., and V. Brooks. 1962. "Pictorial Recognition as an Unlearned Ability: A Study of One Child's Performance." *American Journal of Psychology* 75: 624–628.

Hoffman, M. L. 1981. "Interaction of Affect and Cognition in Empathy." In C. Izard, S. Kagan, and R. Zajonc, eds., *Emotions, Cognition, and Behavior*. New York: Cambridge University Press.

———. 2000. *Empathy and Moral Development: Implications for Caring and Justice*. New York: Cambridge University Press.

Hornby, N. 2000. Introduction. *Speaking with the Angel*. New York: Penguin.

Hubbell, S. 2001. *Shrinking the Cat: Genetic Engineering Before We Knew About Genes*. New York: Houghton Mifflin.

Hull, D. L. 1965. "The Effect of Essentialism on Taxonomy—Two Thousand Years of Stasis." *British Journal for the Philosophy of Science* 15: 314–326.

Hume, D. 1969 [1739]. *A Treatise on Human Nature*. London: Penguin.

———. 1957 [1751]. *An Enquiry Concerning the Principles of Morals*. New York: Liberal Arts Press.

Humphrey, N. 1996. *Leaps of Faith: Science, Miracles, and the Search for Supernatural Consolation*. New York: Springer-Verlag.

Ittelson, W. H. 1996. "Visual Perception of Markings." *Psychonomic Bulletin and Review* 3: 171–187.

James, W. 1950 [1890]. *The Principles of Psychology*. New York: Dover.

Jayaratne, T. 2001. "National Sample of Adults' Beliefs About Genetic Bases to Race and

Gender." Unpublished raw data. Department of Psychology, University of Michigan.
Johnson, C. N. 1990. "If You Had My Brain, Where Would I Be? Children's Understanding of the Brain and Identity." *Child Development* 61: 962–972.
———. 2000. "Putting Things Together: The Development of Metaphysical Thinking." In K. S. Rosengren, C. N. Johnson, and L. Harris, eds., *Imagining the Impossible: Magical, Scientific, and Religious Thinking in Children*. New York: Cambridge University Press.
Johnson, C. N., and M. G. Jacobs. 2001. "Enchanted Objects: How Positive Connections Transform Thinking About the Very Nature of Things." Poster presented at the meeting of the Society for Research in Child Development, April, Minneapolis, Minn.
Johnson, C. N., and H. M. Wellman. 1982. "Children's Developing Conceptions of the Mind and Brain." *Child Development* 52: 222–234.
Johnson, M. 1993. *Moral Imagination: Implications of Cognitive Science for Ethics*. Chicago: University of Chicago Press.
Johnson, S., V. Slaughter, and S. Carey. 1998. "Whose Gaze Will Infants Follow? The Elicitation of Gaze Following in 12-Month-Olds." *Developmental Science* 1: 233–238.
Julius, A. 2002. *Transgressions: The Offenses of Art*. Chicago: University of Chicago Press.
Kagan, J. 1981. *The Second Year*. Cambridge, Mass.: Harvard University Press.
———. 1984. *The Nature of the Child*. New York: Basic Books.
Kahan, D. M. 1999. "The Progressive Appropriation of Disgust." In S. A. Bandes, ed., *The Passions of Law*. New York: New York University Press.
Kaiser, M. K., J. Jonides, and J. Alexander. 1986. "Intuitive Reasoning About Abstract and Familiar Physics Problems." *Memory and Cognition* 14: 308–312.
Kanner, L. 1943. "Autistic Disturbances of Affective Contact." *Nervous Child* 2: 217–250.
Kass, L. R. 1994. *The Hungry Soul*. New York: Free Press.
———. 2001. "Preventing a Brave New World: Why We Should Ban Human Cloning Now." *The New Republic*, May 21.
Keil, F. C. 1989. *Concepts, Kinds, and Cognitive Development*. Cambridge, Mass.: MIT Press.
———. 2004. "Developmental Psychology." Unpublished manuscript. Department of Psychology, Yale University.
Kelemen, D. 1996. "The Nature and Development of the Teleological Stance." Ph.D. dissertation, University of Arizona.
———, 1999a. "The Scope of Teleological Thinking in Preschool Children." *Cognition* 70: 241–272.
———. 1999b. "Why Are Rocks Pointy? Children's Preference for Teleological Explanations of the Natural World." *Developmental Psychology* 35: 1440–1453.
———. 1999c. "Function, Goals, and Intention: Children's Teleological Reasoning About Objects." *Trends in Cognitive Sciences* 12: 461–468.
Kelley, C. M., and L. L. Jacoby. 1996. "Adult Egocentrism: Subjective Experience Versus Analytic Bases for Judgment." *Journal of Memory and Language* 35: 157–175.
Kellman, J., and E. S. Spelke. 1983 "Perception of Partly Occluded Objects in Infancy." *Cognitive Psychology* 15: 483–524.
Kemler-Nelson, D. G. 1999. "Attention to Functional Properties in Toddlers' Naming and

Problem-Solving." *Cognitive Development* 14: 77-100.
Kemler-Nelson, D. G., A. Frankenfield, C. Morris, and E. Blair. 2000a. "Young Children's Use of Functional Information to Categorize Artifacts: Three Factors That Matter." *Cognition* 77: 133-168.
Kemler-Nelson, D. G., R. Russell, N. Duke, and K. Jones. 2000b. "Two-Year-Olds Will Name Artifacts by Their Functions." *Child Development* 71: 1271-1288.
Kemler-Nelson, D. G., and 11 Swarthmore College Students. 1995. "Principle Based Inferences in Young Children's Categorization: Revisiting the Impact of Function on the Naming of Artifacts." *Cognitive Development* 10: 347-380.
Keysar, B. 1994. "The Illusion of Transparency of Intention: Linguistic Perspective Taking in Text." *Cognitive Psychology* 26: 165-208.
Klin, A. 2000. "Attributing Social Meaning to Ambiguous Visual Stimuli in Higher Functioning Autism and Asperger Syndrome: The Social Attribution Task." *Journal of Child Psychology and Psychiatry* 41: 831-846.
Klin, A., W. Jones, R. Schultz, F. R. Volkmar, and D. J. Cohen. 2002. "Visual Fixation Patterns During Viewing of Naturalistic Social Situations as Predictors of Social Competence in Individuals with Autism." *Archives of General Psychiatry* 59: 809-816.
Koestler, A. 1964. *The Act of Creation*. New York: Dell.
Kornblith, H. 1993. *Inductive Inference and Its Natural Ground: An Essay in Naturalistic Epistemology*. Cambridge, Mass.: MIT Press.
Kripke, S. 1971. "Identity and Necessity." In M. K. Munitz, ed., *Identity and Individuation* New York: New York University Press.
———. 1980. *Naming and Necessity*. Cambridge, Mass.: Harvard University Press.
Kuhlmeier, V., K. Wynn, and P. Bloom. 2003. "Attribution of Dispositional States by 12-Month-Olds." *Psychological Science* 14: 402-408.
Kurzweil, R. 1999. *The Age of Spiritual Machines: When Computers Exceed Human Intelligence*. New York: Penguin.
Lakoff, G. 1987. *Women, Fire, and Dangerous Things*. Chicago: University of Chicago Press.
Lazar, A., and J. Torney-Purta. 1991. "The Development of the Subconcepts of Death in Young Children: A Short-Term Longitudinal Study." *Cognitive Development* 62: 1321-1333.
Leach, P. 1989. *Your Baby and Child: From Birth to Age Five*. New York: Knopf.
Leslie, A. M. 1982. "The Perception of Causality in Infants." *Perception* 11, 173-186.
———. 1987. "Pretense and Representation: The Origins of 'Theory of Mind.'" *Psychological Review* 94: 412-426.
———. 1994a. "ToMM, ToBy, and Agency: Core Architecture and Domain Specificity." In L. Hirschfeld and S. Gelman, eds., *Mapping the Mind: Domain Specificity in Cognition and Culture*. New York: Cambridge University Press.
———. 1994b. "Pretending and Believing: Issues in the Theory of ToMM." *Cognition* 50: 193-200.
Lessing, A. 1983. "What Is Wrong with a Forgery?" In D. Dutton, ed., *The Forger's Art: Forgery and the Philosophy of Art*. University of California Press: Berkeley and Los Angeles.

Levi, P. 1988. *The Drowned and the Saved*. London: Abacus.
Levinson, J. 1979. "Defining Art Historically." *British Journal of Aesthetics* 19: 232–250.
———. 1989. "Refining Art Historically." *Journal of Aesthetics and Art Criticism* 47: 21–33.
———. 1993. "Extending Art Historically." *Journal of Aesthetics and Art Criticism* 51: 411–423.
Lewin, R. 1980. "Is Your Brain Really Necessary?" *Science* 210: 1232–1234.
Lewis, M. 2000a. "Self-conscious Emotions: Embarrassment, Pride, Shame, and Guilt." In M. Lewis and J. Haviland-Jones, eds., *Handbook of Emotions*. 2nd edition. New York: Guilford Press.
———. 2000b. "The Emergence of Human Emotions." In M. Lewis and J. Haviland Jones, eds., *Handbook of Emotions*. 2nd edition. New York: Guilford Press.
Lewontin, R. 1972. "The Apportionment of Human Diversity." *Evolutionary Biology* 6: 381–398.
Lifton, R. J. 1986. *The Nazi Doctors: Medical Killing and the Psychology of Genocide*. New York: Basic Books.
Lillard, A. S. 1996. "Body or Mind: Children's Understanding of Pretense." *Child Development* 67: 1717–1734.
———. 1998. "Ethnopsychologies: Cultural Variations in Theories of Mind." *Psychological Bulletin* 123: 3–32.
Lithwick, D. 2002. "Habeas Corpses: What Are the Rights of Dead People?" Slate.com, http://slate.msn.com/id/20632222/.
Locke, J. 1947 [1690]. *An Essay Concerning Human Understanding*. New York: E. Dutton.
Lutz, D. 2003. "Young Children's Understanding of the Biological and Behavioral Processes Underlying Life and Death." Ph.D. dissertation, Department of Psychology, Yale University.
Lyas, C. 1997. *Aesthetics*. London: UCL Press.
Macnamara, J. 1982. *Names for Things: A Study of Human Learning*. Cambridge, Mass.: MIT Press.
Malt, B. C. 1991. "Word Meaning and Word Use." In P. Schwanenflugel, ed., *The Psychology of Word Meanings*. Hillsdale, N.J.: Erlbaum.
Marr, D. 1982. *Vision*. San Francisco: W. H. Freeman.
Martin, G. B., and R. D. Clark. 1982. "Distress Crying in Infants: Species and Peer Specificity." *Developmental Psychology* 18: 3–9.
Maynard Smith, J. 1964. "Group Selection and Kin Selection." *Nature* 201: 1145–1147.
Mayr, E. 1982. *The Growth of Biological Thought*. Cambridge, Mass.: Harvard University Press.
———. 1991. *One Long Argument: Charles Darwin and the Genesis of Modern Evolutionary Thought*. Cambridge, Mass.: Harvard University Press.
McCloskey, M., A. Caramazza, and B. Green. 1980. "Curvilinear Motion in the Absence of External Forces: Naïve Beliefs About the Motion of Objects." *Science* 210: 1139–1141.
McEwan, I. 2002. *Atonement*. New York: Doubleday.
McGinn, C. 1979. "Evolution, Animals, and the Basis of Morality." *Inquiry* 22: 92–98. Reprinted in P. Singer, ed., *Ethics*. New York: Oxford University Press.
McHugo, G. J., J. T. Lanzetta, D. G. Sullivan, R. D. Masters, and B. G. Englis. 1985. "Emotional

Reactions to a Political Leader's Expressive Displays." *Journal of Personality and Social Psychology* 49: 1513–1529.

McWhorter, J. 2002. *The Power of Babel: A Natural History of Language*. New York: Freeman.

Medin, D. 1989. "Concepts and Conceptual Structure." *American Psychologist* 44: 1469–81.

Medin, D., and Ortony, A. 1989. "Psychological Essentialism." In S. Vosniadou and A. Ortony, eds., *Similarity and Analogical Reasoning*. Cambridge: Cambridge University Press.

Meltzoff, A. N., and M. K. Moore. 1977. "Imitations of Facial and Manual Gestures by Human Neonates." *Science* 198: 75–78.

———. 1983. "Newborn Infants Imitate Adult Facial Gestures." *Child Development* 54: 702–709.

Melzack, R., and D. Wall. 1983. *The Challenge of Pain*. New York: Basic Books.

Menand, L. 2002. "What Comes Naturally: Does Evolution Explain Who We Are?" *The New Yorker*, November 25, 96–101.

Miller, W. I. 1997. *The Anatomy of Disgust*. Cambridge, Mass.: Harvard University Press.

———. 1998. "Sheep, Joking, Cloning, and the Uncanny." In M. C. Nussbaum and C. R. Sunstein, eds., *Clones and Clones: Facts and Fantasies About Human Cloning*. New York: Norton.

Mineka, S., and M. Cook. 1993. "Mechanisms Involved in the Observational Conditioning of Fear." *Journal of Experimental Psychology: General* 122: 23–38.

Mischel, W., and E. B. Ebbesen. 1970. "Attention in Delay of Gratification." *Journal of Personality and Social Psychology* 16: 239–337.

Morris, M. W., and K. Peng. 1994. "Culture and Cause: American and Chinese Attributions for Social and Physical Events." *Journal of Personality and Social Psychology* 67: 949–971.

Murphy, G. L. 2002. *The Big Book of Concepts*. Cambridge, Mass.: MIT Press.

Murphy, G. L., and D. L. Medin. 1985. "The Role of Theories in Conceptual Coherence." *Psychological Review* 92: 289–316.

Murray, L., and C. Trevarthen. 1985. "Emotional Regulation of Interactions Between Two-Month-Olds and Their Mothers." In T. M. Field and N. A. Fox, eds., *Social Perception in Infants*. Norwood, N.J.: Ablex.

Naimark, N. M. 2001. *Fires of Hatred: Ethnic Cleansing in Twentieth-Century Europe*. Cambridge, Mass.: Harvard University Press.

Nemeroff, C., and P. Rozin. 1992. "Sympathetic Magical Beliefs and Kosher Dietary Practice: The Interaction of Rules and Feelings." *Ethos* 20: 96–115.

———. 1994. "The Contagion Concept in Adult Thinking in the United States: Transmission of Germs and Interpersonal Influence." *Ethos* 22: 158–186.

———. 2000. "The Makings of the Magical Mind." In K. S. Rosengren, C. N. Johnson, and L. Harris, eds., *Imagining the Impossible: Magical, Scientific, and Religious Thinking in Children*. New York: Cambridge University Press.

Newport, E. 1990. "Maturational Constraints on Language Learning." *Cognitive Science* 14: 11–28.

Ninio, A., and J. Bruner. 1978. "The Achievement and Antecedents of Labeling." *Journal of Child Language* 5: 1–15.

Nisbett, R. E., K. Peng, I. Choi, and A. Norenzayan. 2001. "Culture and Systems of Thought: Holistic Versus Analytic Cognition." *Psychological Review* 108: 291–310.

Norman, D. A. 1989. *The Design of Everyday Things*. New York: Doubleday.

Nucci, L., and E. Turiel. 1993. "God's Word, Religious Rules, and Their Relation to Christian and Jewish Children's Concepts of Morality." *Child Development* 64: 1485–1491.

Nussbaum, M. C. 1999. "'Secret Sewers of Vice': Disgust, Bodies, and the Law." In S. A. Bandes, ed., *The Passions of Law*. New York: New York University Press.

———. 2001. *Upheavals of Thought: The Intelligence of Emotions*. New York: Cambridge University Press.

Nussbaum, M. C., and J. Cohen, eds. 2002. *For Love of Country?* Boston, Mass.: Beacon Press.

O'Brien, T. 1990. *The Things They Carried*. New York: Broadway Books.

Pagels, E. 1979. *The Gnostic Gospels*. New York: Random House.

Paley, W. 1828. *Natural Theology*. 2nd edition. Oxford: J. Vincent.

Perner, J. 1991. *Understanding the Representational Mind*. Cambridge, Mass.: MIT Press.

Perner, J., S. Leekam, and H. Wimmer. 1987. "Three-Year-Olds' Difficulty with False Belief: The Case for a Conceptual Deficit." *British Journal of Developmental Psychology* 5: 125–137.

Peryam, D. R. 1963. "The Acceptance of Novel Foods." *Food Technology* 17: 33–39.

Petroski, H. 1993. *The Evolution of Useful Things*. New York: Knopf.

Pettigrew, T. F. 1998. "Intergroup Contact Theory." *Annual Review of Psychology* 49: 65–85.

Pettigrew, T. F., and L. R. Tropp. 2000. "Does Intergroup Contact Reduce Prejudice? Recent Meta-analytic Findings." In S. Oskamp, ed., *Reducing Prejudice and Discrimination*. Mahwah, N.J.: Erlbaum.

Piaget, J. 1929. *The Child's Conception of the World*. New York: Harcourt.

———. 1954. *The Construction of Reality in the Child*. New York: Basic Books.

Pinker, S. 1994. *The Language Instinct*. New York: HarperCollins.

———. 1997. *How the Mind Works*. New York: Norton.

———. 2002. *The Blank Slate: The Denial of Human Nature in Modern Intellectual Life*. New York: Norton.

Pinker, S., and P. Bloom. 1990. "Natural Language and Natural Selection." *Behavioral and Brain Sciences* 13: 707–784.

Pizarro, D. 2000. "Nothing More Than Feelings? The Role of Emotions in Moral Judgment." *Journal for the Theory of Social Behavior* 30: 355–375.

Pizarro, D., and P. Bloom. 2002. "The Intelligence of the Moral Emotions: Comment on Haidt 2001." *Psychological Review* 110: 193–196.

Polkinghorne, J. C. 1999. *Belief in God in an Age of Science*. New Haven: Yale University Press.

Posner, R. 1992. *Sex and Reason*. Cambridge, Mass.: Harvard University Press.

Postman, N. 1982. *The Disappearance of Childhood*. New York: Random House.

Povinelli, D. J., J. E. Reaux, D. T. Bierschwale, A. D. Allain, and B. B. Simon. 1997. "Exploitation of Pointing as a Referential Gesture in Young Children, but Not Adolescent

Chimpanzees." *Cognitive Development* 12: 327–365.
Povinelli, D. J., and J. Vonk. 2003. "Chimpanzee Minds: Suspiciously Human?" *Trends in Cognitive Sciences* 7: 157–160.
Powers, S. 2002. *A Problem from Hell*. New York: Basic Books.
Preissler, M. A. 2003. "Symbolic Understanding of Pictures and Words in Low Functioning Children with Autism and Normally Developing 18- and 24- Month-Old Toddlers." Ph.D. dissertation, New York University.
Preissler, M. A., and S. Carey. Under review. "Do Both Pictures and Words Function as Symbols for 18- and 24-Month-Old Children?"
Premack, D., and A. J. Premack. 1997. "Infants Assign Value to the Goal-Directed Actions of Self-Propelled Objects." *Journal of Cognitive Neuroscience* 9: 848–856.
Proffitt, D. L., and D. L. Gilden. 1989. "Understanding Natural Dynamics." *Journal of Experimental Psychology: Human Perception and Performance* 15: 384–393.
Provine, R. R. 2000. *Laughter: A Scientific Investigation*. New York: Viking.
Putnam, H. 1973. "Meaning and Reference." *The Journal of Philosophy* 70: 699–711.
———. 1975a. "The Meaning of 'Meaning.'" In H. Putnam, ed., *Mind, Language, and Reality*. New York: Cambridge University Press.
———. 1975b. "Philosophy and Our Mental Life." In H. Putnam, ed., *Mind, Language, and Reality*. New York: Cambridge University Press.
Rafal, R. 1997. "Balint Syndrome." In T. E. Feinberg and M. J. Farah, eds., *Behavioral Neurology and Neuropsychology*. New York: McGraw-Hill.
———. 1998. "Neglect." In R. Parasuraman, ed., *The Attentive Brain*. Cambridge, Mass.: MIT Press.
Ramachandran, V. S., and S. Blakeslee. 1998. *Phantoms in the Brain: Probing the Mysteries of the Human Mind*. New York: William Morrow.
Ramachandran, V. S., and W. Hirstein. 1999. "The Science of Art." *Journal of Consciousness Studies* 6–7: 15–41.
Rawls, J. A. 1971. *A Theory of Justice*. Cambridge, Mass.: Harvard University Press.
Reddy, V. 2000. "Coyness in Early Infancy." *Developmental Science* 3: 186–192.
Reé, J. 2002. "Francine-Machine." *London Review of Books*, May 9, 16–18.
Regolin, L., and G. Vallortigara. 1995. "Perception of Partly Occluded Objects by Young Chicks." *Perception and Psychophysics* 57: 971–976.
Repacholi, B. M., and A. Gopnik. 1997. "Early Reasoning About Desires: Evidence from 14- and 18-Month-Olds." *Developmental Psychology* 33: 12–21.
Reza, Y. 1996. *Art*. Trans. C. Hampton. London: Faber & Faber.
Rochat, P. T. 2001. *The Infant's World*. Cambridge, Mass.: Harvard University Press.
Rochat, P., T. Morgan, and M. Carpenter. 1997. "Young Children's Sensitivity to Movement Information Specifying Social Causality." *Cognitive Development* 12: 441–465.
Rosenberg, H. 1973. *The Anxious Object: Art Today and Its Audience*. New York: Macmillan.
Roth, D., and A. M. Leslie. 1998. "Solving Belief Problems: Towards a Task Analysis." *Cognition* 66: 1–31.
Rozin, P. 1986. "One-Trial Acquired Likes and Dislikes in Humans: Disgust as a US, Food Predominance, and Negative Learning Predominance." *Learning and Motivation* 17:

180–189.

Rozin, P., and A. Fallon. 1987. "A Perspective on Disgust. *Psychological Review* 94: 23–41.

Rozin, P., J. Haidt, C. R. McCauley, and S. Imada. 1997. "Disgust: Preadaptation and the Cultural Evolution of a Food-Based Emotion." In H. Macbeth, ed., *Food Preferences and Taste: Continuity and Change*. Providence: Berghahn Books.

Rozin, P., J. Haidt, and C. R. McCauley. 2000. "Disgust." In M. Lewis and J. M. Haviland-Jones, eds., *Handbook of Emotions*. 2nd edition. New York: Guilford Press.

Rozin, P., L. Hammer, H. Oster, T. Horowitz, and V. Marmora. 1986. "The Child's Conception of Food: Differentiation of Categories of Rejected Substances in the 1.4 to 5 Year Age Range." *Appetite* 7: 141–151.

Rozin, P., L. Millman, and C. Nemeroff. 1986. "Operation of the Laws of Sympathetic Magic in Disgust and Other Domains." *Journal of Personality and Social Psychology* 50: 703–712.

Russo, R. 2001. *Empire Falls*. New York: Random House.

Sacks, O. 1995. *An Anthropologist on Mars*. New York: Knopf.

Sagi, A., and M. L. Hoffman. 1976. "Empathetic Distress in the Newborn." *Developmental Psychology* 12: 175–176.

Saint-Exupéry, A. de. 1943. *The Little Prince*. New York: Harcourt.

Saletan, W. 2001. "Shag the Dog." Slate.com, http://slate.msn.com/FrameGame/entires/01-01-04_103801.as

Salovey, P., J. D. Mayer, and D. Caruso. 2002. "The Positive Psychology of Emotional Intelligence." In C. R. Snyder and S. J. Lopez, eds., *The Handbook of Positive Psychology*. New York: Oxford University Press.

Schelling, T. C. 1984. *Choice and Consequence: Perspectives of an Errant Economist*. Cambridge, Mass.: Harvard University Press.

Schneider, E. 1999. *Discovering My Autism: Apologia Pro Vita Sua with Apologies to Cardinal Newman*. London: Jessica Kingsley.

Shaw, L. L., C. D. Batson, and R. M. Todd. 1994. "Empathy Avoidance: Forestalling Feeling for Another in Order to Escape the Motivational Consequences." *Journal of Personality and Social Psychology* 67: 879–887.

Sheets, H. M. 2000. "Baffled, Bewildered—and Smitten: How to Learn to Stop Worrying and Love the Art You Don't Understand." *ARTnews*, September, 130–134.

Shepard, R. 1990. *Mind Sights: Original Visual Illusions, Ambiguities, and Other Anomalies*. New York: W. H. Freeman.

Shermer, M. 2000. *How We Believe: The Search for God in an Age of Science*. New York: Freeman.

———. 2003. "Digits and Fidgets: Is the Universe Fine-Tuned for Life?" *Scientific American*, January, 35.

Shweder, R. A. 1994. "Are Moral Intuitions Self-evident Truths?" *Criminal Justice Ethics* 13: 24-23.

Siegal, M. 1995. "Becoming Mindful of Food and Conversation." *Current Directions in Psychological Science* 6: 177–181.

Siegal, M., and D. L. Share. 1990, "Contamination Sensitivity in Young Children." *Developmental Psychology* 26: 455–458.

Siegal, M., and C. C. Peterson. 1996. "Breaking the Mold: A Fresh Look at Children's Understanding of Questions About Lies and Mistakes." *Developmental Psychology* 32: 322–334.

Sigman, M. D., C. Kasari, J.-H. Kwon, and N. Yirmiya. 1992. "Responses to the Negative Emotions of Others by Autistic, Mentally Retarded, and Normal Children." *Child Development* 63: 796–807.

Simmer, M. L. 1971. "Newborns' Response to the Cry of Another Infant." *Developmental Psychology* 5: 136–150.

Singer, D. G., and J. L. Singer. 1990. *The House of Make-believe: Children's Play and Developing Imagination*. Cambridge, Mass.: Harvard University Press.

Singer, P. 1981. *The Expanding Circle: Ethics and Sociobiology*. New York: Farrar Straus Giroux.

———. 2000. "The Good Life." In *Writings on an Ethical Life*. New York: HarperCollins.

———. 2001. "Heavy Petting." Nerve.com, http//www.nerve.com/Opinions/Singer/heavyPetting/main.as

Slater, A., and C. Quinn, C. 2001. "Face Recognition in the Newborn Infant." *Infant and Child Development* 10: 21–24.

Slaughter, V., R. Jaakkola, and S. Carey. 1999. "Constructing a Coherent Theory: Children's Biological Understanding of Life and Death." In M. Siegal and C. C. Peterson, eds., *Children's Understanding of Biology and Health*. New York: Cambridge University Press.

Smith, A. 1976 [1759]. *A Theory of the Moral Sentiments*. Indianapolis: Liberty Classics.

Smuts, B. 1999. Untitled essay. In A. Gutmann, ed., *The Lives of Animals*. Princeton: Princeton University Press.

Sober, E. 1994. *From a Biological Point of View*. New York: Cambridge University Press.

Sober, E., and D. S. Wilson. 1998. *Unto Others: The Evolution and Psychology of Unselfish Behavior*. Cambridge, Mass.: Harvard University Press.

Solomon, R. C. 1999. "Peter Singer's Expanding Circle: Compassion and the Liberation of Ethics." In D. Jamieson, ed., *Singer and His Critics*. Cambridge, Mass.: Blackwell.

Spelke, E. S. 1994. "Initial Knowledge: Six Suggestions." *Cognition* 50: 443–447.

———. 2003. "What Makes Humans Smart?" In D. Gentner and S. Goldin Meadow, eds., *Advances in the Investigation of Language and Thought*. Cambridge, Mass.: MIT Press.

Spelke, E. S., K. Breinlinger, K. Jacobson, and A. Phillips. 1993. "Gestalt Relations and Object Perception: A Developmental Study." *Perception* 22: 1483–1501.

Spelke, E. S., R. Kestenbaum, D. J. Simons, and D. Wein. 1995. "Spatiotemporal Continuity, Smoothness of Motion and Object Identity in Infancy." *British Journal of Developmental Psychology* 13: 113–143.

Spelke, E. S., A. Phillips, and A. L. Woodward. 1995. "Infant's Knowledge of Object Motion and Human Action." In D. Sperber, D. Premack, and A. J. Premack, eds., *Causal Cognition*. New York: Oxford University Press.

Sperber, D. 1996. *Explaining Culture: A Naturalistic Approach*. Oxford: Blackwell.

Stengel, R. 2000. *You're Too Kind: A Brief History of Flattery*. New York: Simon&Schuster.

Sterelny, K. 2001. *Dawkins vs. Gould: Survival of the Fittest*. New York: Totem Books.

Sternberg, R. J. 2001. "A Duplex Theory of Hate and Its Application to Massacres and Genocides." Unpublished manuscript. Department of Psychology, Yale University.

Strack, F., L. L. Martin, and S. Stepper. 1988. "Inhibiting and Facilitating Conditions of the Human Smile: A Nonobtrusive Test of the Facial Feedback Hypothesis." *Journal of Personality and Social Psychology* 54: 768–776.

Subbotsky, E. V. 1993. *Foundations of the Mind*. Cambridge, Mass.: Harvard University Press.

Sully, J. 1896. *Studies of Childhood*. New York: D. Appleton and Co.

Sylvia, C., and W. Novak. 1997. *A Change of Heart*. Boston: Little Brown.

Taylor, M. 1999. *Imaginary Companions and the Children Who Create Them*. New York: Oxford University Press.

Taylor, T. 2002. *The Buried Soul: How Humans Invented Death*. London: Fourth Estate.

Templeton, A. R. 1998. "Human Races: A Genetic and Evolutionary Perspective." *American Anthropologist* 100: 632–650.

Termine, N. T., and C. E. Izard. 1988. "Infants' Response to Their Mother's Expressions of Joy and Sadness." *Developmental Psychology* 24: 223–229.

Tetlock, P. E., O. V. Kristel, B. Elson, M. C. Green, and J. Lerner. 2000. "The Psychology of the Unthinkable: Taboo Trade-offs, Forbidden Base Rates, and Heretical Counterfactuals." *Journal of Personality and Social Psychology* 78: 853–870.

Thomas, G. V., R. Nye, and E. J. Robinson. 1994. "How Children View Pictures: Children's Responses to Pictures as Things in Themselves and as Representations of Something Else." *Cognitive Development* 9: 141–164.

Tomasello, M. 1998. "Uniquely Primate, Uniquely Human." *Developmental Science* 1: 1–16.

Tomasello, M., J. Call, and B. Hare. 2003. "Chimpanzees Understand Psychological States—the Question Is Which Ones and to What Extent." *Trends in Cognitive Sciences* 7: 153–156.

Trivers, R. L. 1971. "The Evolution of Reciprocal Altruism." *Quarterly Review of Biology* 46: 35–57.

———. 1985. *Social Evolution*. Reading, Mass.: Benjamin/Cummings.

Tronick, E. Z., H. Als, L. Adamson, S. Wise, and T. B. Brazelton. 1978. "The Infant's Response to Entrapment Between Contradictory Messages." *Journal of the American Academy of Child and Adolescent Psychiatry* 17: 1–13.

Turiel, E. 1998. "The Development of Morality." In W. Damon, series ed., *Handbook of Child Psychology*. Vol. 3, N. Eisenberg, volume ed., *Social, Emotional, and Personality Development*. New York: Wiley.

Turiel, E., and K. Neff. 2000. "Religion, Culture and Beliefs About Reality in Moral Reasoning." In K. S. Rosengren, C. N. Johnson, and L. Harris, eds.,*Imagining the Impossible: Magical, Scientific, and Religious Thinking in Children*. New York: Cambridge University Press.

de Waal, F. 1996. *Good Natured: The Origins of Right and Wrong in Humans and Other Animals*. Cambridge, Mass.: Harvard University Press.

Walker [Jeyifous], S. 1992. "Supernatural Beliefs, Natural Kinds, and Conceptual Structure." *Memory and Cognition* 20: 655–662.

Walker-Andrews, A. S. 1997. "Infants' Perception of Expressive Behavior: Differentiation of Multimodal Information." *Psychological Bulletin* 121: 437–456.

Wallace, A. R. 1889. *Darwinism*. London: Macmillan.

Warburton, N. 2003. *The Art Question*. New York: Routledge.

Ward, T. B., A. H. Becker, S. D. Hass, and E. Vela. 1991. "Attribute Availability and the Shape Bias in Children's Category Construction." *Cognitive Development* 6: 143–167.

Wegner, D. 2002. *The Illusion of Conscious Will*. Cambridge, Mass.: MIT Press.

Wellman, H. M. 1990. *The Child's Theory of Mind*. Cambridge, Mass.: MIT Press.

Wellman, H. M., D. Cross, and J. Watson. 2001. "Meta-analysis of Theory-Of-Mind Development: The Truth About False Belief." *Child Development* 72: 655–684.

Wellman, H. M., and D. Estes. 1986. "Early Understanding of Mental Entities: A Reexamination of Childhood Realism." *Child Development* 57: 910–923.

Wells, G. L., and R. E. Petty. 1980. "The Effects of Overt Head Movement on Persuasion: Compatibility and Incompatibility Responses." *Basic and Applied Social Psychology* 1: 219–230.

Werner, H., and H. Kaplan. 1963. *Symbol Formation*. New York: Wiley.

Werness, H. B. 1983. "*Han van Meegeren fecit*." In D. Dutton, ed., *The Forger's Art: Forgery and the Philosophy of Art*. Berkeley and Los Angeles: University of California Press.

West, R., and R. Young. 2002. "Do Domestic Dogs Show Any Evidence of Being Able to Count?" *Animal Cognition* 5: 183–186.

White, R. 1993. "Technological and Social Dimensions of 'Aurignacian-Age' Body Ornaments Across Europe." In H. Knecht, A. Pike-Tay, and R.

White, eds., *Before Lascaux: The Complete Record of the Upper Paleolithic*. Boca Raton, Fla.: CRC Press.

Wilkinson, G. S. 1984. "Reciprocal Food Sharing in the Vampire Bat." *Nature* 308: 181–184.

Willett, W. C. 2001. *Eat, Drink, and Be Healthy*. New York: Simon & Schuster.

Williams, G. C. 1966. *Adaptation and Natural Selection: A Critique of Some Current Evolutionary Thought*. Princeton: Princeton University Press.

Wills, G. 1999. *Saint Augustine*. New York: Penguin.

Wilson, R. A. 1999. "The Individual in Biology and Psychology." In V. G. Hardcastle, ed., *Where Biology Meets Psychology: Philosophical Essays*. Cambridge, Mass.: MIT Press.

Wilson, T. D, and N. C. Brekke. 1994. "Mental Contamination and Mental Correction: Unwanted Influences on Judgments and Evaluations." *Psychological Bulletin* 116: 117–142.

Wimmer, H., and J. Perner. 1983. "Beliefs About Beliefs: Representation and Constraining Function of Wrong Beliefs in Young Children's Understanding of Deception." *Cognition* 13: 103–128.

Wolfe, A. 2001. *Moral Freedom: The Search for Virtue in a World of Choice*. New York: Norton.

Wolfe, T. 1975. *The Painted Word*. New York: Bantam Books.

Wollheim, R. 1980. *Art and Its Objects*. New York: Cambridge University Press.

———. 1993. "Danto's Gallery of Indiscernibles." In M. Rollins, ed., *Danto and His Critics*. Cambridge, Mass.: Blackwell.

Wood, G. 2002. *Edison's Eve: A Magical History of the Quest for Mechanical Life*. New

York: Knopf.
Woodward, A. L. 1998. "Infants Selectively Encode the Goal Object of an Actor's Reach." *Cognition* 69: 1–34.
Woolley, J. D. 2000. "The Development of Beliefs About Direct Mental-Physical Causation in Imagination, Magic, and Religion." In K. S. Rosengren, C. N. Johnson, and L. Harris, eds., *Imagining the Impossible: Magical, Scientific, and Religious Thinking in Children*. New York: Cambridge University Press.
Woolley, J. D., and K. E. Phelps. 1994. "Young Children's Practical Reasoning About Imagination." *British Journal of Developmental Psychology* 12: 53–67.
Woolley, J. D., and H. M. Wellman. 1990. "Young Children's Understanding of Realities, Nonrealities, and Appearances." *Child Development* 61: 946–961.
Wright, R. 1994. *The Moral Animal: Why We Are the Way We Are: The New Science of Evolutionary Psychology*. New York: Random House.
———. 2000. *NonZero: The Logic of Human Destiny*. New York: Pantheon Books.
Wynn, K. 1992. "Addition and Subtraction by Human Infants." *Nature* 358: 749–750.
———. 2000. "Findings of Addition and Subtraction Are Robust and Consistent: A Reply to Wakeley, Rivera, and Langer." *Child Development* 71: 1535–1536.
Wynn, K., and W.-C. Chiang. 1998. "Limits to Infants' Knowledge of Objects: The Case of Magical Appearance." *Psychological Science* 9: 448–455.
Xu, F., S. Carey, and J. Welch. 1999. "Infants' Ability to Use Object Kind Information for Object Individuation." *Cognition* 70: 137–166.
Yenawine, P. 1991. *How to Look at Modern Art*. New York: Harry N. Abrams.
Zahn-Waxler, C., and J. Robinson. 1995. "Empathy and Guilt: Early Origins of Feelings of Responsibility." In J. Tangney and K. W. Fischer, eds., *Self-conscious Emotions: The Psychology of Shame, Guilt, Embarrassment, and Pride*. New York: Guilford.
Zahn-Waxler, C., J. L. Robinson, and R. N. Emde. 1992. "The Development of Empathy in Twins." *Developmental Psychology* 28: 1038–1047.

아포리아 08
데카르트의 아기

1판 1쇄 인쇄 2025년 7월 19일
1판 1쇄 발행 2025년 8월 4일

지은이 폴 블룸
옮긴이 김수진
펴낸이 김영곤
펴낸곳 (주)북이십일 21세기북스

정보개발팀장 이리현
정보개발팀 이수정 김민혜 현미나 이지윤 양지원
디자인 표지 FROM DESIGN **본문** 이슬기
마케팅 김설아
영업팀 정지은 한충희 장철용 강경남 황성진 김도연 이민재
제작팀 이영민 권경민
해외기획실 최연순 소은선 홍희정

출판등록 2000년 5월 6일 제406-2003-061호
주소 (10881) 경기도 파주시 회동길 201(문발동)
대표전화 031-955-2100 **팩스** 031-955-2151 **이메일** book21@book21.co.kr

KI신서 13712
ⓒ 폴 블룸, 2025
ISBN 979-11-7357-422-1 03180

(주)북이십일 경계를 허무는 콘텐츠 리더

21세기북스 채널에서 도서 정보와 다양한 영상자료, 이벤트를 만나세요!
페이스북 facebook.com/21cbooks   **블로그** blog.naver.com/21c_editors
인스타그램 instagram.com/jiinpill21   **홈페이지** www.book21.com
유튜브 youtube.com/book21pub

책값은 뒤표지에 있습니다.
이 책 내용의 일부 또는 전부를 재사용하려면 반드시 (주)북이십일의 동의를 얻어야 합니다.
잘못 만들어진 책은 구입하신 서점에서 교환해드립니다.

※ '아포리아' 시리즈가 더 궁금하다면 큐알코드를 스캔하세요.

아포리아

일상에서 마주친 사유의 정거장

아포리아는 '해결하기 어려운 난제'를 뜻하는 그리스어로, 사유의 지평을 넓혀줄 '새로운 클래식'입니다. 지금까지와는 다른 삶 속으로 나아갈 우리가 탐구해야 할 지식과 지혜를 펴냅니다.

01 제임스 앨런 원인과 결과의 법칙
사람은 생각하는 대로 살게 된다
제임스 앨런 지음 | 박선영 옮김 | 184쪽(양장) | 값 19,800원

02 제임스 앨런 부의 여덟 기둥
부의 잠재력을 깨우는 위대한 공식
제임스 앨런 지음 | 임경은 옮김 | 360쪽(양장) | 값 23,800원

03 제임스 앨런 운의 법칙
내면의 힘이 운의 크기를 결정한다
제임스 앨런 지음 | 박은영 이미숙 옮김 | 704쪽(양장) | 값 33,800원

04 선악의 기원
아기를 통해 보는 인간 본성의 진실
폴 블룸 지음 | 최재천 김수진 옮김 | 344쪽 | 값 22,000원

05 생각을 잃어버린 사회
시대를 앞서간 천재 버트런드 러셀의 비판적 세상 읽기
버트런드 러셀 지음 | 장석봉 옮김 | 292쪽 | 값 19,800원

06 빈곤 해방
세계적 실천윤리학자 피터 싱어의 담대한 제언
피터 싱어 지음 | 함규진 옮김 | 340쪽 | 값 22,000원

07 지그문트 바우만 행복해질 권리
세기의 지성이 불안한 현대인에게 건네는 철학적 조언
지그문트 바우만 지음 | 김수진 옮김 | 노명우 감수 | 300쪽 | 값 19,900원